IT im Unternehmen

Herausgegeben von
Prof. Dr. Rainer Bischoff i. R., HFU Furtwangen

„IT im Unternehmen" ist anwendungsorientiert und praxisrelevant. Die wichtigsten Grundlagen werden zielorientiert dargestellt, durch konkrete Praxiserfahrungen aus Unternehmen untermauert und durch entsprechende Beratungs-Bücher auf überzeugendem Niveau verstärkt.

Die Reihe wendet sich an IT-verantwortliche Praktiker und Entscheider in Unternehmen, die die Verantwortung für IT-gestützte Geschäftsprozesse tragen: u. a. IT-Manager, CIOs, Führungskräfte, Projektverantwortliche in IT- und Organisationsprojekten. Darüber hinaus eignen sich die Bücher für das praxisnah ausgerichtete Studium und die betriebliche Weiterbildung.

Herausgegeben von
Prof. Dr. Rainer Bischoff i. R.
HFU Furtwangen

Monika Frey-Luxemburger (Hrsg.)

Wissensmanagement – Grundlagen und praktische Anwendung

Eine Einführung in das IT-gestützte Management der Ressource Wissen

2., aktualisierte Auflage

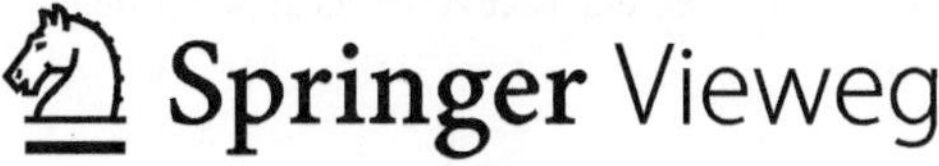

Herausgeber
Prof. Dr. Monika Frey-Luxemburger
HFU Furtwangen, Deutschland

ISBN 978-3-658-04752-8   ISBN 978-3-658-04753-5 (eBook)
DOI 10.1007/978-3-658-04753-5

Die Deutsche Nationalbibliothek verzeichnet diese Publikation in der Deutschen Nationalbibliografie; detaillierte bibliografische Daten sind im Internet über http://dnb.d-nb.de abrufbar.

Springer Vieweg

Springer Vieweg ist eine Marke von Springer DE. Springer DE ist Teil der Fachverlagsgruppe Springer Science+Business Media.
www.springer-vieweg.de

Geleitwort

Der Markt ist voll von Büchern über Wissensmanagement. Leider fehlt oft der notwendige Kontext. Eine nachhaltige Wettbewerbsfähigkeit ist ohne Messung der Zielvereinbarungen auf Basis der zunehmenden Bedeutung der Ressource Wissen nicht möglich. Ein integratives Geschäftsmodell ist vonnöten.

Neben der fundierten Kenntnis der Grundlagen (Kapitel 2 und 3) ist das Wissen über Methoden und Werkzeuge (Kapitel 4) unumgänglich. Gerade in diesem Kapitel werden Hilfsmittel aufgezeigt, die zunehmend entscheidend für ein effektives Wissensmanagement sind.

Die Anwendungsbeispiele (Beratungsunternehmen und Hochschule, Kapitel 5) ermöglichen aufgrund der Breite und Tiefe des Ansatzes (es werden ja auch Industrieunternehmen beraten) eine Konzeption zur Verankerung des Wissensmanagements in jeglichem Typ von Unternehmen.

Das Buch ist ein Muss für das Management und das IT-Management und die, die dahin wollen – insbesondere unter den Aspekten Big Data und Gamifikation, die sich notwendigerweise aus dem diskutierten Inhalt ergeben.

Prof. Dr. Rainer Bischoff

Hochschule Furtwangen

Vorwort

Gut Ding will Weile haben. Wer kennt ihn nicht, diesen Spruch. Doch wer kann es sich in der heutigen, schnelllebigen Zeit eigentlich noch leisten, Dinge in Ruhe, ohne Stress, wachsen zu lassen? Zum Glück gibt es sie aber noch, die Themen, die über einen längeren Zeitraum Bestand haben, en vogue sind. Dazu zählt das Thema des vorliegenden Buches. Bereits seit den neunziger Jahren des vergangenen Jahrhunderts liegt es im Trend und ist viel beachtet.

Das vorliegende Buch bietet eine umfassende Einführung in das Themengebiet und verliert trotz aller Verliebtheit in die Theorie die praktische Anwendbarkeit doch nicht aus den Augen. Mit dem hier vorgestellten integrierten Geschäftsmodell mit Fokus Wissen (iGFW) wird ein Modell zur Verfügung gestellt, das alle wesentlichen Bereiche einer Organisation unter dem Aspekt Wissen beleuchtet. Es liefert damit Anregungen für die Umsetzung im eigenen Unternehmen, in der eigenen Organisation, aber auch im eigenen privaten Umfeld. Es weist einen deutlichen Bezug zur Informations-und Kommunikationstechnologie auf und beschäftigt sich damit mit einem sehr aktuellen und äußerst spannenden Aspekt unserer Zeitgeschichte.

Wie wird sich die Welt, getrieben von den technischen Möglichkeiten, die die IT bietet, weiter verändern? Wie sehen Arbeitsumgebungen von morgen aus? Wie werden wir in Deutschland den Fachkräftemangel meistern? All das sind Themen, die auch mit Wissensmanagement zu tun haben. Das Buch wird darauf bedingt Antworten geben können, da es hierfür keine Patentrezepte gibt. Aber es kann eine gute Diskussionsgrundlage liefern, um für das, was kommt, gut gerüstet zu sein.

Bei der Schnelllebigkeit unserer Zeit, die sich u.a. in ständig neuen technologischen Möglichkeiten zum Wissensaustausch und zur Wissensbewahrung widerspiegelt, ist es sicherlich ratsam, sich auch einmal in Ruhe Gedanken darüber zu machen, nicht nur darüber, was wir tun und wie wir es tun, sondern vor allem *wozu* wir die Dinge tun, die wir tun. In der sogenannten Generation Y drückt sich dieser Sinneswandel bereits aus, dem sich Unternehmen in Zukunft werden verstärkt stellen müssen. Ein weiterer Aspekt ist zu beachten: Bei all den uns zur Verfügung stehenden Mitteln im Umgang mit der Ressource Wissen, den unglaublich großen Wissensbestand eingeschlossen, werden wir nicht erfolgreich sein, wenn wir nicht zur eigentlich bekannten Devise „Qualität statt Quantität" zurückfinden.

Zum Schluss sei auf die Bedeutung des Menschen als eigentlicher Wissensträger hingewiesen. Er muss stets im Mittelpunkt des Interesses stehen, da letztendlich er Kunde, Lieferant, Mitarbeiter u.v.m. ist, für den sich die Frage nach dem effektiven und effizienten Umgang mit der Ressource Wissen stellt und für den diese zu beantworten ist.

Allen Co-Autoren sei für die Bereitstellung ihrer Beiträge herzlich gedankt. Auch danke ich all denjenigen, die über einen langen Zeitraum hinweg - eher im Verborgenen - zum Gelingen dieses Buches beigetragen haben.

Gottmadingen im Mai 2013   Monika Frey-Luxemburger

Inhaltsverzeichnis

1 Ziele, Adressaten und Aufbau

1.1 Ziele

Das vorliegende Buch stellt eine Einführung in das Thema Wissensmanagement dar. Darüber hinaus liefert es ein umfangreiches Spektrum an weiterführenden Inhalten. So wird nicht nur ein Bogen zwischen Theorie und Praxis gespannt, sondern auch eine Brücke von menschlichen und organisatorischen hin zu technischen Fragestellungen im Bereich des Wissensmanagements geschlagen. Da das Buch in der Reihe *IT im Unternehmen* erscheint, liegt selbstverständlich ein Schwerpunkt auf den Möglichkeiten, die die Informations-und Kommunikationstechnik (IKT) bietet. Dabei ist den Autoren bewusst, dass eine technische Lösung allein den erfolgreichen Umgang mit Wissen nicht garantiert. Wissensmanagement in der heutigen Zeit ohne den Einsatz von IKT betreiben zu wollen, ist allerdings schwierig, wenn nicht sogar unmöglich.

Was ist Wissen? Kann man Wissen überhaupt managen? Wo liegen die Wurzeln des Wissensmanagements? Welche Modelle und Lösungsalternativen gibt es? Auf diese Fragen soll das Buch Antworten geben. Wie gezeigt wird, gibt es keine einhellige Lehrmeinung auf diesem Gebiet. Nicht einmal über die Definition des zentralen Forschungsgegenstands, nämlich was Wissen ist, besteht Konsens. Dabei gilt im Zeitalter der Globalisierung der effektive und effiziente Umgang mit der Ressource Wissen als erfolgskritisch, wenn es darum geht, die Überlebensfähigkeit des Unternehmens oder der Organisation zu gewährleisten. Gerade diese Vielschichtigkeit und Unüberschaubarkeit des Wissensgebiets ist Ansporn der Autoren, sich diesem Thema zu widmen und einzelne Facetten, Unterschiede, aber auch Gemeinsamkeiten im Umgang mit dem Wissensbegriff herauszuarbeiten und Modelle des Wissensmanagements vorzustellen.

Welche Lösungsvarianten aus dem IKT-Umfeld stehen privatrechtlichen und öffentlichen Unternehmen aber auch Privatpersonen zur Verfügung, um im „Wissenswettbewerb" mithalten zu können? Im Rahmen dieses Buches wird eine Vielzahl von Anwendungssystemen beschrieben, die ein IT-gestütztes Wissensmanagement unterstützen. Neben Web-Portalen, die den webbasierten Zugriff auf Wissen ermöglichen, werden u.a. Kollaborationssysteme, Content-Management-Systeme und E-Learning-Systeme beschrieben.

Wie wird Wissensmanagement im Unternehmensalltag betrieben? Welche Möglichkeiten bieten sich Unternehmen? Der Bogen von der Theorie zur Praxis wird anhand von zwei Fallbeispielen gespannt. Es werden zwei Unternehmen unterschiedlicher Branche und unterschiedlicher Größe vorgestellt und gezeigt, wie sie Wissensmanagement praktizieren. Neben der Beschreibung des Wissensmanagements bei Accenture, einem großen, international agierenden und renommierten

Beratungsunternehmen, wird anhand des Fallbeispiels der Hochschule Furtwangen (HFU) gezeigt, wie sich eine öffentliche Einrichtung aus dem Bildungssektor den Herausforderungen eines zeitgemäßen Umgangs mit der Ressource Wissen stellt.

1.2   Adressaten

Das Buch richtet sich zum einen an Studierende der Fachrichtungen Wirtschaftsinformatik, Betriebswirtschaftslehre und Informatik. Auch Studierenden anderer Fachrichtungen wie zum Beispiel Informations-, Dokumentations-und Kommunikationswissenschaften kann dieses Buch als Einstieg in das Thema Wissensmanagement dienen. Zum anderen richtet sich das Buch allgemein an Personen, die eine Einführung in das Thema Wissensmanagement suchen und die sich einen Überblick über theoretische Modelle, Lösungsvarianten aus der IKT und Anwendungsbeispiele verschaffen wollen. Speziell Meinungsbildnern und Entscheidungsträgern aus Unternehmen, die sich mit dem Thema beschäftigen und prüfen, welche Vorteile sie mit Wissensmanagement erzielen können, kann dieses Buch als Einstieg in das Thema dienen. Darüber hinaus stehen ihnen wertvolle Hinweise und Anregungen aus den Fallbeispielen zur Verfügung.

1.3   Aufbau

Nachdem im ersten Kapitel Ziele, Adressaten und Aufbau des Buches beschrieben wurden, folgt im zweiten Kapitel eine Einführung in das Themengebiet des Wissensmanagements (Abbildung 1-1).

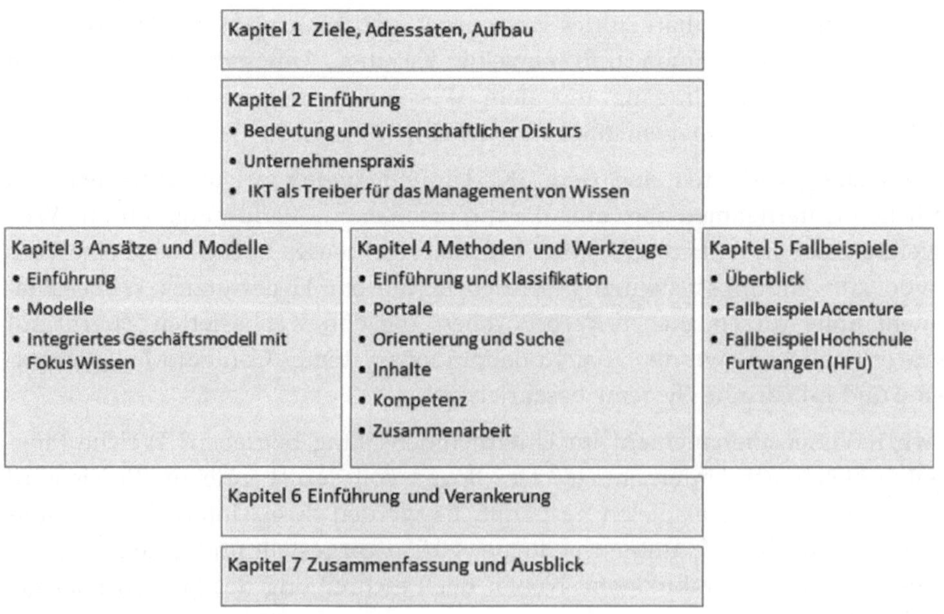

Abbildung 1-1:   **Aufbau des Buches**

Im dritten Kapitel werden verschiedene theoretische Modelle beschrieben. Weiterhin wird in diesem Kapitel das Integrierte Geschäftsmodell für das Wissensmanagement (iGFW) vorgestellt. Kapitel vier zeigt, welche Methoden und Werkzeuge aus dem IKT-Umfeld zur Verfügung stehen. Hier erfolgt auch eine allgemeine Einführung in Funktionsumfang und Architektur von Wissensmanagement-Systemen (WMS). Zwei Fallbeispiele zeigen die Anwendung von Wissensmanagement in Unternehmen. Diese werden ausführlich in Kapitel fünf dargestellt. Kapitel sechs liefert einen Überblick über Einführung und Verankerung im Unternehmen. Das Buch schließt mit Kapitel sieben, das eine Zusammenfassung und einen Ausblick beinhaltet.

2 Einführung

Dieses Kapitel stellt eine Einführung in das Themengebiet dar, indem es zusammenfassend Antworten auf folgende Fragen gibt: Warum ist das Thema Wissensmanagement nach wie vor aktuell? Warum ist es von hohem gesellschaftspolitischem Interesse? Welche Motivation haben privatrechtliche und öffentliche Organisationen, sich mit diesem Thema neu oder auch weiterhin zu beschäftigen? Warum ist der richtige Umgang mit Wissen für jeden einzelnen von Bedeutung? Welchen Beitrag leistet die Wissenschaft? Wie manifestiert sich Wissensmanagement in der Unternehmenspraxis? Welche Rolle spielt in diesem Zusammenhang die Informations- und Kommunikationstechnologie (IKT)?

Entsprechend dieser Fragen ergeben sich die Lernziele für das zweite Kapitel:

- Die gesellschaftliche Bedeutung und die Bedeutung von Wissensmanagement für Organisationen und Privatpersonen kennen lernen und verstehen
- Beiträge der Wissenschaft überblicksartig kennen; dazu gehören:
  - unterschiedliche Herangehensweisen je nach Fachgebiet und damit je nach Sichtweise des Betrachters
  - die Definition und Abgrenzung der Begriffe Daten, Information, Wissen und Kompetenz
- die Bedeutung und wesentliche Inhalte des Wissensmanagements für die Unternehmenspraxis überblicksartig kennen
- IKT als ein Treiber für die Möglichkeiten im Umgang mit Wissen kennen lernen und verstehen

2.1 Bedeutung von Wissensmanagement

Seit Jahren ist der Wandel von der Industrie- zur Informations- und Wissensgesellschaft ein sowohl in der Theorie als auch in der Praxis viel diskutiertes Thema. Im Mittelpunkt des gesellschaftspolitischen Interesses steht die Frage, welche wirtschafts-, sozialpolitischen und letztendlich gesetzgeberischen Maßnahmen getroffen werden müssen, um dem globalen Wettbewerb standhalten und langfristig die Wohlfahrt unserer Gesellschaft sichern zu können.

Bereits im Jahr 1969, lange vor dem sogenannten Internet-Zeitalter, beschreibt der amerikanische Managementtheoretiker Drucker[1] in seinem Buch „The Age of Discontinuity" die globale Welt und den globalen Markt und führt den Begriff des „knowledge workers", des Wissensarbeiters, ein. Zu diesem Thema aus dieser Zeit

---

1 Vgl. Drucker 1969 und Drucker 1993

am bekanntesten wurde eine Studie von Bell[2] aus dem Jahr 1973. Er spricht über die Wissensgesellschaft wie folgt: "Die nachindustrielle Gesellschaft ist in zweifacher Hinsicht eine Wissensgesellschaft: einmal, weil Neuerungen mehr und mehr von Forschung und Entwicklung getragen werden [...]; und zum anderen, weil die Gesellschaft – wie aus dem aufgewandten höheren Prozentsatz des Bruttosozialprodukts und dem steigenden Anteil der auf diesem Sektor Beschäftigten ersichtlich – immer mehr Gewicht auf das Gebiet des Wissens legt."[3]

Ob als fünfter Kondratieff-Zyklus[4] oder als eigenständiger Informationsbereich neben den klassischen Sektoren Landwirtschaft, Produktion und Dienstleistungen beschrieben; der Ressource Wissen[5] wird eine wachsende Bedeutung zugesprochen.

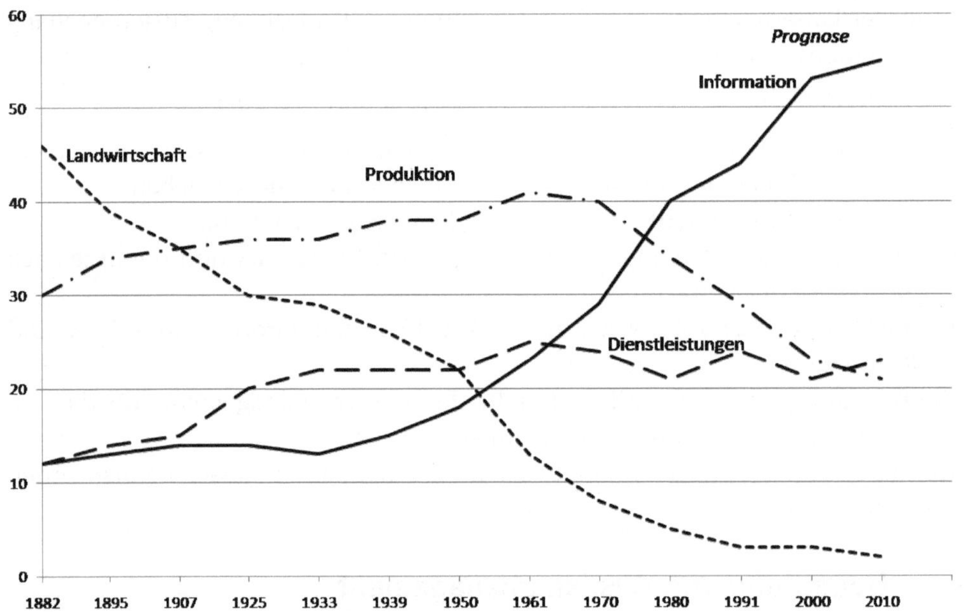

Abbildung 2-1:   **Entwicklung des Informationsbereichs 1882 bis 2010[6]**

---

2   Vgl. Bell 1973

3   Aus Bell 1996, S. 219; Die amerikanische Ausgabe „The Coming of Post-Industrial Society. A Venture in Social Forecasting" erschien 1973 bei Basic Books Inc., New York.

4   Weiterführende Informationen siehe North 2002, S. 16ff.

5   Eine Definition der Begiffe Wissen und Information und eine gegenseitige Abgrenzung beider Begriffe erfolgt in Kapitel 2.2.1 und Kapitel 2.2.2.

6   Aus Dostal 1995, S. 529

Abbildung 2-1 zeigt die prognostizierte Entwicklung des Informationsbereichs von 1882 bis 2010 nach Dostal[7]. In diesem Modell werden diejenigen Erwerbstätigen dem Informationsbereich zugerechnet, deren Tätigkeitsschwerpunkt auf der Verarbeitung von Informationen liegt.[8] Wie allgemein bekannt ist, nahm die Anzahl der im landwirtschaftlichen Sektor beschäftigten Personen im vergangenen Jahrhundert rapide ab. Auch in der Produktion werden seit den sechziger Jahren des vergangenen Jahrhunderts kontinuierlich weniger Personen beschäftigt. Werden aus dem Dienstleistungssektor diejenigen Personen herausgenommen, die ihren Tätigkeitsschwerpunkt in der Informationsverarbeitung haben, kommt es hier mehr oder weniger zu einer Stagnation der Beschäftigtenzahl. Dagegen steigt die Zahl der Erwerbstätigen, die dem Informationsbereich zugeordnet werden können, rapide an.

Willke schreibt über die Wissensgesellschaft: „Die gegenwärtig sich herausbildende Wissensgesellschaft bringt einen neuen Produktionsfaktor ins Spiel: Wissen. Natürlich war Wissen auch früher von Bedeutung. Auch der Eingeborene, der aus dem Baumstamm ein Kanu fertigt, braucht dazu Wissen. Und ganz sicherlich spielen Wissen und Expertise auch in der Industriegesellschaft eine große Rolle. Was sich in der Wissensgesellschaft ändert, sind die relativen Gewichte: Wissen wird zum dominanten Produktivfaktor. Das heißt, dass die anderen Faktoren (Land, Kapital, Arbeit) keinesfalls bedeutungslos sind, aber doch in ihrem relativen Gewicht von Wissen als kritischer Ressource übertrumpft werden."[9] Ein anschauliches Beispiel hierfür liefern Google und Facebook, die aus den von ihnen gesammelten Daten sehr ansehnliches Kapital schlagen.

Sogenannte wissensintensive Gesellschaften zeichnen sich durch ein hohes Bildungsniveau, hohe Investitionsausgaben in Forschung und Entwicklung und einen hohen Durchdringungsgrad durch IKT aus. [10]

---

7   Vgl. Dostal 1995; diese Untersuchung geht zurück auf die Studie zur Informationswirtschaft von Porat 1977, der versucht hat, die Beschäftigung nach ihrem Informationsbezug zu klassifizieren und dabei mehrere Modelle entwickelte. Diese Modelle wurden von Dostal auch für Deutschland erprobt.

8   „Über den Tätigkeitsschwerpunkt des Mikrozensus wurden jene Erwerbstätigen separiert, die auf intensiven Informationsbezug schließen lassen. In einer Matrix Tätigkeitsschwerpunkt/Beruf wurden jene Berufe als Informationsberufe klassifiziert, in denen mehr als 75 % der Berufsangehörigen Informationstätigkeitsschwerpunkte angegeben hatten. In einer Matrix Beruf/Wirtschaftszweig wurden dann alle diese Berufsangehörigen der als Informationsberufe klassifizierten Berufe aus den angegebenen Wirtschaftszweigen separiert und in einem eigenen „Informationsbereich" zusammengefasst. So konnte dieser Informationsbereich quantifiziert werden." Aus Dostal 1995, S. 528

9   Aus Willke 2004, S. 21

10 Interessante Ausführungen finden sich hierzu auf der Website der Weltbank unter www.worldbank.org/kam (zuletzt zugegriffen am 26.06.2012)

Wie wird sich die Gesellschaft in den nächsten Jahren und Jahrzehnten aufgrund dieses Wandels hin zu einer Wissensgesellschaft verändern? Welche Auswirkungen haben diese Veränderungen national, international und global gesehen? Gibt es nur Gewinner oder auch Verlierer? Auf diese Fragen kann das Buch aufgrund einer Fokussierung auf IT-spezifische Fragestellungen leider nicht eingehen. Zur Vertiefung dieses Themas sei der interessierte Leser stattdessen auf folgende Quellen verwiesen:

- Kübler: „Mythos Wissensgesellschaft – Gesellschaftlicher Wandel zwischen Information, Medien und Wissen" (2005)
- Willke: „Smart Governance – Governing the Global Knowledge Society" (2007)

Wie die nachfolgend genannten Beispiele politischen Engagements zeigen, hat man auch auf höchster politischer Ebene die gesellschaftliche Bedeutung des professionellen Umgangs mit der Ressource Wissen erkannt. Aufgrund der inhaltlichen Ausrichtung des vorliegenden Buches auf IKT werden solche Initiativen genannt, die diesem Bereich zugeordnet werden können:

- Bereits im Jahr 1998 hat der Deutsche Bundestag die Enquete Kommission „Zukunft der Medien in Wirtschaft und Gesellschaft – Deutschlands Weg in die Informationsgesellschaft" eingesetzt, um Hinweise auf Auswirkungen der Informations- und Kommunikationstechnologie und entsprechende Handlungsempfehlungen zu erhalten. Verschiedene Initiativen wurden seitdem ins Leben gerufen, um die deutsche (und auch europäische) Gesellschaft für den „Wisssenswettbewerb fit zu machen".
- In der Strategie von Lissabon formulierte der Europäische Rat (ER) im März 2000 das ehrgeizige Ziel, die Europäische Union (EU) bis zum Jahr 2010 zum wettbewerbsfähigsten und dynamischsten wissensbasierten Wirtschaftsraum der Welt zu machen. Der Halbzeitbericht zum aktuellen Stand der Lissabon-Strategie, der im November 2004 vorgelegt wurde, machte allerdings Umsetzungsdefizite deutlich. Diese führten dazu, dass die Europäische Kommission (EK) im Februar 2005 ein Aktionsprogramm vorlegte, das die Ziele der Lissabon-Strategie modifizierte und ergänzte.[11]
- Im März 2006 hat das Bundeskabinett den Bundesminister für Wirtschaft und Technologie beauftragt, ein Aktionsprogramm „Informationsgesellschaft Deutschland 2010" auszuarbeiten und dessen Umsetzung zu koordinieren. Im November 2006 erschien hierzu ein Aktionsprogramm mit dem Titel: „iD2010 - Informationsgesellschaft Deutschland 2010".[12]

---

11 Ausführliche Informationen zur Lissabon-Strategie finden sich unter: http://ec.europa.eu/growthandjobs/index_de.htm (zuletzt zugegriffen am 10.01.2010)

12 Bundesministerium für Wirtschaft und Technologie (BMWi) 2006: iD2010 – Informationsgesellschaft Deutschland 2010; http://www.bmwi.de/BMWi/Navigation/Service/ publikationen,did=175530.html (zuletzt zugegriffen am 10.01.2010)

- Im Juni 2006 hat die Europäische Kommission eine „Task Force zur Förderung der Wettbewerbsfähigkeit der IKT-Industrie Europas" eingerichtet, mit deren Hilfe gewährleistet werden soll, dass Europa die führende Rolle in der IKT-Branche behaupten kann.

- Im Jahr 2007 initiierte das Bundesministerium für Wirtschaft und Technologie das Forschungsprogramm THESEUS. Dieses hatte zum Ziel, eine neue internetbasierte Wissensinfrastruktur zu entwickeln, um das Wissen im Internet besser nutz- und verwertbar zu machen. In einem Konsortium von Forschungseinrichtungen, Universitäten und Unternehmen wurden hierzu anwendungsorientierte Basistechnologien und technische Standards entwickelt und erprobt. Als Ergebnisse wurden neuartige Produkte, Werkzeuge, Dienste und Geschäftsmodelle für das World Wide Web (WWW) sowie für die Dienstleistungs- und Wissensgesellschaft von morgen erwartet. Im Rahmen eines Abschlusskongresses wurden im Februar 2012 die Ergebnisse dieses Forschungsprogramms vorgestellt.

- Im November 2010 legte die Bundesregierung eine neue IKT-Strategie unter dem Motto „Deutschland Digital 2015"[13] vor. Die Strategie, die eine klare wirtschaftspolitische Ausrichtung hat, soll helfen, den IKT-Standort Deutschland nachhaltig zu stärken. Hierzu hat die Bundesregierung ambitionierte Ziele formuliert, z. B. beim weiteren Ausbau von Breitbandnetzen, beim Cloud Computing oder beim Einsatz von IKT im Bereich Mobilität.

- Im Dezember 2012 belegte der vom Bundesministerium für Wirtschaft und Technologie ausgerichtete 7. Nationale IT-Gipfel in Essen die Bedeutung, die IKT auf nationaler Ebene zugewiesen wird. Unter dem Motto "digitalisieren_ vernetzen_ gründen" war es Ziel des Gipfels, den Standort Deutschland in Sachen IKT zu stärken, indem sich neben Politik, auch Wirtschaft und Wissenschaft über zentrale Fragen der IKT austauschten und mögliche Initiativen diskutierten.[14]

Neben gesellschaftspolitischen Herausforderungen, die es in einer schnelllebigen Zeit zu meistern gilt, sehen sich auch öffentliche und privatrechtliche Organisationen einem zunehmenden Innovationsdruck ausgesetzt. So unternehmen öffentliche Organisationen immense Anstrengungen, um Behördendienstleistungen für Kunden (behördeninterne und externe) elektronisch zugänglich zu machen. Diese werden unter dem Begriff E-Government zusammengefasst. Er umfasst alle Prozesse der Leistungserstellung in der öffentlichen Verwaltung, die unter Nutzung von IKT stattfinden. Gemäß veröffentlichter Zahlen der Europäischen Kommission steigerte sich in Deutschland der Prozentsatz der Bürger, die E-Government-

---

13 http://www.bmwi.de/Dateien/BBA/PDF/ikt-strategie-der-bundesregierung,property=pdf,bereich=bmwi,sprache=de,rwb=true.pdf (zuletzt zugegriffen am 09.03.2012)

14 http://www.it-gipfel.de/IT-Gipfel/Navigation/start.html (zuletzt zugegriffen am 29.01.2013)

Dienste nutzten im Jahr 2007 auf 43% (im Vergleich zu 32% im Jahr 2006). Von allen 27 Ländern der Europäischen Union landet Deutschland damit auf Platz sechs.[15]

Innovationsfähigkeit ist für Unternehmen von besonderer Bedeutung. Technologisch anspruchsvolle Produkte und Dienstleistungen mit immer kürzeren Lebenszyklen, die zudem meist noch individuell nach Kundenwunsch konzipiert und angefertigt werden müssen, müssen den Unternehmenserfolg langfristig sichern. Hierbei ist man vor allem auf sehr gut ausgebildetes Personal angewiesen. Neben Großunternehmen sind auch kleine und mittlere Unternehmen (KMU) gezwungen, sich global agierenden Märkten zu öffnen und sich verändernden wirtschaftlichen Rahmenbedingungen möglichst schnell anzupassen. Dabei soll die Wettbewerbsfähigkeit durch einen effektiven und effizienten Umgang mit der Ressource Wissen gesichert werden. Neben hoch qualifiziertem Personal sind diese Unternehmen auch auf eine leistungsstarke Infrastruktur in Bezug auf Informations- und Kommunikationssysteme angewiesen. Diese umfassen neben Systemen zur Abwicklung ihrer Geschäftsprozesse auch Systeme, die die Zusammenarbeit vereinfacht und die den Zugriff auf und den Austausch von vorhandenem Wissen unterstützen.

Darüber hinaus gewinnen neben Finanz- und Anlagevermögen immaterielle Vermögenswerte bei der Bewertung von Unternehmen an Bedeutung. Wie aus Abbildung 2-2 ersichtlich wird, setzt sich das intellektuelle Vermögen aus Humankapital, organisationalem Kapital und Beziehungskapital zusammen.[16]

---

15 Gemäß Publikation der Europäischen Kommision unter dem Titel „Vorbereitung der digitalen Zukunft Europas i2010 – Halbzeitüberprüfung", S. 108, http://ec.europa.eu/ information_society/eeurope/i2010/docs/annual_report/2008/i2010_mid-term_review _de.pdf (zugegriffen am 10.01.2010)
16 Eine sehr gute Übersicht über materielle und immaterielle Vermögenswerte findet sich bei Peinl et al. 2009, S. 11

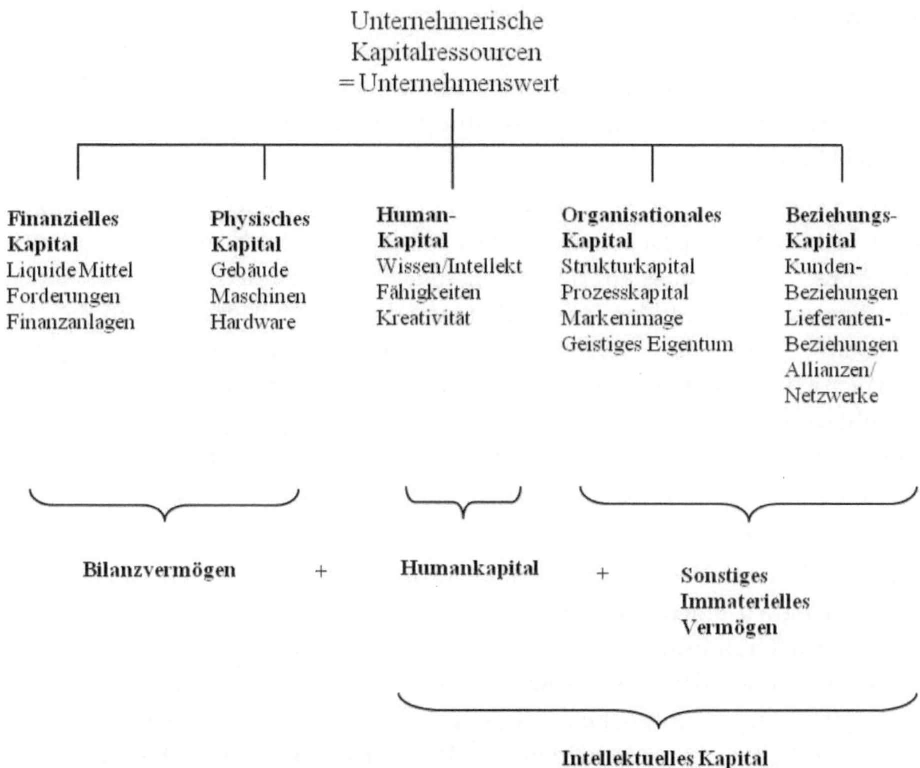

Abbildung 2-2:   **Das intellektuelle Kapital als Bestandteil des Unternehmenswertes**[17]

Große Beachtung findet in diesem Zusammenhang die im Rahmen einer Initiative vom Bundesministerium für Wirtschaft und Technologie entwickelte Wissensbilanz. Diese Initiative hat zum Ziel, kleine und mittlere Unternehmen für die Bedeutung intellektuellen Kapitals zu sensibilisieren und sie bei der Erstellung einer Wissensbilanz zu unterstützen.[18]

Wie der Humankapitalansatz zeigt, kommt dem Menschen als zentralem Wissensträger in einer wissensintensiven Gesellschaft eine entscheidende Bedeutung zu. Die ersten Wissensmanagement-Initiativen haben gezeigt, dass eine einseitige Konzentration auf Technologien und die Vernachlässigung des Faktors Mensch nicht den erwarteten Erfolg bringt. Nur wenn Menschen auch bereit sind, ihr Wissen zu teilen, kann der gewünschte Wissensaustausch erfolgen. Die Haltung „Wissen ist Macht" und der damit verbundenen Hortung von Wissen widerstrebt den Bemühungen eines Unternehmens, eine unternehmensweite Wissensbasis aufzubauen. Der Mensch mit seinen persönlichen Kompetenzen ist deshalb in den Mit-

---

17 Nach Scholz 2004, S. 27

18 http://lexikon.bmwi.de/BMWi/Navigation/Technologie-und-Innovation/wissensbilanz.html und http://www.akwissensbilanz.org (zuletzt zugegriffen am 10.01.2010)

telpunkt des Interesses gerückt. Neue Konzepte wie Human Capital Management (HCM)[19] oder Knowledge Based View (KBV)[20] belegen diese Entwicklung. In einer an Anzahl Personen schrumpfenden und zugleich stark alternden Gesellschaft gewinnt dieser Sachverhalt zudem an Bedeutung, wie die Diskussion um den Fachkräftemangel bereits heute belegt.

Sogenannte weiche Faktoren sind im Zusammenhang mit erfolgreichem Wissensmanagement besonders beachtenswert. Dabei handelt es sich um nicht quantifizierbare Größen, die Einfluss auf den Erfolg eines Unternehmens oder Projekts haben. Der Begriff geht auf das 7-S-Modell von Peters[21] zurück, in dem "Shared Values", "Staff", "Skills" und "Style/Culture" neben drei sogenannten harten Faktoren als weiche, nicht buchhalterisch erfassbare Erfolgsfaktoren beschrieben werden. Sowohl diese Faktoren als auch Methoden des Change Managements sind zu beachten, wenn es im Rahmen von Wissensmanagement-Initiativen um die Einführung neuer und verbesserter Geschäftsprozesse geht und damit auch oft um die Anwendung neuer Technologien.

Doch die zunehmende Verfügbarkeit von Information und Wissen ist nicht nur Segen, sondern auch Fluch. Die Bewältigung des Überangebots an Informationen stellt sowohl für Organisationen als auch für Privatpersonen eine große Herausforderung dar. Neben den z.B. im Rahmen des oben beschriebenen Forschungsprogramms THESEUS[22] entwickelten Basistechnologien und Anwendungsszenarien ist es deshalb von entscheidender Bedeutung, den Menschen in seiner Informationskompetenz zu fördern. Dies schließt die Schulung einer gewissenhaften und rechtschaffenen Nutzung dieser neuen Medien mit ein.

Wie bereits erwähnt, wird die IKT als ein Treiber der oben genannten Entwicklung gesehen. Mit Hilfe der Internet-Technologie ist die Welt enger zusammengerückt. Unternehmen und auch Privatpersonen ist, die entsprechende Infrastruktur vorausgesetzt, eine fast zeitgleiche Kommunikation über Grenzen und Kontinente hinweg möglich. Zudem steht eine nie dagewesene Menge an Informationen zur Verfügung, deren effektive und effiziente Verarbeitung sowohl Privatpersonen als auch Unternehmen vor eine zunehmende Herausforderung stellen. Die rasante Entwicklung des Internet-Zeitalters und die sich daraus ergebenden Änderungen im Umgang mit der Ressource Wissen wird in Kapitel 2.4 beschrieben. In Kapitel 4 werden aktuell verfügbare IKT-Werkzeuge zum Zugriff auf vorhandenes, zum

---

19 Vgl. Scholz 2004

20 Vgl. Spender 1996; siehe auch Di Tullio (2006): Theories Used in IS Research. Knowledge Based Theory of the Firm. Online verfügbar unter http://www.istheory.yorku.ca/knowledgebasedtheory.htm, zuletzt aktualisiert am 13.04.2006, (zuletzt zugegriffen am 09.03.2013)

21 Vgl. Peters 2006

22 http://www.theseus-programm.de (zuletzt zugegriffen am 9.3.2012)

Erwerb von neuem, zum Austausch, zur Dokumentation und zur Speicherung von Wissen vorgestellt.

Im Rahmen dieser umfassenden Veränderungen hat sich Wissensmanagement als eine interdisziplinäre Disziplin entwickelt. Im Mittelpunkt des Interesses steht die Frage nach einem effektiven und auch effizienten Umgang mit der Ressource Wissen. Wie kann das Generieren neuen Wissens, das Verteilen und das Bewahren von Wissen gefördert werden? Ungeachtet der Tatsache, dass es keine allgemein akzeptierte Theorie darüber gibt, was Wissen überhaupt ist und was man unter Wissensmanagement versteht, kann dessen Bedeutung für Gesellschaft, Organisationen und den Menschen an sich nicht hoch genug eingeschätzt werden.

2.2 Wissenschaftlicher Diskurs

Was versteht man unter dem Begriff Wissen? Wie wird Wissen von Information abgegrenzt? Gibt es überhaupt eine klare Abgrenzung? Wie funktioniert der Austausch von Wissen? Ist die Beschäftigung mit dem Thema Wissensmanagement nur eine Modeerscheinung oder steckt mehr dahinter?

Rund um das Thema Wissen und Wissensmanagement wird seit den achtziger Jahren des vergangenen Jahrhunderts eine rege Diskussion geführt, an der sich Fachkräfte aus unterschiedlichen Wissenschaftsgebieten beteiligen. Im Laufe der nächsten Seiten wird sowohl die Vielfältigkeit des wissenschaftlichen Diskurses als auch die Unmöglichkeit einer eindeutigen Definition relevanter Begriffe aufgezeigt. Dem eher anwendungsorientierten Leser steht es offen, diese theoretischen Ausführungen zum Wissensbegriff an sich und darüber, welche wissenschaftliche Disziplin welches Grundverständnis des Wissensbegriffs hat und welche Forschungsinhalte sich daraus ergeben (Kapitel 2.2.1), zu überspringen und direkt zum Kapitel 2.2.2 Wissen und Information überzugehen.

2.2.1 Wissen

Die Recherche nach einer allgemeingültigen Definition des Begriffs Wissen führt vom Hundertsten ins Tausendste. Getreu dem Motto von Sokrates „Umso mehr ich weiß, weiß ich, dass ich nichts weiß" bietet die Literatur eine Fülle von Begriffsdefinitionen, die in Summe einen weiten Interpretationsspielraum zulassen.[23] In Anbetracht der generellen Bedeutung des Wissensbegriffs für die Wissenschaft ist es erstaunlich, dass es kein allgemeines Verständnis zum Inhalt dieses Begriffs gibt.[24] Brockhaus definiert Wissen wie folgt:

---

23 Eine umfangreiche Aufstellung von Begriffsdefinitionen findet sich beispielsweise bei Amelingmeyer 2004, S. 41ff. und bei Al-Laham 2003 S. 25ff.

24 Vgl. hierzu Verweis bei Riempp 2004 S. 23, Fußnote 11: „Zu einer vergleichenden Einschätzung gelangt bspw. Pawlowsky 1994, S. 184: ‚Die Abgrenzung des Begriffs zu verwandten Konzepten wie beispielsweise Gedächtnis, Intelligenz, Bewusstsein, Fähigkei-

> „1) alle Kenntnisse im Rahmen alltäglicher Handlungs- und Sachzusammen-
> hänge (Alltagswissen); 2) im philosophischen Sinne die begründete und be-
> gründbare (rationale) Erkenntnis im Unterschied zur Vermutung und Meinung
> oder zum Glauben. Wissen kann primär durch zufällige Beobachtung, durch
> systematische Erforschung (Experiment) oder deduzierende Erkenntnis ge-
> wonnen werden, sekundär durch lernende Aneignung von Wissensstoff."[25]

Das unter Punkt eins angesprochene Wissensverständnis im Sinne eines Sach- und Handlungswissens ist Gegenstand unzähliger Definitionsversuche.[26] Beispielhaft sei hier die Unterteilung von Wissen gemäß Quinn et al.[27] in

- know what (erkenntnismäßiges Wissen)
- know how (hochentwickelte Fertigkeiten)
- know why (Verständnis systemischer Zusammenhänge) und
- care why (motivatorischer Aspekt)

zu nennen.

Punkt zwei der Brockhaus-Definition beschreibt die philosophische Sicht auf den Wissensbegriff. Hier wird Wissen in Form wahrer Erkenntnis Glauben und Meinen gegenübergestellt. Philosophische Diskussionen hierzu gehen zurück bis in die griechische Antike.[28] Ein sehr interessanter Aspekt, dessen Ausführung den Rahmen des vorliegenden Lehrbuchs allerdings sprengen würde.

Im allgemeinen Sprachgebrauch scheint die Verwendung des Wissensbegriffs unproblematisch und kaum reflektiert. „Wir wissen, wo's lang geht." deutet auf kompetente Zeitgenossen, die offensichtlich ein Ziel vor Augen haben und den Weg kennen, dieses Ziel zu erreichen. Immerhin: die umfangreiche Diskussion und die zahlreichen Veröffentlichungen zum Thema Wissensmanagement lassen den Schluss zu, dass man gemeinhin davon ausgeht, dass es Wissen gibt – unabhängig einer allgemeingültigen Definition und dass man dieses managen kann.

Je nach wissenschaftlicher Verortung allerdings finden sich unterschiedliche Sicht- und Herangehensweisen im Umgang mit dem Wissensbegriff zum Beispiel in der Organisations- und Managementlehre, in der Kognitionspsychologie, in der Pädagogik, in der Volkswirtschaftslehre, in der Soziologie, in der Wirtschaftsinformatik,

---

ten, Bildung, Erfahrungen, Einsicht, Einstellungen, Kognition und Erkenntnis ist fließend. Gemeinsam ist diesen Konzepten die Vorstellung, dass es sich um subjektive Repräsentationen von Wirklichkeit handelt, die in mehr oder minder ausgeprägter Form als Dispositionen von Wahrnehmung und Verhalten betrachtet werden können.'"

25 Der Brockhaus: in 15 Bänden. Permanent aktualisierte Online-Auflage. Leipzig, Mannheim: F.A. Brockhaus 2002-2006.

26 Eine Übersicht verschiedener Wissenstypologien findet sich bei Roehl 2000, S. 22ff.

27 Vgl. Quinn et al. 1996

28 Die Frage „Was ist Wissen?" führt zu Epistemologie (Wissenslehre, Erkenntnistheorie); vgl. hierzu eine zusammenfassend Darstellung bei Riempp 2004, S. 58 ff.

in der Theoretischen Informatik und in den Bibliotheks-, Dokumentations- und Informationswissenschaften.

Auch nach vielen Jahren der Beschäftigung mit den Begriffen Wissen und Wissensmanagement fehlt in der Organisations- und Managementlehre eine eindeutige Begriffsdefinition darüber, was Wissen ist und was unter dem Begriff Wissensmanagement zu verstehen ist. Geiger[29] fordert nicht zu Unrecht die Entwicklung eines wissenschaftlich tragfähigen Verständnisses von Wissen, eine Abgrenzung des Wissensbegriffs von anderen Konstrukten wie Kapital und Human Resources und die Erarbeitung eines Wissenskonzepts, auf dessen Basis Managementempfehlungen abgeleitet werden können. Fragestellungen zum wissensbasierten Unternehmen, der organisationalen Wissensbasis und des Organisationalen Lernens sind hier Gegenstand einer wissenschaftlichen Diskussion. Neben dem ressourcenbasierten Ansatz hat sich im angloamerikanischen Raum der wissensbasierte Ansatz (Knowledge Based View) entwickelt. Im Mittelpunkt dieses Ansatzes steht die Frage, „auf welche Weise unternehmensspezifisches Wissen zur Erzielung von Wettbewerbsvorteilen beitragen kann und welche Konsequenzen die Wettbewerbsrelevanz von Wissen sowohl für die Theorie als auch für die Praxis des strategischen Managements aufweist."[30]

Allgemein beschäftigt sich die Psychologie mit der Frage nach dem Umgang mit Wissen im Zusammenhang mit der Erforschung des menschlichen Denkens, Fühlens und Handelns. Als Beispiel eines Definitionsansatzes seien hier die Ausführungen von Pöppel[31] genannt: „Die drei Formen menschlichen Wissens sind so grundlegend, sie bestimmen derart stabile Koordinaten unserer Erfahrung und jeglichen Handelns, dass gilt, eine Wissensgesellschaft ist nur dann wohl verortet, eine Wissenswelt ist nur dann fest gefügt, wenn die Bewohner dieser Wissenswelt ihr Wissen gemäß ihrer Ausstattung, die von der Natur mitgegeben wurde, dreifach gestalten, also als explizites Wissen, als implizites Wissen und als bildliches Wissen." Explizites Wissen ist bewusstes Wissen, das katalogisiert und katalogisierbar ist. Es steht in Enzyklopädien und Lehrbüchern. Implizites Wissen dagegen ist Gewohnheitswissen. Es spiegelt sich in unseren Entscheidungen wider. Bildliches Wissen gibt es in dreifacher Form, nämlich Anschauungs-, Erinnerungs- und Vorstellungswissen.

Stehen im Bereich der Pädagogik i.d.R. Fragen nach dem Wissenserwerb und der Wissensvermittlung im Vordergrund, so wird innerhalb dieser Disziplin gemäß dem Münchner Modell (vgl. Kapitel 3.2.4) Wissensmanagement in die vier Berei-

---

29 Vgl. Geiger 2006, S. 3
30 Vgl. Al-Laham 2003, S. 9
31 Pöppel 2001: Was ist Wissen in: http://www.uni-koeln.de/organe/presse/reden/
    poeppel_fest.pdf (zuletzt zugegriffen am 29.01.2013)

che Wissensrepräsentation, -kommunikation, -generierung und -nutzung eingeteilt.[32]

Wie bereits ausgeführt, befinden wir uns in einem gesellschaftlichen Veränderungsprozess hin zur Wissensgesellschaft. Die Beobachtung dieses gesellschaftlichen Wandels unter ökonomischen Gesichtspunkten, wie zum Beispiel die Veränderung der Erwerbsstruktur in den Sektoren, ist Inhalt volkswirtschaftlicher
Untersuchungen im Zusammenhang mit Wissensmanagement.

Kommt es aufgrund der zunehmenden Bedeutung von Information und Wissen
und damit einer zunehmenden Bedeutung des Bildungsniveaus zu einer Änderung der Gesellschaftsstruktur? Welche Auswirkungen haben diese Änderungen
auf den Arbeitsmarkt? Welche Gesellschaftsschichten profitieren von diesen Änderungen, welche gehören zu den Verlierern? Die Soziologie versucht, Antworten
auf diese Fragen zu geben.

Als Bindeglied zwischen Betriebswirtschaftslehre und Informatik beschäftigt sich
die Wirtschaftsinformatik mit der Gestaltung von Geschäftsprozessen und deren
Unterstützung durch Informationssysteme. In diesem Zusammenhang spielen Da-
ten-, Informations- und Wissensmanagement eine zentrale Rolle. Eine Definition
und gegenseitige Abgrenzung dieser drei Begriffe und weitere Ausführungen
hierzu folgen zu Ende des Kapitels 2.2.3.

Auch die Theoretische Informatik beschäftigt sich mit Fragenstellungen im Zusammenhang mit dem Umgang mit Wissen. Gerade im Zusammenhang mit Web
2.0 gewinnen Verfahren der Künstlichen Intelligenz wieder an Bedeutung. Hier
spielen zum Beispiel Algorithmen zur maschinellen Verarbeitung von Sprache eine
wichtige Rolle. Bereits in den achtziger Jahren des vergangenen Jahrhunderts wurden hier sogenannte Expertensysteme als wissensbasierte Systeme entwickelt.
Heute liegt ein Forschungsschwerpunkt im Bereich Semantic Web und Text Mining.

Im Rahmen des informationstheoretischen Ansatzes geht es um die Frage nach
Repräsentation und Wiedergewinnung von Informationen (Information Retrieval).
Er bildet die theoretische Grundlage der Informations- und Wissensdefinition der
Bibliotheks-, Dokumentations- und Informationswissenschaften.

Die obigen Ausführungen stellen einen Versuch dar, einen knappen Überblick
darüber zu liefern, welche wissenschaftliche Disziplin welches Grundverständnis
des Wissensbegriffs hat und welche Forschungsinhalte sich daraus ergeben. Neuere Lösungsansätze und –verfahren werden sich nur durch integrative Herangehensweisen finden lassen, d.h. dass sich Wissenschaftler aus unterschiedlichen
Fachrichtungen zusammen tun, um ihr Wissen auszutauschen, um so gemeinsam
neue Wege zu erkunden und zu beschreiten.

---

32 Vgl. Reinmann-Rothmeier et al. 2001, S. 21

2.2.2   Wissen und Information

Worin unterscheidet sich Wissen von Information? Ist eine klare Abgrenzung dieser beiden Begriffe möglich und wenn ja, wie?

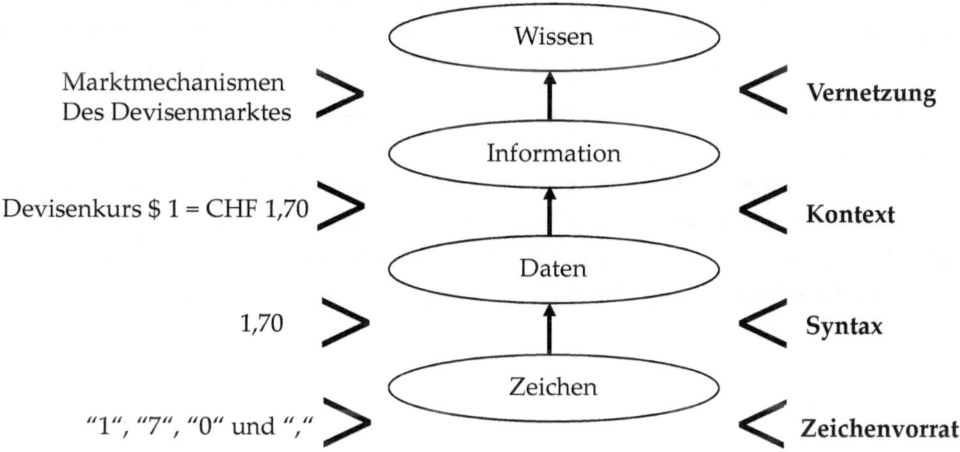

Abbildung 2-3:   **Systematik der Begriffe Zeichen, Daten, Informationen und Wissen**[33]

Wie Abbildung 2-3 zeigt, sieht der informationstheoretische Ansatz eine Abgrenzung von Wissen und Information vor. Ihm zufolge entsteht Wissen durch die Verknüpfung von Informationen. Grundlage hierfür stellt auf der untersten Ebene die Semiotik als Lehre von den Zeichen (Sprachwissenschaft) dar. Des Weiteren wird zur Begriffsdefinition eine Unterteilung in die Bereiche Syntax, Semantik und Pragmatik vorgenommen. Einzelne Zeichen sind in diesem Ansatz gewissermaßen atomare Teilchen, die sich auf Basis eines definierten Zeichenvorrats ergeben. Werden diese Zeichen in einer geordneten Struktur (Syntax) abgelegt, wird von Daten gesprochen. Diese verknüpft mit entsprechender Bedeutung (Semantik) und eingebunden in einen gewissen Kontext bilden Informationen, die dann in der Vernetzung zu Wissen führen.

Der Vorteil dieser Klassifikation besteht darin, dass sie eine leicht verständliche Struktur der Begriffe bietet, die bis zu einem gewissen Grad je nach Verwendungszweck Klarheit schafft. Ein Nachteil ergibt sich, gemäß der Erfahrungen der Autorin, durch eine sehr eingeschränkte Sichtweise. Denn man wird der Komplexität des Wissensbegriffs nicht gerecht, wenn Wissen lediglich als eine Vernetzung von Informationen definiert wird. Eine weitere Schwachstelle dieser Darstellung ist nach Meinung der Autorin auch darin zu sehen, dass diese Begriffshierarchie zu der falschen Annahme verleiten kann, dass grundsätzlich alles Wissen auf Basis von verknüpften Informationen generiert werden kann und dass das Wissen letztendlich eine Folge dieser Verknüpfung ist. In der Realität ist es aber eher umgekehrt. Zum Austausch von Wissen wird dieses auf Informationen „reduziert", die

---

33 Aus Rehäuser, Krcmar 1996

dann durch eine weitere Reduktion in Form von Daten zwischen einem Sender und einem Empfänger ausgetauscht werden. Diese Reduktion muss nach erfolgter Übermittlung vom Empfänger quasi rückgängig gemacht werden können, um das ursprüngliche Wissen abbilden zu können. Wie spätere Ausführungen in diesem Kapitel zeigen, kann nicht einmal gewährleistet werden, dass ein Empfänger die enthaltene Information auch gemäß der Intention des Senders versteht.

Auch die in der folgenden Abbildung gezeigte Wissenstreppe nach North[34] stellt eine gebräuchliche Darstellung des Zusammenhangs von Zeichen über Wissen bis hin zu Kompetenzen und schließlich Wettbewerbsfähigkeit dar. Auch diese Darstellung wird nach Meinung der Autorin einer wissenschaftlich fundierten Definition und Abgrenzung der verwendeten Begriffe nicht gerecht, da auch hier eine zu starke Vereinfachung eines doch sehr komplexen Sachverhalts vorgenommen wird.[35]

Abbildung 2-4:   Wissenstreppe[36]

Eine Definition der in Abbildung 2-4 verwendeten Begriffe Daten-, Informations- und Wissensmanagement erfolgt in Kapitel 2.2.3.

Eine viel zitierte Wissensdefinition in der Wissensmanagement-Literatur ist die von Polanyi[37], der zwischen implizitem Wissen (gebräuchliche Übersetzung für von ihm beschriebenes tacit knowledge) und explizitem Wissen unterscheidet. Nonaka und Takeuchi[38] gehen bei ihrer Wissensdefinition auf Polanyi zurück. Auch sie unterscheiden implizites und explizites Wissen (vgl. Tabelle 2-1).

---

34 Vgl. North 2002, S. 39
35 Siehe hierzu die Ausführungen bei Seiler, Reinmann 2004
36 Nach North 2002, S. 39
37 Vgl. Polanyi 1983 (1. Auflage 1966)
38 Aus Nonaka, Takeuchi 1997, S. 73

Tabelle 2-1:   Implizites und explizites Wissen

Implizites Wissen	Explizites Wissen
Erfahrungswissen (Körper)	Verstandeswissen (Geist)
Gleichzeitiges Wissen (hier und jetzt)	Sequentielles Wissen (da und damals)
Analoges Wissen (Praxis)	Digitales Wissen (Theorie)

Diese Wissensdefinition ist viel zitiert, hat aber zwischenzeitlich einige Kritiker gefunden, da sie den Begriff des tacit knowledge ihrer Meinung nach nicht richtig übernommen habe.[39] Tacit knowledge, wie Polanyi es versteht, ist verborgenes Wissen, also Wissen, von dem ich gar nicht weiß, dass ich es habe, geschweige denn, dass ich es beschreiben könnte.

Probst et al. definieren Wissen wie folgt: „Wissen bezeichnet die Gesamtheit der Kenntnisse und Fähigkeiten, die Individuen zur Lösung von Problemen einsetzen. Dies umfasst sowohl theoretische Erkenntnisse als auch praktische Alltagsregeln und Handlungsanweisungen. Wissen stützt sich auf Daten und Informationen, ist im Gegensatz zu diesen jedoch immer an Personen gebunden. Es wird von Individuen konstruiert und repräsentiert deren Erwartungen über Ursachen-Wirkungs-Zusammenhänge."[40]

Für Amelingmeyer[41] ist Wissen an sich immateriell und deshalb an körperliche Träger gebunden. Diese können im Gegensatz zur Definition von Probst et al. aber nicht nur Personen, sondern auch sonstige Wissensträger wie Printmedien sein. Explizites Wissen ist für sie dementsprechend an Wissensträger, wie Printmedien, gebundenes Wissen.

Al-Laham liefert einen synoptischen Überblick zur Wissensdefinition in der deutschsprachigen Literatur:

Er unterscheidet drei Zugangswege zum Wissensbegriff:

- „Wissen als Gesamtheit des Problemlösungspotentials von Wissensträgern bzw. Mehrheiten von Wissensträgern (bspw. der Gesamtunternehmung)
- Wissen als Verarbeitung bzw. bewusste Anwendung von Information
- Wissen als Ergebnis von Lernprozessen"[42]

Seiler und Reinmann[43] unterscheiden zwei Arten des Managements von Wissen: das Management von objektiviertem (öffentlichem) Wissen im klassischen Sinne der Planung, Steuerung und Kontrolle sowie das Management von idiosynkrati-

---

39 Vgl. Wilson „The nonsense of ‚knowledge management'", unter: http://informationr.net/ir/8-1/paper144.html?referer=www.clickfind.com.au (zuletzt zugegriffen am 29.01.2013)

40 Aus Probst et al. 1999, S.46

41 Vgl. Amelingmeyer 2004, S. 16; siehe auch S. 41-42

42 Aus Al Laham 2003, S. 25

43 Vgl. Seiler, Reinmann 2004, S. 21

schem (personalem) Wissen im Sinne der Förderung menschlicher Fähigkeiten, Bereitschaften, Austausch- und Gestaltungsprozessen.

Wie die oben gemachten Ausführungen zeigen, gibt es zurzeit kein allgemeingültiges Verständnis von dem, was unter dem Begriff Wissen zu verstehen ist. Stellt man gar die Frage nach der Natur des Wissens, begibt man sich auf philosophisches Terrain mit der Gewissheit, so schnell nicht zu einer endgültigen und eindeutigen Lösung zu kommen. Für die Praxis ist deshalb, ungeachtet theoretischer Erkenntnisse zum Wissensbegriff, ein pragmatischer Umgang mit dem Wissensbegriff ratsam.

Als Grundlage für die weiteren Ausführungen in diesem Buch wird in Anlehnung an die Definition von Seiler und Reinmann[44] folgende Definitionen der Begriffe Wissen, Informationen und Daten zugrunde gelegt:

> Wissen ist zu unterscheiden in personales und öffentliches Wissen. Personales Wissen kann Handlungswissen, intuitives Wissen und begriffliches Wissen sein. Öffentliches Wissen ist Wissen, das in Sprache gefasst ist und so als Information zwischen Wissensträgern ausgetauscht werden kann. Expliziertes, mit Hilfe von Zeichen abbildbares Wissen kann in Form von Daten gespeichert werden. Über das in Sprache gefasste Wissen hinaus kann Wissen auch in Form von Bildern oder Bildsequenzen (Videos) gespeichert und damit zwischen Sender und Empfänger ausgetauscht werden.

Nachdem nun die Begriffe Daten, Informationen und Wissen voneinander abgegrenzt und definiert sind, wird im folgenden Kapitel eine Beschreibung und Definition des Begriffs Wissensmanagement vorgenommen.

2.2.3   Wissensmanagement

Wie unter 2.2.1 und 2.2.2 bereits ausgeführt wurde, existiert eine Fülle unterschiedlicher Definitionen und Interpretationen darüber, was unter dem Begriff Wissen zu verstehen ist. Deshalb ist es nicht verwunderlich, dass es auch für den Begriff Wissensmanagement kein allgemeingültiges Verständnis und damit auch keine allgemeingültige Definition gibt. Geiger[45] kritisiert, dass sich die betriebswirtschaftliche Wissensdiskussion bisher weitgehend einer Auseinandersetzung mit dem Wissenskonzept entzogen habe.

Zahlreiche Publikationen und Fachtagungen sowie die Einrichtung von Studiengängen und Lehrstühlen zum Thema Wissensmanagement können als Beleg dafür gesehen werden, dass unabhängig von einer allgemein gültigen Theorie des Wissensmanagements dessen Bedeutung für Mensch, Organisation und Gesellschaft als hoch eingeschätzt wird.

---

44 Vgl. Seiler, Reinmann 2004, S. 19
45 Vgl. Geiger 2006, S. V

Ziel des Wissensmanagements ist der effektive und effiziente Umgang mit der Ressource Wissen. Dabei richtet sich der Fokus auf die Bereiche Schaffung (Generierung, Entwicklung), Verteilung (Kommunikation), Nutzung (schließt Suche mit ein) und Bewahrung (schließt Repräsentation mit ein) von Wissen.[46]

Geiger[47] führt den Ursprung des Wissensmanagements auf drei in der Wissenschaft zunächst isolierte Forschungsfelder zurück: dem Bereich des ressourcenbasierten Ansatzes, dem Bereich des Organisationalen Lernens und letztendlich dem Bereich der Informatik. Auch Al-Laham[48] führt das Organisationale Lernen als einen ursprünglichen Forschungsschwerpunkt des Wissensmanagements an. Im Rahmen der Organisationstheorie „wurde untersucht, inwieweit Unternehmungen ihre Ziele, Strukturen und Prozesse an veränderte Umweltbedingungen anpassen und welche Effizienz durch eine Anpassung erzielt werden kann." In diesem Sinne wird Organisationales Lernen als ein Anpassungsprozess an Umweltveränderungen verstanden. Weiterhin führt er solche Ansätze an, die Wissen unter dem Aspekt der „Information" behandeln. Er spricht in diesem Zusammenhang von drei betriebswirtschaftlichen Forschungsrichtungen:

- Gestaltung von Informationssystemen (Vertreter der Wirtschaftsinformatik)
- Gestaltung effizienter Kommunikationsstrukturen
- Untersuchung von unvollkommenen und unsicheren Informationen in Entscheidungssituationen

Bei Al-Laham[49] findet sich des Weiteren eine Zusammenstellung verschiedener Wissensmanagement-Definitionen aus der Managementliteratur. Er stellt holistische Ansätze und sogenannte Partialansätze gegenüber.[50]

Eine zusammenfassende Darstellung von Ansätzen des Wissensmanagements aus der Organisations- und Managementforschung und der Wirtschaftsinformatik findet sich bei Riempp.[51]

Nach den Ausführungen Geigers ist eine Unterscheidung in Wissensmanagementkonzepte und Wissenskonzepte notwendig.[52] Er klassifiziert Wissenskonzepte in informationstheoretisches Wissenskonzept, Konzept des Alltagswissens, Konzept des impliziten Wissens und das Knowing Konzept.

Im Rahmen von Forschungsaktivitäten in den Fachgebieten der Informationswissenschaft, der Wirtschaftsinformatik und der Informatik geht die Beschäftigung mit dem Wissensmanagement verwandten Themen bis in die sechziger Jahre des

---

46 Zu den Zielen von Wissensmanagement siehe auch Peinl et al. 2009, S.32
47 Geiger 2006, S. 10
48 Vgl. Al-Laham 2003, S. 6
49 Ebenda, S. 45ff
50 Ebenda, S. 7
51 Gemäß Riempp 2004, S. 72
52 Vgl. Geiger 2006

vergangenen Jahrhunderts zurück. Damals unter dem Begriff Management-Informations-Systeme (MIS) bekannt, wurden Entscheidungsträgern Daten - explizierbares Wissen - maschinell aufbereitet und in Form von Papierlisten zur Verfügung gestellt. Heute werden diese Aktivitäten auf einer inhaltlichen und technologisch weiterentwickelten Basis unter dem Begriff Business Intelligence (BI) subsumiert.

Weiterhin hat man sich im Bereich der Theoretischen Informatik bereits in den achtziger Jahren des vergangenen Jahrhunderts im Rahmen der Künstlichen Intelligenz mit Expertensystemen und dem Maschinellen Lernen beschäftigt. Diese Bereiche erfahren im Rahmen der heutigen Entwicklungen rund um das Wissensmanagement wieder eine große Aufmerksamkeit.

Seiler und Reinmann[53] sehen Wissensmanagement als „eine[r] integrative[n] Aufgabe, die zwei fundamentale Arten des Managements von Wissen zusammenbringen muss: das Management von objektiviertem (öffentlichem) Wissen im klassischen Sinne der Planung, Steuerung und Kontrolle sowie das Management von idiosynkratischem (personalem) Wissen im Sinne der Förderung menschlicher Fähigkeiten, Bereitschaften, Austausch- und Gestaltungsprozessen. Beides ist für das Funktionieren moderner Organisationen notwendig: Eine Organisation ohne effizientes Management von Information und Daten (also von objektiviertem und formalisiertem Wissen) versinkt im Chaos. Bloßes Daten- und Informationsmanagement aber macht ebenfalls keinen Sinn, denn ohne interpretierende Menschen werden Daten und Informationen niemals zu personalem Wissen und Handeln."[54]

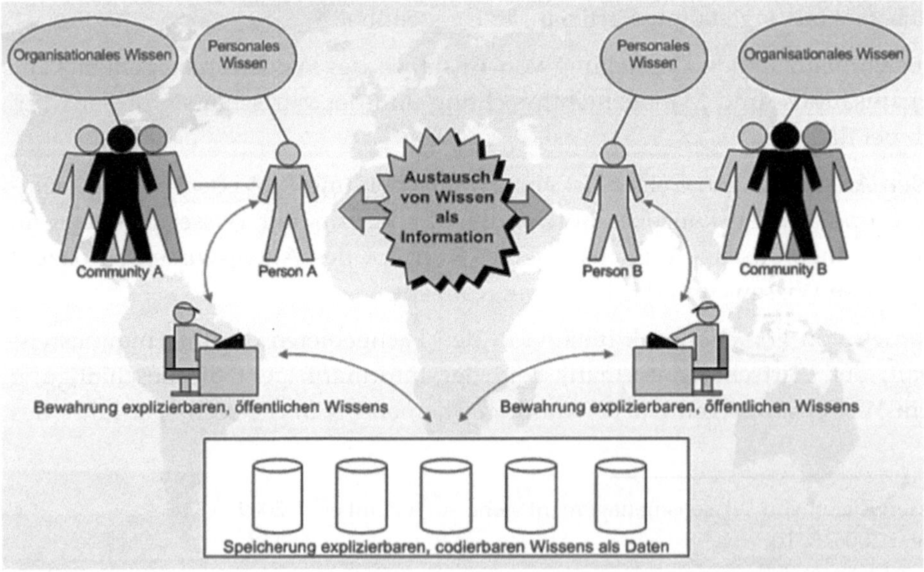

Abbildung 2-5:   **Zusammenspiel von Daten-, Informations- und Wissensmanagement**

53 Vgl. Seiler, Reinmann 2004; vgl. auch Reinmann-Rothmeier, 2001
54 Ebenda 2004, S. 21

Wie in Abbildung 2-5 bildhaft dargestellt, ergibt sich für Wissensmanagement folgende Definition:

> Wissensmanagement beschäftigt sich mit dem effektiven und effizienten Umgang mit der Ressource Wissen. Dieses Wissen kann personal (im Rahmen einer Community auch organisational) oder explizierbar, öffentlich sein. Der Austausch von Wissen erfolgt in Form von Informationen. Die Speicherung von explizierbarem, codierbarem Wissen erfolgt in Form von Daten, auf die im Gegenzug durch Einsatz entsprechender Technologien zugegriffen werden kann.

Entsprechend der oben genannten Definition für Wissensmanagement ergibt sich eine Definition für das Daten- und Informationsmanagement wie folgt:

> Im Zentrum des Wissensmanagements steht der Mensch als Person mit seinem personalen Wissen. Der Wissensaustausch zwischen Personen erfolgt im gegenseitigen Austausch von Informationen. Explizierbares, codierbares Wissen kann in Form von Daten abgespeichert werden.

Das Datenmanagement beschäftigt sich gemäß dieser Definition mit der Strukturierung, Speicherung und Bereitstellung explizierbaren, codierbaren Wissens in Form von Daten. Das Informationsmanagement hat seinen Schwerpunkt im Austausch von personalem und öffentlichem Wissen. Wobei gerade aus Sicht der Informationstechnik hier der Schwerpunkt auf dem explizierbaren, codierbaren Wissen liegt. Gemäß dieser Definitionen schließt Wissensmanagement sowohl Daten- und als auch Informationsmanagement mit ein.

Zum Schluss sei noch auf ein Zitat Willkes hingewiesen, der schreibt: „Um dem inneren Aufbau von Wissen näher zu kommen, ist es hilfreich, grundlegend zwischen Daten, Informationen und Wissen zu unterscheiden. Diese begrifflichen Unterschiede haben eine gravierende praktische Bedeutung. Gerade die unternehmerische Praxis, die sich oft über die Feinheiten begrifflicher Klärung erhaben dünkt, tappt hier in kostspielige Fallen, etwa indem teure IT-„Lösungen" eingekauft werden, die nur Datenfriedhöfe produzieren. Wissensmanagement steht deshalb erst am Anfang seiner Karriere, weil es bislang überwiegend als Datenaufbereitung und Informationsaustausch missverstanden wird."[55] Die Erfahrungen der Autorin belegen diese Einschätzung. Nicht zuletzt deshalb wurde der Mensch in Abbildung 2-5 ins Zentrum des Geschehens gesetzt. Ohne ihn im Mittelpunkt zu sehen, ist alle Anstrengung in Bezug auf Wissensmanagement-Initiativen sinnlos. Im folgenden Kapitel soll deshalb der Faktor Mensch näher beleuchtet werden.

---

55 Aus Willke 2004, S. 28

2.2.4 Faktor Mensch

Wie bereits mehrfach angesprochen, kommt dem Mensch im Wissensmanagement eine zentrale Rolle zu. Er ist nicht nur Träger von Wissen, sondern wendet dieses auch an, dokumentiert es, tauscht es aus und ist zudem in der Lage, neues Wissen zu generieren. Neben der Psychologie beschäftigen sich auch andere wissenschaftliche Disziplinen wie die Pädagogik, die Linguistik und die Kommunikationswissenschaft mit der Frage, wie die Prozesse der Wissensverarbeitung vom Wissenserwerb bis hin zur Wissensweitergabe bei Menschen vor sich gehen.

Erfahrungen, die im Rahmen von Wissensmanagement-Initiativen gemacht wurden, belegen, dass das Scheitern dieser vorhersehbar ist, wenn der Faktor Mensch vernachlässigt wird, wenn z.B. psychologische Prozesse, die diesen Initiativen vorausgehen, sie begleiten oder durch diese ausgelöst werden, ignoriert werden. Rückt der Mensch aber in den Mittelpunkt des Interesses, so gewinnen Faktoren wie Kognition, Motivation, Emotion und soziale Interaktion an Bedeutung.

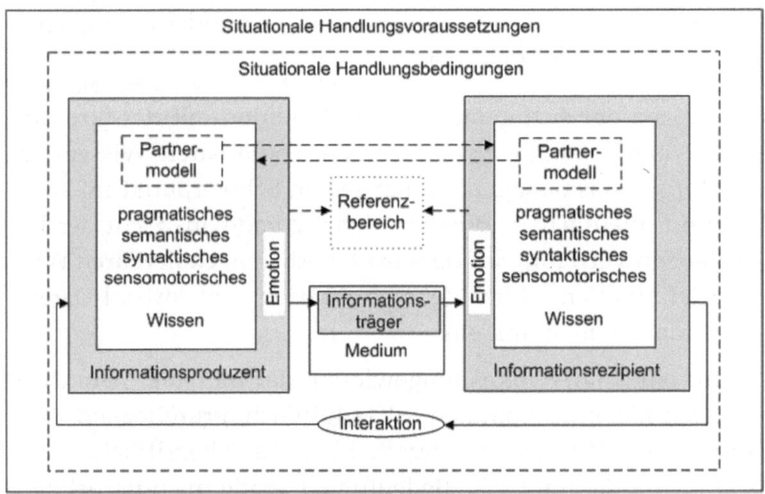

Abbildung 2-6:   **Schema des Kommunikationssystems**[56]

Für das Miteinander von Menschen und letztendlich für den Austausch von Wissen kommt der Kommunikation[57] eine entscheidende Bedeutung zu. Strohner definiert „Kommunikation als Informationsübermittlung zwischen kognitiven Systemen".[58] Ohne zu sehr auf die theoretischen Grundlagen der Kommunikationswissenschaft eingehen zu wollen, sei hier doch das Schema eines Kommunikationssystems nach Strohner (siehe Abbildung 2-6) vorgestellt, das den

---

56 Nach Strohner 2006
57 Folgende Ebenen der Kommunikation können unterschieden werden: Intra-Interpersonale Kommunikation, Organisationale Kommunikation, Öffentliche Kommunikation und Interkulturelle Kommunikation (siehe hierzu Strohner 2006, S. 14)
58 Ebenda 2006, S. 26

Sachverhalt und damit nicht zuletzt die tatsächliche Komplexität des Wissenstransfers und damit des Informationsaustauschs sehr treffend beschreibt.

Gemäß diesen Schemas erfolgt die Informationsübermittlung mittels Informationsproduzent und Informationsrezipient. Im Kommunikationsprozess sind generell situationale Handlungsvoraussetzungen und Handlungsbedingungen zu berücksichtigen. Unter situationalen Handlungsvoraussetzungen wird die externe Umwelt verstanden, die Einfluss auf das kognitive System ausübt. Interne Einflüsse stellen direkt wirksame Objekte wie Medien dar. Sie bilden den Rahmen situationaler Handlungsbedingungen. Weitere wichtige Kompetenzen kognitiver Systeme sind neben dem Verhalten ihr Wissen und ihre Emotion. Wissen wird in diesem Schema in sensomotorisches (motorisches Verhalten von Lebewesen), syntaktisches (zeitliche Sequenzen), semantisches (referentielle Beziehung z.B. zum Thema) und pragmatisches Wissen unterteilt. Der Informationsträger verweist mittels seiner Information auf ein oder mehrere Referenzobjekte im Referenzbereich. Erfolgreiche Kommunikation und damit erfolgreicher Wissensaustausch kann nur dann zustande kommen, wenn der Informationsrezipient in der Lage ist, den situationalen Handlungsrahmen, die Intention des Informationsproduzenten (dessen Wissen, Verhalten, Emotion) und das eigentliche Referenzobjekt in gleicher oder zumindest in ähnlicher Weise kognitiv abzubilden und damit zu verstehen.

Es lassen sich weitere Modelle in der Literatur finden, mit deren Hilfe die Komplexität menschlicher Kommunikation anschaulich dargestellt wird. Zum Abschluss dieses Kapitels sei hier das erweiterte Modell zum Austausch von Wissen nach Riempp (Abbildung 2-7) vorgestellt, das in sehr anschaulicher Weise die Bedeutung mentaler Modelle als Grundlage menschlicher Kommunikation beschreibt.

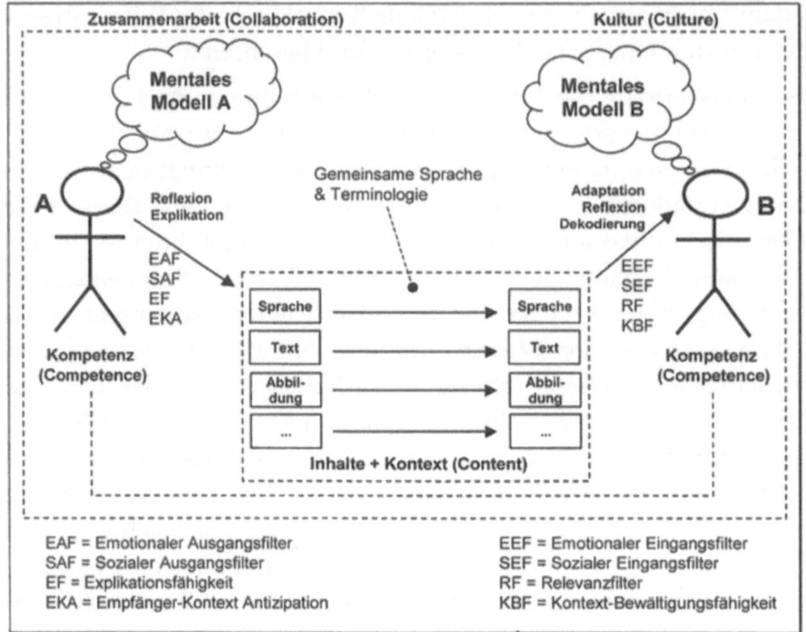

Abbildung 2-7:   **Erweitertes Modell des Austausches von Wissen**[59]

Riempp schreibt: „Menschen bilden im Laufe ihrer Entwicklungen individuell unterschiedliche mentale Modelle zur Ordnung ihrer sensorischen Erfahrung und als Abbild ihrer Verstehens- und Gestaltungsanstrengungen (Konstruktivismus). Allerdings ist der Erfahrungs- und Verstehensprozess bei der Bildung der Modelle nicht mechanistisch im Sinne des Kognitivismus, da er neben der individuell unterschiedlichen Grundlage und Fähigkeit zur intellektuellen Verarbeitung (Aufnahme und Wiedergaben von abstrakten Informationen) auch sozialen und emotionalen Einflüssen unterliegt. Nur so ist es erklärbar, dass jeder Schüler einen bestimmten Lerninhalt zwar ähnlich, aber durchaus unterschiedlich versteht und andere Konsequenzen daraus zieht. Weiterhin gehen mentale Modelle über eine reine Abbildung von Sinneseindrücken hinaus. Menschen können beispielsweise durch Intuition und Kreativität in ihren mentalen Modellen Konstrukte schaffen, die originär neu sind und Wirklichkeit gestalten, nicht abbilden (z.B. im Bereich von Malerei, Musik oder Erfindungen). Die bewussten Teile der mentalen Modelle sind explizites Wissen, die unbewussten Teile implizite Wissen."[60]

Die Berücksichtigung des Faktors Mensch mit seiner (Un-)Fähigkeit zur Kommunikation und damit zum Wissenstransfer und Informationsaustausch spielt im Wissensmanagement eine wichtige Rolle und darf nicht vernachlässigt werden; auch dann nicht, wenn eine einseitige Konzentration auf IT-System-relevante

---

59 Ebenda, S. 69
60 Aus Riempp 2004, S. 63

Sachverhalte aufgrund der heutigen technischen Möglichkeiten noch so verlockend ist.

Als weiterführende Literatur zu dem sehr interessanten Thema zwischenmenschlicher Kommunikation sei hier auf Bücher von Schulz von Thun und Watzlawick verwiesen:

- Schulz v. Thun, Friedemann: Miteinander Reden – Teile 1 bis 3
- Watzlawick, Paul: Anleitung zum Unglücklichsein
- Watzlawick, Paul: Wie wirklich ist die Wirklichkeit? Wahn, Täuschung, Verstehen

2.3   Unternehmenspraxis

Nach einer anfänglich euphorischen Phase ist, trotz einer gewissen Ernüchterung, Wissensmanagement aus der Praxis nicht mehr wegzudenken. Forschungsintensive Industrien und wissensintensive Dienstleistungen sind auf den kompetenten Umgang mit der Ressource Wissen zur Produkt- und Prozessinnovation angewiesen, um im globalen Wettbewerb mittel- und langfristig bestehen zu können.

Eine Vielzahl an Studien zum Thema Wissensmanagement belegte bereits in der zweiten Hälfte der neunziger Jahre des vergangenen Jahrhunderts, welche Bedeutung dieses Thema für Industrie- und Dienstleistungsunternehmen hat. Die erste deutschsprachige Studie des ILOI-Instituts[61] aus dem Jahr 1996 sowie die Studie von Bullinger[62] aus dem Jahr 1997 belegen dies ebenso wie eine weitere Studie, die im Jahr 1998 von der Unternehmensberatung KPMG[63] erstellt wurde. Im Berichtszeitraum 1995-1998 befragte McKinsey[64] weltweit vierzig Unternehmen zu ihren Wissensmanagement-Initiativen. Auch führte Andersen Consulting[65] (heute Accenture) in diesem Zeitraum eine Befragung bei US-amerikanischen Automobilherstellern durch. Die etwas aktuellere Studie vom Fraunhofer Institut für Systemtechnik und Innovationsforschung (ISI)[66] aus dem Jahre 2003 bestätigte die anhaltende Bedeutung des Themas Wissensmanagement für Unternehmen.

Im Rahmen der seit 1998 veröffentlichten MAKE-Reports (Most Admired Knowledge Enterprises)[67] werden weltweit anerkannte Wissensunternehmen gekürt. Die

---

61 Vgl. ILOI- Institut 1997
62 Vgl. Bullinger et al. 1997
63 Vgl. KMPG (Hg.) 1998
64 Vgl. Hauschild et al. 2001
65 Vgl. Miller 1999
66 Vgl. Edler 2003
67 Most Admired Knowledge Enterprises (MAKE) Reports, http://www.knowledge-business.com (zuletzt zugegriffen am 09.03.2012)

Berichte basieren auf der sogenannten Delphi-Methode[68], bei der über 500 Experten weltweit befragt werden. Kennzeichen sogenannter MAKE-Firmen sind:

- „creating a knowledge-driven enterprise culture
- developing knowledge leaders and workers
- innovation (R&D, creativity and new product/solution/service design and delivery)
- maximizing enterprise intellectual capital
- enterprise-wide collaboration and knowledge sharing
- creating a learning organization
- managing customer/stakeholder knowledge"[69]

Die Inhalte dieser Berichte werden ausführlicher zu Beginn des fünften Kapitels beschrieben.

Neben dem professionellen Umgang im Hinblick auf das Teilen von Wissen gilt es zu beachten, dass Wissen durchaus auch bewusst zurück odergeheim gehalten wird, um zum Beispiel Betriebsgeheimnisse vor der Konkurrenz zu schützen.

2.3.1 Motivation

Wie bereits ausgeführt, ist der kompetente Umgang mit der Ressource Wissen ein Muss, dem sich Unternehmen stellen müssen, um sich im globalen Wettbewerb behaupten zu können. Wissen hat neben den bereits bekannten Faktoren Arbeit, Boden und Kapital an Bedeutung gewonnen.[70] Dies wird zum Beispiel auch durch die in Kapitel 2.1. bereits erwähnte Initiative „Wissensbilanz – Made in Germany" belegt, die vom Bundesministerium für Wirtschaft und Technologie initiiert wurde und das Erstellen einer sogenannten Wissensbilanz mit den Bereichen Humankapital, Strukturkapital und Beziehungskapital zum Inhalt hat. Gerade in Deutschland, einem an und für sich rohstoffarmen Land, ist die Steigerung immaterieller Vermögenswerte von entscheidender Bedeutung. Spezifisches Produkt- und Prozesswissen gehört zu diesen immateriellen Ressourcen genauso wie kompetente Mitarbeiter und gute Beziehungen zu Kunden und Stakeholdern eines Unternehmens.

Wissensintensive Produkte zeichnen sich dadurch aus, dass sie technologisch anspruchsvoll sind, zudem kurze Innovationszyklen aufweisen und nicht als „Stangenware" erworben werden können, sondern zeitnah nach Kundenwunsch, individuell angefertigt werden.

---

68 Die Delphi-Methode ist ein systematisches, mehrstufiges Befragungsverfahren, indem sich Experten einbringen, um eine fundierte Meinung zu zukünftigen Trends oder Entwicklungen zu erhalten. Das Verfahren wurde von der Rand Corporation in den fünfziger Jahren entwickelt.
69 Aus Teleos 2009, European Most Admired Knowledge Enterprises – Executive Summary; zu finden bei http://www.knowledgebusiness.com (zuletzt zugegriffen am 11.2.2010)
70 Vgl. Stewart 1998

Wettbewerbsvorteile aufgrund qualifizierteren Prozesswissens ergeben sich dann, wenn ein Unternehmen in der Lage ist, die gleiche Leistung, z.B. die Herstellung eines Gutachtens effizienter erbringen zu können als die Konkurrenz.

In diesem Zusammenhang hat der Kampf um die besten Mitarbeiter bereits begonnen. So investieren innovative und auf die hohe Kompetenz der Mitarbeiter angewiesene Unternehmen kräftig, um Mitarbeitern eine möglichst attraktive Arbeitsumgebung bieten zu können. Damit sollen zum einen vorhandene Kompetenzträger an das Unternehmen gebunden und zum anderen neue, kompetente Mitarbeiter leichter gewonnen werden.

Die in Tabelle 2-2 überblicksartig zusammengefassten Formen des organisationalen Vergessens zeigen die „Flüchtigkeit" von Wissen. Verlust von Wissen, ob in Form der Kündigung eines Mitarbeiters oder in Form von Datenverlust aufgrund eines Hardwarefehlers, kann für ein Unternehmen weitreichende Folgen haben.

In dieser Aufstellung wird auf der einen Seite zwischen einer individuellen, kollektiven und elektronischen Wissensform und auf der anderen Seite zwischen dem Modus des Wissensverlusts unterschieden. Im ersten Modus kommt es aufgrund des Löschens von Gedächtnisinhalten zum Verlust von Wissen. Zu beachten ist, dass hier nicht vom Gedächtnis an sich (individuelles Wissen), sondern auch von einem kollektiven und elektronischen Gedächtnis die Rede ist. Im zweiten Modus kommt es aufgrund dessen, dass der Zugriff auf Wissen befristet oder unbefristet nicht möglich ist, zu Wissensverlust. Je nach Ausmaß des Wissensverlusts kann dieser die Existenz von Unternehmen gefährden.

Unternehmen haben die Bedeutung des Managements der Ressource Wissen längst erkannt und entsprechende organisatorische, personenbezogene und technische Maßnahmen getroffen.

Tabelle 2-2:   **Formen des organisationalen Vergessens[71]**

Form \ Modus	individuell	kollektiv	elektronisch
Gedächtnisinhalt wird gelöscht	• Kündigung • Tod • Amnesie • Frühpensionierung	• Auflösung eingespielter Teams • Reengineering • Outsourcing von Funktionsbereichen	Irreversible Datenverluste durch: • Viren • Hardwarefehler • Systemabstürze • Mangelnde Back-Ups • Hacker • …
Zugriff nicht möglich — *befristet*	• Überlastung/befristet • Versetzungen • Krankheit/Urlaub • mangelndes Training • Dienst nach Vorschrift	• Tabuierung von alten Routinen • kollektive Sabotage	• reversible Datenverluste • Überlastung/befristet • Schnittstellenproblem
Zugriff nicht möglich — *auf Dauer*	• Überlastung/permanent • kein Bewusstsein für Wichtigkeit eigenen Wissens • innere Kündigung	• Verkauf von Unternehmensteilen • Abwanderung von Teams • cover-up	• dauerhafte Inkompatibilität • Überlastung/permanent • falsche Kodifizierung

2.3.2   Die Wissensbasis des Unternehmens

Die Wissensbasis stellt die Gesamtheit des im Unternehmen verfügbaren Wissens dar. Sie wird durch die Qualität und Quantität des Wissens selbst, die Art der Wissensträger und die Wissensverfügbarkeit definiert.

Pautzke[72] hat bereits im Jahr 1989 ein Schichtenmodell der organisationalen Wissensbasis vorgestellt (Abbildung 2-8). Er unterteilt die Wissensbasis in eine latente und eine aktuelle Wissensbasis. Die aktuelle Wissensbasis selbst wird nochmals unterteilt in privates Wissen, d.h. Wissen einer Person, das der Organisation nicht zugänglich ist und in kollektives Wissen, d.h. Wissen einer Person, das sie bereit ist, mit anderen Personen zu teilen.

---

71 Nach Probst et al. 1997, S. 311
72 Vgl. Pautzke 1989, S. 87; siehe auch Al-Laham 2003, S. 71

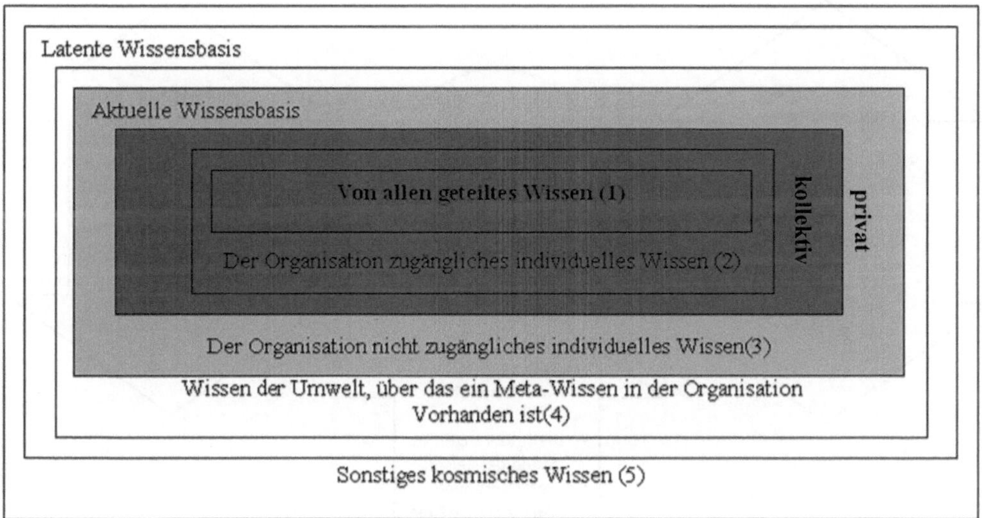

Abbildung 2-8:		**Schichtenmodell der organisationalen Wissensbasis**[73]

Auch die Dynamik des Wissens ist von Bedeutung, steht sie nämlich für die Lernfähigkeit und damit für die ständige Erneuerung der Wissensbasis. Dabei geht es nicht nur darum, die Wissensbasis ständig zu erweitern, sondern auch darum, nicht mehr benötigtes Wissen zu identifizieren und wenn möglich zu entfernen. Lernprozesse korrigieren und erweitern die Wissensbasis, denn Wissen kann sich jederzeit auch als falsch erweisen.[74] Dieser Sachverhalt hat für innovative Unternehmen eine zunehmend wichtige Bedeutung. Eine Kultur der Fehlerfreundlichkeit, also dass Fehler gemacht werden dürfen, da sie Voraussetzung für Lernen sind, muss in vielen Unternehmen erst wieder gelernt werden. Über das Zusammenspiel zwischen Wissensbestand und individuellem Lernen schreibt Al-Laham[75]: „Lernen ist kumulativer Natur, d.h. neues Wissen wird zu vorhandenem Wissen in Beziehung gesetzt, die Effizienz des Lernens ist dann am höchsten, wenn etwas gelernt wird, das in der Nähe des bereits Vorhandenen liegt; und eine breite bzw. divergente Wissensbasis erleichtert das Erlernen neuartiger, unvertrauter Wissensinhalte."

Abbildung 2-9 zeigt die Dynamik der Wissensbasis bezogen auf Veränderung der Wissensinhalte, Veränderung der Wissensverfügbarkeit und Veränderung in der Umwelt.

---

73 Ebenda, S. 87

74 sieht Falsifizierbarkeit und Bewertbarkeit als zentrale Eigenschaft von Wissen; vgl. Geiger 2006, S. 23

75 Aus Al-Laham 2003, S. 164

Abbildung 2-9:   **Dynamik der Wissensbasis**[76]

Geiger[77] verweist weiterhin auf die Bedeutung, Wissen von sogenanntem Nicht-Wissen (im Sinne von nicht dem Wissen zuordenbar, also kein Wissen) zu unterscheiden.

Die Wissensbasis als organisationale Wissensbasis bildet demnach das organisationale Gedächtnis des Unternehmens, das mit Hilfe von Lernprozessen, dem Organisationalen Lernen, einem stetigen Wandel unterliegen muss, um den gewünschten Beitrag zur Wettbewerbssicherung von Unternehmen zu leisten.

Die Wissensbasis stellt auch die zentrale Komponente im integrierten Geschäftsmodell mit Fokus Wissen (iGFW) dar, wie es von der Autorin entwickelt wurde. Eine ausführliche Beschreibung dieses Modell erfolgt in Kapitel 3.3.

2.3.3   Wissensmanagement-Strategie

Die strategische Unternehmensführung muss die Spielregeln eines wissensbasierten Wettbewerbs kennen und sich den daraus resultierenden Herausforderungen stellen. Aus diesem Grund ist es zwingend, sich neben der allgemeinen Unternehmensstrategie auch eine Strategie zum Umgang mit Wissen zurechtzulegen. Neben dem allgemeinen Umgang mit der Ressource Wissen ist auch das Organisationale Lernen Erkenntnisobjekt einer wissensbasierten Unternehmensführung (vgl. Kapitel 2.3.2).

---

76 Nach Amelingmeyer 2004, S. 118
77 Vgl. Geiger 2006

Al Laham[78] definiert Strategie als „die grundsätzliche, langfristige Verhaltensweise (Maßnahmenkombinationen) der Unternehmen und relevanter Teilbereiche gegenüber ihrer Umwelt zur Verwirklichung der langfristigen Ziele". Weiterhin definiert er strategisches Management als „Prozess, in dessen Mittelpunkt die Formulierung und Umsetzung von Strategien in Unternehmungen steht."

Albrecht unterscheidet vier mögliche Formen, wie Unternehmensstrategie und Wissensstrategie zusammenhängen können:

- „Die Wissensstrategie ist konzeptionell und inhaltlich von der Unternehmensstrategie losgelöst.
- Die Wissensstrategie folgt der Unternehmensstrategie, d.h. wird aus ihr abgeleitet.
- Die Unternehmensstrategie folgt der Wissensstrategie, d.h. wird aus ihr abgeleitet.
- Die Wissensstrategie ist Bestandteil der Unternehmensstrategie, d.h. die Unternehmensstrategie ist eine integrale Klammer aller Strategiearten."[79]

Die Abhängigkeit kann auch als Kreislauf gesehen werden, in dem die Geschäftsstrategie Wissensstrategie beeinflusst und umgekehrt.

Weiterhin können unterschiedliche strategische Herangehensweisen unterschieden werden[80]:

- Wissensmanagement als Unternehmensstrategie
- Wissensmanagement als Management des intellektuellen Kapitals
- Kundenorientiertes Wissensmanagement
- Wissensmanagement als Wissenskommunikation und Best Practice-Sharing
- Wissensmanagement als gezielte Wissensgenerierung und Innovation
- Personalisiertes Wissensmanagement mit individuellen Verantwortlichkeiten

In dieser Hinsicht ist auch das zu Beginn des zweiten Kapitels erwähnte Managementkonzept des Knowledge Based View (KBV) interessant, weil es die Bedeutung der Wissensbasis für das strategische Management und damit auch für die Definition der Wissensmanagement-Strategie unterstreicht. Vertreter des Knowledge Based View argumentieren, dass „die Wissensbasis einer Unternehmung [ ] ihre aus strategischer Sicht wichtigste Ressource [ist], da sie zu einem dauerhaften, nichtimitierbaren und einzigartigen Wettbewerbsvorteil beitragen kann. Diese Argumentation wird insbesondere für implizites Wissen geführt."[81]

Im Rahmen der Darstellung des integrierten Geschäftsmodells mit Fokus Wissen (Kapitel 3.3) wird das Thema Wissensmanagement-Strategie nochmals aufgegriffen und weiterführend behandelt.

---

78 Aus Al-Laham 2003, S. 23
79 Aus Albrecht 1993, S. 126
80 Vgl. Reinmann- Rothmeier et al. 2001, S. 41ff.
81 Aus Al-Laham 2003, S. 161

2.3.4 Erfolgsfaktoren

Vorliegende Fallstudien zum Thema Wissensmanagement geben Aufschluss darüber, wie Wissensmanagement erfolgreich im Unternehmen eingeführt wird. Diesen Studien kann darüber hinaus entnommen werden, welche Barrieren bei der Einführung und Anwendung von Wissensmanagement auftreten können.

Die Studien[82], die zu Ende des 20. Jahrhunderts durchgeführt wurden, belegen, dass dem Wissensmanagement zwar eine hohe Bedeutung eingeräumt wird, dass aber einige Barrieren einer erfolgreichen Umsetzung entgegen wirken wie z.B. die fehlende Bereitschaft von Mitarbeitern, ihr Wissen mit anderen zu teilen.

Ziel der Beschäftigung mit dem Thema Wissensmanagement muss sein, eine lernende und wissensbasierte Organisation zu schaffen. Grundlage hierfür bietet ein wissensmanagementförderliches Leitbild, das für das Unternehmen sowohl eine entsprechende Wissens- und Lernkultur als auch eine entsprechende Kommunikations- und Kooperationskultur definiert. Diese Punkte stellen kritische Erfolgsfaktoren bei der Einführung und Verankerung von Wissensmanagement in der Organisation dar.

2.4 IKT als ein Treiber für das Management von Wissen

Ohne Zweifel ist das starke Interesse an dem Thema Wissensmanagement sehr eng mit der Entwicklung in der Informations- und Kommunikationstechnik verknüpft. In einer vom Bundesministerium für Wirtschaft und Technologie (BMWi) im Jahre 2006 herausgegebenen Broschüre mit dem Titel „iD2010 – Informationsgesellschaft Deutschland 2010"[83] ist zu lesen: „Die Chancen der deutschen Wirtschaft, die Herausforderungen der Globalisierung und der Informationsgesellschaft zu bestehen, hängen entscheidend von der Nutzung der modernen Informationstechniken in ihren Geschäftsprozessen ab. IKT-Anwendungen in verschiedenen Formen – z.B. als E-Business und Wissensmanagement – ermöglichen eine zielgerichtete und schnelle Aufnahme und Verarbeitung von Informationen und die Restrukturierung der internen und externen Betriebsstrukturen zur Beschleunigung der Geschäftsprozesse und zur Erzielung von Kosteneinsparungen."

2.4.1 Weltweite Vernetzung dank Internet

Die Anfänge des Internets gehen bis in die sechziger Jahre des vergangenen Jahrhunderts zurück als das Verteidigungsministerium der USA den Auftrag vergab, ein Netzwerk zu entwickeln, das nicht zentral, sondern dezentral funktionieren

---

82 Eine Aufzählung zahlreicher Studien findet sich zu Beginn von Kapitel 2.3.

83 Bundesministerium für Wirtschaft und Technologie (BMWi) 2006: iD2010 – Informationsgesellschaft Deutschland 2010, S. 14 (Internet link: http://www.bmwi.de/ BMWi/Redaktion/PDF/Publikationen/id2010_E2_80_93informationsgesellschaft-deutschland-2010, property=pdf,bereich=bmwi,sprache=de,rwb=true.pdf; zuletzt zugegriffen am 12.1.2010)

würde und damit nicht so anfällig für etwaige Angriffe wäre. Aber nicht nur militärisches, sondern auch wissenschaftliches Interesse führte zur Entwicklung des Internets. So entstand im Jahr 1969 APRANET (Advanced Research Project Agency) als erstes wissenschaftliches Netzwerk, das die Rechner von vier amerikanischen Forschungseinrichtungen, nämlich das Stanford Research Center, die Universität von Utah, die Universität von Kalifornien in Los Angeles und die Universität von Kalifornien in Santa Barbara, vernetzte.

Gleichzeit fand die Entwicklung von UNIX durch Ken Thompson von Bell Laboratories statt, das allerdings keine Ähnlichkeit mit den heutigen modernen UNIX-Systemen hat. Außerdem wurde zur gleichen Zeit die Programmiersprache C von Dennis Ritchie und Brian Kernigham (auch Bell Laboratories) entwickelt. Sowohl UNIX, das die grundlegende Struktur des Internets formt, als auch TCP/IP, das Übertragungsprotokoll, das den Datentransfer über das Internet steuert, sind in dieser Programmiersprache entwickelt. 1972 umfasste das APRANET 40 Hosts (Rechner) und Ray Tomlinson, ein Mitglied von Bolt, Beranek und Newmann, entwickelte die E-Mail. 1974 wurde das Transmission Control Protocol (TCP) von Vinton Cerf und Robert Khan entwickelt. 1975 war das ARPANET ein voll funktionsfähiges Netzwerk.

Seit 1975 entwickeln sich UNIX und das Internet gemeinsam weiter. 1982 wird das APRANET auf TCP/IP angepasst. Bis Ende der 80er Jahre wurde das Internet ausschließlich für militärische und wissenschaftliche Zwecke genutzt. Es wurde von der National Science Foundation (NSF) verwaltet, die sich 1995 zurückzog und damit einer Kommerzialisierung des Internets den Weg bereitete. Unternehmen wie Privatpersonen begannen, das Internet zu nutzen: Browser wie NCSA, Mosaic, Netscape, Microsoft Internet Explorer machten einen benutzungsfreundlichen Zugang möglich.

Das World Wide Web (WWW) wurde von Tim Berners-Lee im CERN in Genf entwickelt. Die Zahl der Internet-Service-Provider wuchs rasant. Die Zahl von Unternehmen, die übers Internet Geschäfte betrieben, stieg ebenfalls rasant. Neue Unternehmen wie Yahoo oder Amazon entstanden.

Das Internet ist heute aus dem Alltag nicht mehr wegzudenken. Der Anteil der Bevölkerung mit Zugriff auf das Netz ist in den entwickelten Ländern bereits hoch und steigt weiterhin kontinuierlich an. Dieser Trend wird in Deutschland und Europa durch die Anstrengungen der Bundesregierung und auch der Europäischen Union unterstützt, indem Zugriffsmöglichkeiten geschaffen werden, damit der „wissensbasierten Gesellschaft" nichts im Wege steht. Vor allem soll eine Zweiklassengesellschaft, nämlich solche Mitglieder mit Zugriff aufs Netz und andere ohne, verhindert werden.

2.4.2 Webclients

Das Internet selbst stellt im eigentlichen Sinne nur die Infrastruktur für verschiedene Anwendungen zur Verfügung. Der Zugriff auf diese Dienste, zum Beispiel World Wide Web oder E-Mail, erfolgt via sogenannter Webclients. Bekannte Dienste können der folgenden Tabelle entnommen werden:

Tabelle 2-3:   **Dienste im Internet**

Dienst	Beschreibung	Anwendungen
World Wide Web	Zur Übertragung von *Webseiten*	*Webbrowser*
E-Mail	Zum Versand *elektronischer Briefe* (E-Mails)	E-Mail-Client, z. B. *Microsoft Outlook* oder *Mozilla Thunderbird*
Dateiübertragung (File Transfer)	Zur Übertragung von Dateien	FTP-Server und -Clients wie *FileZilla*
Peer-to-Peer-Systeme	z. B. *Tauschbörsen* zum Austausch von *Dateien*	*Azureus, eMule, FrostWire, Kazaa Lite K++*
Virtual Private Network *VPN*	Kopplung von *LANs* durch das Internet, optional mit Verschlüsselung und Authentizierung	*OpenVPN*

2.4.3 Anwendungssysteme für das Management von Wissen

Die rasante technologische Entwicklung auf Basis des Internets hat nicht nur das Privatleben von Menschen, sondern auch die Art und Weise wie Menschen in Organisationen und über Organisationsgrenzen hinaus arbeiten, massiv verändert. Damit stehen heute technische Möglichkeiten zur Nutzung, Verteilung, Bewahrung und letztendlich auch zur Schaffung neuen Wissens zur Verfügung, von denen man vor 15 bis 20 Jahren nur träumen konnte.

Wie in Kapitel vier ausführlicher beschrieben wird, empfiehlt sich eine Einteilung möglicher Anwendungssysteme für das Management von Wissen in folgende Kategorien:

- Portale
- Inhalte
- Zusammenarbeit
- Kompetenz
- Suche und Navigation

Portale stellen die allgemeine Benutzungsoberfläche für den Zugriff auf Inhalte und Funktionalitäten zur Nutzung von Wissen dar.

Unter Inhalten wird explizierbares, öffentliches Wissen verstanden, auf das zum Beispiel mittels Portalen zugegriffen werden kann. Dies können Texte, Bilder, Videos etc. sein. Wichtig in diesem Zusammenhang ist die zunehmende Bedeutung der Trennung von Inhalten und Layout, die in Kapitel vier näher erläutert wird.

Ein wesentliches Element heutiger Wissensmanagement-Werkzeuge stellen solche dar, die die Zusammenarbeit von Teams unterstützen. Hier haben sich ganz neue Anwendungsfelder aufgetan, die weit über Videokonferenzen hinausgehen.

Im Bereich Kompetenz blickt man hier auf zahlreiche, innovative Angebote im E-Learning-Umfeld.

Letztendlich spielt auch die Suche und Navigation eine große Rolle, da ein effizientes Arbeiten mit diesen neuen Technologien nur gewährleistet ist, wenn verfügbare, relevante Inhalte auch zeitnah gefunden werden können.

2.4.4 Zukünftige Entwicklungen

Die Entwicklung im IKT-Bereich wird weiter voranschreiten. Trends wie weiter zunehmende Vernetzung mit höheren Datentransferraten, zunehmende Verfügbarkeit von Online-Inhalten jeglicher Art, zunehmende Vernetzung von Unternehmen (E-Business) und neuere Anwendungen im sogenannten Social Web (Web 2.0) werden sich auch künftig fortsetzen und eine weitere Verbreitung finden.

Darüber hinaus werden Themen wie Outsourcing und Offshoring für Unternehmen eine große Bedeutung haben. Outsourcing und Offshoring ist aber nur dann effizient zu gestalten, wenn vorhandene Technologien zum Austausch und zur Bewahrung von Wissen effektiv und effizient genutzt werden.

Was heißt das für Deutschland? Gerade in einem Land, das an sich keine großen Rohstoffvorkommnisse besitzt, ist es von zentraler Bedeutung, Möglichkeiten, die die Ressource Wissen bietet, zu nutzen und die Verbreitung der IKT und damit deren Anwendungsmöglichkeiten weiter voranzutreiben. In einem Land, in dem das Bevölkerungswachstum mehr oder weniger gleich null ist und die Bevölkerung zunehmend älter wird, kommt dem Humankapital und damit auch dem Wissensmanagement eine zentrale Bedeutung zu.

3 Ansätze und Modelle des Wissensmanagements

Nachdem im zweiten Kapitel eine allgemeine Einführung ins Thema Wissensmanagement gegeben wurde, stellt das dritte Kapitel gängige Ansätze und Modelle des Wissensmanagements vor und führt das integrierte Geschäftsmodell mit Fokus Wissen (iGFW) ein.

Lernziele für das dritte Kapitel sind:

- Bedeutung theoretischer Ansätze und Modelle für Wissensmanagement-Initiativen kennen
- verschiedene Modelle des Wissensmanagements, deren Gemeinsamkeiten und Unterschiede kennen
- das integrierte Geschäftsmodell mit Fokus Wissen (iGFW) kennen

3.1 Einführung

Die Diskussion darüber, was unter Wissensmanagement zu verstehen ist und was es umfasst, hat im Laufe der Jahre zu einer Vielzahl unterschiedlicher Ansätze und Modelle geführt. Bevor einige dieser Modelle in Kapitel 3.2 vorgestellt werden, werden hier mögliche Herangehensweisen im Sinne unterschiedlicher Ansätze aufgezeigt. Die Tatsache, dass es unterschiedliche Herangehensweisen an das Thema Wissensmanagements gibt, beruht auf der Tatsache, dass es verschiedene Sichtweisen auf dieses Thema gibt.

Für ein Unternehmen ist es von Bedeutung, sich über die unterschiedlichen Sichtweisen im Klaren zu sein und den für das eigene Unternehmen geeignetsten Ansatz, manchmal auch eine Mischung davon, zu wählen.

Riempp[84] unterteilt Ansätze des Wissensmanagements nach Strategie-, Prozess- und Systemebene in

- strategieorientierte
- prozessorientierte und
- systemorientierte

Ansätze.

Weiterhin führt er Gestaltungsbereiche für Wissensmanagement-Initiativen als Abgrenzungskriterium an. Entsprechend dieses Gestaltungsbereichs ergibt sich eine Unterteilung in

- humanorientierte

---

84 Vgl. Riempp 2004, S. 75 ff.

- technikorientierte und
- interaktionsorientierte

Ansätze.

Während in den Anfängen der Beschäftigung mit Wissensmanagement technikorientierte Ansätze im Vordergrund standen, finden heute vor allem human- und interaktionsorientierte Ansätze Beachtung.[85]

Integrierende Ansätze verbinden o.g. Ansätze. Das wohl bekannteste, am meisten zitierte und viel diskutierte Modell ist das von Nonaka und Takeuchi[86] aus dem Jahr 1995. In ihrem Buch mit dem Titel *The Knowledge-Creating Company - How Japanese Companies Create the Dynamics of Innovation* beschreiben sie die Unterscheidung von Wissen in implizites und explizites Wissen und führen die sogenannte Wissensspirale ein.[87] Dieses Modell verbindet human- und interaktionsorientierte Sichtweisen, technische Aspekte spielen in diesem Ansatz keine Rolle. Auch die von Probst et al.[88] beschriebenen Bausteine des Wissensmanagements haben in der Literatur eine weite Verbreitung gefunden. In diesem Modell werden der strategieorientierte und der prozessorientierte Ansatz integriert.[89]

Gliedert man die Sicht auf ein Unternehmen in die drei Bereiche Mensch, Organisation und Technik, ergibt sich

- in Bezug auf den Menschen die Betrachtung von Wissensmanagement als Gestaltung von Kommunikations- und Lernprozessen
- in Bezug auf die Organisation die Betrachtung von Wissensmanagement als Organisationsgestaltung
- in Bezug auf Technik (gemeint ist hier IKT) die Betrachtung von Wissensmanagement als Gestaltung systemgestützter Wissensverteilung und Wissensbewahrung

Bei Letzterem wird das zu verteilende und zu bewahrende Wissen in Form von Daten gespeichert, die dann zum Informationsaustausch für die Benutzer unter Nutzung entsprechender Anwendungssysteme zur Verfügung stehen.

---

85 Im Buch von Reinmann und Mandl (Hg.) 2004 mit dem Titel *Psychologie des Wissensmanagements* steht zum Beispiel der Mensch und die Kommunikation zwischen diesen im Vordergrund der Betrachtung.

86 Nonaka, Takeuchi 1995 und 1997. Die Originalausgabe erschien 1995 unter dem Titel „The Knowledge-Creating Company", Oxford University Press Inc. Die deutsche Übersetzung erschien 1997 unter dem Titel "Die Organisation des Wissens – wie japanische Unternehmen eine brachliegende Ressource nutzbar machen"

87 Siehe Kapitel 3.2.1

88 Vgl. Probst et al. 1997. Die erste Auflage erschien im Jahr 1997. Dieses Buch liegt im Jahr 2006 in der 5. Auflage vor.

89 Siehe Kapitel 3.2.2

Im Sinne eines ganzheitlichen Wissensmanagements sind alle drei oben genannten Bereiche in Betracht zu ziehen.

3.2 Modelle für das Management von Wissen

Wie bereits erwähnt, steht in der Literatur eine Vielzahl von Modellen zur Verfügung. Neben der bereits genannten Wissensspirale von Nonaka und Takeuchi[90] (Kapitel 3.2.1) und den Bausteinen des Wissensmanagements von Probst et al.[91] (Kapitel 3.2.2) gibt es weitere Modelle, bei denen es sich lohnt, einen Blick auf sie werfen (Kapitel 3.2.3 ff.).

3.2.1 Spirale der Wissensschaffung

Die Fähigkeit innovativ zu sein, im Sinne der Schaffung neuen Wissens, spielt für den langfristigen Unternehmenserfolg eine entscheidende Rolle.

In ihrem Buch *The Knowledge-Creating Company* von 1995 haben Nonaka und Takeuchi[92] ihr Modell der Wissensschaffung im Unternehmen vorgestellt. Dieses entstand auf Basis jahrelanger Forschungen in japanischen Unternehmen. Nach ihrer Auffassung ist das dynamische Wechselspiel zwischen implizitem und explizitem Wissen[93] der Schlüssel zur Wissensschaffung im Unternehmen. Es beschreibt die Wissenserzeugung in zwei Dimensionen, einer ontologischen und einer epistemologischen:

- Ontologisch: als Dimension der Wissensschaffung vom Individuum zur Gruppe zum Unternehmen und darüber hinaus zur Interaktion zwischen Unternehmen.

- Epistemologisch (erkenntnistheoretisch): als Dimension der Unterscheidung zwischen implizitem und explizitem Wissen.

Nach ihrem Modell erfolgt die Wissensschaffung aufgrund der Umwandlung von implizitem zu explizitem Wissen und umgekehrt.

Wie in Abbildung 3-1 dargestellt, werden vier Formen der Wissensumwandlung unterschieden:

- Im Rahmen der *Sozialisation* erfolgt die Wissensumwandlung von implizitem in implizites Wissen aufgrund von Beobachtung und Nachahmung. Die Meister-Lehrling-Beziehung ist hierfür ein gutes Beispiel aus der Praxis. Der Lehrling schaut sich sozusagen ab, was der Meister macht und versucht dies nachzumachen. Darüber hinaus fällt darunter auch das Sammeln von Erfahrung durch Versuch und Irrtum.

---

90 Vgl. Nonaka ,Takeuchi 1995, 1997
91 Vgl. Probst et al. 1997
92 Vgl. Nonaka, Takeuchi 1995, 1997
93 Eine ausführliche Beschreibung der von Nonaka und Tackeuchi getroffenen Unterscheidung in implizites und explizites Wissen findet sich in Kapitel 2.2.2

- Im Rahmen der *Externalisierung* erfolgt die Wissensumwandlung von implizitem zu explizitem Wissen. In diesem Prozess wird implizites Wissen in Form von Metaphern, Analogien, Modellen und Hypothesen explizit gemacht. Hier geht es vor allem darum, das durch Beobachtung und Erfahrung gewonnene Wissen in Sprache zu verwandeln und damit kommunizierbar zu machen. Allerdings ist diese Ausdrucksform begrenzt. Zwischen Bildern und deren sprachlicher Beschreibung klafft i.d.R. eine Lücke, die nur durch Reflexion und Interaktion geschlossen werden kann.

Ziel-
punkt

	Implizites Wissen	**Explizites Wissen**
Implizites Wissen (Ausgangspunkt)	Sozialisation	Externalisierung
Explizites Wissen	Internalisierung	Kombination

Abbildung 3-1:   Vier Formen der Wissensumwandlung[94]

- Im Rahmen der *Kombination* geht es um die Wissensumwandlung von explizitem in explizites Wissen. Hier wird Wissen, das über Medien wie Dokumente oder aber auch Besprechungen explizit zugänglich ist, miteinander verbunden und daraus „höherwertigeres" bzw. neues Wissen geschaffen. Der Einsatz von IKT unterstützt diese Form der Wissensumwandlung, indem explizites Wissen in Datenbanken gespeichert und elektronisch ausgewertet oder als elektronische Nachrichten verteilt wird.

- Im Rahmen der *Internalisierung* geht es um die Umwandlung von explizitem in implizites Wissen. Darunter fallen das Verinnerlichen von Information und die Verarbeitung von Information im Sinne eines „learning by doing". Hierzu zählt explizites, in Sprache gefasstes Wissen, das durch Lesen und Lernen internalisiert wird.

Nach Nonaka und Takeuchi[95] erweitert sich die Wissensbasis des Unternehmens erst dann, wenn der Wissenserwerb des Individuums sich durch Kommunikation im Wissensbestand einer Gruppe niederschlägt und entsprechend aus der Gruppe herausgetragen wird und das ganze Unternehmen umspannt. Als letzte Stufe sehen sie die Schaffung neuen Wissens durch Interaktion zwischen Unternehmen.

Aus den vier Formen der Wissensumwandlung und der Unterscheidung der vier Wissensebenen entwickelten sie die Spirale der Wissensschaffung im Unterneh-

---

94 Nach Nonaka, Takeuchi 1997, S. 75
95 Vgl. Nonaka, Takeuchi 1997, S. 87

men (Abbildung 3-2). Sie ergibt sich durch die Wechselwirkung zwischen implizitem und explizitem Wissen, wenn dieses gleichzeitig von einer ontologisch niedrigeren in eine höhere Stufe getragen wird. Daraus ergibt sich die sogenannte Wissensspirale, die Spirale der Wissensschaffung.

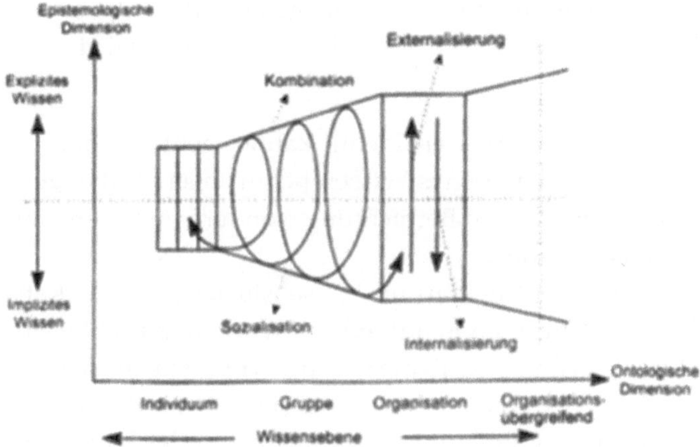

Abbildung 3-2: **Spirale der Wissensschaffung im Unternehmen**[96]

Das vorgestellte Konzept, vor allem die ihr zugrunde liegende Unterscheidung in implizites und explizites Wissen, spielt im Zusammenhang mit Wissensmanagement eine zentrale Rolle. Es sei an dieser Stelle darauf hingewiesen, dass sich der Umgang mit dieser Unterscheidung mittlerweile geändert hat. Während zu Beginn der Beschäftigung mit dem Thema Wissensmanagement relativ leichtfertig von der Wandlung von implizitem zu explizitem Wissen und umgekehrt gesprochen wurde, ist man sich heute bewusst, dass dieser Prozess i.d.R. sehr komplex ist und dass das Gelingen dieses Transformationsprozesses nicht von vorneherein garantiert, ja teilweise gar nicht möglich ist.[97] Das heißt, dass nicht alles Wissen auch expliziert ist, also durch Sprache erfasst werden kann. Das ist eine sehr wichtige Erkenntnis, die gerade im Zusammenhang mit technikorientierten Lösungsansätzen, die ja vor allem explizites Wissen im Fokus haben, nicht genug Beachtung finden kann.

3.2.2 Bausteine des Wissensmanagements

Auch die von Probst, Raub und Romhardt im Jahre 1997[98] vorgestellten Bausteine des Wissensmanagements (Abbildung 3-3) haben eine weite Verbreitung gefunden. Wie in Kapitel 2.2.2 bereits erwähnt, ist für sie Wissen an den Menschen als Träger des Wissens gebunden. Sie stellen dem Wissensbegriff die Begriffe Daten und Informationen gegenüber, die gespeichert und verteilt werden können und auf die sich letztendlich das Wissen stützt. Entsprechend definieren sie die organi-

---

96 Nach Nonaka, Takeuchi 1997, S. 87
97 Vgl. Schreyögg 1996 und Geiger 2006
98 Vgl. Probst et al. 1997

sationale Wissensbasis als Gesamtheit der individuellen und kollektiven Wissensbestände, die um die Daten- und Informationsbestände erweitert wird.

Das von ihnen entwickelte Wissensmanagementkonzept gliedert sich in sechs Kernprozesse (Abbildung 3-3), die ihren Fokus auf dem operativen Umgang mit der Ressource Wissen haben. Diese werden um zwei Management-Prozesse erweitert, wodurch das Konzept zu einem Management-Regelkreis ausgebaut wird.

Die sechs Kernprozesse sind:

- *Wissensidentifikation:* Im Prozess der Wissensidentifikation geht es darum, Transparenz über vorhandenes und benötigtes Wissen herzustellen. Dabei geht es nicht nur um eine unternehmensinterne Betrachtung, sondern auch um eine Betrachtung des Unternehmensumfeldes.
- *Wissenserwerb:* In diesem Prozess geht es darum, Wissenslücken, die im Rahmen des Prozesses der Wissensidentifikation aufgedeckt wurden, zu schließen. Dies kann zum Beispiel durch Einkauf von Expertise in Form von externer Beratungsleistung, durch Mitarbeiterakquisition, durch Kooperation mit Partnern und letztendlich durch Akquisition von ganzen Unternehmen oder Unternehmensteilen erfolgen.

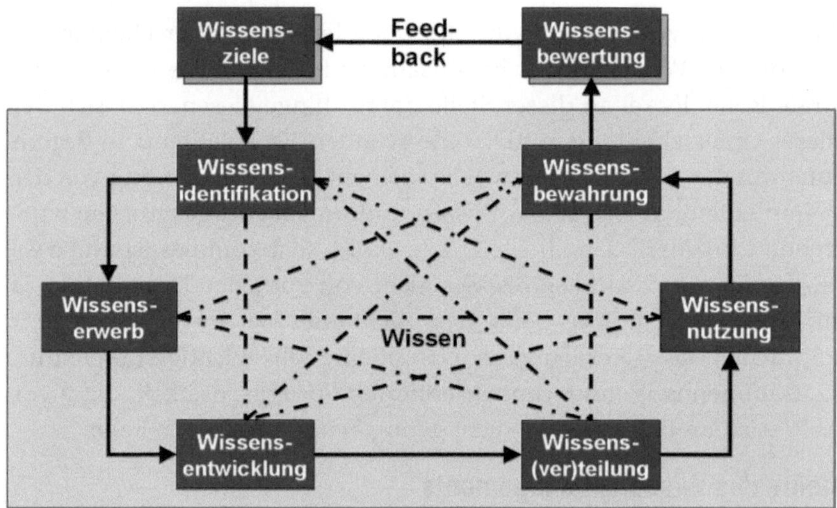

Abbildung 3-3:   Bausteine des Wissensmanagements[99]

- *Wissensentwicklung:* Im Prozess der Wissensentwicklung geht es nicht nur darum, neues Wissen, z.B. durch Innovation, zu schaffen (ein Gebiet, das klassisch der Forschungs- und Entwicklungsabteilung zugeordnet wird), sondern auch darum, Fähigkeiten und Kreativität aller Mitarbeiter zu fördern, um zu neuen, besseren Produkten, Dienstleistungen und Prozessen zu kommen.
- *Wissensverteilung:* In diesem Prozess geht es um die (Ver-)Teilung bereits vorhandenen Wissens im Unternehmen. Vorhandene Informationen und Erfah-

---

[99] Nach Probst et al. 1997

rungen sollen für das gesamte Unternehmen nutzbar gemacht werden. Allerdings nicht so, dass alle Mitarbeiter alles wissen sollen, sondern dass nach dem ökonomischen Prinzip jeder Mitarbeiter das Wissen bekommt, das er benötigt. Hierzu muss festgelegt werden, welches Wissen eines Individuums für eine Gruppe oder für das gesamte Unternehmen relevant und damit mitteilenswert ist.

- *Wissensnutzung:* Der Prozess der Wissensnutzung umfasst Fragen zum produktiven Einsatz der organisationalen Wissensbasis zum Nutzen des Unternehmens. Hier geht es darum, die Nutzung vorhandenen Wissens zu fördern und Barrieren, die dieser Nutzung im Wege stehen könnten, zu identifizieren und abzubauen.

- *Wissensbewahrung:* Im Prozess der Wissensbewahrung geht es um den Schutz vor Wissensverlust. Hierzu muss bewahrungswürdiges Wissen zum Beispiel in Form eines Leistungsträgers im Unternehmen identifiziert und dessen längerfristige Verfügbarkeit gewährleistet werden. In diesem Prozess geht es zudem um die angemessene Speicherung relevanter Daten.

Ein Managementregelkreis ergibt sich wie bereits erwähnt durch die Ergänzung der operativ ausgerichteten Prozesse um zwei Management-Prozesse. Diese sind:

- *Wissensziele:* In diesem Prozess-Schritt geht es darum, Wissensziele festzulegen, um damit den Wissensmanagement-Aktivitäten eine Richtung zu geben. Es werden normative, strategische und operative Wissensziele unterschieden. Während es bei der Festlegung normativer Wissenszielen darum geht, eine wissensbewusste Unternehmenskultur und damit die Voraussetzungen für ein effizientes Wissensmanagement zu schaffen, geht es bei der Definition strategischer Wissensziele um die Festlegung des künftigen Kompetenzbedarfs. Operative Wissensziele beschreiben die Ziele, die durch konkrete Wissensmanagement-Initiativen erreicht werden sollen und damit die Umsetzung der normativen und strategischen Wissensziele gewährleisten.

- *Wissensbewertung:* Neben der Definition der Wissensziele stellt auch die Beurteilung der Zielerreichung eine wesentliche Managementfunktion dar. Bereits bei der Zieldefinition gilt es zu definieren, wie die Zielerreichung gemessen werden kann, um den Erfolg von Wissensmanagementinitiativen messbar zu machen.

3.2.3   HANSE-Modell

Das HANSE-Modell, im Englischen ASHEN Modell genannt, wurde im Jahr 2000 von Snowden[100] vorgestellt (Abbildung 3-4). Das Akronym HANSE steht für **Heu**ristiken, **A**rtefakte, **N**atürliche Begabung, **S**kills und Erfahrung. Dieses Modell ist insofern interessant, da es stärker als in anderen Modellen implizites, d.h. verbor-

---

100 Vgl. Snowden 2000; Snowden ist Europa-Direktor des Instituts für Knowledge Management

genes und stilles Wissen im Fokus hat. Im Rahmen der Beschäftigung mit Wissensmanagement im Unternehmen kann es von großer Bedeutung sein, sich gerade mit dem schwer explizierbaren Wissen auseinander zu setzen. Geht man zum Beispiel der Frage nach, welche Kenntnisse/welches Wissens im Unternehmen in bestimmten Situationen zum Einsatz kommt, liefert das HANSE-Modell einen systematischen Ansatz. Dieser fragt nach Heuristiken, Artefakten, natürlichen Begabungen, Fähigkeiten und Erfahrungen, die zum Einsatz kommen. Was aber wird unter Heuristiken, Artefakten, natürlicher Begabung, Fähigkeiten und Erfahrungen verstanden?

3.2.3.1 Heuristiken

Unter Heuristiken kann man sich einfache Daumenregeln vorstellen, nach denen Entscheidungen getroffen werden bzw. nach denen gehandelt wird. Ein Beispiel hierfür könnte sein: „Lege keine Besprechung auf Freitagnachmittag um fünf, wenn die betroffenen Personen i.d.R. um diese Zeit ins Wochenende starten." Solche Regeln können implizit sein, könnten aber auch als Verfahrensanweisungen explizit festgeschrieben sein wie: „Keine Meetings freitags nach fünf Uhr".

Schütt[101] schreibt hierzu: „Ähnlich wie im komplexen Straßenverkehr, wo einfache, leicht merkbare Regeln helfen, sind Heuristiken im Geschäftsalltag ideal, um mit der zunehmenden Komplexität umzugehen und Wissen zu verbreiten. So befähigt können Entscheidungen durch Mitarbeiter auch bei unsicherer Informationslage deutlich schneller fallen – ein wichtiges Kriterium, um im Zeitalter von E-Business vorne mitzuspielen."

3.2.3.2 Artefakte

Unter Artefakten werden künstliche Gegenstände verstanden, die explizit vorhandenes Wissen beinhalten. Das können persönliche Aufzeichnungen sein, die eher beiläufig entstanden sind, die eine Person in bestimmten Situationen hervorzieht und benutzt. Man denke zum Beispiel an Notizen, die Mitarbeiter sich im Rahmen von Projektsitzungen oder sonstigen Tätigkeiten handschriftlich anfertigen. Immer wieder trifft man auf Personen, die so über Jahre ganze Notizbücher vollschreiben. Diese stellen u.U. eine Fundgrube expliziten Wissens dar.

---

101 Vgl. Schütt 2000

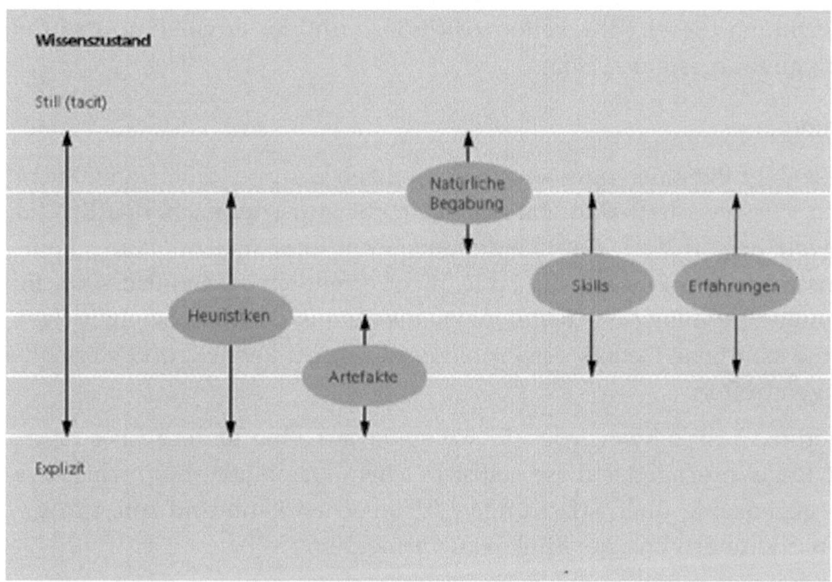

Abbildung 3-4: **Das HANSE Modell**[102]

3.2.3.3 Natürliche Begabungen

Natürliche Begabungen sind besondere Fähigkeiten, die einen Menschen auszeichnen. So kann es sein, dass es im Unternehmen einen oder mehrere Mitarbeiter gibt, die sich in Konfliktsituationen als besonders integrativ bewährt haben. Wichtig für das Unternehmen ist es, solche natürliche Begabungen zu erkennen und diese Mitarbeiter entsprechend dieser besonderen Fähigkeiten im Unternehmen einzusetzen. Bei natürlichen Begabungen handelt es sich um implizites Wissen bzw. Können, das nicht einfach auf eine andere Person übertragen werden kann.

3.2.3.4 Fähigkeiten (Skills)

Unter Skills werden Fähigkeiten verstanden, die eine Person hat, eine bestimmte Tätigkeit in/zu einer bestimmten Zeit in einer bestimmten Qualität zu erledigen. Dabei handelt es sich i.d.R. um implizites, d.h. verborgenes und stilles Wissen, das bedingt auch dokumentiert werden kann. Schöne Beispiele für Fähigkeiten finden wir im Sport, wenn es zum Beispiel darum geht, präzise Flanken im Fußball zu schießen oder einen perfekten Angriffsball im Tennis zu schlagen. Das hierzu notwendige Vorgehen lässt sich problemlos in Trainingshandbüchern beschreiben. Das heißt aber nicht, dass das Lesen dieses Handbuchs genügen würde, ein erfolgreicher und gefragter Sportler zu werden. Vielmehr kostet es viel Zeit und Mühe, über einen entsprechenden Trainingsfleiß entsprechende Fähigkeiten zu erlernen und zu erhalten. Auch im Unternehmensalltag haben Menschen bestimmte Fähigkeiten, die sie im Rahmen ihrer Tätigkeit zum Einsatz bringen. Hier gilt es, wie im

---

102 Nach Snowden 2000

Sport, die Entwicklung dieser Fähigkeiten zu fördern und zu erhalten, um so für den Wettbewerb gut aufgestellt zu sein.

3.2.3.5 Erfahrungen

Erfahrungen einzelner Personen oder auch einer ganzen Gruppe stellen einen nicht zu verachtenden Wissensschatz dar. Dabei ist es nicht immer einfach, deutlich zu machen, inwieweit Erfahrungen Entscheidungen beeinflusst haben. Häufig kommen hier Heuristiken zum Einsatz, die i.d.R. nicht öffentlich zugänglich sind. Es scheint, als könnten erfahrene Mitarbeiter quasi aus dem Bauch heraus Situationen einschätzen, ohne sämtliche Details der Problemstellung zu kennen, und so richtige Entscheidungen treffen.

Erfahrungen können nur schwer von einer Person auf eine andere übertragen werden. In der Regel muss jeder diese selbst machen. Das heißt aber nicht, dass man sich nicht gegenseitig über Erfahrungen austauschen kann und soll, um Erfolge zu erzielen und unerwünschte Effekte zu vermeiden.

Mit Hilfe der beschriebenen Wissenskomponenten kann sich ein Unternehmen Klarheit darüber verschaffen, welches Wissen in bestimmten Erfahrungssituationen genutzt wurde und wie dieses künftig stärker genutzt werden kann. Insofern stellt das HANSE-Modell eine gute Systematik für den Einsatz im Unternehmen dar, dem eher impliziten, d.h. verborgenen und stillen Wissen auf die Spur zu kommen. Ist das geschehen, lassen sich daraus spezielle Handlungsempfehlungen ableiten. Diese könnten darin bestehen, Heuristiken und Artefakte zu dokumentieren und anderen Mitarbeitern zugänglich zu machen, Mitarbeiter stärker in ihren natürlichen Begabungen zu fördern, ihre Fähigkeiten anhand von Schulungen auszubauen und ihnen zudem verstärkt die Möglichkeit zu bieten, selbst Erfahrungen zu sammeln. Sollte dies nicht immer sinnvoll sein (nicht jeder muss die Erfahrung machen, dass ein Projekt scheitert), so sollte doch die Möglichkeit bestehen, sich mit anderen Mitarbeitern über gemachte Erfahrungen auszutauschen, um so voneinander zu lernen.

3.2.4 Münchner Wissensmanagement-Modell

Das Münchner Wissensmanagement-Modell[103] definiert in Anlehnung an Probst et al. einen Wissensmanagement-Regelkreis, der sowohl Zielsetzung und Evaluation als auch einen Wissensmanagement-Prozess umfasst. Wie beim Modell von Probst et al.[104] geht es in der Zielsetzung darum, normative, strategische und operative Ziele zu definieren und damit den Wissensmanagement-Aktivitäten eine Richtung zu geben. Weiterhin gilt es, Kriterien festzulegen, an denen der Erfolg einzelner Wissensmanagement-Initiativen gemessen werden kann. Die tatsächliche Erfolgsmessung findet dann im Rahmen der Evaluation statt.

---

103 Vgl. Reinmann-Rothmeier et al. 1999 und Reinmann-Rothmeier et al. 2001
104 Vgl. Probst et al. 1999, S. 58

Die Wissensmanagement-Prozessschritte an sich werden im Gegensatz zu Probst et al. nicht in sechs, sondern in vier Prozessbereiche zusammengefasst: Wissensrepräsentation, Wissenskommunikation, Wissensgenerierung und Wissensnutzung (Abbildung 3-5).

Im Rahmen der Wissensrepräsentation geht es um die Identifikation von Wissen, Formen der Kodifizierung sowie um die Dokumentation und Speicherung von explizierbarem Wissen. Dieser Prozessbereich wird durch ein umfangreiches Angebot an entsprechenden IKT-Lösungen unterstützt und war für den ersten Wissensmanagementboom in den neunziger Jahren mitverantwortlich. Content-Management-Systeme (CMS)[105] spielen hier eine zentrale Rolle.

Der Prozessbereich Wissensrepräsentation umfasst[106]:

- Wissen in der Organisation ausfindig machen und identifizieren
- Wissen explizit und prinzipiell zugänglich machen
- Wissen dokumentieren und zugriffsbereit ablegen
- Wissen aufbereiten (zum Beispiel strukturieren, visualisieren)
- Wissen formalisieren und kodifizieren
- Wissen speichern und kodifizieren

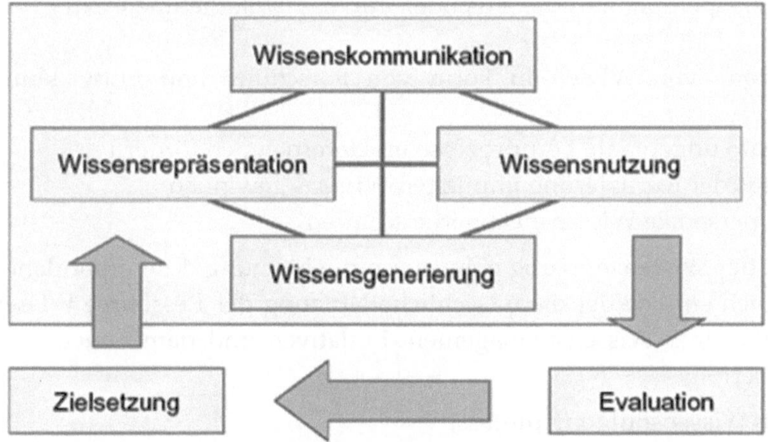

Abbildung 3-5:   **Münchner Wissensmanagement-Modell[107]**

Im Prozessbereich der Wissenskommunikation dreht sich alles um den Austausch von Wissen. Dieser umfasst nicht nur das Verteilen von Wissen, sondern auch die Vermittlung sowie das Teilen und gemeinsame Konstruieren von Wissen. Auch hierfür stehen eine Vielzahl von IKT-Lösungen zur Verfügung, die aktuell unter dem Begriff Community-Management-Systeme[108] subsumiert werden.

---

105 Siehe Kapitel 4.4
106 Vgl. Reinmann-Rothmeier et al. 2001, S. 32
107 Nach Reinmann-Rothmeier et al. 2001, S. 21
108 Siehe Kapitel 4.6

Der Prozessbereich Wissenskommunikation umfasst[109]:

- Information und Wissen verteilen
- Wissen vermitteln und weitergeben
- Wissen untereinander teilen („geben und nehmen")
- Wissen im Team gemeinsam konstruieren
- in wissensbasierten Dingen kooperieren

Der Prozessbereich der Wissensgenerierung widmet sich dem Thema Innovation, das für den langfristigen Unternehmenserfolg eine entscheidende Rolle spielt. Bei der Generierung neuen Wissens spielt die IKT eine untergeordnete Rolle (vorausgesetzt, dass Wissensrepräsentation und Wissenskommunikation sichergestellt sind). Aktivitätsschwerpunkte liegen hier mehr auf Seiten der Forschungs- und Entwicklungsabteilung eines Unternehmens. Darüber hinaus kommt hier u.U. die Personalabteilung ins Spiel, wenn im Unternehmen nicht vorhandenes Wissen in Form von neuen Mitarbeitern oder auch in Form von Beratungsleistung eingekauft werden muss.

Der Prozessbereich Wissensgenerierung umfasst[110]:

- Wissen durch Wissensprodukte, Berater oder neue Mitarbeiter „importieren"
- Wissen durch Kooperationen oder Fusionen für das Unternehmen extern erwerben
- „Eigenproduktion" von Wissen in Form von Forschung und Entwicklung durchführen
- systematische und ungeplante Lernprozesse im Unternehmen fördern
- neues Wissen aus der Explizierung impliziten Wissens gewinnen
- technische und personale Wissensnetzwerke schaffen

Im Prozessbereich der Wissensnutzung geht es um die Nutzung des vorhandenen Wissens. Letztendlich entscheidet die tatsächliche Nutzung der Ressource Wissen über den Erfolg einzelner Wissensmanagement-Initiativen und damit auch über den Unternehmenserfolg.

Der Prozessbereich Wissensnutzung umfasst[111]:

- Wissen in Entscheidungen und Handlungen umsetzen
- Wissen in Produkte und Dienstleistungen transformieren

3.2.5 Ganzheitliches Wissensmanagement

Über die bereits beschriebenen Modelle hinaus ist der Beitrag von Albrecht aus dem Jahr 1993 interessant, der im Rahmen seiner Dissertation zum Thema *Strategisches Management der Unternehmensressource Wissen* einen ganzheitlichen Wissensmanagementansatz vertritt.

---

109 Vgl. Reinmann-Rothmeier et al. 2001, S. 34
110 Ebenda, S. 37
111 Vgl. Reinmann-Rothmeier et al. 2001, S. 39

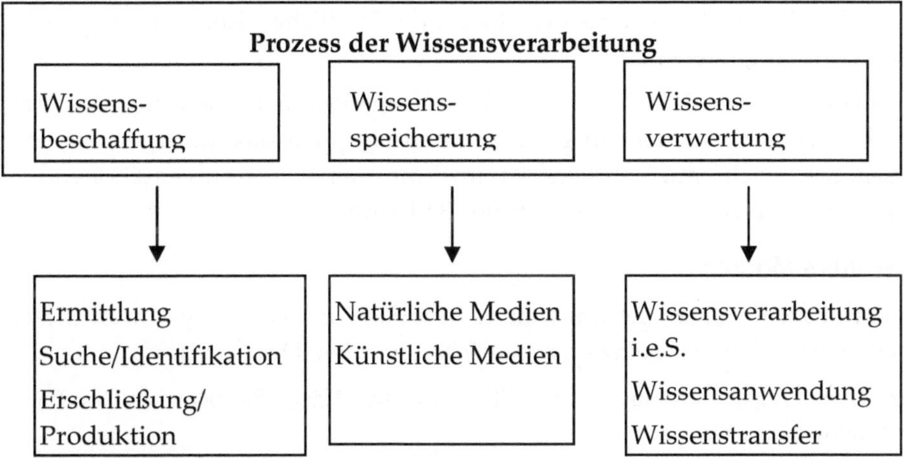

Abbildung 3-6:   **Prozess der Wissensverarbeitung**[112]

Dieser sieht sowohl den Menschen als auch IT-Systeme als Wissensträger und leitet daraus die strategische Aufgabe für die Unternehmensführung ab, diese Ressourcen zu managen. Er spricht von einem Wissensverarbeitungsprozess, den er in die Bereiche Wissensbeschaffung, Wissensspeicherung und Wissensverwertung unterteilt.

Wie in Abbildung 3-6 verdeutlicht, sieht er unter Wissensschaffung, die Ermittlung, die Suche und Identifikation und die Erschließung und Produktion neuen Wissens.

Im Rahmen der Wissensspeicherung unterscheidet er zwischen natürlichen und künstlichen Medien. Die Wissensverwertung umfasst die Wissensverarbeitung im engeren Sinne, die Wissensanwendung und den Wissenstransfer.

3.2.6 Systemisches Wissensmanagement

In seinem Buch *Systemisches Wissensmanagement* schreibt Willke: „Das systemische Wissensmanagement hat es mit zwei unterschiedlichen Realitäten zu tun – mit Personen und mit Organisationen. Es geht deshalb immer um zwei Seiten: um das Wissen (und Nichtwissen) von Personen sowie um das Wissen (und Nichtwissen) von Organisationen. Ein brauchbares Wissensmanagement setzt voraus, dass es sich um beide Seiten des Wissens kümmert und nicht nur um eine der beiden Seiten."[113]

Nach seiner Meinung ist es „... eine der wichtigsten Aufgaben des systemischen Wissensmanagements, dafür zu sorgen, dass das Zusammenspiel von formalen, managerialen Kompetenzen und Fachkompetenzen produktiv und sich wechsel-

---

112 Nach Albrecht 1993, S. 91
113 Aus Willke 2004, S. 16

seitig verstärkend gestaltet ist und sich die unterschiedlichen Kompetenzen nicht wechselseitig im Wege stehen."[114]

Darüber hinaus weist er darauf hin, dass Wissensmanagement nicht nur das Management von Wissen, sondern in gleicher Intensität auch das Management von Nichtwissen behandeln muss.[115] Dies ist im Sinne eines ressourcenschonenden Umgangs mit Wissen sicherlich von zentraler Bedeutung.

3.2.7 Weitere Modelle

In der Literatur stehen eine Vielzahl weitere Modelle zur Verfügung, die an dieser Stelle aus Platzgründen nicht einzeln beschrieben werden. Diese sind:

- „Integratives Wissensmanagement" (Pawlowsky 1994, Pawlowsky/Reinhard 1997, Pawlowsky 1998)
- „Lebenszyklusmodell des Wissensmanagements" (Rehäuser/Krcmar 1996)
- „Vier Akte zum Wissensmanagement" (Schüppel 1997)
- „Erweitertes Modell des Wissensmanagements" (Amelingmeyer 2004)
- „Business Knowledge Management" (Bach 1999)

Darüber hinaus sind auch die Ausführungen zum Thema „Knowledge and its application in KM" von Peinl interessant.[116]

3.2.8 Gemeinsamkeiten und Unterschiede

Zusammenfassend kann gesagt werden, dass sich Wissensmanagement allgemein mit der Frage beschäftigt, wie Wissen generiert, transferiert, bewahrt und natürlich genutzt werden kann. Diese Aufgaben des Wissensmanagements finden sich im Großen und Ganzen in allen hier vorgestellten Modellen wieder.

In Bezug zu der zu Beginn des Kapitels ausgeführten Kategorisierung der Ansätze handelt es sich bei den hier vorgestellten Modellen um Modelle, die Personen und Organisationen in den Mittelpunkt stellen und weniger rein technische Fragestellungen. Damit sind sie als integrative Ansätze zu sehen, die auf der einen Seite strategie- und prozessorientiert sind und auf der anderen Seite auch personen- und interaktionsorientiert. Eine System- und Technikorientierung bilden diese nicht ab.

Letztendlich ist es jeder Person bzw. Organisation selbst überlassen, für welches Modell er/sie sich entscheidet. Basierend auf den bereits vorhandenen Modellen kann auch ein eigenes Modell je nach Bedarf der Person bzw. der Organisation entworfen werden. Wichtig ist nur, dass, nach Meinung der Autorin, Wissensmanagement-Aktivitäten einem Modell zugrunde gelegt werden, um so das Verständnis aller Beteiligter für die Idee, die Ziele und das Vorgehen im Rahmen von

---

114 Ebenda, S. 19
115 Ebenda, S. 27
116 Für eine detaillierte Darstellung siehe Peinl 2009, S. 18 ff.

Wissensmanagement-Initiativen zu gewährleisten und damit einen wesentlichen Beitrag zum Erfolg solcher Aktivitäten zu leisten.

3.3   Integriertes Geschäftsmodell mit Fokus Wissen (iGFW)

Ein Modell steht für die Abbildung oder Repräsentation eines bestimmten Sachverhalts und kommt i.d.R. im Rahmen eines theoretischen Kontextes zur Anwendung. Es repräsentiert entweder einen statischen Sachverhalt, zum Beispiel im Sinne eines Architekturmodells oder einen dynamischen Sachverhalt, zum Beispiel im Sinne eines Vorgehensmodells. Dagegen spricht man von einem Konzept, wenn es sich um eine Beschreibung oder einen definierten Plan für ein bestimmtes Vorhaben handelt. In diesem Sinne können Modelle als Abbildung und Beschreibung eines bestimmten Sachverhalts im Rahmen von Konzepten zum Einsatz kommen. Soll in einem Unternehmen Wissensmanagement eingeführt bzw. der Umgang mit der Ressource Wissen effektiver und effizienter gestaltet werden, ist es ratsam, ein Wissensmanagement-Konzept zu erstellen, das diesem Vorhaben eine klare Struktur gibt und Ziele, Vorgehensweise und Lösungsansätze definiert. Zur Verdeutlichung bestimmter Sachverhalte, zum Beispiel einer strukturellen Übersicht von Wissensmanagement-Initiativen, können dabei Modelle zum Einsatz kommen.

Das in diesem Kapitel vorgestellte integrierte Geschäftsmodell mit Fokus Wissen (iGFW) (Abbildung 3-7) verfolgt das Ziel, wissensmanagementrelevante Aspekte für unterschiedliche Bereiche eines Unternehmens zu verdeutlichen und Entwicklungsmöglichkeiten aufzuzeigen. Es kann im Unternehmen zum Beispiel im Zusammenhang mit einer Istanalyse oder einer Sollkonzeption von Wissensmanagement-Aktivitäten zum Einsatz kommen. Hierzu wird das Modell schrittweise verfeinert.

Die Wissensbasis, das organisationale Gedächtnis des Unternehmens[117], bildet die Grundlage dieses Modells.

---

117 Siehe Kapitel 2.3.2

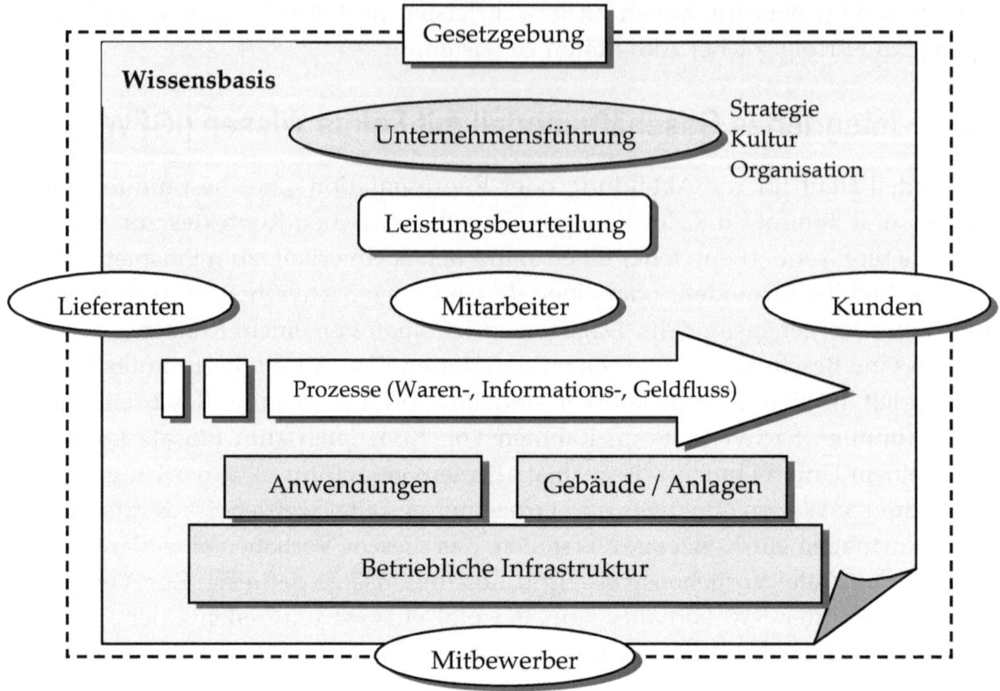

Abbildung 3-7:   **Integriertes Geschäftsmodell mit Fokus Wissen (iGFW)**

Die Wissensbasis wird gemäß dem Münchner Wissensmanagement-Modell[118] durch Wissensrepräsentation, Wissenskommunikation, Wissensgenerierung und Wissensnutzung ständig verändert, um den Unternehmenserfolg kurz-, mittel- und langfristig zu sichern.

Wie in Abbildung 3-7 zu sehen ist, trifft das Modell eine Unterscheidung in einen externen und internen Unternehmensbereich. Der externe Bereich legt die „äußeren" Rahmenbedingungen fest, innerhalb derer Unternehmen agieren. Anhand der wirtschafts- und sozialpolitischen Gesetzgebung wird der Aktionsradius eines Unternehmens innerhalb einer Volkswirtschaft festgelegt. Im Zeitalter der Globalisierung müssen Unternehmen allerdings nicht mehr nur lokale, sondern auch internationale Gesetzmäßigkeiten beachten.

Interessante Angebote zur Verfügung zu stellen und letztendlich die Nachfrage der Kunden zu befriedigen und dabei Gewinne zu erwirtschaften, ist, vereinfacht ausgedrückt, Geschäftszweck eines jeden Wirtschaftsunternehmens. In diesem Zusammenhang hat der Begriff Customer Relationship Management (CRM) in den vergangenen Jahren an Bedeutung gewonnen. Aber auch Lieferanten spielen für Unternehmen eine bedeutende Rolle. Denn nur gute Lieferantenbeziehungen garantieren auf mittel- und langfristige Sicht den Geschäftserfolg. Hier geht es nicht nur um Qualität der bezogenen Produkte und Dienstleistungen, sondern auch um

---

118 Siehe Kapitel 3.2.4

Lieferbereitschaft, also Zuverlässigkeit in der Bereitstellung der zu liefernden Produkte. Begriffe wie Supplier Relationship Management (SRM) und auch Supply Chain Management (SCM), im Bereich derer Unternehmensgrenzen überschritten werden, sind hier von Bedeutung. Auch die Mitbewerber gilt es bei der Betrachtung des Unternehmensumfeldes im Auge zu behalten. Geht es doch immer darum, in direkten Vergleich mit diesen besser zu sein, um die Position im Markt zu sichern.

Wie schon die ersten Ausführungen zum iGFW zeigen, handelt es sich dabei um ein generisches Modell, das auf unterschiedlichste Unternehmensformen und Branchen angewandt werden kann. So können unter Leistungen sowohl Produkte als auch Dienstleistungen verstanden werden, d.h. sowohl ein klassisches Produktionsunternehmen als auch ein Dienstleistungsunternehmen kann mit Hilfe dieses Modells abgebildet werden.

Der interne Bereich gliedert sich in eine Vielzahl von Komponenten, die in den folgenden Unterkapiteln erläutert werden.

3.3.1 Unternehmensführung

3.3.1.1 Strategie

Bereits in Kapitel 2.3.3 wurde die Bedeutung einer Wissensmanagement-Strategie für wissensintensive Unternehmen beschrieben. Es wurde gezeigt, welche Möglichkeiten es gibt, Unternehmens- und Wissensmanagement-Strategie aufeinander abzustimmen. Weiterhin wurden mögliche Wissensmanagement-Strategien vorgestellt. In diesem Kapitel geht es nun konkret um die Frage, wie eine Wissensmanagement-Strategie entwickelt werden kann.

Mit dem wissensbasierten Ansatz (Knowledge Based View, KBV) liegt ein Forschungsbereich im strategischen Management vor, der sich explizit mit dem Zusammenhang zwischen Strategie und Wissen beschäftigt. Der konzeptionelle Bezugsrahmen des KBV im strategischen Management unterscheidet zwei Wissensdimensionen: eine inhaltliche und eine prozessuale.

„Die inhaltliche Dimension des Bezugsrahmens verweist auf diejenigen spezifischen Eigenschaften oder Merkmale des Wissensbestandes einer Unternehmung, die eine Wettbewerbsrelevanz begründen können."[119] Diese Merkmale sind:

- Wissen ist unternehmensspezifisch
- Wissen ist eine knappe Ressource, die durch Transfer ihr Nutzenpotenzial erhöht und Wissen liegt teilweise implizit vor, d.h. dass es geringe Transparenz, Artikulierbarkeit und Kodifizierbarkeit zeigt

Die prozessuale Dimension beschreibt die Merkmale, die zur Veränderung des wettbewerbsrelevanten Wissensbestandes führen. Diese sind:

---

119 Aus Al-Laham 2003, S. 170

- die Anpassungsfähigkeit der Wissensbasis durch Lernen und Vergessen von Wissen
- die Pfadabhängigkeit, die besagt, dass neues Wissen nur in bereits bestehendem Wissen in langwierigen, historisch bedingten Lernprozessen integriert werden kann (auch die Mitbewerber müssen diese Entwicklung vollziehen; Kopieren ist nicht einfach möglich)
- die Abhängigkeiten zwischen dem Wissensbestand, Lern- und Akkumulationsprozessen und entstehenden Wettbewerbsvorteilen sind intransparent

Daraus folgt, dass Wissen nicht einfach imitierbar, austauschbar, handelbar und transferierbar ist und somit der strategische Umgang mit Wissen von zentraler Bedeutung für ein Unternehmen sein muss; zumindest für wissensintensive Unternehmen. Beispielhaft könnte sich aus der allgemeinen Geschäftsstrategie die Wissensmanagement-Strategie ableiten, deren allgemeine Ziele dann in Wissensmanagement-Ziele herunter gebrochen werden. Mit Hilfe sogenannter kritischer Erfolgsfaktoren (KEF) ist die Überprüfung der Zielerreichung zu gewährleisten. Eine ausführlichere Darstellung dieses Sachverhalts erfolgt in Kapitel 3.3.2, das sich mit dem Thema Leistungsbeurteilung beschäftigt.

Abbildung 3-8 zeigt einen Bezugsrahmen eines strategischen Wissensmanagements, den Al-Laham[120] vorgestellt hat und der im Folgenden erläutert wird.

Grundsätzlich unterscheidet er zwischen dem eigentlichen Strategieprozess, der funktionalen und der instrumentellen Ebene.

Der Strategieprozess bildet die klassischen Phasen der Strategiedefinition mit Zieldefinition, strategischer Analyse, Strategieformulierung und Strategieimplementierung ab. Auf der darunter liegenden funktionalen Ebene ist der Fokus auf das Thema Wissen gelegt. Hier geht es bei der Zieldefinition um die Definition eines Wissensleitbilds und um die Definition von Wissenszielen. Die strategische Analyse hat zum Ziel, strategisches Wissen zu identifizieren. Dies mündet in die Formulierung einer Wissensstrategie, die es im Anschluss daran zu implementieren gilt.

Auf der instrumentellen Ebene wird eine Vielzahl von Instrumenten aufgelistet, die bei der Definition und Implementierung der Wissensmanagement-Strategie zum Einsatz kommen können. Aus Platzgründen werden diese Instrumente nicht im Einzelnen beschrieben. Stellvertretend sei die Balanced Scorecard[121] genannt, die als Instrument genutzt wird, um strategische Ziele auf die operative Ebene, also bis auf Ebene der Prozesse und der darin tätigen Mitarbeiter, herunter zu brechen.

---

120 Ebenda 2003
121 Vgl. Kaplan, Norton 1996

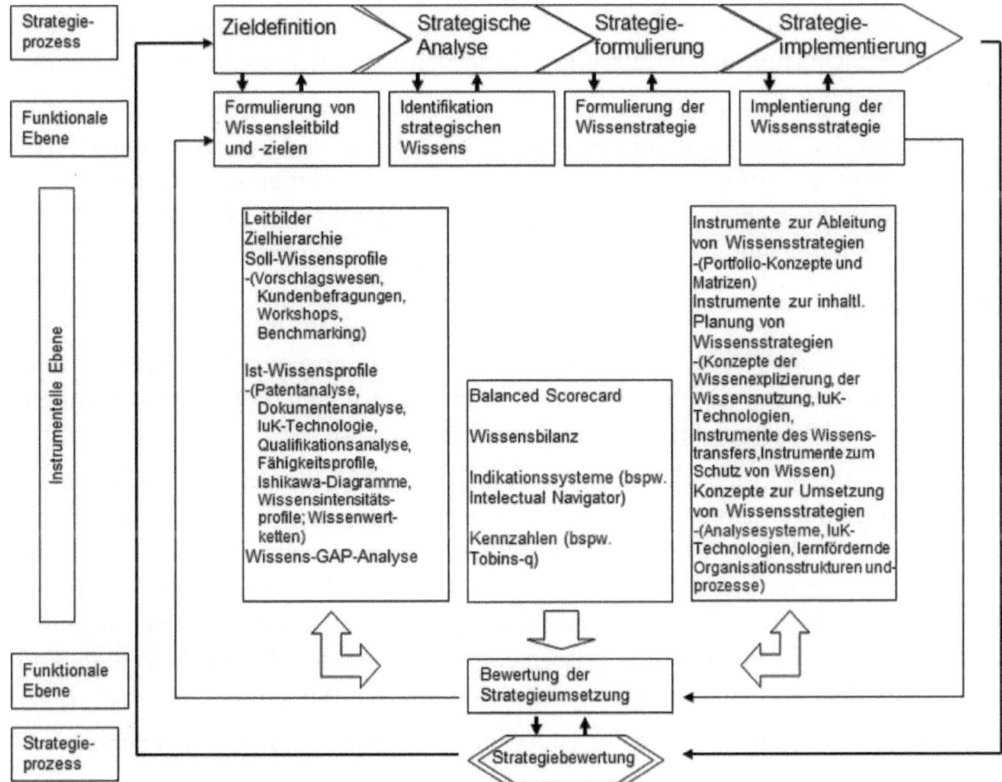

Abbildung 3-8:   **Bezugsrahmen eines strategischen Wissensmanagements**[122]

Des Weiteren lohnt es sich, das Thema Wissensbilanz[123] kurz anzusprechen, die eine Möglichkeit bietet, neben der üblichen Bilanzierung von Unternehmenswerten auch sogenannte immaterielle Unternehmenswerte abzubilden. Dies ist ein wichtiger Punkt, wenn es um Wissensmanagement-Aspekte geht. Denn, wenn man bei der Betrachtung der Wissensbasis eines Unternehmens den Menschen als besonderen Wissensträger erkennt, wird deutlich, welchen wichtigen Beitrag das immaterielle Vermögen zum Beispiel in Bezug auf das Know-How der Mitarbeiter zum Gesamtvermögen eines Unternehmens leistet.

Wissensbasierte Strategien, die einen direkten Einfluss auf die Erweiterung der Wissensbasis haben, können sein:

- Kooperative Strategien
- Akquisitionsstrategien
- Internationalisierungs- und Markteintrittsstrategien
- Outsourcing- und Desinvestitionsstrategien[124]

---

122 Nach Al-Laham 2003, S. 295
123 Siehe http://www.akwissensbilanz.org/ zuletzt zugegriffen am 1.12.2009
124 Siehe Zusammenfassung Al-Laham 2003, S. 280ff

Es sei nochmals auf die strategische Bedeutung impliziten Wissens hingewiesen, das für die Sicherung des langfristigen Unternehmenserfolgs von entscheidender Bedeutung ist.[125]

Aufgabe der Unternehmensführung ist es, eine Analyse der vorhandenen Wissensbasis durchzuführen, eine Wissensstrategie zu formulieren und für deren Umsetzung Sorge zu tragen. Hierzu werden im nächsten Schritt (Kapitel 3.3.2) Wissensmanagement-Ziele und Methoden zur Messung der Zielerreichung definiert.

3.3.1.2 Kultur

Unter Kultur versteht man die von einer Gruppe gemeinsam gehaltenen grundlegenden Überzeugungen, die deren Wahrnehmung, Denken, Fühlen und Handeln bestimmen und insgesamt typisch für diese Gruppe sind.

Eine realistische Selbsteinschätzung bezüglich der aktuellen Unternehmenskultur und des Veränderungspotentials ist im Rahmen der Strategieformulierung ein kritischer Faktor (Self-Assessment). Eine Fehleinschätzung kann hierbei zu ambitionierten Zielen führen und damit die Mitarbeiter bzw. das Unternehmen überfordern. Überfordern heißt: gescheiterte Projekte und damit Fehlinvestitionen. Außerdem steigern gescheiterte Wissensmanagement-Initiativen den Widerstand für weitere Maßnahmen im Umgang mit der Ressource Wissen.

Abbildung 3-9 zeigt die Ebenen der Unternehmenskultur definiert nach Schein.

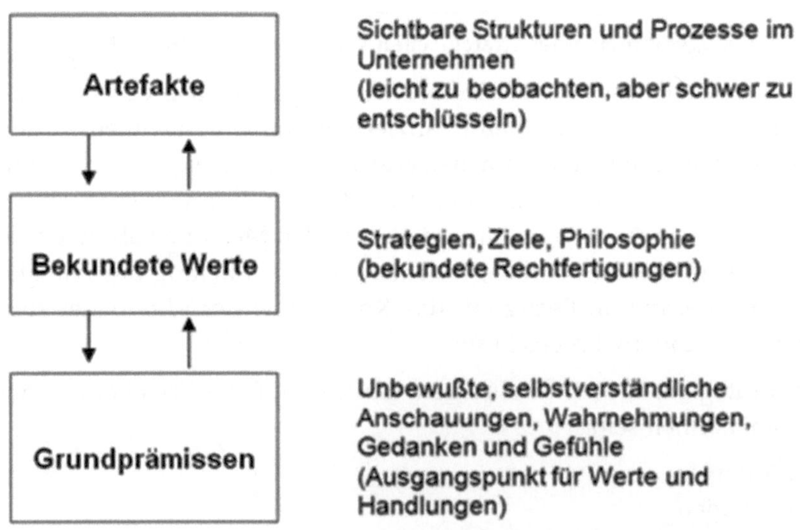

Abbildung 3-9:   **Ebenen der Unternehmenskultur nach Grad der Sichtbarkeit**[126]

Schein[127] unterscheidet drei verschiedene Ebenen der Unternehmenskultur je nach Grad der Sichtbarkeit. Diese sind

---

125 Ebenda, S. 285
126 Nach Schein 1995, S. 30

- Artefakte, also gut sichtbare, leicht zu beobachtende Strukturen und Prozesse
- bekundete Werte im Sinne von öffentlich bekundeten Strategien, Zielen und der Unternehmensphilosophie
- Grundprämissen, die sich in Anschauungen, Wahrnehmungen, Gedanken und Gefühlen ausdrücken. Diese sind nicht so leicht beobachtbar, da unbewusst und selbstverständlich.

Verallgemeinert kann gesagt werden, dass der kulturelle Aspekt bei der Implementierung von neuen Wissensmanagement-Maßnahmen oft unterschätzt wird. So ist zum Beispiel stets damit zu rechnen, dass mit der Einführung ein gleichzeitiger Wandel der Unternehmenskultur einhergehen muss. Solch ein Wandel geschieht aber nicht von selbst und schon gar nicht von heute auf morgen. Es handelt sich hierbei um einen strategischen Veränderungsprozess, der nicht automatisch in Gang kommt und funktioniert, sondern über konkrete Maßnahmen gesteuert werden muss. Interessanterweise ist eine Möglichkeit, diesen Veränderungsprozess zu beeinflussen, die Fluktuation der Mitarbeiter zu erhöhen. Je mehr Mitarbeiter von außen in eine neue Wissenskultur hineinkommen, desto selbstverständlicher wird es, die „neue" Kultur zu leben. Für länger im Unternehmen arbeitende Mitarbeiter ist die kulturelle Umstellung i.d.R. schwieriger.

3.3.1.3 Organisation

Neben Strategie und Kultur hat auch die Organisationsstruktur im strategischen Wissensmanagement eine hohe Bedeutung.[128]

Gemäß Riempp[129] können im Umfeld von Wissensmanagement verschiedene Rollen (Abbildung 3-10) definiert werden. Je nach Tragweite der Wissensmanagement-Initiative ist es wichtig, alle oder einen Teil dieser Rollen zu definieren und im Unternehmen bekannt zu machen.

So könnte auf Ebene der Unternehmensführung die Rolle eines Chief Knowledge Officers (CKO) definiert und zugeordnet werden. Der CKO ist Mitglied der Unternehmensleitung oder dieser direkt zugeordnet. Er ist federführend bei der Definition und Implementierung der Wissensmanagement-Strategie und überschaut alle im Unternehmen laufenden Wissensmanagement-Initiativen.

Je nach Wissensmanagement-Initiative können weitere Wissensmanagement-Rollen zum Tragen kommen. Gerade in einer wissensbasierten Unternehmung, d.h. in einem Unternehmen, dessen Wert sich über ein hohes Bildungsniveau (allg. hohe Fachkompetenz) seiner Mitarbeiter, wissensintensive Prozesse (zu wissen, was wie gemacht werden muss) sowie durch einen hohen Durchdringungsgrad mit IKT ermisst, ist es von Bedeutung, sich über die Rollen einzelner Mitarbeiter

---

127 Ebenda, S. 30 ff.
128 Vgl. Al-Laham 2003, S. 385
129 Vgl. Riempp 2004, S. 211

im Zusammenhang mit Wissensmanagement-Initiativen Klarheit zu verschaffen. Neben den Wissensarbeitern an sich bedarf es zum Beispiel eines Sponsors. Das können ein oder mehrere Führungspersonen sein, die die Bedeutung des effektiven und effizienten Umgangs mit der Ressource Wissen in Wort und Tat verdeutlichen.

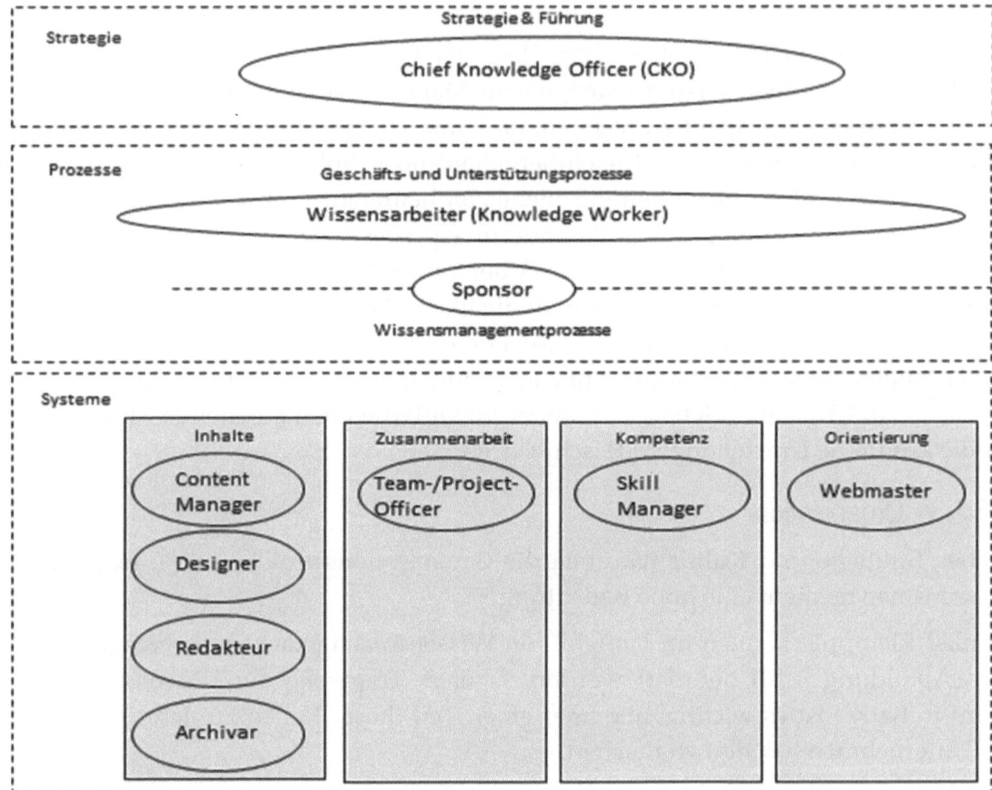

Abbildung 3-10:   **Wissensmanagement-Rollen in Anlehnung an Riempp[130]**

Des Weiteren müssen je nach Initiative und Schwerpunkt Verantwortliche im Systemumfeld, z.B. Content Manager, Designer, Redakteure, Archivare für den Bereich Umgang mit Inhalten definiert werden.

3.3.2   Leistungsbeurteilung

Leistungsbeurteilung hat im Zusammenhang mit Unternehmensführung eine wichtige Bedeutung, da sie Auskunft darüber gibt, ob die geplanten Ergebnisse mit dem geplanten Aufwand erzielt werden konnten. Aktuell wird dieser Aspekt auch unter dem Begriff Performance Management (PM) behandelt.

Voraussetzung für eine Leistungsbeurteilung ist, dass zu jedem Ziel Messgrößen definiert werden. Hierzu müssen zunächst Wissensziele aus der Wissensmanage-

---

130 In Anlehnung an Riempp 2004, S. 211

ment-Strategie abgeleitet werden. Für diese Ziele werden kritische Erfolgsfaktoren (KEF) definiert, die berücksichtigt werden müssen, um die Zielerreichung zu gewährleisten. Für die kritischen Erfolgsfaktoren müssen Messgrößen definiert werden, die es ermöglichen, den Erfüllungsgrad zu berechnen. Für jede Messgröße werden zudem Maßnahmen definiert, die eingeleitet werden, um den Zielerreichungsgrad sicherzustellen bzw. zu maximieren.

Eine Wissensmanagement-Leistungsmessung muss als Teil der allgemeinen Leistungsmessung implementiert werden. Man verwendet i.d.R. die gleichen Instrumente wie für die allgemeine Leistungsmessung im Unternehmen, zum Beispiel die Balanced Scorecard.

Mit der Definition von Wissenszielen wird die Voraussetzung geschaffen, Erfolge aber auch Misserfolge im Wissensmanagement messbar und damit überprüfbar zu machen.

Al-Laham[131] unterscheidet bei der Definition von Wissenszielen drei Zielebenen: normative, strategische und operative (Tabelle 3-1).

Tabelle 3-1:   **Übersicht zu Aufgabenfeldern und Inhalten von Wissenszielen[132]**

Zielebene	Aufgabenfelder	Zielinhalte
Normativ	Definition einer Wissensmanagement-Vision auf der Ebene des Top-Managements; Schaffung einer „wissensbewussten" Unternehmenskultur als Voraussetzung für strategische und operative Wissensziele; Schaffung eines Wissensleitbildes	Nennung zukunftsrelevanter Wissensgebiete für das Unternehmen; Konkretisierung der Grundsätze der Beschaffung subjektiv und objektiv neuen Wissens; Verpflichtung der Mitarbeiter zur individuellen Wissensaktualisierung; Festlegung des Einsatzes neuer Wissens-und Informationstechnologien zur Verfügbarhaltung von Wissen; Sicherstellung der externen Verwertung von Wissen als eigenständiges Produkt; Schutz des Unternehmenswissens
Strategisch	Inhaltliche Bestimmung des organisatorischen Kernwissens; Beschreibung des angestrebten Wissensportfolios;	Implizites Wissen explizit machen; Externes und internes Wissen verfügbar machen;

---

131 Vgl. Al-Laham 2003, S. 302

132 Ebenda, S. 302; zusammengestellt aus Probst et al. 1997; Bullinger et al. 1997 ; ILOI 1997 und Albrecht 1993

	Definition der Ansatzpunkte des Wissensmanagements	Aktuelles und zukünftiges Wissen berücksichtigen; Erfahrungswissen als eine Basis von Rationalitätswissen nutzen; Divergente und konvergente Wissensbereiche integrieren
Operativ	Transformation des Wissensmanagements von Unternehmensführungs-/Stabs- und Strategieebene in das operative Tagesgeschäft; Konkretisierung der normativen und strategischen Wissensziele durch die Definition von Implementierungsmaßnahmen; Sicherstellung der angemessenen Interventionen in die Wissensbasis	Einfachheit, Klarheit, Verständlichkeit und Übersichtlichkeit des Wissens sicherstellen; Benutzerfreundliche und kostengünstige Speichersysteme gewährleisten Aktualität und Schnelligkeit des Wissenszugriffs ermöglichen

Wie bereits erwähnt gilt es, die für die jeweiligen Zielebenen definierten Zielinhalte weiter zu detaillieren, um sie messbar zu machen. Es sei zudem darauf hingewiesen, dass manche Ziele, wie z.B. das strategische Ziel, implizites Wissen explizit zu machen, sehr stark pauschaliert sind. In der Realität wird man erkennen müssen, dass es nicht so einfach ist, implizites Wissen explizit zu machen und dass dies im Sinne der Nicht-Imitierbarkeit und Nicht-Transferierbarkeit auch gar nicht immer gewollt ist (vgl. Kapitel 3.3.1).

Nach Riempp[133] gibt es vier grundsätzliche Zielebenen, die im Zusammenhang mit der Definition von Wissensmanagement-Zielen immer wieder auftreten. Diese sind:

- bestehendes Wissen transparent machen
- den Austausch von Wissen fördern
- die Entwicklung von aktuell und künftig benötigtem Wissen steuern
- die Effizienz aller Wissensmanagement-Maßnahmen sicherstellen

Riempp[134] stellt diese Wissensmanagement-Zielebenen den von ihm definierten Handlungsfeldern des Wissensmanagements gegenüber, woraus sich eine entsprechende Matrix ergibt, die in der Tabelle 3-2 abgebildet ist. Die Beispiele wurden von den Autoren nach ihren Vorstellungen und Erfahrungen angepasst.

Für die Erfolgsmessung solcher Wissensmanagement-Ziele und Wissensmanagement-Maßnahmen steht kein generisches Set an Kennzahlen zur Verfügung, das Unternehmen quasi von der Stange verwenden könnten. Anhand der oben vorgestellten Strukturen empfiehlt sich für jedes Unternehmen, die für seine Situation sinnvollen Kennzahlen selbst zu definieren, nachdem zuvor geklärt wurde, welche Ziele genau verfolgt werden sollen.

---

133 Vgl. Riempp 2004, S. 132
134 Ebenda, S. 134

Tabelle 3-2:   Beispiele für operative WM-Ziele und -Maßnahmen[135]

	Wissen transparent machen	Austausch von Wissen fördern	Entwicklung von Wissen steuern	Effizienz im Umgang mit Wissen sicherstellen
Inhalte	Wissen speichern und zugänglich machen	Themenverantwortliche festlegen Push-Dienste	Definition von neuen Themengebieten F&E-Projekte	Einbindung von Informationsobjekte in GP
Zusammenarbeit	Neue Mitarbeiter in den Gebrauch von Foren einweisen	Knowledge-Networker aufbauen; virtuelle Räume zur Verfügung stellen	Anreizsysteme für Zusammenarbeit in neuen Themengebieten; Synergien schöpfen	Kontinuierliche Befragung; Regelmäßiges Coaching
Kompetenz	Kompetenz-Management-System einführen; Regelmäßige Fachvorträge	Mentoren-Programm aufbauen; Lessons-Learned-Workshops	Kompetenzlücken identifizieren; Fehlende Kompetenz ggf. rekrutieren	Kompetenzprofil überwachen
Orientierung	Suchfunktionen anbieten	Übersicht zu aktiven Netzwerken erstellen	Kompetenzprofile visuell aufbereiten	Benutzungsfreundlichkeit messen
Kultur	Story Telling einführen, um gegenseitiges Verständnis zu erhöhen	Zeiträume für Austausch einräumen; „Caféecken" einrichten	Positives Feedback in Mitarbeiterbeurteilung für WM-Aktivitäten geben; Führungskräfte als Vorbilder schulen	Kultur-Assessments durch Externe und Mitarbeiterbefragung durchführen

Mithilfe der entsprechenden Kennzahlen kann dann die Zielerreichung gemessen werden. Aus Erfahrung kann gesagt werden, dass es sicherlich eine Kunst ist, weniger aber dafür treffende Kennzahlen zu definieren.

Abbildung 3-11 zeigt ein Beispiel eines Leistungsindikators von der Definition eines Zieles über die Definition kritischer Erfolgsfaktoren bis hin zu Messgrößen und Zielwerten. Die erforderlichen Maßnahmen, die notwendig sind, das Ziel zu erreichen, können aus dieser Darstellung herausgelesen werden, zum Beispiel die Nut-

---

135 Nach Riempp 2004, S. 134

zung der E-Learning-Plattform zu erhöhen, in dem pro Mitarbeiter pro Jahr zwei Kurse vorgegeben werden.

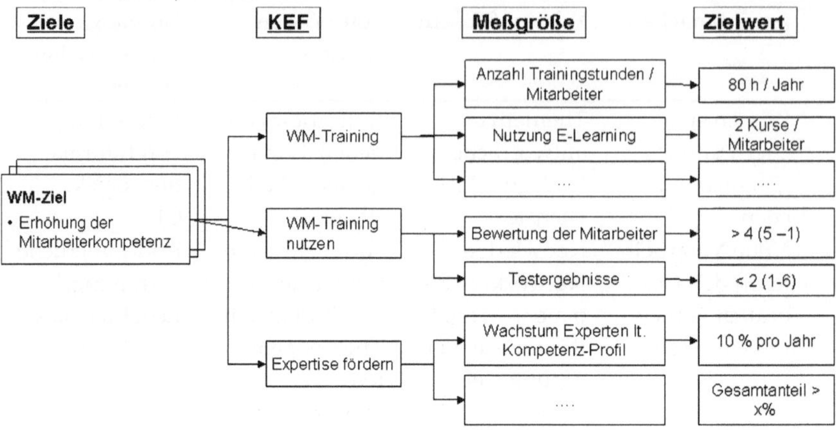

Abbildung 3-11:   **Beispiel eines Leistungsindikators**[136]

Dem Wissensmanagement-Ziel der Erhöhung der Mitarbeiterkompetenz könnte das normative Ziel der Schaffung einer wissensbewussten Unternehmenskultur zugrunde liegen, aus der sich die Verpflichtung des Mitarbeiters ergeben könnte, sein persönliches Wissen zu aktualisieren (vgl. Tabelle 3-1). Nach der Definition des Wissensmanagement-Ziels ist die Frage zu klären, welche Faktoren die Zielerreichung unterstützen. So könnten Training allgemein, eine Überprüfung des Trainingsnutzens sowie die Förderung der Expertise des Mitarbeiters Erfolgsfaktoren darstellen. Für diese Erfolgsfaktoren werden im Anschluss daran Messgrößen definiert. Für die Prüfung des Erfolgsfaktors Wissensmanagement-Training könnten zum Beispiel die Relation von Trainingsstunden pro Mitarbeiter festgelegt werden. Neben der Messgröße an sich gilt es auch, einen Zielwert festzulegen, der eine Aussage erlaubt, ob das Ziel erreicht wurde oder nicht. Dieser könnte im Beispiel Wissensmanagement-Training bei achtzig Stunden pro Mitarbeiter im Jahr liegen.

Dieses Beispiel macht deutlich, dass es durchaus möglich ist, Wissensmanagement-Ziele aus einer Wissensmanagement-Strategie abzuleiten und deren Erfolg messbar zu machen. Solche quantifizierbaren Ziele sind allerdings keine alleinige Erfolgsgarantie. Neben diesen gilt es auch qualitative Messgrößen wie zum Beispiel die Erhöhung der Expertise der Mitarbeiter zu berücksichtigen, deren Beurteilung deutlich schwieriger ist.

Wie bereits unter 3.3.1 Unternehmensführung erläutert, lassen sich allgemein einfache Nutzeneffekte bei einer gleichzeitigen Einführung oder Verwendung einer Balanced Scorecard oder einer Wissensbilanz erzielen.

---

136 In Anlehnung an Riempp 2004, S. 80

3.3.3   Mitarbeiter

Wie bereits ausgeführt wurde, kommt den Mitarbeitern als Wissensträger eine besondere Bedeutung zu, da sie letztendlich mit ihren Fähigkeiten und Fertigkeiten entscheidend zum Unternehmenserfolg beitragen. Dies wird besonders im Bereich der Innovationsfähigkeit eines Unternehmens deutlich. Im Kampf um das Überleben eines Unternehmens ist es von Bedeutung, kompetente Mitarbeiter zu haben, die in der Lage sind, neue, innovative Produkte und Dienstleistungen anzubieten und Prozesse zu optimieren. Hält der Mitarbeiter sein Wissen aus welchen Gründen auch immer zurück, ist dies auf mittel- und langfristige Sicht schädlich für den Unternehmenserfolg.

Im Idealfall werden bei der Definition der Unternehmensstrategie auch die Kernkompetenzen (Resource Based View) der Unternehmung identifiziert. Im nächsten Schritt ist es wichtig, die Kompetenzträger im Unternehmen zu identifizieren und zu fördern und ggf. neue Mitarbeiter einzustellen, um sicherzustellen, dass das notwendige Know-How im Unternehmen vorhanden ist.

Im Rahmen eines Assessments geht es darum, Wissenslücken festzustellen, also das Delta zwischen vorhandenem und benötigtem Wissen zu bestimmen. Zur Schließung der aufgedeckten Lücken ergibt sich unter Umständen ein Recruiting-Bedarf. Der Bereich von Forschung und Entwicklung muss gestärkt (FuE) und in Schulung/Training (Wissensziele inkl. detaillierter Maßnahmen) investiert werden.[137] Es gilt demnach, die richtigen Investitionsentscheidungen für spezifische Kompetenzen und spezifische Projekte zu treffen.

Im Zusammenhang mit Schulung und Training können zum Beispiel E-Learning-Module zum Einsatz kommen. Auch über interne Weiterbildungsmaßnahmen wie Train the Tainer ist nachzudenken. Generell ist eine lernförderliche Unternehmenskultur anzustreben, die mit einer Fehlertoleranzkultur einhergeht.

3.3.4   Prozesse

Für die Abbildung und Beschreibung der Unternehmenstätigkeit hat sich die Prozesssicht etabliert. Eine Prozesskette wird als eine Folge von Ereignissen, Entscheidungen und Aktionen beschrieben. Man unterscheidet zwischen Hauptgeschäftsprozessen, das sind die Geschäftsprozesse, die direkt zur Wertschöpfung beitragen, und sogenannten Unterstützungsprozessen. Diese sind für die Abwicklung der Hauptprozesse notwendig wie z.B. Finanz- und Personalverwaltung, Marketing und Vertrieb und der Einsatz von Informations- und Kommunikationstechnologie.

Wie Abbildung 3-12 zeigt, kann bei der Prozessleistung unterschieden werden, ob diese materiell oder immateriell erfolgt. Immaterielle Prozesse werden wiederum

---

137 Siehe hierzu Kap. 3.3.2 Leistungsbeurteilung

in ausführende und leitende unterteilt. Bei den ausführenden Prozessen kann man weiterhin unstrukturierte und transaktionsorientierte Prozesse unterscheiden.

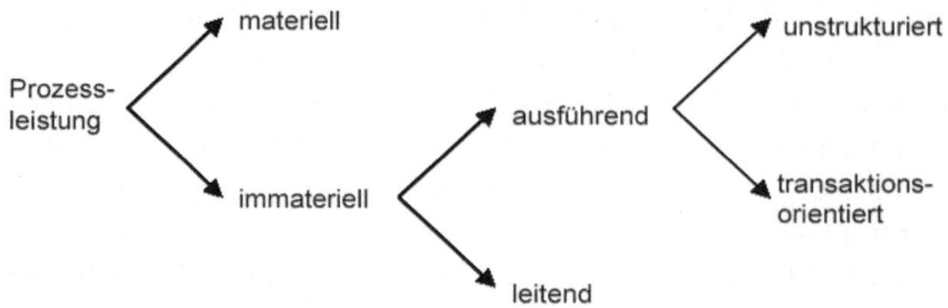

Abbildung 3-12:   Prozesstypologien[138]

Neben den allgemein bekannten Geschäftsprozessen wie beispielsweise die Auftragsabwicklung wird im Zusammenhang mit Wissensmanagement nun auch von Wissensmanagement-Prozessen oder auch elementaren Wissensmanagement-Prozessen gesprochen. Diese werden in sogenannten generischen Modellen als Prozesse zum Erfassen von Wissen, Austausch von Wissen, Entwicklung von Wissen und Nutzung von Wissen beschrieben.[139]

Jeder dieser vier Bereiche kann im Hinblick auf allgemeine Geschäftsprozesse zum Tragen kommen. Dies wird anhand des Customer Relationship Management (CRM)-Beispiels von Riempp[140] sehr schön verdeutlicht (Abbildung 3-13).

Neben der Definition von Funktionen, Daten, Organisationseinheiten und dem Kontrollfluss (klassische, transaktionsorientierte Prozessdefinition) muss die Frage geklärt werden, welches Wissen (explizit und implizit) die am Prozess beteiligten Mitarbeiter benötigen, um ihre Tätigkeit ausüben zu können.

Der in Abbildung 3-13 gezeigte Geschäftsprozess des Kampagnenmanagements ist um die verschiedenen Handlungsfelder des Wissensmanagements, nämlich um Inhalt, Zusammenarbeit, Kompetenz und Orientierung ergänzt. Dadurch kommt es zu einer anschaulichen Darstellung, die auf der einen Seite den Geschäftsprozess an sich zeigt und auf der anderen Seite auch dessen unterstützenden Wissensmanagement-Prozesse.

---

138 Vgl. Davenport 1990
139 Vgl. Riempp 2004, S. 81; vgl. auch Müncher Wissensmanagement-Modell in Kapitel
      3.2.4
140 Ebenda, S. 141

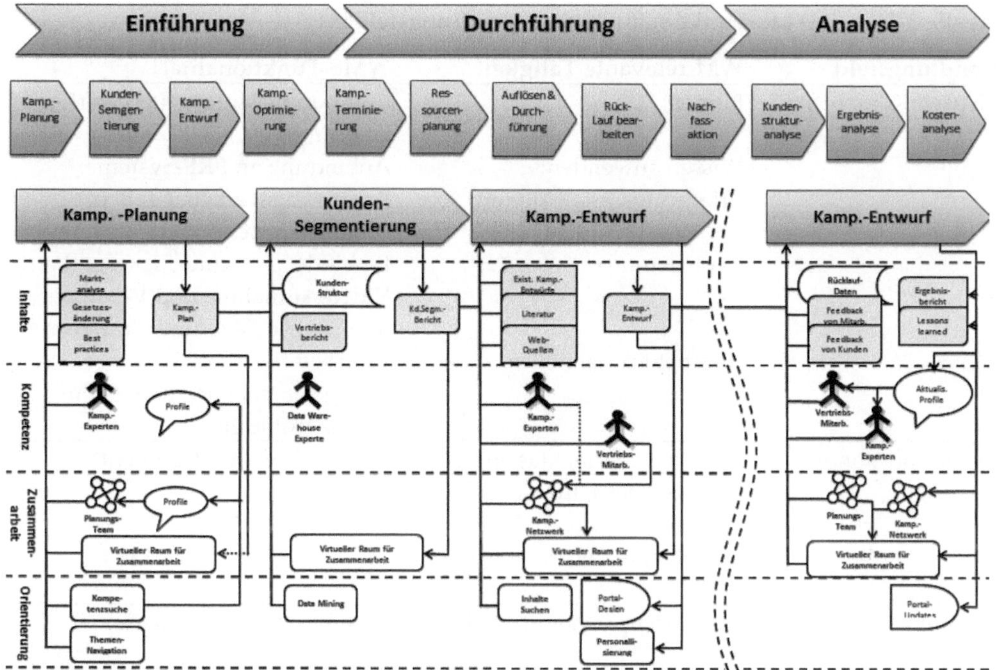

Abbildung 3-13:　　Exemplarische Verbindung des CRM-Prozesses „Kampagnenmanagement" mit den unterstützenden WM-Prozessen[141]

3.3.5　Betriebliche Infrastruktur

3.3.5.1　Anwendungen

Für die Unterstützung von Wissensmanagement-Prozessen steht eine Vielzahl von Anwendungen mit unterschiedlichen Funktionalitäten zur Verfügung. Gemäß der bereits erwähnten Einteilung in die Inhalte, Kompetenz, Zusammenarbeit und Orientierung ergeben sich die in der nachfolgenden Tabelle dargestellte Wissensmanagement-Funktionalität und daraus ableitbare Funktionalitäten.

141　Aus Riempp 2004, S. 141

Tabelle 3-3:   WMS-Funktionalität nach Handlungsfeldern[142]

Handlungsfeld	WM-relevante Tätigkeit	WMS-Funktionalität
Mensch/Kompetenz	Lernen;	Computergestütztes Lernen (E-Learning);
	Wissen anwenden;	Anbindung an ERP-Systeme;
	Erfahrungen reflektieren;	Kreativitätswerkzeuge (Bsp. Mind-Map etc.);
	Explizieren;	Einbinden von Bild-, Ton- und Video-Aufnahme und Verarbeitung, sowie Text- und Grafikverarbeitung;
	Kompetenz darstellen.	Kompetenzmanagement (Kompetenzprofile etc.).
Inhalt und Kontext	Inhalte erfassen, klassifizieren, speichern; Inhalte zukaufen und integrieren; Inhalte verteilen; Inhalte bereitstellen.	Dokumenten- und Content-Management
Zusammenarbeit	Austauschpartner lokalisieren;	Community Management;
	Räume für Austausch schaffen;	E-Rooms;
	Aufgaben gemeinsam bearbeiten;	Screen-Sharing;
	Abläufe festlegen und ausführen.	Workflow-Management.
Übergreifende Handlungsfelder	Kompetenzträger, Informationsobjekte und Daten suchen;	Information-Retrieval, Data Mining;
	Orientieren, Visualisieren; Struktur schaffen; Zusammenführen.	Navigation; Datenmodellierung, Taxonomie-Management; Informations- und Benutzerschnittstellen-Integration.

Aus dieser Einteilung ergibt sich eine detaillierte Beschreibung einer Architektur für integrierte Wissensmanagement-Systeme (Abbildung 3-14).

Die Darstellung der verschiedenen Funktionalitäten in Abbildung 3-14 greift die Einteilung in die Bereiche Inhalte, Kompetenz, Zusammenarbeit und Orientierung auf und ergänzt diese um den Bereich der Transaktionen, dem im Rahmen dieses Buches aber keine weiterführende Aufmerksamkeit geschenkt wird. Diese insgesamt fünf Bereiche definieren die Spalten. In den Zeilen werden die Bereiche primäre und sekundäre Portalfunktionen, Orientierungsrahmen, Applikationen, Integration und Speicher unterschieden. Die oberste Ebene bildet die Prozesslandschaft ab, die aus Geschäfts- und Unterstützungsprozessen und darunter liegenden

---

142 Nach Riempp 2004, S. 85ff

Wissensmanagementprozessen besteht. Wie auch im iGFW-Modell dargestellt, haben diese Prozesse eine Schnittstelle zu den Lieferanten und zu den Kunden.

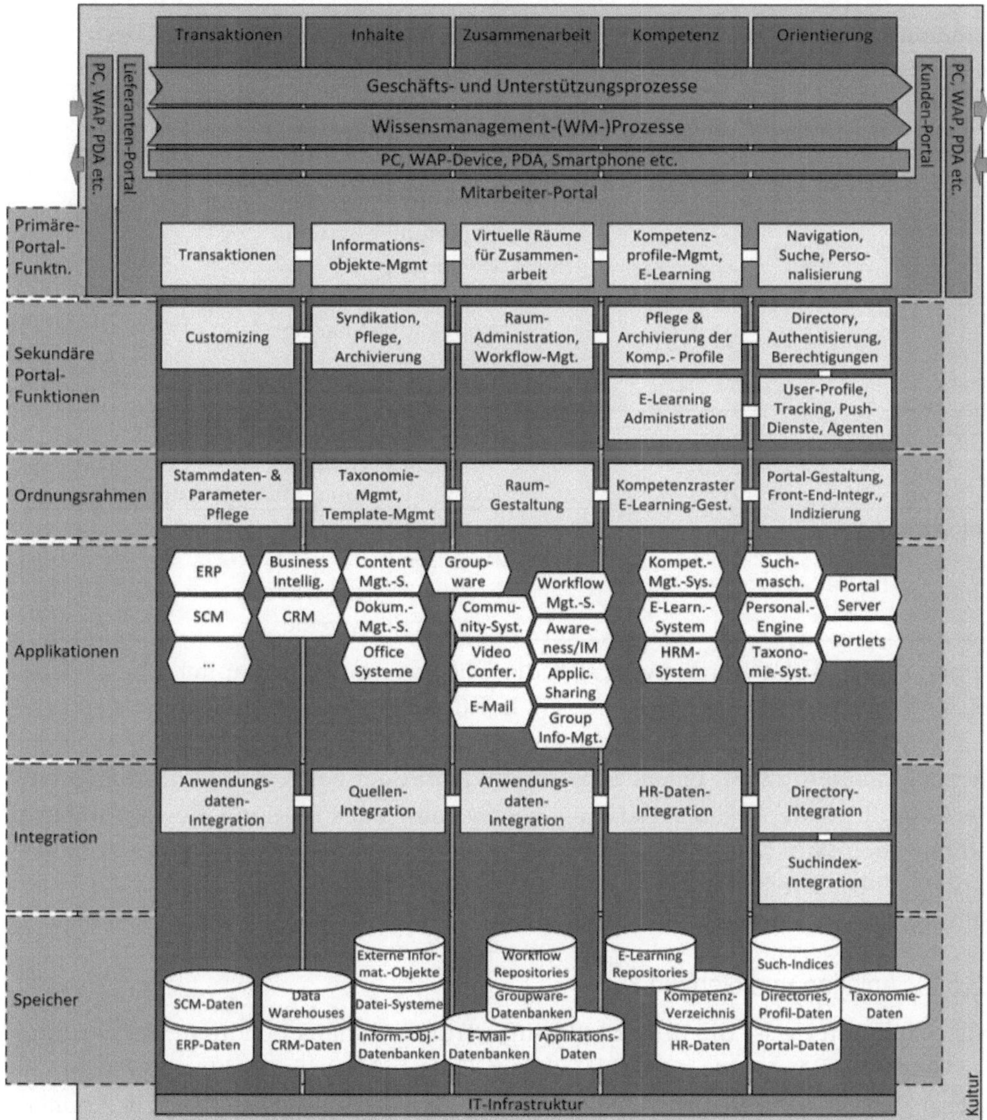

Abbildung 3-14: **Mögliche Architektur für integrierte Wissensmanagement-Systeme**[143]

Des Weiteren gibt es eine Schnittstelle zu den Mitarbeitern. Für den Zugriff auf Informationen stehen der jeweiligen Zielgruppe entsprechende Werkzeuge zur Verfügung, die hier in Portale (Lieferanten-, Kunden- und Mitarbeiterportal) integriert sind.

---

143 Nach Riempp 2004, S. 171

Auf Ebene der Applikationen ergeben sich aus Tabelle 3-4 folgende Systeme:

Tabelle 3-4:   Zuordnung von Anwendungen zu den einzelnen Handlungsfeldern

Handlungsfeld	Anwendungen/Applikationen
Inhalte	Content-Management-Systeme
	Dokumentenmanagement-Systeme
	Office Systeme
Zusammenarbeit	Groupware
	Workflow-Systeme
	Community-Systeme
	Awareness
	Video-Konferenz
	Applikation Sharing
	E-Mail
	Group Info. Management
Kompetenz	Kompetenz-Management-Systeme
	E-Learning-Systeme
	Human-Resource-Management-Systeme
Orientierung	Suchmaschine
	Portalserver
	Personalisierungs-Server
	Taxonomie-Systeme

Gemäß dieser Aufstellung ergibt sich die Gliederung der in Kapitel 4 beschriebenen Werkzeuge. Nach einer Einführung in Kapitel 4.1 werden in Kapitel 4.2 Portale, deren Aufbau und Anwendungsbereiche beschrieben. Kapitel 4.3 behandelt das Thema Orientierung mit einem Schwerpunkt auf dem Bereich der Informationssuche. Grundlegende Ansätze und mögliche Systeme zur Erfassung, Bewahrung und bedingt auch zum Verteilen von Inhalten werden in Kapitel 4.4 näher erläutert. Kapitel 4.5 beschreibt Einsatzmöglichkeiten des E-Learning und Kapitel 4.6 Systeme, die die Zusammenarbeit unterstützen.

3.3.5.2 Anlagen und Gebäude

Unter Ausstattung ist die über die IT-Infrastruktur hinaus benötigte Infrastruktur wie Gebäude, Räume etc. gemeint, die ein Unternehmen braucht, um den Mitarbeitern ein angemessenes Arbeitsumfeld zur Verfügung stellen zu können. Obwohl vielleicht nicht auf den ersten Blick sichtbar, ergeben sich auch hier sehr interessante Aspekte in Bezug auf das Thema Wissensmanagement. Für wissensintensive Unternehmen, die über ein hohes intellektuelles Kapital verfügen, stellt sich hier zum Beispiel die Frage, wie Arbeitsplätze geschaffen sein müssen, um dem Wissensarbeiter für seine persönliche Arbeit aber auch für die Arbeit im Team eine optimale Arbeitsumgebung zur Verfügung zu stellen.

4 Methoden und Werkzeuge

Wie in Kapitel 3 ausführlich erläutert wurde, geht es im Rahmen von Wissensmanagement-Initiativen darum, den Prozess des Erwerbs neuen Wissens und neuer Kompetenzen zu unterstützen, die Teamarbeit durch Wissensaustausch zu fördern und darum, explizierbares Wissen zu dokumentieren und zu bewahren. Hierzu stehen eine Reihe von Methoden und Werkzeugen zur Verfügung, die in diesem Kapitel vorgestellt werden. Neben einem systematischen Überblick anhand einer Grobarchitektur von Wissensmanagement-Systemen werden mögliche Einsatzgebiete und der Funktionsumfang einzelner Werkzeuge vorgestellt. Im Sinne der Zielsetzung des Buches wird hier der Schwerpunkt auf IT-basierte Unterstützungssysteme gelegt.

Lernziele des vierten Kapitels sind:

- Systematik einer Klassifikation von Methoden und Werkzeugen kennen lernen
- Einzelne Werkzeuge kennen lernen:
  - Portale als allgemeine Benutzerschnittstelle, die den Zugriff auf vorhandenes, explizierbares Wissen ermöglichen
  - Werkzeuge zur Orientierung und Suche, die das Auffinden von expliziertem, in Sprache gebundenem Wissen unterstützen
  - Werkzeuge zur Speicherung unterschiedlicher Inhalte, sogenannte Content-Management-Systeme; dies schließt auch Dokumentenmanagement-Systeme mit ein
  - Werkzeuge, die die Zusammenarbeit von Teams unterstützen
  - Werkzeuge zur Kompetenzentwicklung am Beispiel von E-Learning

Zunächst werden in Kapitel 4.1 mögliche Architekturen von Wissensmanagement-Systemen vorgestellt, auf deren Basis sich die Gliederung der folgenden Unterkapitel ergibt. Im Anschluss daran werden in den Kapiteln 4.2 bis 4.6 einzelne Komponenten eines IT-basierten Wissensmanagements erläutert. Einen ersten Schwerpunkt bilden sogenannte Portale (Kapitel 4.2). Danach folgt eine Darstellung der Bedeutung und der Funktionsweise zur Orientierung und Suche in vorhandenen Wissensbeständen. Eine bedarfsgerechte Bereitstellung dieser Funktionalität entscheidet in hohem Maße über Erfolg und Nichterfolg von Wissensmanagement-Initiativen, da nur die Information genutzt werden kann, die in angemessener Zeit in angemessener Form gefunden wird und dann für weitere Handlungen zur Verfügung steht (Kapitel 4.3). Werkzeuge zur Speicherung verschiedener Inhalte, sogenannte Content-Management-Systeme werden in Kapitel 4.4 behandelt. Analog zu Portalen bieten diese die Möglichkeit, den Zugang zu bereits vorhandenem und dokumentiertem Wissen sicherzustellen. Dieses Kapitel schließt auch die Beschreibung von Dokumentenmanagement-Systemen mit ein. Weiterhin ist die Möglichkeit, Wissen auszutauschen ein zentraler Bestandteil erfolgreichen Wissensmanagements. In diesem Sinne stellt alles, was die Zusammenarbeit fördert, einen wichtigen Baustein einer zeitgemäßen Wissensmanagement-IT-Infrastruktur dar (Kapitel 4.5). Ein weiteres Themengebiet, das ebenfalls dem Wissensmanagement zugeordnet werden kann, ist der Bereich der Kompetenzentwicklung (Kapitel 4.6). Aus IT-Sicht kommen hierfür sogenannte E-Learning-Systeme zum Einsatz. In diesem Zusammenhang geht es auch um allgemeinere Themen wie Lernen an sich, Lernumgebung und Mitarbeitermotivation.

4.1 Einführung und Klassifikation

Auch wenn, wie bereits erwähnt, der Faktor Mensch und die Frage nach der Organisationsgestaltung eine wichtige Rolle im Zusammenhang mit dem Erfolg von Wissensmanagement-Initiativen spielt, werden in diesem Kapitel nur IT-basierte Methoden und Werkzeuge dargestellt. Dies soll die Bedeutung der anderen beiden Faktoren nicht schmälern. Das liegt einzig an der Schwerpunktsetzung dieses Buches.

Im Zusammenhang mit Wissensmanagement-Systemen ist oft von integrierten Ansätzen und Systemen die Rede. Die Realität stellt sich in den Unternehmen aber oft anders dar. Hier stehen dem Benutzer verschiedene Anwendungssystemen zur Verfügung, die dem Wissensmanagement zugeordnet werden können, die aber isoliert voneinander betrieben werden. In diesem Kapitel werden zunächst zwei Architekturen für Wissensmanagement-Systeme beschrieben, bevor einzelne Komponenten in ihrer Funktionalität vorgestellt werden.

Aus Gründen der Effizienz ist es für Unternehmen zunehmend von Bedeutung, Systembrüche zu vermeiden und durchgängige, an den Geschäftsprozessen orientierte Systeme zur Verfügung zu stellen, die eine wissensbasierte Abwicklung der Prozesse ermöglichen.

Nach Lehner ist ein „Wissensmanagementsystem (WMS) [...] ein softwaretechnisches System, das idealerweise Funktionen zur Unterstützung der Identifikation, des Erwerbs, der Entwicklung, Verteilung, Bewahrung und Bewertung von Wissen (Information plus Kontext) bereitstellen sollte [...]."[144]

Nach ihm umfassen „standardisierte und möglichst vollständige Wissensmanagementsysteme [...] im Allgemeinen die folgenden Funktionen:

- Wissenssuche (pull)
- Wissenszustellung (push)

---

144 Nach Lehner 2009, S. 272. Es ist zu beachten, dass Lehner hier Wissen als „Information plus Kontext" definiert. Dies entspricht der Definition des informationstheoretischen Ansatzes, der in Kapitel 2.2.2 vorgestellt und kritisch hinterfragt wird. Die genannten Funktionen entsprechen den Bausteinen des Wissensmanagements nach Probst et al. 1997 (Kapitel 3.2.2).

- Wissensrepräsentation und -visualisierung
- Wissenspublizierung, -strukturierung und -vernetzung
- (automatische) Wissensakquisition
- Wissenskommunikation und -kooperation
- Administration der Wissensmanagementsysteme und Organisation bzw. Verwaltung der Wissensbasis
- Analyse von Daten zur Erstellung von Wissenselementen
- Unterstützung von computerbasiertem Lehren und Lernen"[145]

Gemäß Riempp kann eine Wissensmanagement-Systemarchitektur „als Beschreibungsmodell für die Funktionalitäten von WMS oder für die Strukturierung, Analyse und den Vergleich von WMS eingesetzt werden."[146]

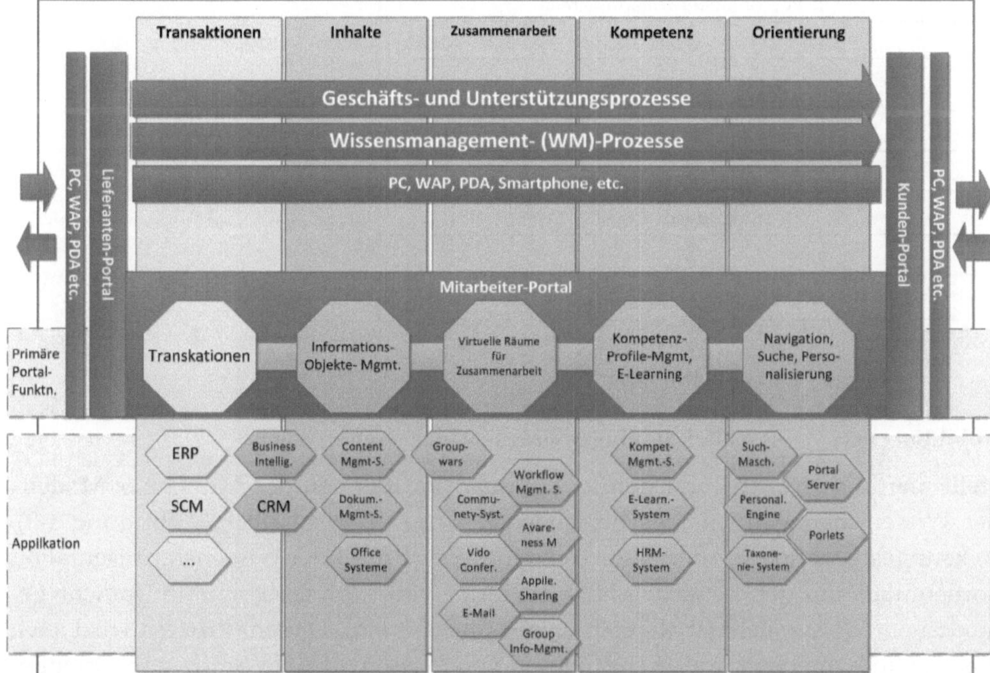

Abbildung 4-1:   **Detaillierte Systemebene der Architektur für integrierte Wissensmanagement-Systeme**[147]

Wie bereits in Kapitel drei vorgestellt, bietet sich eine Unterteilung in die Handlungsfelder Inhalte, Zusammenarbeit, Kompetenz und Orientierung an (Abbildung 4-1).

Die Architektur eines Wissensmanagement-Systems von Peinl[148] (Abbildung 42) unterscheidet vier Bereiche, die er Wissensdienste nennt. Diese sind Suche, Veröf-

---

145 Nach Lehner 2009, S. 272
146 Nach Riempp 2003, S. 4
147 Ausschnitt aus Riempp 2004, S. 171

fentlichung, Kollaboration und Lernen. Diese vier Wissensdienste lassen sich den vier Handlungsfeldern wie folgt zuordnen:

- der Wissensdienst Suche dem Handlungsfeld Orientierung
- der Wissensdienst Veröffentlichung dem Handlungsfeld Inhalte
- der Wissensdienst Kollaboration dem Handlungsfeld Zusammenarbeit
- der Wissensdienst Lernen dem Handlungsfeld Kompetenz

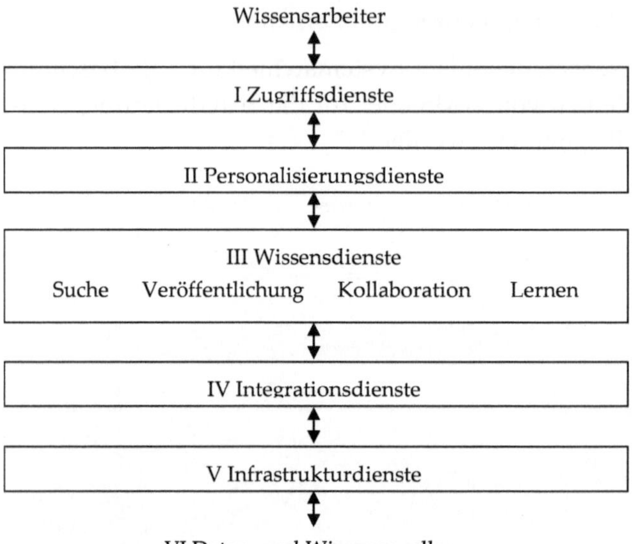

Abbildung 4-2:   **Architektur eines Wissensmanagement-Systems**[149]

Stellt man dieser Einteilung den in Kapitel 3 im Rahmen des Münchner Modells des Wissensmanagements beschriebenen Funktionen gegenüber (Abbildung 4-3), so kann festgehalten werden, dass es bei der Frage nach der Wissensrepräsentation vornehmlich um den Bereich Inhalte im Sinne von explizierbarem, in Sprache gebundenem Wissen geht (schließt Ton und Bild mit ein). Diesem Prozess wird auch das Ausfindigmachen und Identifizieren von Wissen, also im Sinne von Orientierung und Suche, zugeordnet.

---

148 Vgl. Peinl 2009, S. 520
149 Ebenda; vereinfachte Darstellung

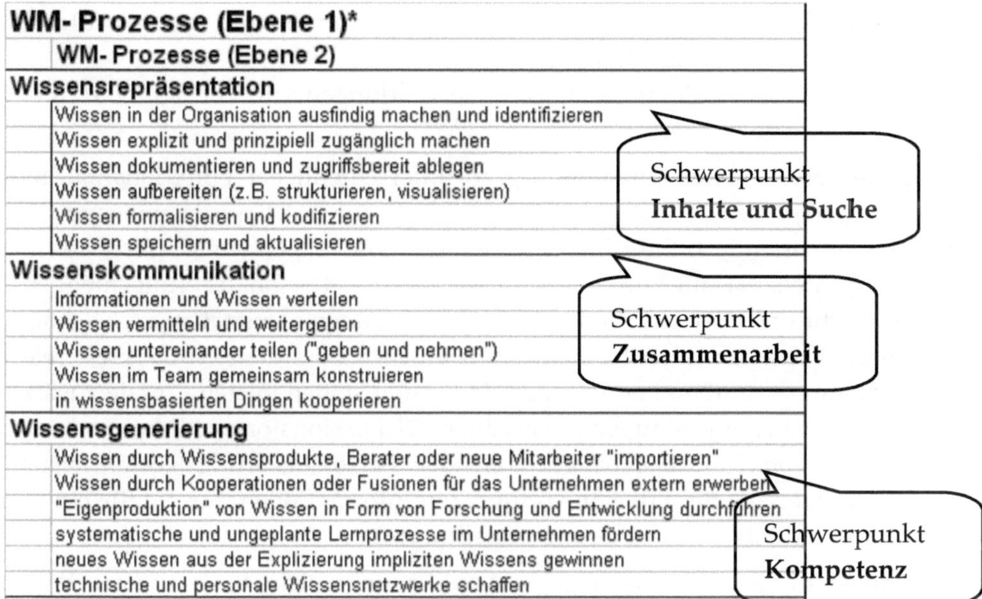

Abbildung 4-3:   **Prozessebenen des WM und deren Zuordnung zu Handlungsfeldern**[150]

Im Bereich der Wissenskommunikation geht es vornehmlich um Fragen, wie Wissen in Teams geteilt wird. Es betrifft damit das Handlungsfeld Zusammenarbeit. Wissensgenerierung deckt unter anderem den Bereich Entwicklung neuen Wissens ab und beschäftigt sich somit auch mit Lernprozessen einzelner Mitarbeiter bis hin zu Lernprozessen eines Unternehmens (Organisationales Lernen). Es kann damit dem Handlungsfeld Kompetenz zugeordnet werden.

4.2   Portale

Während der Begriff Portal in der Architektur für die Eingangstür eines Gebäudes steht, weist er im Umfeld von IKT auf eine Startseite im World Wide Web (WWW) hin, weshalb auch der Begriff Webportal synonym verwendet wird.

Nach Stelzer ist ein Portal „eine Website, die einer Vielzahl menschlicher Benutzer den Einstieg in einen bestimmten Bereich des World Wide Web erleichtert und deshalb von diesen immer wieder benutzt wird."[151]

Gemäß Gartner[152] generieren Portale einen Mehrwert für folgende Nutzergruppen. Portale bieten:

- Benutzern einen zentralen (single point of access), personalisierten Zugriff auf relevante Informationen

---

150 Zusammenstellung der WM-Prozesse nach Reinmann-Rothmeier et al. 2001, S. 32ff.
151 Stelzer 2004, S. 6
152 Murphy et al. 2011

- Unternehmen eine einheitliche Plattform, um mit Kunden und anderen Interessenten Informationen auszutauschen
- IT-Unternehmen die Möglichkeit, Web-Anwendungen zur Verfügung zu stellen

Portale bieten einen hohen Integrationsgrad unterschiedlicher Funktionalität. Sie bieten einen personalisierten Zugriff und sind in Bezug auf Unternehmensportale geschäftsprozessorientiert. Sie unterscheiden sich von allgemeinen Webseiten in der Nutzungsintensität, im Funktionsumfang und der Personalisierungsmöglichkeit. Man spricht von Portalen, wenn eine hohe Nutzungsintensität zu verzeichnen ist. Während Webseiten im Allgemeinen für einen bestimmten Nutzerkreis relevante Informationen aufbereiten und zur Verfügung stellen, bieten Portale zusätzliche Funktionalitäten wie aktuelle Nachrichten, Diskussionsforen, E-Mail und eine Download-Funktionalität. Die Möglichkeit der Personalisierung gewährleistet, dass dem Benutzer aus der Fülle an verfügbaren Informationen nur die für ihn relevanten Informationen zur Verfügung gestellt werden.

Nach Riemke-Gurzki ist ein Portal „eine Applikation, welche basierend auf Web-Technologien einen zentralen Zugriff auf personalisierte Inhalte sowie bedarfsgerecht auf Prozesse bereit stellt."[153]

Gemäß Stelzer[154] lassen sich Portale nach Reichweite des Themengebiets und Nutzerkreis kategorisieren (Abbildung 4-4).

Im Hinblick auf die Reichweite des Themengebiets unterscheidet man zwischen horizontalen und vertikalen Portalen. Ein horizontales Portal bietet ein stark diversifiziertes Informationsangebot an und ist nicht auf einen bestimmten Inhalt fokussiert, während vertikale Portale die Reichweite des Themengebiets eher einschränken und dafür in Bezug auf ein bestimmtes Thema in die Tiefe gehen.

Im Hinblick auf den Nutzerkreis unterscheidet man zwischen offenen und geschlossenen Portalen. Während offene Portale grundsätzlich allen Nutzern zugänglich sind, richten sich geschlossene Portale nur an einen bestimmten Nutzerkreis.

---

153 Riemke-Gurzki (Hg.): Was ist ein Portal? unter: http://www.gurzki.de/unternehmens-portale-intranet/was-ist-ein-portal/ (zuletzt zugegriffen am 09.03.2013)
154 Vgl. Stelzer 2004, S. 10

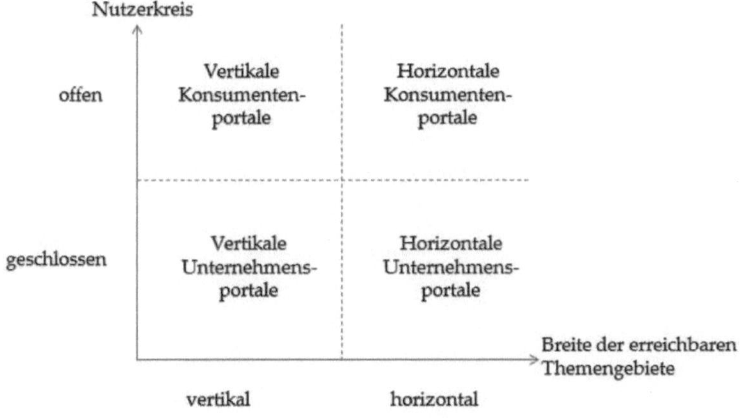

Abbildung 4-4:   **Klassifikation von Portalen**[155]

Konsumentenportale sind Portale, die für jedermann zugänglich sind. Horizontale Konsumentenportale bieten ein breites Informationsangebot an. Beispiele hierfür sind web.de und t-online.de. Vertikale Konsumentenportale sind auf ein bestimmtes Informationsbedürfnis der Konsumenten ausgerichtet. Beispiele hierfür sind expedia.de oder kinder.de.

Ja nach Interessensgruppen werden mit Konsumentenportalen unterschiedliche Ziele verfolgt. Ziel der Nutzer ist es, möglichst einfach und schnell auf gesuchte Informationen zugreifen zu können. Ziel der Portalbetreiber ist es, Erlöse zu erwirtschaften. Hierzu werden Partner geworben, die durch das Schalten von Anzeigen für ihre Produkte und Dienstleistungen Werbung machen und so zur Finanzierung des Portals beitragen.

Unternehmensportale sind Portale, die nur für bestimmte Zielgruppe wie Kunden, Lieferanten oder Mitarbeiter zugänglich sind.

Riemke-Gurzki unterteilt Unternehmensportale „abhängig von ihrer Zielgruppe und damit von den angebotenen Inhalten und Prozessen sowie von den abzubildenden Beziehungen in Geschäftskundenportale, Lieferantenportale, Mitarbeiterportale und Endkundenportale."[156]

Wie dem in Abbildung 4-5 dargestellten Gartner Magic Quadrant zu entnehmen ist, gibt es eine ganze Reihe von Lösungsanbietern für horizontale Portale.

---

155 Aus Stelzer 2004, S. 14
156 Riemke-Gurzki (Hg.): Was ist ein Portal? unter: http://www.gurzki.de/unternehmens-portale-intranet/was-ist-ein-portal/ (zuletzt zugegriffen am 09.03.2013)

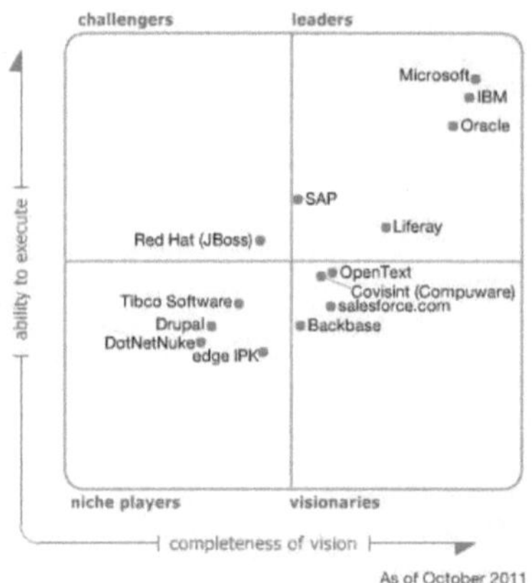

Abbildung 4-5:   **Gartner Magic Quadrant für horizontale Portale**[157]

Für detaillierte Informationen zu den einzelnen Anbietern sei auf die Internetseiten von Gartner verwiesen.[158]

Wie die Ausführungen zeigen, stellen Portale den allgemeinen Zugriff auf Informationen dar; seien es unternehmensübergreifende oder unternehmensinterne Informationen. Sie sind damit eine zentrale Komponente eines Wissensmanagement-Systems. Die in den folgenden Kapiteln behandelten Themen wie Orientierung und Suche, Inhalte, Zusammenarbeit und E-Learning können als einzelne Komponenten gesehen werden, die ganz oder teilweise in ein Portal integriert sind.

4.3 Orientierung und Suche am Beispiel von Suchmaschinen (Prof. Dr. E. Heindl)

4.3.1 Was wollt Ihr wissen?

Das Wissen ist in den Köpfen, zumindest das produktive Wissen muss in die Köpfe. Alle Systeme zum Wissensmanagement sind Systeme, die die Aufnahme von Wissen durch den Rezipienten vereinfachen sollen. Damit der Rezipient in der Lage ist, Wissen aufzunehmen, benötigt er zwei grundlegende Voraussetzungen: Zunächst muss er eigenes Hintergrundwissen besitzen, andernfalls kann er keine sinnvollen Fragen an das Wissensmanagement-System stellen, und zum Zweiten muss das System in einer angemessenen Weise auf Fragen durch den Rezipienten antworten.

Das Hintergrundwissen sollte dem Rezipienten bereits durch die Ausbildung und Hochschule vermittelt worden sein. Dies fällt unter die Fähigkeit, in einer Wissensgesellschaft aktiv teilzunehmen. Die zentralen Punkte dafür sind sprachliche Kenntnisse, insbesondere der Muttersprache, hierzulande Deutsch, und bei der Su-

---

157 Murphy et al. 2011
158 Ebenda

che nach Informationen im Internet häufig auch die englische Sprache. Je besser das sprachliche Hintergrundwissen ist, umso präziser können Fragen formuliert werden. Genau genommen erlauben aber nur wenige Systeme Fragen in natürlicher Sprache, wodurch es notwendig ist, die Suche mit geeignet aneinandergereihten Fachbegriffen durchzuführen. Dies erfordert beim Suchenden ein umfangreiches Vorwissen der Begriffsstruktur des Themas, in dem er sich bewegen will. Bei der Analyse von Besucheranfragen bei Suchmaschinen stellt man fest, dass die Suchanfragen mehrere Worte enthalten, wobei diese eine Fragestellung oft sehr ungenau abbilden. Der scheinbar triviale Fall ist die fehlerhafte Schreibweise. Neben den Tippfehlern zeigt sich aber auch, dass die Struktur des Wortes nicht immer eindeutig ist, zum einen liegt dies an der Veränderung in der Rechtschreibung aber auch in der Mehrdeutigkeit von Eingaben. Man denke nur an das „ß" und das „ss". Je nach Sprachgewohnheit werden hier unterschiedliche Formulierungen benutzt. Auch die in der modernen Kommunikation sehr stark durch Anglizismen überlagerte deutsche Sprache kann zu fehlerhaften Eingaben führen.

Viele Fragen an Suchmaschinen leiden auch unter der viel zu allgemeinen Begriffswahl. Die Suchmaschine kann natürlich nicht ahnen, in welchem spezifischen Bereich ein bestimmter Begriff gerade benötigt wird, ohne ein entsprechendes Hintergrundwissen über bereits erfolgte Abfragen oder Themenkomplexe zu haben. So wird der Begriff 'Schicht' in der IT völlig anders verwendet wie etwa in der Lackindustrie oder der Geologie. Umgekehrt werden aber auch viele Begriffe mit unterschiedlichen Worten belegt: So ist in der Medizin zwischen der Laiensprache und der Fachsprache ein großer Unterschied, obwohl verschiedene Worte gleiche Begrifflichkeiten beschreiben. Wo der Mediziner von Appendix spricht, wird der Laie das Wort Blinddarm verwenden. Inhaltlich ist dies aber für die Suche irrelevant. Entscheidend ist, dass der allgemeine Begriff Blinddarm jeweils gemeint ist. Um dieses Problem zu lösen, können Suchmaschinen Konzepte mit den Subworten verwenden wie in Abbildung 4-6 gezeigt.

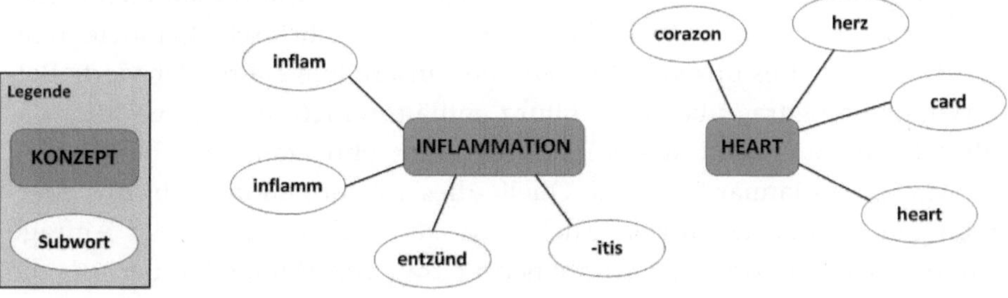

Abbildung 4-6:   **Konzepte und Suchworte**[159]

159 Bennetz, Ralf (2008): Entwicklung einer Architektur für eine webbasierte medizinische Such-Plattform. Master-Thesis. Hochschule Furtwangen (HFU), Futwangen. Fakultät Wirtschaftsinformatik.

Die Erfahrung mit der Eingabe in Suchmaschinen zeigt, dass der Suchende meist auf Mehrwort-Kombinationen ausweicht, um ein spezifischeres Ergebnis zu erhalten. Bei der Mehrworteingabe erwartet eine Suchmaschine Unabhängigkeit zwischen den Begriffen und wird Dokumente auf das Vorhandensein aller Begriffe hin untersuchen. So würde eine Eingabe in der Form ‚Blinddarm Appendix' Dokumente suchen, in denen beide Begriffe vorhanden sind. Dies ist jedoch sicher nicht das Ziel des Suchenden. Er will nur das Thema genauer beschreiben und würde Dokumente, die einen der beiden Begriffe enthalten, bereits als gelungene Fundstelle interpretieren. Sucht er hingegen nach den Worten 'Blinddarm Operationen' so ist ihm mit einem Dokument, das allgemein Operationen behandelt sicher nicht geholfen. Hier will der Suchende auf die Kombination der beiden Begriffe abheben. Die Situation wird noch komplexer, wenn der Suchende semantische Konstruktionen in der Eingabe nutzt. Eine Suchanfrage der Form ‚Urlaub ohne Vollpension' wird mit aktuellen Systemen sicher nur Reisen mit Vollpension zurückliefern. Obwohl es auf den ersten Blick einfach erscheint, dieses Defizit technisch zu beheben, ist es bisher noch keinem System umfänglich gelungen.

4.3.1.1   Ein Beispiel zur Suche

Um die Problematik der Suche mit Suchmaschinen nochmals zu verdeutlichen, soll hier ein weiteres Beispiel beschrieben werden. Jemand will wissen, ob London oder Luxemburg mehr Einwohner hat. Wie geht er bei der Suchmaschinennutzung vor? Er kann zunächst die Frage, "hat London oder Luxemburg mehr Einwohner", in die Suchmaschine eintippen. Was er erhält, sind Verweise auf Dokumente, die die Suchbegriffe enthalten. Damit hat die Suchmaschine keinesfalls eine Antwort auf die Frage geliefert, sondern Dokumente, in denen die Suchbegriffe vorkommen. Ein völlig anderes Konzept als ursprünglich hinter der Frage stand. An erster Stelle findet er ein Dokument mit der Überschrift: "London ist 11 Fach reicher als Nordost Rumänien". Öffnet man dieses Dokument, einen Bericht der in Brüssel erstellt wurde und das Wort Luxemburg tatsächlich enthält, erfährt man nichts, was die Frage beantworten würde. Obwohl das Dokument fachlich sehr kompetent geschrieben ist, vermittelt es uns kein Wissen über unsere Frage. Erst der vierte Beitrag, der Wikipedia-Beitrag über Luxemburg enthält immerhin wichtige Informationen über Luxemburg und wir können die Einwohnerzahl von Luxemburg festhalten, 483.500 im Januar 2008. Die Quelle dieser Information bleibt uns allerdings verborgen. Führen wir unsere Suche fort, so erhalten wir bei der Anfrage nach „London" als Antwort wiederum einen Beitrag von Wikipedia, der uns die Einwohnerzahl mit 7.512.000 für das Jahr 2006 angibt. Wenn wir nun mit unserem Hintergrundwissen, dass sich die Größe von Städten innerhalb von zwei Jahren nicht erheblich ändert - ein Faktum, das bei anderen Phänomenen, man denke nur an die Speicherfähigkeit von Festplatten, nicht immer stimmen muss - sehen wir, dass London mehr Einwohner hat als Luxemburg.

Aus diesem Beispiel lernt man, dass die Suchmaschine nicht Wissen sucht, sondern Dokumente, auf denen Informationen für die Findung von Wissen stehen. Entscheidend ist allerdings, dass der menschliche Nutzer mit der richtigen Suchstrategie herangeht. In diesem Fall war die Suche relativ schnell erfolgreich, da es sich um leicht verfügbare Informationen handelt. Unklar ist zurzeit, ob dieser Prozess weiter automatisiert werden kann. Möglicherweise wäre es sinnvoll die Schritte zum Finden der Lösung, wie sie in der Frage implizit vorhanden sind, durch geeignete Datenbankstrukturen und Algorithmen abzubilden. Dafür wäre es allerdings notwendig, dass die Suchmaschine nicht nur Dokumente als eine ungeordnete Menge von Worten betrachtet, sondern die semantische Bedeutung in den aufgerufenen Dokumenten erschließt. Im obigen Beispiel wäre dies noch relativ leicht umzusetzen, da die Angaben über die Einwohnerzahl bereits als strukturierte Informationen im Wikipedia-Lexikon vorliegen. Und tatsächlich gibt es Versuche, die semantische Information aus dem Nachschlagewerk Wikipedia zu extrahieren. So zumindest schlagen dies Sören Auer und Jens Lehmann von der Universität Leipzig im Artikel: „What have Innsbruck and Leipzig in common? Extracting Semantics from Wiki Content" vor.[160]

4.3.2 Das Internet-Suchmaschinenkonzept

Seit Beginn des modernen Internets sind die Nutzer mit dem neuen Werkzeug Suchmaschine vertraut, da dies praktisch die einzige Möglichkeit ist, den enormen Datenbestand des Internets in der Größenordnung von mehreren 10 Milliarden Dokumenten[161] erfolgreich zu nutzen.

Die Evolution der Suchmaschinen sei hier kurz erläutert. Das klassische Konzept waren Systeme, die aufgrund der Meta-Tags und anderer einfacher Eigenschaften der Seite, wie Titel und Domainname, in einer relationalen Datenbank das Dokument finden konnten. Dieses Konzept ist im Bereich von Bibliotheken, die sorgfältig mit Meta-Informationen versehene Medien besitzen, erfolgreich, insbesondere wenn die Nutzer mit den inzwischen ungewohnten Abfragesprachen umgehen können.

Das Internet mit seiner völlig unstrukturierten Art der Wissensbereitstellung, erforderte neue Konzepte. Ein wesentlicher Aspekt ist dabei die Vielzahl der Dokumente, die häufig zu mehrfachen Fundstellen führt. Waren in der klassischen Bib-

---

160 Auer, Lehmann: What have Innsbruck and Leipzig in common? Extracting Semantics from Wiki Content. Universität Leipzig. Leipzig. Online verfügbar unter http://www.informatik.uni-leipzig.de/~auer/publication/ExtractingSemantics.pdf, (zuletzt zugegriffen am 09.03.2013).

161 Die genaue Zahl der Dokumente ist unbekannt, selbst die Größenordnung wird von verschiedenen Autoren sehr unterschiedlich angegeben, als Untergrenze werden 10 Mrd. Dokumente genannt, als Obergrenze bis zu 100 Mrd. Wobei hier die Vermutung nahe liegt, dass es sich um automatisch generierte Dokumente mit hoher Redundanz handelt.

liothek oft nur wenige Quellen zu einem Thema zu finden, leider oft auch keine Quelle, so ist das Problem im Internet durch die Vielzahl der Quellen gegeben. Standardfragen mit ein bis drei Wörtern erzielen häufig mehrere 100.000 Fundstellen, was es dem Nutzer unmöglich macht, auch nur annähernd das Material zu sichten.

Die Suchmaschinenbetreiber haben daher bereits früh begonnen systematisch die Fundstellen nach vermeintlicher Relevanz zu sortieren. Das ursprüngliche Konzept, von Suchmaschinen wie bei Lycos[162], Altavista u.a., beruhte dabei auf der Dichte, mit der die Keywords im Dokument erschienen. Der Nachteil dieses Konzepts liegt in der einfachen „Optimierung" der Webdokumente durch Betreiber, die im Suchergebnis einen vorderen Platz erlangen wollen.

Larry Page[163] hat in seiner grundlegenden Arbeit „The PageRank Citation Ranking: Bringing Order to the Web"[164] gezeigt, wie eine Suchmaschine den Wert von gespeicherter Information über die Verknüpfungen zwischen den Dokumenten ermitteln kann. Das Verfahren zur Bewertung der Seiten basiert dabei auf der Verlinkung zwischen den Dokumenten. Page geht davon aus, dass wichtige Dokumente, analog zur wissenschaftlichen Literatur, häufig zitiert werden. Ein Zitat im Internet kann jedoch direkt auf die Quelle über einen Hyperlink verweisen. Da Hyperlinks auf eindeutige Internetadressen, die URL, verweisen, können Suchmaschinen die Verknüpfungen durch Hyperlinks einfach erkennen. Das bedeutet, Dokumente mit vielen einlaufenden Hyperlinks werden in erster Näherung höherwertig eingestuft, bekommen also einen höheren PageRank.

Ein Problem bei der Berechnung des PageRanks liegt in den Versuchen, durch viele Hyperlinks ein Dokument künstlich mit einem hohen PageRank zu versehen. Aufgrund der überragenden Bedeutung einer guten Position bei Suchmaschinen, sind entsprechende Manipulationsversuche sehr häufig. Daher summiert der PageRank Algorithmus nicht einfach die Anzahl der einlaufenden Links, sondern gewichtet jeden einlaufenden Link mit dem PageRank der Ursprungsseite. Damit erhält man jedoch ein rekursives Problem bei der Bestimmung des PageRanks. Dies kann mathematisch als Eigenwertproblem gelöst werden. Allerdings ist dies praktisch aufgrund der extrem großen Matrizen, die Anzahl der Matrizenelemente liegen oberhalb von 10^{20}, nicht schnell genug berechenbar. Praktisch wird daher ein Random Walk verwendet, in dem simuliert wird, welche Seiten von zufällig operierenden Surfern am häufigsten besucht werden. Im Prinzip setzt der Rechner dazu einen virtuellen Surfer auf ein Dokument und lässt diesen einen beliebigen Link

---

162 Lycos ist die erste große Internetsuchmaschine, die an der Carnegie Mellon University bis 1995 entwickelt wurde und bereits 1995 über 10 Millionen Dokumente indexierte.

163 Larry Page ist Mitgründer der Firma Google Inc.

164 Page, Larry: The PageRank Citation Ranking: Bringing Order to the Web. Online verfügbar unter http://dbpubs.stanford.edu:8090/pub/showDoc.Fulltext?lang=en&doc=1999-, (zuletzt zugegriffen am 13.02.2013).

aufrufen, von diesem Zieldokument springt der Surfer weiter, dies wird solange wiederholt, wie eine typische Usersitzung dauert. Notiert man für alle Dokumente, wie häufig ein virtueller Nutzer auf Besuch war, erhält man den PageRank. Es sei zur Vermeidung von Missverständnissen darauf hingewiesen, dass es sich um eine reine Simulation von Surfverhalten im Rechner der Suchmaschine handelt, nicht um ein reales Verhalten von Menschen.

Das Prinzip der Sortierung der Fundstellen nach dem PageRank ist für den User sehr nützlich, leidet jedoch unter dem Problem, dass damit immer noch nicht geklärt ist, welche Informationen der Nutzer bei Eingabe seiner Suchanfrage wirklich benötigt.

4.3.3 Optimale Antworten

Larry Page beschreibt eine ideale Suchmaschine als ein System, das die Anfrage genau versteht und die optimale Antwort genau liefert.[165] Was ist jedoch eine optimale Antwort und was genau will der User lesen? Hier handelt es sich um ein sehr tief liegendes Problem, da es normalerweise kein allgemeingültig optimales Dokument gibt, sondern nur ein Dokument, das den jeweiligen Suchenden optimal bedient. Damit müsste aber ein umfangreiches Hintergrundwissen über den Suchenden in der Suchmaschine vorhanden sein. Dies ist, trotz der Speicherung bisherigen Suchverhaltens durch die Suchmaschine, nur sehr rudimentär vorhanden. Umfangreicheres Wissen würde auch schnell an Akzeptanz- und Datenschutzprobleme stoßen.

4.3.3.1 Begriffe

Betrachtet man Fragen der Nutzer, so findet man mehrere grundsätzlich verschiedene Kategorien, die gesucht werden. Die erste große Kategorie, die klassisch durch Lexika und Enzyklopädien abgedeckt wird, ist das Erläutern der Bedeutung von Begriffen. Viele Nutzer geben ein Wort in die Suchmaschinen, um zu verstehen, was mit diesem Begriff gemeint ist. Zumeist findet sich eine brauchbare Beschreibung in Wikipedia, was auch dazu geführt hat, dass das Unternehmen Google die entsprechende Website häufig an erster Stelle zitiert.

4.3.3.2 Produkte

Ein wesentlicher Anteil der Suchanfragen hat einen kommerziellen Hintergrund. Es werden Produkte und Dienstleistungen gesucht. Dabei findet der Suchende bei exakter Angabe von Produktnamen häufig gute Fundstellen, weil die Fragestellung sehr spezifisch ist.

Bei unspezifischen Begriffen ist das organische Suchergebnis nicht immer aussagekräftig. Jedoch können die eingeblendeten Werbeflächen sinnvolle Informationen

---

165 Vgl. http://www.google.com/corporate/tech.html (zuletzt zugegriffen am 13.02.2013)

enthalten. Hier hat Google mit dem Konzept GoogleAds[166] ein sehr interessantes Suchparadigma entwickelt. Der Anbieter kann Suchworte buchen und erhält eine Einblendung seiner Anzeige, sobald das entsprechende Wort in die Suchmaschine eingegeben wird. Die Reihenfolge der Einblendungen wird letztendlich versteigert[167], der Werbetreibende zahlt jedoch nur, wenn eine Anzeige eingeblendet wird.

Am Rande sei hier noch erwähnt, dass eine der häufigsten Fragen die nach erotischem Material darstellt. Hier ist eine Suchmaschine, die keine multimedialen Inhalte wie Bild- und Filminhalte interpretieren kann, auf die Verschlagwortung durch die entsprechenden Anbieter angewiesen. Es gibt allerdings Filter, die genau solche Inhalte nicht im Suchresultat anzeigen.

4.3.3.3 Bekannte Webseiten

Suchmaschinen werden heute auch häufig zu Navigationszwecken genutzt. Dabei weiß der Nutzer bereits, dass die entsprechende Internetseite existiert, hat jedoch die genaue Internetadresse (URL) nicht verfügbar oder es ist ihm zu mühsam, diese einzugeben. Häufig, manche Autoren sprechen von 40%, sind Suchanfragen bei Suchmaschinen nichts anderes als die Frage nach einer bekannten Internetadresse.

4.3.3.4 Aktuelle Informationen

Das Internet vereint dauerhafte Bibliothek und temporäre Informationen in einem Medium. Für die Suchmaschinen stellen rasch wechselnde Dokumente eine große Herausforderung dar. Neben der schnellen Erfassung der Dokumente, die weiter hinten erläutert wird, stellt sich immer die Frage, ob die Dokumente noch für den nach Neuigkeiten Suchenden relevant sind. Hier kommt neben der Dimension der inhaltlichen Relevanz die Dimension der zeitlichen Relevanz hinzu. Viele Suchsysteme bieten inzwischen die Option, dass man nach dem Erscheinungsdatum der Information suchen kann.

Ein erhebliches Problem stellt die absolute zeitliche Einordnung von Dokumenten dar. Welchen Zeitpunkt soll die Suchmaschine als Geburtsdatum der Information wählen? Automatisch generierte Dokumente im Internet haben das Datum des Zeitpunks, zu dem der Robot der Suchmaschine das Dokument einliest, nicht das Datum, zu dem die Information in die Datenbank des Redaktionssystems gestellt wurde. Alternativ könnte man den Zeitpunkt des Einlesens in die Suchmaschine verwenden, dabei stellt sich aber heraus, dass viele Dokumente ständig kleinen Änderungen unterliegen, etwa die Korrektur kleiner Fehler über den Wechsel des Weblayouts bis hin zur vollständigen, inhaltlichen Änderung, wie sie die Homepage einer Zeitung täglich erlebt.

---

166 Vgl. http://adwords.google.com (zuletzt zugegriffen am 13.02.2013)
167 Neben dem Gebot wird auch berücksichtigt, ob die Anzeige häufig angeklickt wurde und ob die Zielseite für den Suchenden Relevanz hat.

Die meisten Suchsysteme verlassen sich auf das Datum der letzten wesentlichen Änderung und nutzen nicht die Information, die von der Quelle gegeben wird.

4.3.3.5 Wissenschaftliche Fragestellungen

Doch gibt es auch viele User, die eine komplexere Frage haben und bereits über die Begrifflichkeit informiert sind. Sie suchen Hintergrundinformation bzw. fachliche Information. Diese kann gegebenenfalls im Internet zu finden sein, wird jedoch häufig nicht gut gefunden, da immer noch viel Literatur nicht frei zugänglich ist.

Eine Lösung dieses Problems ist durch das Einscannen und Digitalisieren der großen Bibliotheken näher gerückt. Heute kann jeder unter Google Buchsuche[168] die entsprechenden Fundstellen auch innerhalb der klassischen Papierwerke finden. Aus Gründen des Copyrights ist meist nur ein kleiner Teil der Quelle online verfügbar und muss daher entweder erworben oder in einer Bibliothek ausgeliehen werden. Historische Dokumente unterliegen zumeist keinem Schutzrecht und sind dann an dieser Stelle frei verfügbar.

Ein interessantes Konzept der Auftrennung von trivialer und wissenschaftlicher Information stellt Google Scholar[169] dar, welches spezifisch auf Suche in Fachpublikationen optimiert ist. Der Nutzer erhält unter dieser Adresse zumeist PDF-Dokumente die auf ausgewählten Servern liegen. Dieses Suchsystem erweitert die klassische Suche um die Dimension der wissenschaftlichen Qualität der Quelle. Längerfristig könnten Suchmaschinen das Vorwissen eines Nutzers ermitteln oder dieser stellt es explizit bereit, um die Fundstellen nach ihrem wissenschaftlichen Anspruch zu sortieren.

4.3.3.6 Eingabe von formulierten Fragen

Eine weitere Gruppe der Suchenden will weder Begrifflichkeit noch Hintergrundinformation. Sie will Informationen über tägliche Fragestellungen wie etwa „Welche Diät hilft?"

Auskünfte zu Fragen dieser Art können heute nur schwerlich automatisiert erfolgen, da wir hier das grundlegende Problem des Wissens und des Wissensmanagements berühren, nämlich die Frage ob gespeicherte Informationen in Systemen bereits Wissen darstellt, das Antworten auf Nutzerfragen geben kann. Der heutige Stand der Technik erlaubt es nicht, Fragen syntaktisch ausreichend aufzubereiten und die Informationen in ihrer Bedeutung aus dem Internet zu extrahieren, um Nutzeranfragen adäquat zu beantworten.

Das Unternehmen Google hat einige Zeit genau für solche Fragen den kostenpflichtigen Service „Google Answers" angeboten. Dieser ist allerdings nicht auf

---

168 Vgl. http://books.google.de/ (zuletzt zugegriffen am 13.02.2013)
169 Vgl. http://scholar.google.de/ (zuletzt zugegriffen am 13.02.2013)

ausreichendes Interesse durch die Nutzer gestoßen und wurde wieder eingestellt.[170]

Ein ähnlicher Ansatz wird von Yahoo! Clever[171] umgesetzt. Dort kann jeder eine Frage einstellen und Besucher der Website können diese Frage beantworten. Ist der Fragesteller mit der Antwort zufrieden, so vergibt er Punkte für die Antwort. Der Antwortende sammelt damit Punkte und das System läuft selbstständig über die soziale Reputation. Befragt man das System nach „Welche Diät hilft?", erhält man als beste Antwort: „So wenig wie möglich Essen! Viel Wasser und mit Sport ablenken vom Essen! Wenn du Hunger hast, dann esse viele Äpfel oder natürlichen Joghurt!"[172] Das System kann zumindest bei populären Fragen brauchbare Hinweise geben. Allerdings nutzt es als Korpus nicht das Internet, sondern das Wissen der User.

Ein neuer Ansatz für das Beantworten von Fragen ist in der Suchmaschine von WolframAlpha[173] realisiert. Gibt man dort die Frage nach der Bevölkerung in der Form „London, Luxemburg, Population" ein, erhält man als Antwort nicht nur die Bevölkerungszahlen, sondern der Rechner schlägt auch noch vor, ob er sie zusammenzählen soll. Technisch beruht diese Internetsuche auf der Anbindung von sehr vielen Datenbanken aus dem Internet und deren semantische Erschließung. Inwieweit ein System dieser Art beliebig skalierbar ist, bleibt offen.

4.3.4 Technische Arbeitsweise von Suchmaschinen

Moderne Suchmaschinen sind immer Volltextsuchmaschinen. Das bedeutet, sie erfassen die gesamten Textdaten des Korpus. Zur Lösung dieser Aufgabe sind Suchmaschinen modularisiert in Komponenten: einen Robot zum Einlesen der Dokumente, eine Datenbank zum Zwischenspeichern der eingelesenen Ergebnisse, eine Indexdatenbank für die Wiedergabe der Informationen an den Nutzer und eine Nutzerschnittstelle. Die einzelnen Komponenten sollen im Folgenden näher beschrieben werden.

4.3.4.1 Der Robot

Der Robot, oft auch Crawler, Spider, Wanderer oder ähnlich bezeichnet, ist ein Programm, mit dem Suchmaschinen den Datenbestand des Webs einlesen. Damit nur Dokumente erfasst werden, von denen der Eigentümer dies will, liest jeder Robot noch vor dem Übertragen der Webseiten das Dokument robots.txt[174] ein.

---

170 Vgl. http://answers.google.com/answers/ (zuletzt zugegriffen am 13.02.2013)

171 Vgl. http://de.answers.yahoo.com (zuletzt zugegriffen am 13.02.2013)

172 Antwort auf Yahoo unter dem Pseudonym „c'est la vie" veröffentlicht

173 Vgl. http://wolframalpha.com/ (zuletzt zugegriffen am 13.02.2013)

174 Die Datei nutzt einen informellen Standard der von der robots-request@nexor.co.uk Mailingliste 1994 vereinbart wurde, die Syntax wird beschrieben unter searchtools.com (Hg.): About Robots.txt and Search Indexing Robots. Online verfügbar unter http://www.searchtools.com/robots/robots-txt.html, (zuletzt zugegriffen am 13.02.2013).

Dieses Dokument, das sinnvollerweise auf jeder Domain im Internet existieren sollte, enthält Informationen darüber, welche Dokumente nicht von der Suchmaschine erfasst werden sollen.

Der Robot startet an einer URL im Internet und liest dieses Dokument, sofern zugelassen, vollständig ein. In den großen Suchmaschinen werden die eingebundenen Abbildungen, Video- und Tondokumente ebenfalls abgespeichert, was zu sehr großen Datenbeständen im PetaByte-Bereich[175] führt.

Nach dem Einlesen wird das Dokument auf vorhandene Hyperlinks überprüft und die Zieladressen in einer Liste der zu erfassenden Dokumente gespeichert. Entscheidend ist dabei, dass die Hyperlinks für die Suchmaschinen auch als solche erkannt werden. Bemerkenswerterweise sind viele Hyperlinks im Internet etwa durch JavaScript codiert, die für den Robot nicht lesbar sind. Die Liste der Zieladressen, die nach einiger Zeit das gesamte sichtbare Web umfasst, wird von dem Robot vollständig und regelmäßig erfasst. Sind Dokumente aus dem Internet entfernt worden, was durch eine Fehlermeldung 404 erkennbar ist, führt das dazu, dass diese aus der Liste der Zieladressen entfernt werden.

Die meisten Dokumente des World Wide Webs sind in der Auszeichnungssprache HTML formatiert. Diese Dokumente müssen geparst werden, das bedeutet aus dem Code muss die Struktur des Dokuments herausgelesen und sichtbarer Text extrahiert werden. Ein nicht zu unterschätzendes Problem stellt die Verwendung von verschiedenen HTML-Versionen und ungültiger Syntax dar. Erstaunlicherweise ist praktisch kein Dokument im Internet mit einer nach W3C[176] Standards gültigen Syntax ausgezeichnet. Die Parser der Suchmaschinen müssen daher, wie auch alle Browser, die tatsächliche Dokumentstruktur erraten. Dass es dabei zu Fehlinterpretationen kommt, ist unvermeidlich und häufig die Ursache dafür, dass Dokumente nicht in der Suchmaschine gefunden werden. Der Einsatz der Ajax-Technologie[177] innerhalb von Webseiten führt dazu, dass alle später nachgeladenen Informationen nicht von der Suchmaschine gefunden werden. Neben den HTML-Dokumenten werden auch andere Textformate regelmäßig von Suchmaschinen erfasst, insbesondere die weit verbreiteten PDF-Dokumente[178], die auf einer anderen Syntax beruhen.

---

175 Ein PetaByte sind 1015 Byte, mit anderen Worten: eine Million Gigabyte.

176 W3C World Wide Web Consortium, die Institution, die die Standards für die Formatierung von HTML-Dokumenten festlegt. Dort können unter http://validator.w3.org/ auf Gültigkeit getestet werden.

177 Ajax erlaubt das dynamische Nachladen von Teilinhalten mit der Programmiersprache Javascript, die von Suchmaschinen nicht interpretiert wird.

178 PDF Portable Document Format, diese Format wurde von Adobe Systems entwickelt. Das PDF Format ist seit 2008 als ISO 32000-1:2008 ein Offener Standard (Version 1.7).

Bei der Aufbereitung werden ausgezeichnete Elemente wie Titel-Meta-Informationen, Überschriften, Textparagraphen und auch Beschriftungen als solche erkannt und in die Dokumentendatenbank abgelegt.

4.3.4.2 Unverknüpfte Dokumente einlesen

Dieser Prozess des Dokumenteinlesens wird solange fortgesetzt bis alle erkannten Adressen besucht wurden. Mit dieser Vorgehensweise wird ein durch gerichtete Verbindungen (Hyperlinks) zusammenhängender Teil des Hyperspace im Web ausgelesen. Da nicht alle Teile des World Wide Webs topologisch zusammenhängen, ist es erforderlich, zusätzliche Strategien zum Erfassen des „dark webs" einzuführen. Der klassische Ansatz ist, dass ein Webmaster eine neue und daher unverknüpfte Webseite bei einer Suchmaschine anmeldet. Dafür sehen fast alle Suchmaschinen entsprechende Eingabeformulare vor, die im Wesentlichen die URL des neuen Dokuments erfassen. Eine alternative Methode ist, mit Browser-PlugIns den Surfer zu beobachten, wie er neue Seiten aufruft und die betrachtete. Dieses Verfahren wird etwa vom Internetarchiv Alexa.com angewendet. Es gibt aber auch Versuche, Internetadressen einfach zu erraten oder aus Textdokumenten Internetadressen auszulesen, die nicht verlinkt sind.

Innerhalb einer Unternehmung kann für die Erfassung der verlinkten Hypertextdokumente im Intranet eine analoge Strategie angewendet werden. Dabei werden die einzulesenden Dokumente aber auf die Domain des lokalen Intranets beschränkt, da andernfalls eine Suchmaschine für das Internet entstehen würde. In lokalen Netzen kann aber auch ein alternativer Weg beschritten werden, indem einfach alle Verzeichnisse der lokalen Festplatten nach lesbaren Dokumenten durchsucht werden. Dabei ist allerdings auf eine geeignete Rechtevergabe zu achten, da sonst vertrauliche Dokumente in der lokalen Suche auftauchen können.

Der eben beschriebene Prozess des Datenerfassens wird nun regelmäßig wiederholt, damit der Datenbestand aktuell bleibt. Der Wiederholungszyklus ist ein spezielles Problem, da zwischen der Notwendigkeit aktueller Datenbestände und den Kosten hoher Netzbelastung abgewogen werden muss.

Eine Lösung stellt der Hashcode dar, der mit jedem Dokument als ETag ausgeliefert werden kann. Die Arbeitsweise beruht darauf, dass der Robot zuerst nur den Header des Dokuments liest, in dem das ETag steht. Ist das eingelesene ETag mit dem aus dem Datenbestand identisch, ist sofort klar, dass das gesamte Dokument seit dem letzten Besuch nicht geändert wurde. Der Robot kann damit einen neuen Abruf des Dokuments einsparen.

Andere Systeme basieren auf dem letzten Änderungsdatum des Dokuments. Dies ist allerdings erheblich unzuverlässiger. Der Grund liegt in der Verwendung von Content-Management-Systemen (CMS), die bei jeder Abfrage durch einen Client ein neues Dokument generieren und mit dem aktuellen Datum versehen. Das tatsächliche Datum der inhaltlichen Erstellung wird dem Besucher, in diesem Fall dem Robot, nicht mitgeteilt.

4.3.4.3 Die Datenbanken

Alle aus dem Korpus eingelesenen Informationen werden in Datenbanken abgelegt. Dabei wird zwischen der Erfassungsdatenbank und der Indexdatenbank unterschieden. In der Erfassungsdatenbank werden alle Dokumente sofort nach dem Einlesen aus dem Netz abgelegt. Dabei ist das Ordnungskriterium immer noch der Ursprung des Dokuments und je nach Struktur der Datenbank werden die einzelnen Elemente der Dokumente, wie Überschrift, Titel, Textpassagen, in einzelne Datensätze abgelegt. Die Erfassungsdatenbank hat damit mindestens so viele Datensätze wie das Internet Dokumente aufweist. Da das Internet heute weit mehr als vier Milliarden Dokumente umfasst, ist es notwendig eine Datenbank mit mehr als 32-Bit Adressen zu verwenden. Dies wird nur von wenigen Systemen geleistet. Google hat daher für den eigenen Bedarf ein eigenes 64-Bit System entwickelt.[179]

Aus dem Dokumentendatenbestand leitet sich der Indexdatenbestand ab. Seine Struktur ist optimiert für die Anfrage der Nutzer. Das bedeutet, dass zu jedem Wort eine Liste erstellt wird, in der alle Dokumente aufgeführt sind, in denen dieses Wort erscheint. Zudem werden Informationen über die Relevanz der Dokumente aus verschiedenen Parametern abgeleitet, insbesondere die Verlinkung der Dokumente aber auch die Länge der Dokumente. Die Performance dieser Datenbank ist maßgeblich für die Geschwindigkeit bei der Abfrage durch Nutzer.

Der Umfang der Datenbank kann erheblich werden, wenn ein Korpus wie das Internet komplett eingescannt wird. Im Fall von lokalen Intranets, die selten über mehrere Millionen Dokumente verfügen, ist der Aufwand vergleichbar gering. Allerdings ist dort eine Erfassung von anders strukturierten Dokumenten, etwa Dokumente aus der Textverarbeitung oder PDF-Dokumente, üblich, was zu speziellen Problemen bei der Speicherung führen kann.

4.3.4.4 Suchprozess

Die Suche in der Datenbank nach einer Anfrage durch den User muss unter extremer Optimierung der Antwortzeit erfolgen. Untersuchungen bei Google haben gezeigt, dass bereits eine Verlangsamung der Antwortzeit um eine Zehntelsekunde vom Nutzer gespürt und als Verschlechterung empfunden wird. Die Datenbankabfrage erfolgt daher parallelisiert, wobei die genauen Algorithmen nicht bekannt sind. Sie gehören zu den streng gehüteten Geheimnissen von guten Suchmaschinen. Um eine Vorstellung von der notwendigen Rechenleistung zu erhalten: Ein Eckwert, eine Anfrage bei Google benötigt 10Wh Energie. Rechnet man das auf einen handelsüblichen PC um, läuft dieser damit etwa zehn Minuten. Die Verarbeitung der Frage läuft vermutlich auf mehreren tausend Prozessoren parallel.

---

179 Vgl. Ghemawat et al. 2003

Im ersten Schritt müssen alle Dokumente gefunden werden, in denen eines der Suchworte auftritt. Im nächsten Schritt werden mit einer Vergleichsoperation alle Dokumente herausgefiltert, die alle Suchworte enthalten. Jetzt erfolgt das Ranking nach der Qualität der gefundenen Dokumente. Mit dieser Information wird die Ausgabeseite aufgebaut und an den Suchenden gesendet. Häufig gelingt der gesamte Vorgang in weniger als einer halben Sekunde.

4.3.4.5 Das Nutzerinterface

Nach Lewandowski ist das Ziel jeglicher Bemühungen zum Information Retrieval, „dem Nutzer die für die Befriedigung seines Informationsbedürfnisses besten Ergebnisse zu liefern".[180]

Für das erfolgreiche Suchen in Dokumentbeständen ist das Nutzerinterface von erheblicher Bedeutung. Zum einen in Bezug auf die Form, in der der Nutzer seine Information eingibt und zum anderen in Bezug auf die Form, in der die Fundstellen präsentiert werden. Es hat sich gezeigt, dass die meisten Nutzer mit komplexen Abfragesprachen überfordert sind, was dazu geführt hat, dass im Internet nur einzelne Worte für die Frage verwendet werden. Für die Eingabe wird der Suchschlitz, ein einzeiliges Textformular, angeboten. Es ist allerdings möglich, dem Nutzer einige syntaktische Zusatzoptionen zu geben, damit er etwa zusammenhängende Wortgruppen markieren kann. Weiterhin kann mit entsprechenden Operatoren das Auftauchen eines bestimmten Wortes im Suchergebnis unterdrückt werden.

Um noch komplexere Abfragen zu ermöglichen, bieten viele Suchsysteme ein zusätzliches ausführliches Eingabeformular an. Dort kann der Nutzer dann nach Datum, Quellen, Dokumentenumfang und vielen anderen Parametern des Zieldokuments suchen.

Nach dem Absenden der Anfrage vom Browser an den Server der Suchmaschine erhält der Benutzer das Suchergebnis als sortierte Liste zurück. Bei der Darstellung dieser Liste wird typischerweise der Titel des HTML-Dokuments hervorgehoben, um dem Nutzer rasch einen Überblick zu den Inhalten zu vermitteln. Darauf folgen eine Kurzfassung des Dokuments und die Internetadresse, auf der das Dokument liegt. Manche Suchsysteme liefern noch weitergehende Informationen bis zu einem Screenshot des Dokuments. Welches Dokument der Nutzer dann als nützlich empfindet, bleibt ihm überlassen. Manche Systeme lassen sich aber gerne ein Feedback geben.

4.3.5 Ausblick

Innerhalb von 15 Jahren hat sich der Inhalt des Internets um den Faktor 1000 vergrößert. Mit dieser Informationsflut haben Suchmaschinen Schritt halten können. Leider ist es in dieser Zeit nicht gelungen, ein grundlegend besseres semantisches

---

180 Aus Lewandowski 2005

Verständnis der Informationen in Dokumenten zu erreichen. Weiterhin wird im Wesentlichen eine Wortmenge analysiert und nicht ein Inhalt.

Ein erhebliches Problem stellt das Quasimonopol der Firma Google dar. Sie besitzt neben nahezu unbegrenzten Ressourcen für die Forschung auch außergewöhnlich viele Daten über das Nutzerverhalten im Internet. Dies macht es für einen Neueinsteiger im Markt fast unmöglich, vergleichbare oder wesentlich bessere Resultate zu liefern. Die Abhängigkeit von einem Unternehmen beim Erschließen des Wissens der Menschheit sollte aus Gründen der Sicherheit und des Wettbewerbs in Zukunft überwunden werden.

4.4 Von Inhalten zu Enterprise Content Management (Prof. Dr. M. Andres)

Laut einer vom Storage-Spezialisten EMC[181] gesponserten Studie von 2008 verzehnfacht sich das weltweite digitale Datenvolumen von 2006 mit 180 Exabytes bis 2011 auf 1800 Exabytes. Zwar sind nach der Studie von IDC[182] für 70% des Datenwachstums Individuen verantwortlich, dennoch hat sich die Informationsflut auch in Unternehmen durch Internet, E-Mails und Medienprodukte wie Podcasts oder E-Learning vervielfacht. Unter dem Stichwort E-Government erfolgt die Kommunikation mit Behörden bürgernah über Internetportale. Produkte aller Art werden inzwischen über das Internet angeboten und gekauft. Über ziemlich jedes Thema lassen sich Informationen aus dem Internet beschaffen.

Über das Internet findet demnach ein reger Austausch von Wissen in Form von gespeicherten Daten (vgl. Kapitel 2.2) statt. Welche dieser gewonnenen Informationen sind jedoch relevant? Wie können die externen und internen Informationen in Unternehmen effektiv und effizient organisiert werden, damit auch ein Mehrwert und Wettbewerbsvorteile entstehen?

---

181 Nach http://www.monitor.co.at/ausgaben/news_08_1/digital_info_growth1~fs.jpg (zuletzt zugegriffen am 09.03.2013)

182 IDC is the premier global provider of market intelligence, advisory services, and events for the information Pration technology, telecommunications, and consumer technology markets.

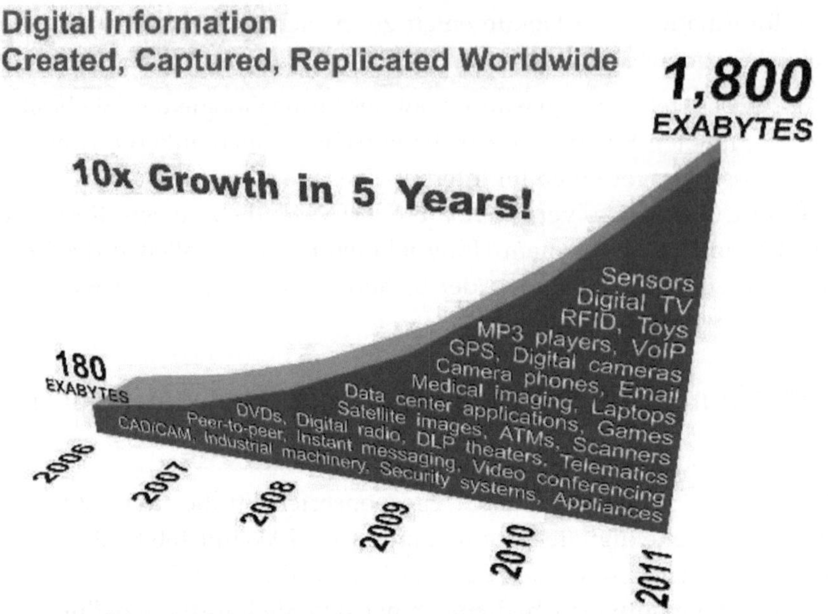

Abbildung 4-7:		**Zunahme des weltweiten Datenvolumens bis 2011**[183]

In diesem Kapitel geht es um Konzepte und Prozesse, wie diese sehr unterschiedlichen Inhalte – in Form explizierten, codierten Wissens - erstellt, organisiert, verwaltet und letztendlich für einen größeren Kreis an Nutzern zur Verfügung gestellt werden können. Historisch sind dabei in verschiedenen Branchen bzw. Unternehmensbereichen Lösungen mit unterschiedlichen Schwerpunkten entstanden. Heute richtet sich der Fokus im Gegensatz zu Einzel- und damit Insellösungen immer stärker auf einen einheitlichen, unternehmensweiten Ansatz, dem sogenannten Enterprise Content Management (ECM). Beide Ansätze haben nach wie vor ihre Berechtigung, da es nicht immer sinnvoll und machbar ist, den sehr aufwendigen unternehmensweiten Ansatz zu verfolgen.

Um die grundlegenden Konzepte zu erklären, wird zunächst ein Überblick über die verschiedenen inhaltsorientierten Anwendungssysteme gegeben und das Modell für Enterprise Content Management eingeführt. Anschließend werden die Komponenten des Modells mit den zugehörigen Managementprozessen erläutert.

Zunächst aber wird geklärt, was unter Informationen – Dokumente und Inhalte – in diesem Kapitel verstanden wird und wie sie strukturiert sind.

4.4.1   Wissen, Inhalte und Dokumente

In Kapitel 2.2.2 wurden die Begriffe Wissen, Information und Daten nach Seiler und Reinmann definiert. Demnach ist Wissen in personales und öffentliches Wis-

---

183 Aus   http://www.monitor.co.at/ausgaben/news_08_1/digital_info_growth1~fs.jpg   (zuletzt zugegriffen am 09.03.2013)

sen zu unterscheiden. Personales Wissen kann Handlungswissen, intuitives und begriffliches Wissen sein. Öffentliches Wissen ist Wissen, das in Sprache gefasst ist und als Information zwischen Wissensträgern ausgetauscht werden kann. Expliziertes, mit Hilfe von Zeichen abbildbares Wissen kann in Form von Daten gespeichert werden.

Hier wird personales Wissen insoweit betrachtet, dass es in den Entstehungsprozess der Inhalte, Dokumente und digitalen Assets einfließt, die dann zu öffentlichem Wissen werden und als Information zwischen den Benutzern, also den Wissensträgern, ausgetauscht werden.

Die Vorstellung, was wir im alltäglichen Sprachgebrauch unter Inhalt verstehen, wird im Wahrig - Lexikon der deutschen Sprachlehre sehr allgemein beschrieben: „Etwas, das von einer Form umschlossen ist; Gehalt, Mitgeteiltes, Dargebotenes, Dargestelltes, Summe der Merkmale (eines Begriffs)".[184]

Im Wissensmanagement wird statt des deutschen Begriffs Inhalt oft der englische Begriff Content verwendet, um zu verdeutlichen, dass es sich um einen Sammelbegriff für alle medialen Inhalte, wie Texte, Daten, Grafiken, Audio- oder Bewegtbilder handelt, die stets in einem bestimmten Datentyp vorliegen. Diese Inhalte werden auch als digital assets bezeichnet, wenn Nutzungsrechte vergeben wurden.[185]

Content wird oft nach der Form unterschieden, in der die Information in elektronischen Systemen zur Nutzung bereitgestellt wird. Die Information kann in strukturierter, schwach strukturierter und in unstrukturierter Form vorliegen:

- Als *strukturierten Content* bezeichnet man Daten, die in einem standardisierten Layout aus datenbankgestützten Systemen bereitgestellt werden (z.B. formatierte Datensätze aus einer Datenbank).
- *Schwach strukturierter Content* sind Informationen und Dokumente, die zum Teil Layout und Meta-Daten mit sich tragen, jedoch nicht standardisiert sind (z.B. Textverarbeitungsdateien, HTML-Seiten).
- *Unstrukturierter Content* besteht aus beliebigen Informationsobjekten, deren Inhalt nicht direkt erschlossen werden kann. Dazu gehören Bilder in verschiedenen Formaten (zum Beispiel gif und jpeg), Videos, Sprache, Faksimiles.

Die Grenzen zwischen strukturiertem und unstrukturiertem Content verwischen allerdings immer mehr, da heute der gesamte Content in Datenbanken verwaltet werden kann. Insofern schließt Content heute auch strukturierte Daten mit ein, die in inhaltsorientierten Systemen verwaltet werden.

Damit ergibt sich eine geeignete Definition für ein Dokument.

---

184 Aus Wahrig 1991
185 Vgl. Jablonski, Meiler 2002

> Unter einem Dokument oder besser Compound Document wird eine Kombination aus Text oder Grafiken, einschließlich Multimediadaten (wie Audio- und Videoinformationen) und Hyperlinks, sowie deren Formatierung und Metadaten verstanden.[186]

Aus dieser Definition ergibt sich auch, dass Dokument und Content nicht klar getrennt sind. So kann ein Dokument aus digitalen Inhalten zusammengesetzt werden. Der umgekehrte Weg, aus den Dokumenten die digitalen Inhalte zu separieren, ist meist aufwendiger und hängt von der Struktur des Dokuments ab. Ein Konzept, dies zu ermöglichen, liegt in der konsequenten Trennung von Struktur, Darstellung und Inhalt.

Elektronische Dokumente werden oft nach ihrer Erzeugung kategorisiert.

Man spricht von codierten Informationen bzw. Dokumenten (CI = coded information), wenn die Dokumente im Computer selbst oder durch externe Eingabemedien erzeugt werden. Die eingegebenen Zeichen werden z.B. im ASCII oder Unicode gespeichert, so dass das gespeicherte Dokument automatisch ohne Hilfe des Anwenders durchsucht werden kann. Typische Vertreter sind Textverarbeitungsprogramme, Grafikprogramme oder auch CAD-Programme.[187]

Nicht codierte Informationen (NCI = non coded information) sind Informationen, die der Computer nicht ohne weiteres selbst interpretieren kann. Sie entstehen z.B. beim Scannen einer Textseite oder eines Bildes, das dann als eine Folge von Pixeldaten vorliegt. Der Mensch kann den Text oder das Bild ohne Weiteres interpretieren, der Computer benötigt zur Erkennung von Zeichen oder Objekten spezielle Algorithmen, wie sie z.B. bei der Optical Character Recognition (OCR) verwendet werden. Rasterbilder, Audio- und Video-Informationen sowie Animationen, die im Computer digital abgelegt sind, sind typische Vertreter nicht codierter Informationen.

Im Bereich des Dokumentenmanagements wird im Prinzip alles als Dokument bezeichnet, was ein Anwender als solches festlegt. Implizit gehört hierzu immer auch ein Zweck. Typische Dokumente sind, wie wir später sehen werden, alles, was bei der Abwicklung der Geschäftsprozesse benötigt wird: E-Mails, Faxe, Textdokumente, Zeichnungen, Produktdaten, Lieferscheine und Rechnungen.

In diesem Sinne sind Dokumente und Inhalte als Teil der Wissensbasis eines Unternehmens zu verstehen, die gut gepflegt werden müssen, um den vielfältigen Anforderungen gerecht zu werden.

Diese Dokumente und Inhalte, auch Informationsobjekte genannt, unterliegen einem typischen Lebenszyklus, der von ihrer Entstehung über die Ablage, die Suche

---

186 Vgl. Gronau (Hg.) 2009
187 Vgl. Gulbins et al. 2002, S. 16

und weitere Bearbeitung bis zu ihrer dauerhaften Archivierung und Löschung reicht.

4.4.2   Ziele und Visionen eines integrierten Content Managements

Seit den siebziger Jahren des letzten Jahrhunderts gibt es die Vision vom papierlosen Büro. Viele sehen diese Vision heute als gescheitert an: Papier gibt es immer noch, jeder hat zumindest Zugang zu einem Drucker und bedruckt weiterhin Papier. Dennoch hat sich einiges in den Büros verändert. Die Ablage der Dokumente erfolgt weitgehend elektronisch. Dazu werden selbst die Dokumente, die noch in Papierform das Unternehmen erreichen, eingescannt und elektronisch archiviert. Auch die geschäftliche Kommunikation verlagert sich immer mehr zu elektronischen Medien wie E-Mails oder elektronischen Dokumenten, die direkt den jeweiligen Projekten zugeordnet werden können. Firmen mit einem hohen Anteil an Beratern versuchen durch Desktop Sharing Kosten einzusparen. Dies kann nur funktionieren, wenn die gesamten Projektunterlagen elektronisch zur Verfügung stehen und die verwendeten Papierunterlagen gering bleiben. Papier wird zunehmend temporär zur besseren Bearbeitung erzeugt und dann wieder vernichtet. Dies setzt in Unternehmen allerdings die entsprechenden Infrastrukturen wie Ablagesysteme und Dokumentenmanagement bzw. ein integriertes Content Management (CM) voraus.

Das integrierte Content Management bedeutet heute vor allem eine strategische Sicht auf die Inhalte im Unternehmen. Die elektronische Verfügbarkeit der Inhalte wird in immer mehr Bereichen umgesetzt, seien es Kundenportale im öffentlichen Sektor, in denen Gehaltsabrechnungen und andere Bescheide abgerufen werden können, oder elektronische Akten, in denen Vorgänge von verschiedenen Personen bearbeitet werden können und Durchlaufzeiten erheblich verkürzt werden.

Sei es in der Wirtschaft oder im öffentlichen Sektor: Schriftliche Dokumente bestimmen Verwaltungs- und Entscheidungsprozesse und sind eine wichtige Basis, um Vorgänge zu dokumentieren und zu kommunizieren. Viele Dokumente besitzen rechtliche Relevanz und müssen gemäß den Vorschriften über einen längeren Zeitraum, drei bis zehn Jahre und länger, aufgehoben werden und jederzeit beispielsweise für Steuerprüfer einsehbar sein.

Die Erfüllung der rechtlichen Anforderungen in Unternehmen wird als Compliance bzw. als Compliance Management bezeichnet. Berücksichtigt werden in Deutschland beispielsweise die GoB – Grundsätze ordnungsgemäßer Buchführung (§ 238 HGB) oder die Gefahrenverordnung, wenn zur Dokumentation von Gefahrenstoffen Sicherheitsdatenblätter angelegt und über die gesamte Lieferkette erhalten werden müssen.

Selbst für kleinere Unternehmen ist es unumgänglich, ihr Wissen in transparente Strukturen zu transformieren und den Mitarbeitern zugänglich zu machen, damit auf dieser Grundlage das Unternehmenswissen erweitert und verbessert werden kann. So liefert beispielsweise ein Unternehmen für die Konstruktion und Fertigung von Spezialgetrieben sowohl an Automobilhersteller als auch an Hersteller für Medizintechnik. Die Getriebe werden nach Spezialanforderungen der Kunden in Projekten konstruiert und in kleinen Stückzahlen hergestellt. In diesen Prozess fließen Lieferanteninformationen, z.B. über Materialien und Fertigteile, aber auch eigene Konstruktionsdaten und -zeichnungen aus CAD-Anwendungen ein. Diese Informationen sind sowohl für die externen Kunden, z.B. als Information über die Belastbarkeit, als auch intern wichtig, da sie als Wissen in zukünftigen Projekten wieder verwendet werden können. Nur mit einer effizienten Wissens- und Dokumentenverwaltung ist es möglich, einerseits schnell auf Kundenanfragen zu reagieren und andererseits auch der Dokumentationspflicht nachzukommen.

Um diesen Anforderungen gerecht zu werden, müssen einerseits die Unternehmensprozesse angepasst und optimiert werden und andererseits geeignete Systeme zur Unterstützung und Automatisierung dieser Prozesse eingesetzt werden. In einem kleinen Unternehmen kann mit einem gut aufgebauten Wiki schon vieles kostengünstig erreicht werden, ein größeres Unternehmen wird eher ein professionelles Produktdaten-Management-System (PDM) mit Individuallösungen einsetzen.

4.4.3   Inhaltsorientierte Systeme in Unternehmen

Der Einsatz inhaltsorientierter Anwendungssysteme dient der Effizienzsteigerung der Unternehmensprozesse, die es unterstützt. Andererseits beeinflussen und verändern diese Systeme aber auch die Arbeitsabläufe in einem Unternehmen, so dass immer beide Seiten betrachtet werden müssen. Daher wird in diesem Abschnitt zunächst ein Überblick über die inhaltsorientierten Anwendungssysteme zur Unterstützung des Wissensmanagements gegeben. Anschließend wird die Verwaltung der Informationsobjekte näher betrachtet und Anforderungen an die inhaltsorientierten Anwendungssysteme abgeleitet.

Inhaltsorientierte Systeme dienen der Verwaltung von Informationen, wie Content und Dokumenten, und sollten idealerweise den gesamten Lebenszyklus der Informationsobjekte unterstützen.

Durch die speziellen Anforderungen verschiedener Branchen sind auf der einen Seite die medienorientierten Redaktionssysteme mit Single-Source- und Cross-Media-Publishing und auf der anderen Seite Produktdaten-Management-Systeme (PDM) und Produktinformations-Management-Systeme (PIM) zur Unterstützung der produzierenden Industrie entstanden (Abbildung 4-8). Branchenübergreifend werden seit über zwanzig Jahren Dokumenten-Management-Systeme (DMS) und mit Verbreitung des Internets zunehmend immer mehr Content –Management-Systeme (CMS) eingesetzt. Seit Web 2.0 spielen Social-Media-Systeme wie Wikis oder Blogs auch in diesem Bereich eine immer wichtigere Rolle. Mit Wikis können relativ einfach Wissensbereiche eines Unternehmens abgebildet und den Mitarbeitern zur Verfügung gestellt werden. Blogs können für die interne Kommunikation aber auch für die externe Kommunikation mit befreundeten Unternehmen genutzt werden.

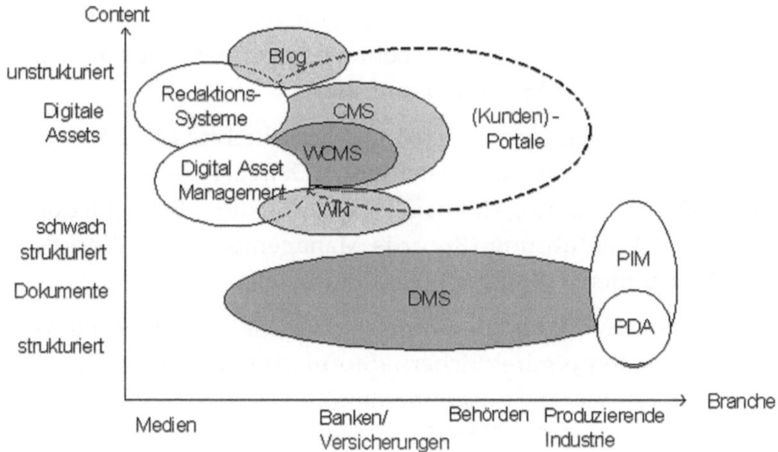

Abbildung 4-8:   **Einsatz inhaltsorientierter Systeme in verschiedenen Branchen**

Aus Prozesssicht unterstützen Dokumenten- und Content-Management-Systeme die wertschöpfenden Geschäftsprozesse des Unternehmens und optimieren den Informationsfluss, indem auf die Dokumente und Inhalte zentral zugegriffen werden kann und damit jederzeit Kommunikations- und Auskunftsfähigkeit gegenüber Geschäftspartnern besteht.

Die Übergänge zwischen diesen Systemen sind inzwischen fließend. Alle dienen in der einen oder anderen Weise der Erzeugung, Verwaltung und Bereitstellung von Informationsobjekten. Werden in einem Unternehmen mehrere dieser Systeme eingesetzt, ist es wünschenswert einen einheitlichen Zugriff auf die abgelegten Informationen zu haben. Dazu eignen sich webbasierte Komponenten wie sie in webbasierten Content-Management-Systemen (WCMS) zu finden sind.

Daraus ergibt sich eine ganzheitliche Sicht auf das Thema Content Management, für die der Begriff Enterprise Content Management (ECM) steht.

4.4.4   Ein Modell für Enterprise Content Management

Bereits im Jahr 2000 ist von dem weltweiten Verband der DMS-Anbieter und -Anwender AIIM International (Association for Information and Image Management International) eine offizielle Definition für den Begriff ECM herausgegeben worden, der danach vielfach ergänzt worden ist.

Aktuell definiert AIIM International ECM folgendermaßen: "Enterprise Content Management (ECM) is the strategies, methods and tools used to capture, manage, store, preserve, and deliver content and documents related to organizational processes. ECM tools and strategies allow the management of an organization's unstructured information, wherever that information exists."[188]

Danach ist Enterprise Content Management also ein Konzept zur ganzheitlichen Verwaltung aller Informationen, die in den Unternehmensprozessen entstehen, das neben Tools vor allem Strategien und Methoden umfasst.

Das AIIM Modell für ECM unterscheidet zunächst die Bereiche Erfassung bzw. Erstellung der Dokumente (Capture), Bereitstellung (Deliver) und Langzeit-Archivierung (Preserve). Die Verwaltung (Manage) verbindet diese Bereiche durch temporäres Sichern (Store), Aktenführung (Records Management) und Workflow bzw. Business Process Management (WF/BPM) (Abbildung 4-9).

Im deutschen Sprachgebrauch wird der Begriff elektronische Archivierung verwendet, der die Komponenten temporäres Sichern (Store), Aktenführung (Records Management) und Langzeitarchivierung zusammenfasst.

Abbildung 4-9:   **AIIM Modell für Enterprise Content Management[189]**

---

188 AIIM.org (Hg.): What is Enterprise Content Management (ECM)? Online verfügbar unter http://www.aiim.org/What-is-ECM-Enterprise-Content-Management.aspx, (zuletzt zugegriffen am 09.03.2013)

189 Darstellung nach Kampffmeyer 2003, S. 15

Abbildung 4-10 stellt den Bezug zwischen den inhaltsorientierten Anwendungs-systemen (Abbildung 4-8) und dem ECM-Modell her. Die Anwendungssysteme sind meist modular aufgebaut und enthalten Komponenten für die Archivierung und das Workflow-Management, entweder direkt in das Anwendungssystem in-tegriert oder als eigenständige Komponente mit entsprechenden Schnittstellen.

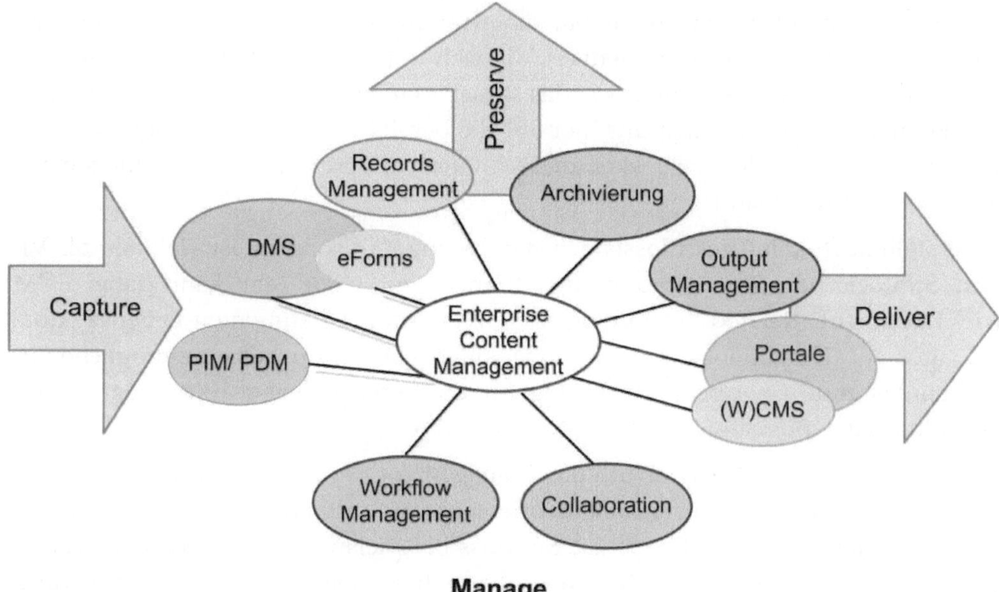

Abbildung 4-10:   **Software-Komponenten für ECM**[190]

Dokumentenmanagement-Systeme wurden hier um die immer wichtiger werden-de Komponente der elektronischen Formulare (eForms) erweitert und zusammen mit den PIM/PDM-Systemen dem Bereich der Erfassung zugeordnet, da in dieser Komponente die komplexesten und wichtigsten Managementprozesse zu finden sind. Beide Anwendungssysteme decken mehr als die reine Erfassung ab.

Unter Records Management (RM) oder auch Information Lifecycle Management (ILM) versteht man Prozesse und Technologien zur systematischen Aufzeichnung von Geschäfts- oder Behördenvorgängen. Im Vordergrund stehen dabei die Erfül-lung rechtlicher Vorschriften (Basel II und Sarbanes Oxley Act 2002), die Sorgfalts-pflicht und die Rechtssicherheit. Records Management betrachtet die gesamte Or-ganisation und implementiert Strategien und Prozesse, mit denen die Compliance-Anforderungen erfüllt werden können. RM bzw. ILM wird im Kapitel 4.4.7 über DMS kurz angeschnitten, da es zu einem immer wichtiger werdenden Bereich des Dokumentenmanagements wird.

Der Bereich Bereitstellung wird einerseits durch das Output Management (siehe Kap.4.4.8) und andererseits durch die Portale mit WCMS repräsentiert. Durch den

---

190 Nach Zöller 2005

Einsatz von XML und der konsequenten Trennung von Inhalt, Struktur und Layout (siehe Kap.4.4.9) hat WCMS als Publikationsinstrument immer mehr an Bedeutung gewonnen. Viele Firmen betreiben heute verschiedene nach Zielgruppen ausgerichtete Portale wie Kunden-, Lieferanten- oder Mitarbeiterportale, in die Web Content-Managementsysteme integriert sind.

Enterprise Content Management hat einen allumfassenden Anspruch und man könnte weitere Komponenten nennen, die sich unter diesem Begriff subsumieren ließen. Erwähnt sei hier nur noch das Asset Management, die Verwaltung von Medieninhalten. Wir werden uns hier auf die bereits genannten Komponenten beschränken, da sie einerseits exemplarisch und andererseits in verschiedensten Branchen verbreitet sind.

ECM stellt auch keine geschlossene Systemlösung dar, sondern ist vielmehr als Vision, Strategie oder Bezeichnung einer Branche zu sehen. Man kann daher ECM wie Document Related Technologies (DRT) oder Dokumenten-Lebenszyklus-Management (Document Lifecycle Management, DLM) nur als eine mögliche zusammenfassende Gruppenbezeichnung für die verschiedenen Technologien und Produktansätze positionieren.[191]

Im nächsten Abschnitt geht es um das Management der lebenden Informationsobjekte, das sich an deren Lebenszyklus orientiert und mit einer Reihe von organisatorischen Maßnahmen verknüpft ist. So muss beispielsweise eine geeignete Klassifikation und Ablagestruktur für die Inhalte bzw. Dokumente geschaffen und zusätzliche Informationen in Form von Metadaten erstellt werden, um die spätere Suche zu erleichtern.

4.4.5 Verwaltung von lebenden Dokumenten und Content

Für ein Unternehmen relevante Informationsobjekte entstehen sowohl extern als auch intern in verschiedenen Systemen und an verschiedenen Orten (z.B. Abteilungen). Die Verfasser der Dokumente sind zunächst auch die Besitzer dieser Dokumente. Werden sie an andere Mitarbeiter zur Bearbeitung weitergeleitet, entstehen neue Versionen des Dokuments mit neuen Verantwortlichkeiten.

Die Arbeitsabläufe können mit Workflow-Systemen unterstützt werden. Für eine systematische Ablage der Dokumente muss eine Ordnungsstruktur, z.B. in Form von Aktenplänen, entwickelt werden. Verantwortlichkeiten und Zugriffsrechte auf die Dokumente müssen über ein Rollenkonzept festgelegt werden.

Informationsobjekte durchlaufen also verschiedene Phasen von der Entstehung bis zur dauerhaften Ablage in einem Archiv.

Die Vorteile einer zentralen Speicherung von Content bzw. Dokumenten können nur effektiv genutzt werden, wenn diese gut strukturiert und mit zusätzlichen Informationen, den Metadaten, versehen abgelegt werden. Die zusätzlichen Informa-

---

191 Vgl. Kampffmeyer 2006

tionen orientieren sich an den Bedürfnissen wichtiger Benutzergruppen und werden in standardisierten Verfahren erschlossen. Die Anreicherung der Inhalte mit Strukturinformation erleichtert es den Retrieval-Komponenten, die Treffsicherheit von Recherchen zu verbessern.

Es müssen also zwei Aufgaben gelöst werden: Zum einen muss ein Klassifikationsschema für die Informationsobjekte eines Unternehmens entworfen werden, zum anderen müssen die jeweiligen Dokumente in diese Klassifikation eingeordnet werden können.

4.4.5.1 Lebenszyklus von Inhalten und Dokumenten

Lebenszyklusmodelle (Life Cycle Model) werden oft verwendet, um die Lebensphasen der Informationsobjekte zu beschreiben. Abbildung 4-11 zeigt den typischen Lebenszyklus für Dokumente und Inhalte von der Entstehung bis zu ihrer Vernichtung. Die äußeren Pfeile stellen dar, welche Aufgaben aus Nutzersicht durchzuführen sind. In den zugehörigen Segmenten sind die wichtigsten unterstützenden Systeme bzw. Systemfunktionalitäten enthalten.

Aus diesem Lebenszyklus ergeben sich funktionale Anforderungen sowohl an Dokumentenmanagement-Systeme (DMS) als auch an Content-Management-Systeme (CMS). Außerdem müssen für die verschiedenen Bereiche Managementprozesse wie der Erzeugungsprozess für Content oder der Publikationsprozess definiert werden. Dies wird in den Kapiteln über DMS und CMS näher ausgeführt.

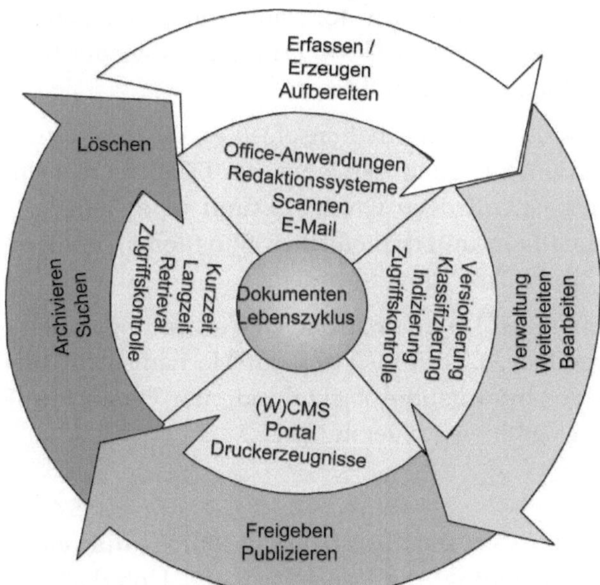

Abbildung 4-11:   **Lebenszyklus von Dokumenten und Inhalten, Nutzersicht mit unterstützenden Systemfunktionalitäten**[192]

---

192 Eigene Darstellung

In beiden Systemen finden sich immer Komponenten zur Benutzerverwaltung mit der Möglichkeit zur Definition von Rechtestrukturen, die notwendig sind, um eine Zugriffskontrolle auf die Dokumente und Inhalte zu realisieren. Die Autorisierung der Nutzer basiert auf Rollen- und Gruppenmodellen. So erlaubt beispielsweise die Rolle Autor das Erstellen, Modifizieren und Löschen des eigenen Inhalts, während Editoren die Inhalte nur modifizieren und Designer nur das Layout verändern dürfen. Alle anderen Nutzer haben nur lesenden Zugriff. Für bestimmte Nutzgruppen kann der Zugang auf bestimmte Inhalte beschränkt werden, z.B. darf die Konstruktionsabteilung nur auf ihre Materialien zugreifen.

Den Anwendern der Systeme werden diese Rollen meist über grafische Oberflächen zugewiesen. Die Systeme können eigene Benutzerverwaltungen haben oder sich mit externen Verzeichnissen über LDAP (Lightweight Directory Access Protocol) oder AD (Active Directory), das Pendant von Microsoft, synchronisieren, so dass sich der Anwender nur einmal im System anmelden muss (Single Sign On, SSO).

Da die Dokumente und Inhalte von mehreren Personen bearbeitet werden, sind Check-in/Check-out-Mechanismen vorhanden, die sicherstellen, dass nur eine Person das Informationsobjekt zu einem Zeitpunkt verändert. Möchte beispielsweise ein Autor einen Inhalt bearbeiten, checkt er das Objekt aus (check-out) und editiert es lokal. In dieser Zeit können alle anderen Benutzer das Objekt nur lesen, aber nicht auschecken und verändern. Damit werden Versionskonflikte oder gar die Zerstörung des Objektes verhindert. Erst wenn der Autor seine Änderungen abgeschlossen hat, checkt er das Objekt wieder ein (check-in). Damit ist es wieder freigegeben für die Bearbeitung durch einen anderen Autor.

Hierbei entstehen jeweils neue Versionen des Informationsobjektes, die durch Versionsnummern gekennzeichnet werden. Die alten Versionen des Objektes bleiben erhalten und jede Änderung kann nachvollzogen werden. Damit ist es möglich, mehrere Versionen des gleichen Inhalts in unterschiedlichen Situationen, z.B. bei der Erstellung von Berichten oder Broschüren, zu verwenden.

Das Information Lifecycle Management (ILM) muss also auch Verwaltungsfunktionen wie Rollen- und Gruppenmodelle, Check-in/Check-out-Mechanismen, die Dokumentation der Veränderung der Informationsobjekte und eine Versionsverwaltung über den gesamten Lebensweg hinweg unterstützen.

4.4.5.2 Klassifikation

Es gibt verschiedene Systematiken, eine Content-Klassifizierung durchzuführen.[193] Die traditionelle hierarchische Klassifizierung, die Kategorien und Unterkategorien wie in den Baumstrukturen eines Dateisystems darstellt. Dieses hierarchische Modell hat den Vorteil, dass es intuitiv ist und unserem Denken entspricht, aber

---

193 Vgl. Stahl, Maas (Hg.) 2003, S.85

auch den Nachteil, dass Inhalte sich oft verschiedenen Kategorien zuordnen lassen und neue Kategorien meistens schwer zu integrieren sind.

Eine neuere Methode der Klassifizierung ist als Faceted Classification bekannt geworden. Hier werden einem Objekt mehrere, klar definierte, möglichst unabhängige Facetten zugeordnet. Damit können die Objekte im Gegensatz zur streng hierarchischen Ordnung auf verschiedene Arten geordnet werden und sind dem Nutzer über mehrere Wege zugänglich.[194]

Eine andere Methode der Klassifizierung, die Folksonomy, ist aus dem Bereich der Social Software bekannt. Dort werden Inhalte kollektiv über Schlagwörter (Tagging), die frei von den Nutzern gewählt werden, kategorisiert. Damit entstehen nach und nach Indexierungen aus verschiedenen Sichten, so dass die Wissensstruktur letztlich vielen Benutzern zugänglich wird. Werden einzelne Schlagworte häufiger genannt, kann man von einer höheren Relevanz bezüglich des Inhalts ausgehen und diese höher bewerten.

Sowohl in Dokumenten-Management- als auch in Content Management-Systemen wird die Klassifizierung, synonym auch als Indexierung bezeichnet, realisiert, indem sogenannte Metadaten den Informationsobjekten hinzugefügt werden. Metadaten selbst können sowohl strukturierte wie auch unstrukturierte Daten sein.

4.4.5.3 Metadatenmanagement

Metadaten, also beschreibende Daten über Daten, sind die Voraussetzung für eine intelligente und effiziente Verwaltung und Verarbeitung, aber auch für die Bereitstellung relevanter Informationen in Unternehmen. Sie bilden Wissensstrukturen und Regeln ab, die die Grundlage für eine Steigerung der Wissensperformanz sind.[195]

Allgemein formuliert liefern Metadaten Informationen über Informationsobjekte. Diese können sowohl elektronische als auch physisch vorhandene Objekte sein. Physisch vorhandene Objekte sind bspw. Bücher, die über Angaben wie Autor, Titel, Jahr der Veröffentlichung, Erscheinungsort und die Verschlagwortung bibliographiert werden können. Gegenstände in Museen (z.B. Deutsches Uhrenmuseum) werden nach verschiedenen Kriterien katalogisiert - früher mit Karteikarten, heute elektronisch. Immer geht es darum, mit Hilfe der Metadaten, schneller recherchieren zu können und je nach fachlicher Fragestellung Informationen zusammenzustellen und weiterzuverarbeiten.

Für Unternehmen ist letztlich interessant, ob der Aufwand, die Metadaten zu erstellen, durch den Nutzen gerechtfertigt ist. Im Folgenden werden wir daher den Prozess der Erzeugung der Metadaten betrachten und Verfahren zur automatischen und manuellen Erzeugung kennen lernen.

---

194 Ebenda
195 Vgl. Stahl, Maas (Hg.) 2003

Zunächst entstehen Metadaten meist schon bei der Erstellung von Inhalten und Dokumenten in den Anwenderprogrammen, indem der Autor des Inhalts, der Zeitstempel der Erstellung oder letzten Bearbeitung angegeben wird. Bei der Weiterverarbeitung von Dokumenten in einem Geschäftsprozess kann es sinnvoll sein, dass Metadaten auch nachträglich und von anderen Personen erstellt werden.

Metadaten sollen aber vor allem der effizienteren Auffindbarkeit der Inhalte und der automatisierten Einbindung in Prozesse dienen. Das bedeutet, die Dokumente benötigen Metadaten, die zum einen ihre Semantik charakterisieren und zum anderen formale Regeln abbilden.

Die automatisierte Erzeugung von Metadaten aus Dokumenten beruht häufig auf dem Prinzip der Informationsextraktion. Dabei wird das Dokument zunächst gemäß dem Inhalt klassifiziert, z.B. als Rechnung oder Bestellung. Anschließend werden die Attribute, die für die jeweilige Klasse definiert wurden, extrahiert.[196]

In Organisationen kommen häufig auch datengetriebene Dokumente vor. Das sind Dokumente, die maßgeblich aus einem Datensatz generiert werden (Bsp. Rechnung: Datensatz Kunde und Bestellung). Diese Rohdaten werden in ein Dokumenten-Layout übernommen und automatisch mit den relevanten Metadaten versehen.

Wertvolle Informationen beispielsweise über die Qualität eines Dokumentes oder seine Aufbewahrungsfrist können aber meist nur manuell von einem Nutzer eingegeben werden. Auch für die individuelle Erfassung ist es sinnvoll, unternehmensweite Regeln zu erstellen.

Die Festlegung von Metadaten erfolgt meist pro Dokumententyp, z.B. für Verträge, Produktdaten oder CAD-Zeichnungen.

Mit Hilfe weiterer Verfahren des maschinellen Lernens können auch Nutzungsmuster der Informationsobjekte in Prozessen gelernt werden, die dann für die schnellere Bereitstellung der Dokumente beim Ablauf der Prozesse verwendet werden.

4.4.5.4 Recherche von Informationsobjekten

Die Recherche erfolgt entweder als Suche in der Ablagestruktur, z.B. im Aktenplan, nach Klassifikationen, nach einem Index oder nach Metadaten. Des Weiteren kann eine Volltextsuche sinnvoll sein.

Bei der Volltextsuche wird davon ausgegangen, dass die Information in den Wörtern der Informationsobjekte liegt. Anhand der Häufigkeit der gesuchten und gefundenen Wörter in den Inhalten wird die Relevanz eines Informationsobjektes für die Suche bestimmt.

---

196 Vgl. Kittl, Zeidler 2007

Bei zunehmendem Datenbestand liefert eine Volltextsuche unscharfe Ergebnisse, es werden immer mehr nicht zutreffende Ergebnisse und weniger relevante Dokumente gefunden.[197] Es ist daher notwendig, intelligentere Suchstrategien zu integrieren.

4.4.6   Workflow-Management

Das Workflow-Management legt die detaillierten Abläufe, Regeln und Verantwortlichkeiten für die Geschäftsprozesse fest. Die technische Ausgestaltung findet in Workflow-Management-Systemen statt, die entweder eigenständige Systeme mit Schnittstellen zu Anwendersystemen sind oder in die jeweiligen Anwendersysteme wie DMS oder CMS integriert sind.

Viele Prozesse sind dokumentengetrieben, d.h. sie werden durch ein Dokument oder Formular ausgelöst, dieses wird bearbeitet und abhängig von Regeln an Vorgesetzte weitergeleitet, die es genehmigen und wiederum an Fachabteilungen schicken. Dort können die Daten automatisch oder manuell an ein Fachsystem übergeben werden. Am Beispielprozess *Bestellen* an einer Hochschule soll dies verdeutlicht werden (Abbildung 4-12).

Abbildung 4-12:   **Beispielprozess Bestellen mit Subprozessen**

Der Workflow für die Subprozesse *Bestellung aufgeben* und *Bestellung genehmigen* wurde in einem Formularserver abgebildet und läuft ohne Medienbruch ab. Die restlichen Prozesse erfolgen manuell, aber es kann auf die Informationen im Formularserver zugegriffen werden.

Ein Mitarbeiter initiiert eine Bestellung, in dem er online, d.h. webbasiert über einen Formularserver, ein Bestellformular ausfüllt, mit seiner elektronischen Signatur versieht und seinem Vorgesetzten zur Genehmigung schickt. Hier kommen nun Regeln ins Spiel, die wie folgt aussehen könnten: Der Vorgesetzte darf die Bestellung nur genehmigen, wenn der Betrag kleiner als 500,- € ist, ansonsten müssen drei Vergleichsangebote vorliegen, das günstigste gewählt oder eine Begründung geschrieben werden. Die Vergleichsangebote sollten eingescannt und dem Bestellformular beigefügt werden können (als PDF-Datei im Anhang). Liegt die Bestellung über 5000,- €, muss neben dem Vorgesetzten auch der Kanzler der Hochschule seine Zustimmung geben. Erst wenn die Genehmigung durch die geforderten Instanzen erfolgt ist, wird das Dokument bzw. eine Benachrichtigung darüber elektronisch an die Bestellabteilung weitergeleitet, die die eigentliche Bestellung

---

197 Vgl. Zöller 2005, S. 118

durchführt. Die Warenannahme muss ebenfalls Zugang zu den getätigten Bestellungen haben, um bei Eintreffen der Ware den Besteller zu informieren. Dieser prüft die Ware und gibt die abgezeichnete Rechnung an die Rechnungsabteilung, die, falls zur Rechnung eine Bestellung vorliegt, die Zahlung anweist.

In einem Workflow-Management-System (WfMS) sollten die Abläufe nach einem Prozessmodell möglichst mit einem grafischen Modellierungswerkzeug definiert und die geschäftlichen Regeln hinterlegt werden können. Um personelle Abhängigkeiten zu vermeiden, sollte ein Rollenmodell zum Einsatz kommen, um festzulegen, an wen die Informationsobjekte weitergeleitet werden, die dann im jeweiligen Postkorb als Aufgabenlisten angezeigt und abgerufen werden können. Jede Nachricht ist mit Statusanzeigen und Filtern verknüpft. Hier kann auch der Aufruf eines Fachsystems, z.B. eines Buchungssystems, erfolgen, an das das Dokument oder die Daten übergeben werden. Um die Nachvollziehbarkeit der Arbeitsabläufe zu gewährleisten, müssen Monitoring- und Reporting-Funktionen vorhanden sein.

Bei eigenständigen WfMS müssen Schnittstellen zu anderen Fachsystemen eingerichtet werden können, damit Medienbrüche möglichst vermieden werden. Meist haben diese Systeme eine eigenständige Nutzerverwaltung und eine eigene Prozessdatenverwaltung.

4.4.7 Dokumentenmanagement

Die Strukturierung weiterer zentraler Aufgaben des Dokumentenmanagements erfolgt wieder anhand des Dokumenten-Lebenszyklus. Dokumentenmanagement ist in erster Linie ein Managementprozess, der von Dokumentenmanagement-Systemen unterstützt wird.

"Ein Dokumenten-Management-System ist eine Software, die der aufgabengerechten Erzeugung, Bereitstellung, Steuerung, Weiterleitung und Archivierung von Dokumenten im Rahmen von organisatorischen Prozessen dient.[198]

Dokumente sind dabei alle Informationsobjekte - seien sie auf Papier oder als elektronische Objekte wie Dateien, Verzeichnisse oder zusammengesetzte Objektstrukturen, die Informationen für die jeweiligen betrieblichen Prozesse zur Verfügung stellen, vorhanden. Ein Dokument fixiert also einen bestimmten Informationsstand zu einem bestimmten Zeitpunkt für Personen und organisatorische Stellen. Dokumente dienen zur Kommunikation zwischen in- und externen organisatorischen Einheiten.[199]

Im nächsten Abschnitt behandeln wir das Input-Management, also die Capture-Komponente des ECM-Modells, die Dokumente aus den unterschiedlichsten Quellen erfasst.

---

198 Vgl. Kränzle 1995, S. 27
199 Ebenda

4.4.7.1 Erfassen und Erzeugen der Dokumente

Wie Abbildung 4-13 zeigt, erreichen Dokumente Organisationen auf klassischen Wegen, wie z.B. per Brief und Fax, aber zunehmend auch auf anderen Wegen wie z.B. per E-Mail, elektronischen Formularen, direktem Datenaustausch zwischen ERP-Systemen oder den Austausch von digitalen Dokumenten in einer Vielzahl von Formaten.[200]

Innerhalb einer Organisation wird eine Vielzahl von Anwendungen genutzt, die Dokumente mit unterschiedlichsten Dateiformaten erzeugen, die von einfachen ASCII-Textdateien über komplexe Textdokumente mit eingebetteten Grafiken und Formaten bis hin zu komplexen Grafikformaten für dreidimensionale Konstruktionsmodelle (z.B. CAD) reichen.

Dokumentenmanagement-Systeme müssen also alle diese Dokumente mit ihren unterschiedlichen Formaten verwalten. Aufnahme und Speicherung dieser unterschiedlichen Dateien gehören inzwischen zur Standardfunktionalität eines DMS. Auch die Anzeige und Wiedergabe ist für moderne Viewer-Komponenten kein Problem mehr, da sie mit allen verfügbaren Konvertern und Filtern ausgestattet sind.

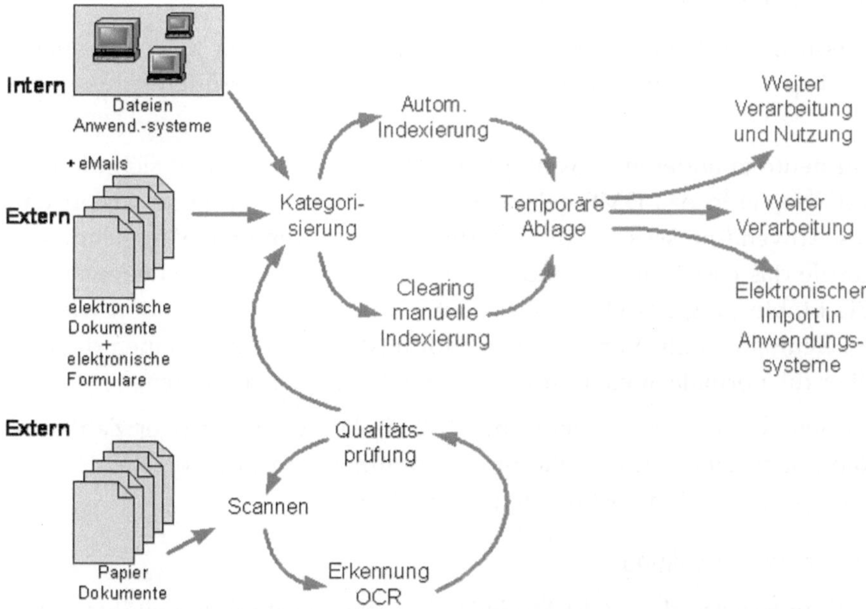

Abbildung 4-13:   **Workflow für die Erfassung (Capture)-Komponente[201]**

Hinzu kommen Papierdokumente, die eingescannt und mittels OCR (Optical Character Recognition) in maschinenlesbare Texte umgewandelt werden und auf ihre Qualität überprüft werden müssen (vgl. Abbildung 4-13).

---

200 Vgl. Zöller 2005, S. 111
201 Eigene Darstellung

Zur Digitalisierung von Papierbelegen sind in den DMS meist eigene Module für geringere Datenvolumen vorhanden. Für die Massenerfassung von bspw. Rechnungen oder Formularen gibt es Lösungen von Spezialanbietern, die hochleistungsfähige Scanner zur Digitalisierung mit OCR-Erkennungsmodulen, semantischer Inhaltsanalyse und Exportfunktion für die Weiterleitung an Mitarbeiter oder das Archiv anbieten.[202]

Die große Anzahl der eingegangenen und erfassten Dokumente erfordert eine automatisierte Kategorisierung der Informationsobjekte. Bei unstrukturierten Dokumenten muss eine Dokumentenanalyse durchgeführt werden, d.h. aus den Inhalten müssen Bedeutungszusammenhänge erkannt werden, etwa ob es sich um eine Rechnung handelt und von wem diese stammt. Dies erfolgt entweder mit Hilfe regelbasierter Wissensbasen oder mit selbstlernenden Systemen, die vom Benutzer trainiert werden können.[203]

Durch diese Vorsortierung werden die Dokumente nach hinterlegten Regeln, dass z.B. Rechnungen eines bestimmten Lieferanten einem bestimmten Sachbearbeiter zugeordnet werden, über Workflow-Management-Systeme verteilt. Fehlinterpretierte oder nicht erkannte Dokumente werden in sogenannten Clearing-Stellen durch den Menschen manuell nachbearbeitet.

Nach der Erfassung werden die Dokumente entweder sofort oder zu einem späteren Zeitpunkt, bspw. nach der Freigabe eines Dokuments zur Veröffentlichung, archiviert.

Werden Dokumente in anderen Anwendungssystemen erzeugt, stellt sich die Frage, wann und wie sie in das DMS gelangen. Eine klassische Variante basiert darauf, dass das Anwendungssystem die Dokumente in bestimmten Verzeichnissen speichert, auf die das DMS zugreift und die Dateien importiert. Eine neuere Möglichkeit ist die Einbindung des DMS in das Betriebssystem, das sich dann wie ein Netzwerkverzeichnis verhält. Von den Anwendungssystemen aus können die Dateien dann über die normale Speicherfunktion im DMS abgelegt werden.

Werden zwischen Anwendungssystem und DMS Dokumente in großer Zahl ausgetauscht, kann auch eine Schnittstelle mit Kommunikation in beide Richtungen sinnvoll sein (Bsp. ArchiveLink Schnittstelle von SAP).[204]

4.4.7.2 Dokumentenverwaltung

Der Manage-Komponente des ECM-Modells sind die Kernfunktionalitäten eines DMS zugeordnet, die das Suchen, Bearbeiten und Weiterleiten von Dokumenten ermöglichen, aber auch Rechte verwalten und für die Nachvollziehbarkeit der Historie von Dokumenten sorgen. Die Kernfunktionen der Dokumentenverwaltung

---

202 Weiterführende Informationen bei Zöller 2005
203 Ebenda, S. 113
204 Nähere Ausführungen bei Zöller, S. 112

sind in Abbildung 4-14 dargestellt und wurden ergänzt um die Basisfunktionen eines DMS aus den Bereichen Erfassung, Workflowmanagement und Bereitstellung des ECM-Modells.

Die Dokumentenverwaltung muss unabhängig von Medien und Formaten gesetzlichen Anforderungen genügen. Man spricht auch von Schriftgutverwaltung oder Aktenführung, im Englischen sind die Begriffe Recordkeeping oder Records Management gebräuchlich. Records bzw. Akten und Unterlagen sind alle geschäftsrelevanten Informationen, die bei der Erfüllung von Aufgaben erstellt oder empfangen werden. Dazu gehören auch alle Hilfsmittel und ergänzenden Daten, z.B. Metainformationen wie Eingangsdatum oder Autoren, die für das Verständnis dieser Informationen und deren Nutzung notwendig sind.[205]

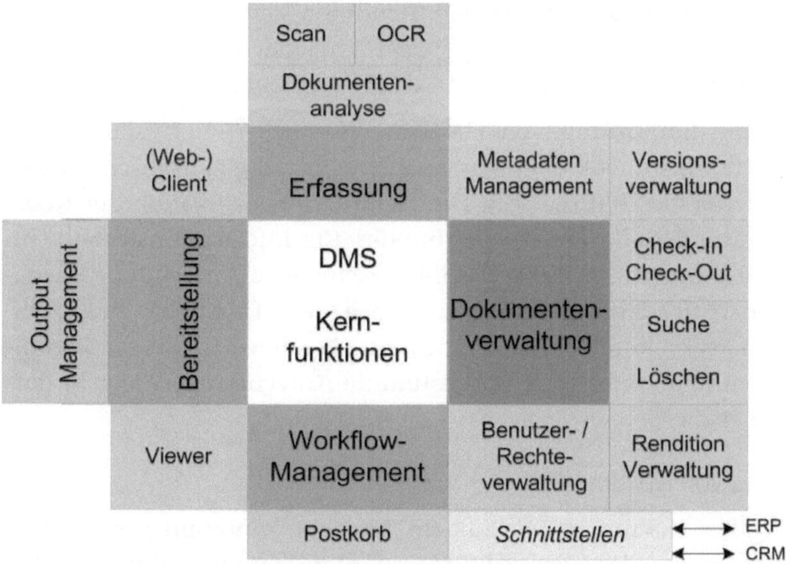

Scan
OCR
Dokumenten-
analyse
(Web-)
Client
Metadaten
Management
Versions-
verwaltung
Erfassung
Output
Management
Bereitstellung
DMS
Kern-
funktionen
Dokumenten-
verwaltung
Check-In
Check-Out
Suche
Löschen
Viewer
Workflow-
Management
Benutzer- /
Rechte-
verwaltung
Rendition
Verwaltung
Postkorb
Schnittstellen
ERP
CRM

Abbildung 4-14:   Kernfunktionen eines DMS[206]

Die gesetzlichen Anforderungen eines systematischen Records Managements (RM) sind in dem internationalen Standard ISO 15489 geregelt worden. Diese Norm bietet einen Leitfaden für die Aktenführung in öffentlichen und privaten Organisationen und muss daher auch von Dokumentenmanagement-Systemen erfüllt werden. Records Management wird als Führungsaufgabe verstanden und ist eine Methode, Organisationen darin zu unterstützen, Geschäftsunterlagen während des gesamten Lebenszyklus optimal für die Geschäftsprozesse nutzbar zu machen und eine revisionssichere Archivierung zu gewährleisten. Records Management umfasst nicht nur die Einführung technischer Lösungen, sondern auch die Einführung von Strategien und Unternehmensstandards sowie die Anpassung der Organisation selbst.

---

205 Wikipedia (2013): Schriftgutverwaltung. Online verfügbar unter http://de.wikipedia.org/wiki/Schriftgutverwaltung, (zuletzt zugegriffen am 09.03.2013)
206 Nach Zöller 2005, S. 110

Im Einzelnen müssen die Records bzw. das Schriftgut folgende Anforderungen erfüllen:

- *Authenticity - Authentizität*: Es muss das sein, was es vorgibt, insbesondere müssen Bearbeiter identifizierbar sein. Dies wird durch das Zusammenspiel von Benutzer- und Rechteverwaltung, Versionsverwaltung und Metadatenmanagement erreicht.
- *Reliability - Zuverlässigkeit*: Glaubwürdige, vollständige und genaue Wiedergabe der nachgewiesenen Aktivitäten, geschieht mithilfe des WfMS und der Versionsverwaltung.
- *Integrity - Integrität*: Es muss vollständig und unverändert bleiben, insbesondere dürfen Originale nicht verändert werden bzw. sie müssen vollständig und unverändert wiederhergestellt werden können (Rendition Verwaltung).
- *Useability - Benutzbarkeit*: Es muss nachgewiesen, wiederaufgefunden, dargestellt und verstanden werden können, damit das Dokument benutzbar bleibt.[207]

Eine Richtlinie für die Einführung von DMS in öffentlichen Verwaltungen in Deutschland bietet DOMEA („Dokumentenmanagement und elektronische Archivierung im IT-gestützten Geschäftsgang"). Die DOMEA– Spezifikation der Koordinierungs- und Beratungsstelle (KBSt) des Bundes für Informationstechnik im Bundesministerium des Innern (BMI) beschreibt verschiedene Anwendungsszenarien und stellt einen Anforderungskatalog auf, nach dem Hersteller ihre DMS-Software zertifizieren lassen können. Dies erleichtert Vergabeverfahren im öffentlichen Bereich; die Eignung der Software für bestimmte Anwendungsfälle geht daraus allerdings nicht hervor.[208]

4.4.7.3 Bereitstellung von Dokumenten

Ein im Vertrieb erstelltes Dokument, wie z.B. ein Angebot, kann nun zur weiteren Bearbeitung an Mitarbeiter in der Konstruktion und/oder dem Einkauf weitergeleitet werden, um beispielsweise Terminfragen abzuklären. Anschließend gelangt es wieder zum Vertriebsmitarbeiter, der das Angebot an den Kunden schickt und geeignet, d.h. gemäß einem Aktenplan, ablegt. Wer dieses Angebot einsehen und ggf. ändern darf, wird in der Zugriffskontrolle festgelegt. Wünscht der Kunde Nachbesserungen, entstehen verschiedene Versionen des Angebots. Erfolgt ein Auftrag, können die Dokumente freigegeben werden und im Rahmen eines Projektes ins Intranet eines Portals gestellt werden, damit alle Projektbeteiligten Einsicht in die anfallenden Projektdaten haben. Jegliche Art der Versorgung von Mitarbeitern und Externen (Kunden, Interessenten etc.) mit notwendigen Dokumenten wird unter

---

207 Mehr zu Records Management bzw. Schriftgutverwaltung finden sich in Lutz, Kemper 2012 oder Zöller 2005

208 Vgl. http://www.docuteam.ch/wp-content/uploads/2011/05/ISO15489.pdf (zuletzt zugegriffen am 13.02.2013)

dem Begriff Output Management zusammengefasst. Einige Aspekte werden im folgenden Abschnitt beleuchtet.

4.4.8   Output Management

Eine zentrale Stellung im Lebenszyklus von Dokumenten nimmt die Phase der Bereitstellung bzw. Verwendung der Dokumente ein. Sie können auf unterschiedliche Arten zur Verfügung gestellt werden, sei es als Druckerzeugnis, auf CD/DVD oder heute zunehmend elektronisch über das Netz in Portalen oder als E-Mail. Trotz dem angestrebten Ziel des papierlosen Büros wird aus den verschiedensten Gründen immer noch gedruckt. Häufig handelt es sich dabei um Massendruckerzeugnisse wie bspw. die jährlichen Rentenbescheide oder die monatlichen Telefonrechnungen. Eine Aufgabe des Output Management kann daher auch die Verteilung eines zentral ausgelösten Drucks von Dokumenten auf verschiedene Drucker in entfernten Standorten sein. Dazu kann auch das Aufbereiten der Dokumente für den Versand und schließlich das Versenden an die richtige Adresse und Einbringen in die Poststraße gehören.[209]

Output Management kümmert sich auch um die Aufbereitung für die unterschiedlichen Ausgabekanäle. Gehaltsabrechnungen im öffentlichen Dienst werden gedruckt, aber auch über ein Kundenportal den Nutzerinnen und Nutzern bereitgestellt. Umfangreichere Dokumente wie Handbücher zur Bedienung von Software oder Qualitätshandbücher müssen im Hypertext-Format aufbereitet werden, da nicht alle alles lesen wollen, sondern gezielt auf Informationen zugreifen möchten.

Das Output Management hat die Aufgabe, Fehler zu erkennen und ggf. die Auslieferung (bspw. den Druck) über ein alternatives System erneut auszuführen. Output Management ist eine *Komponente* des *Enterprise Content Management*, um Informationen gesteuert an verschiedene Zielgruppen auf unterschiedlichen Ausgabekanälen in elektronischer oder physischer Form bereitzustellen.[210]

4.4.9   Content Management

Der Schwerpunkt des Content Managements liegt in der Erstellung und Pflege verschiedener Arten von Inhaltsbausteinen. Diese Inhaltsbausteine können Nutzern z. B. personalisiert auf einer webbasierten Informationsplattform zur Verfügung gestellt werden oder Eingang in unterschiedliche Publikationen – webbasiert oder als Druckerzeugnis - finden. Diese Inhaltsbausteine können allgemeine Informationen und Produktinformationen für Kunden enthalten oder fachliches Wissen aus verschiedenen Bereichen des Unternehmens repräsentieren. Für die Erstellung, Abnahme und Aktualisierung der Inhalte müssen Arbeitsabläufe bzw. Prozesse in der Organisation definiert werden.

---

209 Vgl. Zöller 2005, S. 119ff

210 Wikipedia (2013): Output Management. Online verfügbar unter http://de.wikipedia.org/wiki/Output_Management, (zuletzt zugegriffen am 09.03.2013)

Den Bausteincharakter des Content Managements betonen Rothfuss und Ried in ihrer Definition:

> „Unter Content Management versteht man die systematische Sammlung, Erstellung, Speicherung, und Veredelung von strukturierten Inhalten und Medidaten aller Art in einem einzigen, fein granulierten (logischen) Bestand."[211]

Mit diesen Bausteinen können Informationen für unterschiedliche Zielgruppen und Anlässe zusammengestellt und damit wiederverwendet werden.

Eine Definition aus organisationaler Sicht formulieren die Autoren im Content Management Handbuch:

> „Content Management umfasst alle Kommunikationssituationen einer Organisation, welche die Explikation, die Archivierung, die Publikation, die Distribution, die Modifikation, die Verwaltung und die Nutzung dokumentierter Inhalte jedweder Formate auf der Basis digitaler Medien unterstützt."[212]

Beide Definitionen sind unabhängig von elektronischen Werkzeugen und betonen vor allem den Prozesscharakter. Die elektronischen Werkzeuge unterstützen die effiziente Verwaltung und Kommunikation der explizierten Inhalte in Organisationen. Entscheidend für den flexiblen Einsatz der Inhalte ist das Prinzip der Trennung von Inhalt, Struktur und Layout. Es kann mittels XML-Technologien umgesetzt werden und bildet den Grundbaustein heutiger Content-Management-Systeme.

Am häufigsten werden Content-Management-Systeme heute zur Verwaltung externer und interner Websites eingesetzt. Zunehmend finden sich Elemente des Web 2.0 zur interaktiven Kommunikation und Social-Media-Funktionalitäten. Weitere Potentiale von CMS liegen im Wissensmanagement mit der Sammlung, Bewertung, Ordnung und Aufbereitung des in der Organisation vorhandenen expliziten Wissens und im Cross-Media-Publishing. Ein weiteres Anwendungsgebiet von CMS ist E-Commerce mit der Integration von eBusiness-Lösungen wie beispielsweise E-Shop-Systeme. Die Aufbereitung und Zusammenführung dieser vielfältigen Informationen für die jeweiligen Zielgruppen ist eine Querschnittsaufgabe im Unternehmen und erfordert klare Regeln und Prozesse.

4.4.10 Wichtige Prozesse im Content Management

Betrachten wir wieder das Beispiel Website eines Unternehmens, dessen Geschäft es ist, Getriebe nach individuellen Vorgaben zu konstruieren und ggf. selbst zu produzieren oder durch Geschäftspartner produzieren zu lassen.

---

211 Aus Rothfuss et al. 2001, S. 60
212 Aus Stahl, Maas 2003, S. 41

Die Website enthält externe Content-Quellen der Geschäftspartner und interne Content-Quellen, um eine schnelle Anfrage- und Auftragsabwicklung zu unterstützen. Die beiden Prozesse nutzen die Informationen auf der Website als Input. Die meisten Informationen enthalten Wissen, das bei der Konstruktion in diversen Projekten entstanden ist, strukturiert wurde und nun über da Intranet den Mitarbeitern zur Verfügung gestellt wurde. Um dieses Wissen aufzubauen, braucht es verschiedene Prozesse beim Content Management, die in Abb. 4-15 im allgemeinen Modell für das Content Management nach Christ dargestellt sind.[213]

Unter Content Syndication versteht man den Zugriff auf Informationen anderer Anbieter wie Geschäftspartner, Anbieter von Nachrichtendiensten oder Brancheninformationsdiensten. Die Informationen müssen geeignet zusammengestellt (Aggregation) und verteilt (Distribution) werden. Zum Management der internen Wissensquellen gehören die Prozesse Erstellung der Inhalte, ihre Pflege und Publikation.

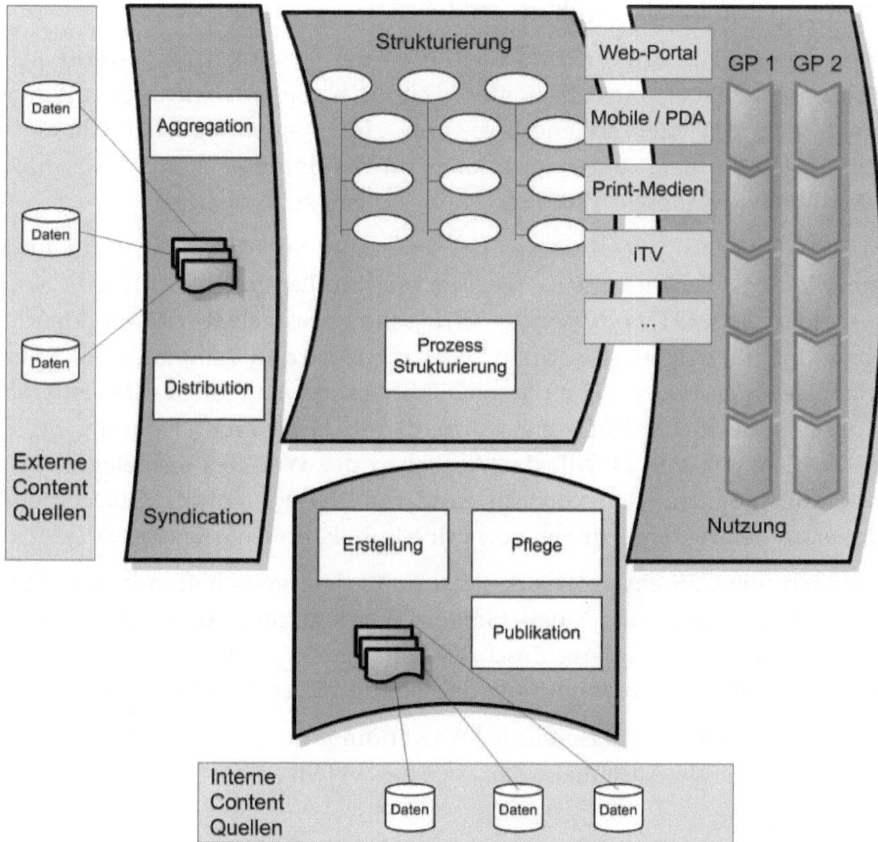

Abbildung 4-15:   **Allgemeines Modell für das Content Management**[214]

---

213 Vgl. Christ 2003, S. 27
214 Nach Christ 2003, S. 27

Der Prozess *Strukturierung* sorgt für eine Informationsarchitektur, in der die Informationen aus den verschiedenen Unternehmensbereichen strukturiert abgelegt werden und von den Nutzern über verschiedene Ausgabekanäle abgerufen werden können, sowie für die Klassifizierung bzw. Indizierung der Inhalte.

Die Informationen werden präsentationsneutral verwaltet, damit sie je nach Bedarf auf verschiedenen Ausgabesystemen, wie z.B. auf einer Website oder in einem Webportal, dargestellt, sie aber auch mobil verfügbar gemacht werden oder interaktive TV bedienen können. In unserem Beispiel werden die Informationen im Intranet bereitgestellt und im Geschäftsprozess Auftragsabwicklung genutzt.

Für bestimmte Zielgruppen und Anwendungen können mehrere Informationen zu einer Ausgabe auf einem Medium zusammengestellt werden. Dies bedeutet, dass die Inhalte unabhängig von der späteren Struktur und dem Layout verwaltet werden.

4.4.11   Trennung von Inhalt, Struktur und Layout

Die Trennung von Inhalt, Struktur und Layout ist das Grundkonzept (Kernparadigma) von Content-Management-Systemen. Damit ist die effiziente Verwaltung, Bereitstellung und Wiederverwendung von Inhalten möglich. Content-Management-Systeme nutzen dies, um Inhalte für das Internet, WAP, SMS oder für andere Medien wie Kataloge, Zeitungen oder Bücher zu verwalten.

Eine technische Umsetzung des Prinzips der Trennung von Inhalt, Struktur und Layout bietet die XML-Technologie (eXtensible Markup Language). XML gibt eine Struktur vor, die in einer DTD oder einem XML-Schema festgelegt wird, und in die die Daten bzw. Inhalte eingefügt werden. Das Layout wird in Templates mit XSL- bzw. CSS-Stylesheets festgelegt. Die eXtensible Stylesheet Language (XSL ist eine Formatierungssprache für XML-Daten, während mit Hilfe von Cascading Style Sheets (CSS) im Kontext von HTML das Aussehen der Websites festgelegt wird. Die Formatierungsmöglichkeiten von XSL sind mit XSL-Formatting Objects tendenziell stärker an den Anforderungen von Print-Publikationen orientiert.[215]

XSL stellt ähnlich wie CSS ein großes Arsenal an Style-Eigenschaften bereit; darüber hinaus existieren aber auch Möglichkeiten, den logischen Ablauf der Datenpräsentation zu steuern. Detaillierte Beschreibungen zu diesen Basistechnologien finden sich in den Lehrbüchern von Scholz und Niedermeier[216] und Vonhoegen.[217]

Die Inhalte der XML-Dateien müssen unter Anwendung der jeweiligen Stylesheets noch in das entsprechende Ausgabeformat, wie z.B. HTML, transformiert werden.

---

215 SELFHTML, Redaktion (Hg.) (2007): Grundlagen von XSL/XSLT. Online verfügbar unter http://de.selfhtml.org/xml/darstellung/xslgrundlagen.htm, (zuletzt zugegriffen am 09.03.2013)
216 Vgl. Scholz, Niedermeier 2009
217 Vgl. Vonhoegen 2009

Dies geschieht mit Hilfe der Transformations-Komponente XSLT (eXtensible Stylesheet Language Transformation) und einem XSLT-Prozessor, der die Anweisungen aus dem XSLT-Stylesheet ausführt und so die gewünschten Ausgabeformate wie HTML oder WML erzeugt.

XML-Daten lassen sich in einer Baumstruktur darstellen; die Umwandlung kann daher als eine Transformation des Quellbaums in einen Ergebnisbaum, z.B. aus HTML-Elementen, gesehen werden.[218]

Die Inhalte werden also in einheitlicher Struktur gemäß den DTD- oder Schema-Vorgaben verwaltet und zum Zeitpunkt der Nutzung in den dafür vorgesehenen Layout-Templates, die nutzerspezifisch sein können, dargestellt (Abbildung 4-16).

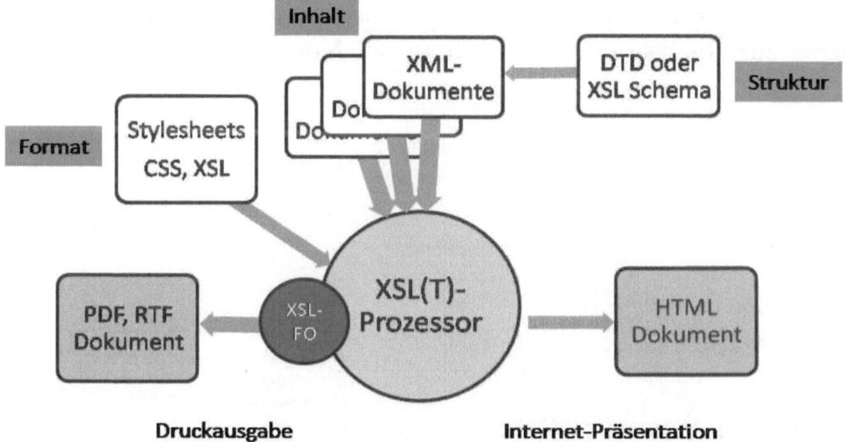

Abbildung 4-16:   **Trennung von Layout, Inhalt und Struktur**

Die Erzeugung einer Print-Publikation läuft über eine andere große Säule der XSL-Spezifikation, den XSL-Formatting Objects(XSL-FO). Mit XSL-FO besitzt man ein Werkzeug, mit dem man Objekte wie Texte und Bilder auf einer Seite anordnen und formatieren kann. Diese Angaben erfolgen in einem XSL-FO-Dokument, das ebenfalls ein XML-Dokument ist, und anschließend in einem XSL-FO-Prozessor in das Ausgabeformat – PDF oder RTF – transformiert wird.

4.4.12 Komponenten von Web-Content-Management-Systemen

Der allgemeine Architekturentwurf für CMS nach Jablonski und Meiler[219] (siehe Abbildung 4-17) unterscheidet Kernkomponenten und Erweiterungen, die je nach Zielmarkt differieren. Für den Bereich E-Commerce können Shop-Systeme über Plug-Ins in das CMS integriert werden. Zu den Kernkomponenten eines CMS zählt das Workflow-Management zur Unterstützung der Redaktionsprozesse (siehe

---

218 SELFHTML, Redaktion (Hg.) (2007): Grundlagen von XSL/XSLT. Online verfügbar unter http://de.selfhtml.org/xml/darstellung/xslgrundlagen.htm, (zuletzt zugegriffen am 09.03.2013)

219 Vgl. Jablonski, Meiler 2002, S. 109

Kap. 4.4.6) und das Asset-Management. Asset-Management ist zuständig für die Ablage, die Verwaltung und die Bereitstellung des textuellen und multimedialen Inhalts und der zu den Assets gehörigen Attribute, die aus vordefinierten - wie Klassifizierungs- und Verwaltungsdaten - und benutzerdefinierten Attributen bestehen. Eine gute Strukturierung und Indexierung der Inhalte ist auch hier wichtig, um eine effektive und effiziente Suche zu ermöglichen. Außerdem realisiert die Asset-Management-Komponente die konsistente Verwaltung von Verweisen zwischen einzelnen Inhalten. Hierzu gehört auch die Versions- und Variantenverwaltung der Inhalte, die Einhaltung und Vergabe der Zugriffsberechtigungen, sowie die Regelung von gleichzeitigen Zugriffen verschiedener Anwender (Check-in, Check-out).[220] Die Assets selbst oder Referenzen auf das Dateisystem, in dem die Inhalte zu finden sind, werden in Datenbanksystemen abgelegt. Zusätzlich kann eine Komponente zur Analyse und Auswertung des Nutzerverhaltens integriert sein.

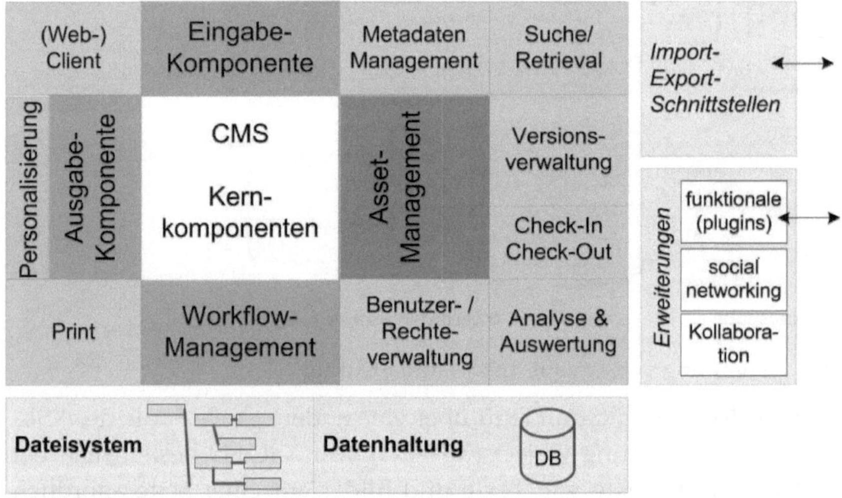

Abbildung 4-17:   **Kernfunktionen von Web-Content-Management-Systemen**[221]

Ein großer Vorteil der Trennung von Layout und Inhalt ist, dass Redakteure ihre Inhalte, sofern sie berechtigt sind, auch ohne HTML- oder CSS-Kenntnisse bearbeiten und sich so ganz auf die Erstellung der Inhalte konzentrieren können. Hierfür werden entweder XML-Editoren oder formularbasierte Eingabemasken im Browser zu Verfügung gestellt. Es können auch nutzervertraute Werkzeuge wie Textverarbeitungsprogramme integriert sein. Dann muss die Strukturierung nach der Erfassung der Inhalte erfolgen.

Die Darstellung wird in vordefinierten Vorlagen, so genannten Templates (Stylesheet), festgelegt. Die Templates werden mit Hilfe von Skriptsprachen (z.B. PHP) meist von Programmierern erstellt, die Gestaltung ist Aufgabe der Designer. Für

---

220 Vgl. Stahl, Maas 2003, S. 72
221 Nach Jablonski, Meiler 2002, S. 109

Open Source Produkte wie Typo3 und Joomla finden sich diverse Vorlagen zur freien Nutzung im Internet, die mit geringen Anpassungen brauchbare Ergebnisse für kleinere Web-Projekte liefern.

Um einen einheitlichen Webauftritt zu erreichen, werden in älteren Systemen oft sehr starre Templates eingesetzt, die Bilder an einer Standardposition vorsehen und genau einen Titel und einen Untertitel und dann den Text zulassen. Der Nachteil dieses Ansatzes ist, dass mit steigender Komplexität der redaktionellen Anforderungen eine Vielzahl von Templates im System entsteht, die alle gepflegt werden müssen und das System auch für die Nutzer unübersichtlich wird.[222] Eine flexiblere Gestaltung der Templates arbeitet mit klaren Regeln, nach denen bestimmte Inhalte an verschiedenen Positionen und in mehreren Größen auf der Seite erscheinen können. Der Vorteil ist, dass mit wenigen Vorlagen eine große Bandbreite von Layout-Varianten ermöglicht wird, denen aber eine zentrale Gestaltungsidee zu Grunde liegt. Eine Gefahr birgt diese Philosophie aber auch in sich: Die Flexibilität kann zu immer komplizierteren Funktionalitäten führen, was sich nachteilig auf die Benutzerfreundlichkeit auswirkt.

Darüber hinaus können die Ausgabekomponenten auch die optische Aufbereitung für weitere Medien übernehmen, eine kontextspezifische Selektion der Inhalte vornehmen oder personalisierte Webangebote zur Verfügung stellen.

Wichtige Erweiterungen für ein CMS sind Schnittstellen für den Import aus anderen Systemen und den Export, um Inhalte anderen zur Wiederverwendung zur Verfügung zu stellen (z.B. Nachrichten). Als Austauschformate zur Wiederverwendung von Content dienen Standards wie das Information and Content Exchange Protocol (ICE) oder RDF Site Summary RSS.[223]

Immer wichtiger werden Plug-Ins für funktionale Erweiterungen wie eShops, Bewertungsfunktionen oder Web 2.0 – Komponenten für die direkte Kommunikation mit Chats, Foren oder Videokonferenzen. Die Projektarbeit kann durch Kollaborationskomponenten unterstützt werden.

4.4.13   Elektronische Archivierung

Der Begriff der elektronischen Archivierung wird sehr unterschiedlich genutzt. In Unternehmen bedeutet elektronische Archivierung die unveränderbare und langfristige Aufbewahrung von elektronisch verfügbaren Dokumenten mindestens für den vom Gesetzgeber vorgegebenen Zeitraum, meist 10 bis 30 Jahre. Während dies für Unternehmen oft schwierig umzusetzen ist – aus Gründen, die weiter unten besprochen werden – müssen historische Archive von einer sicheren, geordneten und jederzeit zugreifbaren Aufbewahrung der Informationen von mehreren hundert Jahren ausgehen. In der angloamerikanischen Literatur wird für die Langzeit-

---

222 Vgl. Stahl, Maas 2003, S. 122
223 Näheres dazu in Jablonski, Meiler 2002, S. 115

archivierung der Begriff Preservation gebraucht, im Gegensatz zur kurzfristigen Speicherung der lebenden Dokumente, die als Store bzw. Storage bezeichnet wird.

Die in den vorangegangenen Kapiteln behandelten inhaltsorientierten Systeme wie DMS und CMS betreiben in diesem Sinne die kurzfristige Speicherung (Storage) und benötigen für die langfristige Speicherung entweder eigene Archivierungskomponenten oder, was für eine zentrale Dokumenten- bzw. Content-Verwaltung sinnvoller ist, ein externes Archivierungssystem.

4.4.13.1 Archivsysteme

Archivsysteme basieren heute meist auf dem Ansatz, über eine Referenzdatenbank mit den Verwaltungs- und Indexkriterien auf einen externen Speicher zu verweisen, in dem die Informationsobjekte gehalten werden. Diese sogenannte Referenz-Datenbank-Architektur war notwendig, um große Mengen von Informationen von den zwar schnellen aber kostenintensiven Online-Speichern in separate Archivspeicher auszulagern. Die Datenbank erlaubt über den Index dabei jederzeit, das Dokument wieder zu finden und mit einem entsprechenden Anzeigeprogramm dem Anwender bereitzustellen. In den Frühzeiten dieser Technologie handelte es sich meistens um sehr geschlossene, eigenständige Systeme, die praktisch zu „Inseln" in der IT-Landschaft führten. Heute gliedern sich Archivsysteme als nachgeordnete Dienste in die IT-Infrastruktur ein, werden direkt von Bürokommunikations- und Fachanwendungen bedient und stellen diesen Anwendungen auch die benötigten Informationen zur Verarbeitung und Anzeige zur Verfügung. Für den Anwender ist es dabei unerheblich, wo die benötigte Information gespeichert ist.[224]

4.4.13.2 E-Mail-Archivierung

Da einerseits die Bedeutung des E-Mail-Austauschs für die geschäftliche Kommunikation enorm zugenommen hat und andererseits die Unternehmen eine Aufbewahrungspflicht für steuerrelevante Daten haben, sind eigenständige Archiv-Systeme für die Langzeitarchivierung von E-Mails entstanden.

Es gibt zwei grundlegende Konzepte, die serverseitige und die clientseitige Archivierung. Beim serverseitigen Ansatz werden eingehende und ausgehende E-Mails direkt in das Archivsystem übertragen. Damit kann sichergestellt werden, dass alle Nachrichten manipulationsfrei in das Archivsystem übertragen werden. Hierbei können regelbasierte Konzepte zum Einsatz kommen, die E-Mails entsprechend der definierten Regeln analysieren und archivieren.

Bei der clientseitigen Archivierung steuert der Anwender selbst, welche E-Mails archiviert werden und welche nicht. Dies bietet eine hohe Flexibilität, aber wenig Sicherheit vor Verlusten von relevanten E-Mails.

---

224 Wikipedia (2013): Elektronische Archivierung. Online verfügbar unter http://de.wikipedia.org/wiki/Elektronische_Archivierung, (zuletzt zugegriffen am 09.03.2013)

Gegen eine isolierte Archivierung von E-Mails spricht, dass viele zu geschäftlichen Vorgängen gehören und damit entsprechend ihrem Inhalt, ihrer Nutzung und dem Rechtscharakter archiviert werden müssen und nicht in Abhängigkeit von der Form.

Es setzt sich daher der Ansatz des E-Mail-Managements durch, der E-Mails an elektronische Archivsysteme übergibt, die auch andere elektronische Dokumente, gescannte Faksimiles und Datensätze unter einem gemeinsamen Index verwalten. So können E-Mails als Bestandteil von elektronischen Akten visualisiert werden, die die Vollständigkeit und den Kontext aller zusammengehörigen Informationen berücksichtigen.[225]

4.4.13.3 Computer Output on Laser Disc (COLD)

Unter COLD versteht man die Archivierung von Ausgabedokumenten, die in Anwendungsprogrammen wie ERP-Systemen erzeugt wurden. Der Begriff wurde Ende der 80er Jahre geprägt, als mit dem Ausgabemedium Laser Disc neue Kapazitätsdimensionen erreicht wurden. Heute steht COLD als Synonym für die digitale Archivierung von Computer Output - meist Druck- und Listenausgaben - unabhängig davon, auf welches Speichermedium die Dokumente ausgelagert werden. Im angelsächsischen Raum wird daher auch manchmal der Begriff Enterprise Report Management (ERM) verwendet.[226]

Die Anwendungsprogramme erzeugen für den Massendruck Spool-Dateien, die an die Drucker und die COLD-Archivierung weitergeleitet werden. Der Archivnutzer benötigt meist gezielte Informationen auf einzelne Dokumenten oder Rechnungen. Daher muss der Druckdatenstrom für die Archivierung wieder in separate Dokumente zerlegt werden, die gezielt gesucht werden können. Bei der Erzeugung des Druckdatenstroms werden Indizes generiert, die an einer definierten Stelle im Druckdatenstrom eingetragen werden, damit sie vom COLD-Modul identifiziert werden können und keine Dokumente verloren gehen.

Massendrucksachen werden oft auf Geschäftspapier mit Firmen-Logo oder auf Formulare gedruckt. Diese Informationen fehlen im Druckdatenstrom, der an das Archiv gesendet wird. Bei der Reproduktion wären also Zahlen ohne Formular, Rechnungen ohne Firmenlogo zu sehen, die reproduzierten Dokumente wären damit nicht dokumentenecht.

Das COLD-Modul muss daher Overlay-Dateien im Archiv hinterlegen und die Dokumentendatenströme müssen in der Lage sein, intern auf die Overlay-Datei zu referenzieren, damit das Dokument vollständig im Viewer dargestellt werden kann.

---

225 Wikipedia (2013): E-Mail-Archivierung. Online verfügbar unter http://de.wikipedia.org/wiki/E-Mail-Archivierung, (zuletzt zugegriffen am 09.03.2013)
226 Vgl. Zöller 2005

4.4.14   Zusammenfassung

ECM ist heute für die Arbeits- und Konkurrenzfähigkeit eines Unternehmens vergleichbar notwendig wie ERP- und CRM-Systeme. In den vorausgegangenen Kapiteln wurde neben organisatorischen Aspekten ein Überblick über die wesentlichen Systemkomponenten, die für ein Enterprise Content Management notwendig sind, gegeben. ECM ist keine geschlossene Systemlösung, sondern ist Teil der Unternehmensarchitektur, die funktionale Komponenten in Form von Services zur Verfügung stellt. Damit ist die Integration der Dokumente aus verschiedenen Erfassungs- und Anwendungssystemen möglich und die Benutzer erhalten eine einheitliche Sicht auf die unternehmensrelevanten Informationen. Man spricht auch von einem Content Warehouse, das als Document Warehouse, welches die unstrukturierten Dokumente enthält, mit dem Data Warehouse, das aus strukturierten Daten operativer Anwendungssysteme aufgebaut wird, im Idealfall in einem einheitlich strukturierten Repository zusammenführt.

4.5   Zusammenarbeit – Online Kooperation (Prof. Dr. J. Illik)

Die Zusammenarbeit in verteilten Teams erfordert Software-Tools zur Unterstützung der Zusammenarbeit. Insbesondere ist das von Bedeutung, wenn die Teammitglieder räumlich verteilt sind. Neben Werkzeugen für den Austausch bzw. die Ablage und Archivierung von Texten ist eine weitergehende Teamunterstützung notwendig: Teammitglieder haben nicht nur Texte (Analysen, Konzepte, Entwürfe, Berichte, Kalkulationen, …) auszutauschen.

4.5.1   Einführung und Motivation

Teams funktionieren am besten, wenn sie intensiv miteinander kommunizieren. Projekte scheitern in aller Regel, wenn das Projektteam nicht miteinander spricht, Informationen und Ergebnisse zurückbehält. Zwischen der intensivsten Form der Kommunikation - jeder spricht mit jedem - und dem anderen Extrem, der „Funkstille", muss ein brauchbarer Kompromiss gefunden werden.

Die Methode *„jeder spricht mit jedem"* war bisher zu teuer. Bei n Teammitgliedern ergeben sich kombinatorisch „n über 2" Kommunikationen

$$\binom{n}{2} = \frac{n!}{2!(n-2)!}$$

Selbst für ein kleines Team mit n = 5 Mitgliedern hat man beim Modell *„jeder spricht mit jedem"* schon 10 Kommunikationspfade.

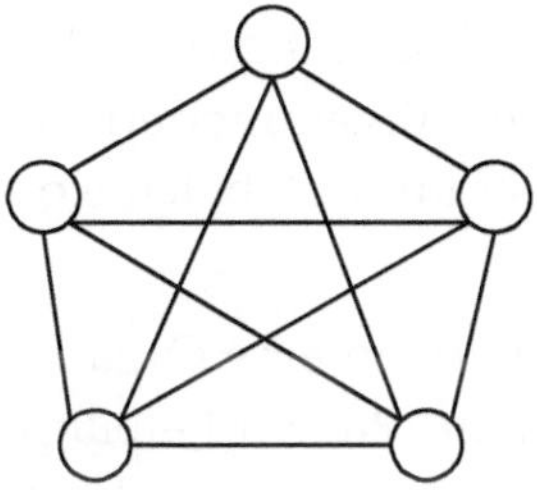

Abbildung 4-18:   **Jeder spricht mit jedem**

Wenn jedes der fünf Mitglieder mit allen vier anderen 10 Minuten spricht, kommt ein Gesamtzeitaufwand von 100 Minuten zusammen. Fazit: Das lässt sich mit konventionellen Kommunikationsmitteln, wie z.B. Besprechungen und Telefonaten, nicht täglich machen. Aus diesem Grund werden üblicherweise Hierarchien in Teams eingeführt. Damit soll verhindert werden, dass die Kommunikation ausufert, weil jeder mit jedem sprechen muss. Der Kommunikationsaufwand wird dadurch reduziert, weil jetzt nur der Boss einer Hierarchieebene die Kommunikation mit der nächst höheren oder tieferen Hierarchieebene übernimmt.

Dieser Ansatz traditioneller hierarchischer Teams hat, wie wir später noch sehen werden, mehrere Nachteile. Die Frage ist, ob es im Zeitalter, in dem Information zum Produktionsfaktor geworden ist, nicht etwa mithilfe von IT-Infrastrukturen Alternativen zu diesem traditionellen Ansatz gibt. Dabei geht es um viel: Nicht nur der Kommunikationsprozess soll optimiert werden, sondern vielmehr auch der oder die Prozesse, derentwegen eigentlich kommuniziert wird!

Mit diesem Beitrag werden wir die für verteilte Teams heute vorhandenen technischen Möglichkeiten und Lösungsansätze skizzieren, die für die Team-Kollaboration am computergestützten Arbeitsplatz und unterwegs, mithilfe mobiler Geräte, verfügbar sind.

4.5.1.1 Die Ausgangslage

Die zunehmende Globalisierung der Märkte und der damit in Verbindung stehende verstärkte Wettbewerbsdruck erfordern eine permanente Anpassung der Unternehmen an die geänderten Rahmenbedingungen des Marktes.

Wir verstehen unter Globalisierung die Pflege weltweiter Handels- und Kooperationsbeziehungen, die entweder auf Dauer angelegt ist oder für die Dauer eines Projektes auch von temporärer Natur sein kann. Auslöser globaler Kooperationen sind häufig Outsourcing-, Insourcing- und Offshoring-Prozesse in den unterschiedlichsten Branchen.

Der Begriff der Globalisierung beinhaltet in diesem Zusammenhang nicht nur das Anbieten der Güter auf dem globalen Markt, sondern auch das Zusammenarbeiten von Unternehmen und Organisationen über alle Grenzen (staatliche und organisatorische) hinweg. Die Ziele der Unternehmen und Organisationen können oft nur durch eine enge kooperative Zusammenarbeit mit Spezialisten erreicht werden.

Großes Potenzial hat dabei der Einsatz von *virtuellen Teams,* weil damit die rasche Bündelung von Kernkompetenzen möglich wird. Hierbei unterstützen modernste Informations- und Kommunikationstechnologien die Teams bei ihrer globalen Kooperation.

Im Rahmen dieser Arbeit verstehen wir unter einem virtuellen Team eine Organisationseinheit, bestehend aus Mitarbeitern, die verschiedenen am Projekt beteiligten Unternehmen angehören und auch geografisch verteilt sind. Gekennzeichnet ist das virtuelle Team vor allem auch dadurch, dass für die Zielerfüllung der gemeinsamen Aufgabe der Informationsaustausch essentiell ist. Eine detailliertere Vorstellung von virtuellen Teams werden wir weiter unten entwickeln.

4.5.1.2 Team und Teamarbeit

Ein Team ist eine kleine, leistungs- und funktionsgegliederte Arbeitsgruppe mit gemeinsamen Zielsetzungen. Präzisiert wird der Teambegriff meist anhand von Merkmalen, wie zum Beispiel der Existenz relativ intensiver, wechselseitiger Beziehungen, einem ausgeprägten Gemeinschaftsgeist, einer relativ starken Gruppenkohäsion und der spezifischen Arbeitsform der engen Kooperation.

Ein Team wird von einem ausgeprägten Gemeinschaftsgeist getragen und das „Wir-Gefühl" kann als wesentliches Charakteristikum von Teams zu einer diesbezüglichen Begriffsfassung herangezogen werden.

Die Teamorganisation gründet sich auf den Gedanken, dass die Motivation der Teilnehmer den Erfolg ausmacht. Das gesamte Unternehmen wird als Verknüpfung unterschiedlicher Gruppen aufgefasst. Sogenannte Linking Pins verbinden durch jeweilige Doppelmitgliedschaften die Teams in vertikaler und horizontaler Sicht miteinander. Kollektive Zielbildungsprozesse und Entscheidungen stellen die aktive Mitarbeit und Motivation sicher. Problemlösungen werden nach diesem Modell nur einvernehmlich angenommen. Alle Mitglieder bringen in diesem hierarchiefreien Gremium (Peer-Gremium) ihr Spezialwissen und ihre Ideen ein.

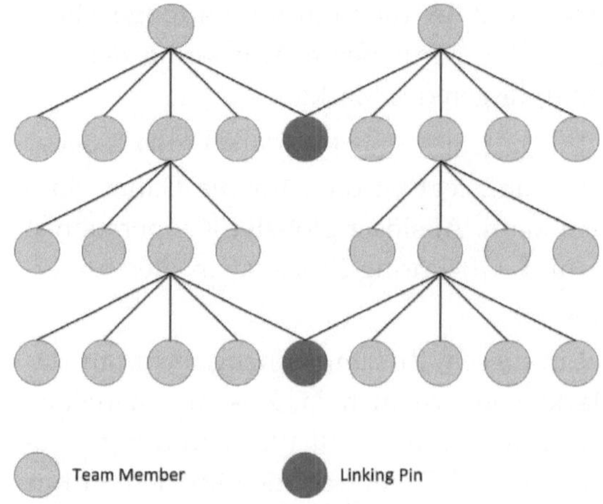

Abbildung 4-19: **Linking Pin**

Die Teamorganisation lässt gerade wegen ihres dezentralen und partizipativen Charakters sehr eigenständige und innovative Konzepte erwarten und beschleunigt die Entscheidungsprozesse. Insbesondere bei flachen Konfigurationen der Gesamtorganisation lassen sich gemischte Gremien denken, die intern hierarchiefreie Diskurse zwischen den Kompetenzträgern ermöglichen.

Eine gemeinsame Aufgabenorientierung entsteht im Allgemeinen nur dann, wenn die folgenden zwei Bedingungen erfüllt sind[227]:

- das Team hat eine gemeinsame Aufgabe, für die es als Team die Verantwortung übernehmen kann
- der Arbeitsablauf kann innerhalb des Teams von diesem selbst kontrolliert werden

In echten Teams wird die Trennung zwischen denjenigen, die *denken* und *entscheiden*, und denen, die *arbeiten* und *ausführen*, aufgehoben.[228] Neben die Einzelverantwortung treten unterstützende Beziehungen mit dem Bewusstsein der gemeinsamen Verantwortung für die gemeinsame Sache.

Echte Teams begnügen sich nicht damit, gemeinsame Entscheidungen zu fällen und die Verantwortung für die Durchführung einer Einzelperson zuzuweisen. Die *Durchführungsverantwortung* für eine gemeinsame Entscheidung ist bei einem echten Team immer eine gegenseitige, nicht eine individuelle. Echte Teamarbeit verkörpert einen intensiven Prozess, bei dem Synergien freigesetzt werden, so dass schließlich mehr entsteht, als aus der Summe der Einzelleistungen der beteiligten Mitglieder hervorgegangen wäre.

Für unseren Beitrag hier bedeutet dies konkret, dass wir sehr stark daran interessiert sind, dass dieser für die gemeinsame Durchführungsverantwortung notwendige intensive Prozess der Kommunikation auch auf unterstützende Softwarewerkzeuge abgebildet werden kann. Inwiefern dies heute möglich ist, werden wir sehen.

Nun hat Teamarbeit verschiedene Effekte, die persönlicher, fachlicher und auch sozialer Natur sind. Und natürlich auch Effekte für das Unternehmen (organisatorisch-betriebswirtschaftliche Effekte). Wir können an dieser Stelle nicht alle Effekte durchleuchten, wollen aber doch hervorheben, dass die Effekte für das Unternehmen überwiegend positiv sind. Wird die Teamarbeit richtig eingeführt und umgesetzt, so ist mit folgenden positiven Effekten zu rechnen:

- *Kostensenkung*: z.B. durch die Verlagerung von unterstützenden Sekundärfunktionen (z.B. Qualitätssicherung) in die produktiven Bereiche.

---

227 Vgl. Ulrich 2005
228 Vgl. Kriz, Nöbauer 2006

- *Abbau von Schnittstellen*: durch die Integration von Sekundärfunktionen (siehe oben: Qualitätssicherung) in die Gruppe können viele Entscheidungsprozesse gruppenintern stattfinden.
- *Flexibilisierung*: durch erweiterte Fähigkeiten und Kompetenzen können Abläufe, Prozessschritte und Prozesse flexibler und damit schneller gestaltet werden.
- *Qualitätsverbesserung*: ergibt sich durch die stärkere Identifikation mit den Produkten und Dienstleistungen.
- *Innovation*: dies ist jetzt nicht mehr nur ausschließlich die Aufgabe von Planungsstäben.
- *Verhaltenssteuerung*: in der Gruppe kann das Verhalten einzelner Gruppenmitglieder wesentlich effizienter beeinflusst werden als in einer hierarchischen Organisation.

So weit, so gut. Einleuchtend? Sicher, wenn die Teammitglieder in der gleichen Lokation versammelt sind. Wie sieht es aber aus, wenn die Teammitglieder geografisch verteilt sind? Wenn es sich um virtuelle Teams handelt?

4.5.1.3 Virtuelle Teams

Für virtuelle Teams, die Hindernisse in Form von Entfernungen, Zeitzonen und Organisationsgrenzen überwinden müssen, ergeben sich für die Zusammenarbeit spezielle Probleme, die es zu lösen gilt, um eine effiziente und effektive Teamarbeit zu gewährleisten. Effizienz: Ein Team ist dann durch eine hohe Effizienz ausgezeichnet, wenn es die Projektziele mit dem geringstmöglichen Aufwand erreicht. Effektivität: Ein Team weist dann eine hohe Effektivität auf, wenn die Projektziele vollständig und genau erreicht werden.

Traditionelle Teams - so wie wir den Teambegriff oben eingeführt haben - sind in aller Regel erfahrungsorientiert. Sie benutzen bereits vorhandene Informationen und vorhandenes Wissen und Können, um eine Aufgabe oder ein Problem zu lösen. Unser heutiges globales Wirtschaftssystem verlangt aber speziell im Dienstleistungsbereich eine rasche und kostengünstige Auftragserfüllung, häufig ohne dass die aktuelle Wissensbasis dazu ausreicht oder für die Informationsbeschaffung große Zeitreserven zur Verfügung stehen!

Jetzt kommt es darauf an, dass die beteiligten Projektteammitglieder, die sich oft an verschiedenen geografischen Orten und Zeitzonen befinden, dieses Informationsdefizit rasch ausgleichen, zu einem Team formen und mittels Telekommunikation kooperieren. Hier reichen sicherlich die Werkzeuge Telefon, Fax und Briefpost nicht mehr aus.

Mit der Entwicklung und Verbreitung von Netztechnologien und Internet-Diensten sind die Voraussetzungen für neue Organisationsstrukturen und Arbeitsformen geschaffen: Als virtuelle Kooperation wird eine Form der dynamischen Vernetzung räumlich verteilter, modularer Organisationseinheiten innerhalb und zwischen Unternehmen bezeichnet. Dabei handelt es sich um spezialisierte Partner, die bei der Leistungserstellung und -vermarktung mit Hilfe von Informations- und Kommunikationstechnologien zusammenarbeiten. Neben der Technik spielt für die Koordination ein wechselseitiges *Commitment*, das unter anderem auf der Erfahrung aus bisherigen gemeinsamen Projekten oder auf gegenseitigem Vertrauen basiert, eine wichtige Rolle.

Vorteile erzielen virtuelle Teams in erster Linie durch eine geringe Anzahl von Schnittstellen, einem *schnelleren Informationsfluss* und einer besseren Anpassungsfähigkeit, wenn die Kommunikation reibungslos funktioniert. Dazu gehört insbesondere der Austausch aller erfolgskritischen Projektdaten.

Die Virtualität fügt sich damit nahtlos in die Tendenz der fortschreitenden Dezentralisierung, Mobilisierung und Vernetzung der Arbeit ein. Ebenso besteht seit Jahren eine anhaltende Tendenz zu Unternehmenskooperationen, beispielsweise in Form von strategischen Allianzen oder Zusammenschlüssen, egal ob dauerhafter oder temporärer Natur. So können sich beispielsweise Projektpartner auf ihre Kernkompetenzen konzentrieren. Damit können schließlich aus virtuellen Teams große Einheiten werden, bis hin zu Wertschöpfungskettenpartnern (supply chain partners). Ob diese Einheiten als Firmen rechtlich selbstständig oder Bestandteile einer einzigen Organisation sind, ist letztlich unbedeutend.

Auf Grund der oben erwähnten Hindernisse (Entfernungen, Zeitzonen, Organisationsgrenzen) und objektiv vorhandener Kulturdifferenzen bei globalisierten Teams, sind die Erfolgsfaktoren für die Einrichtung virtueller Teams komplexer im Vergleich zu herkömmlichen Teams. Ohne dies im Detail zu vertiefen, sind folgende Eigenschaften bei den Teammitgliedern unerlässlich:

Offenheit gegenüber neuen Kommunikationstechnologien, da unterstützende IT-Systeme für die Einrichtung telekooperativer Strukturen unverzichtbar sind: Groupware-Lösungen, Videokonferenzsysteme, digitaler Dokumentenaustausch usw. sind unerlässlich.

Kompetenz und Methodenkenntnisse in Sachen Projektmanagement sind in höherem Maße erforderlich, da erfahrungsgemäß die Mitglieder virtueller Teams erheblich mehr am Projektmanagement mitarbeiten müssen.

Selbstmanagement: Der projektneutrale Problemhintergrund (Entfernung, Zeitzonen, Organisationsgrenzen, Kulturdifferenz) erfordert ein hohes Maß an Selbstmanagement, insbesondere, wenn es um das Zeitmanagement und um effizientes und effektives Arbeiten geht.

Insbesondere aus der Kulturdifferenz ergeben sich hohe Anforderungen an eine *zwischenmenschliche Sensibilität und Sozialkompetenz*: unterschiedliche kulturelle Gepflogenheiten und Umgangsstile dürfen nicht zum „show stopper" werden.

Schon an dieser Aufzählung erkennen wir, dass die Kommunikationstechnologien und der Medieneinsatz alleine nicht alle Defizite ausgleichen können. Neben den oben erwähnten, meiner Erfahrung nach wichtigsten Eigenschaften wäre noch ein höherer Grad an expliziten Vereinbarungen zu erwähnen. So sind zum Beispiel konkrete Vereinbarungen zur Erreichbarkeit und zur Verlässlichkeit zu treffen, oder zur Datei- und Dokumentenablage, zum Berichtswesen, zum Konfliktmanagement bis hin zu Angelegenheiten, die die Personalentwicklung betreffen. Gerade hier können aber IT-gestützte Werkzeuge helfen.

4.5.1.4 Online-Kooperation und -Kollaboration

Fazit bisher: Um virtuelle Teams effektiv und effizient arbeiten zu lassen, brauchen wir - nicht nur, aber eben auch - entsprechende unterstützende IT-Systeme und Werkzeuge. Wir werden im Folgenden zwischen Kooperation und Kollaboration unterscheiden. Kooperation wird im Allgemeinen als Synonym für „Zusammenarbeit" verwendet. Um im Rahmen einer Zusammenarbeit ein gemeinsames Ziel (also z.B. ein gemeinsames Produkt, eine gemeinsame Dienstleistung usw.) zu erreichen, bedarf es erfahrungsgemäß einer gewissen Koordination, also einer Abstimmung, damit das Ziel durch eine harmonische Zusammenarbeit erreicht wird.

Kollaboration ist im deutschen Sprachgebrauch (noch) überwiegend negativ besetzt. Laut dem konservativen Duden[229] bedeutet Kollaboration: *„gegen die Interessen des eigenen Landes gerichtete Zusammenarbeit"*. Im englischen Sprachgebrauch ist dieser Begriff nicht negativ besetzt. Wir schließen uns der letztgenannten Haltung an und verstehen Kollaboration als weniger oder gar nicht koordinierte Zusammenarbeit, im Vergleich zur Kooperation, die wir als stärker koordinierte Zusammenarbeit verstehen.

> Kooperation = Kollaboration + Koordination

Traditionelle Groupware (z.B. IBM Lotus Notes) unterstützt in aller Regel die Kollaboration. Projektmanagement-Software (z.B. Microsoft Project) und auch CRM-Software gehen in Richtung Kooperation (gemeinsame Realisierung von Prozessen innerhalb des Marketing- und Vertriebsteams), oder Supply-Chain-Management-Systeme (gemeinsame Realisierung von Wertschöpfungsprozessen innerhalb der unternehmensübergreifenden Wertschöpfungskette).

Grad und Umfang der Koordination variieren zwischen den einzelnen Systemen. Bei Groupware-Systemen mit schwachen Koordinationskomponenten kann man deshalb von Kollaborationssystemen sprechen. Von Projektmanagement-Systemen wird man eine stärkere Koordinationskraft erwarten; wir bezeichnen sie deshalb als Kooperationssysteme. Ob reale Projektmanagementsoftware das tatsächlich leistet, ist natürlich eine andere Frage.

---

229 Vgl. http://www.duden.de/dudensuche/werke/fx/000/089/Kollaboration.89344.html (zuletzt zugegriffen am 03.02.2009)

Diese Trennung ist zunächst rein akademisch, aber für die Kategorisierung der Software hilfreich. Im Zentrum von reinen Kollaborationssystemen, wie z.B. Groupware, steht schwerpunktmäßig das Team und die Zusammenarbeit zwischen den Teammitgliedern. Im Zentrum von Kooperationssystemen, wie z.B. Projektmanagement-Systemen, stehen unter anderem auch Werkzeuge (z.B. Netzplantechnik) zur Lösung projektspezifischer Aufgaben, wie z.B. die Ermittlung kritischer Pfade, usw. Nach oben ist die Skala der sinnvollen Werkzeuge offen: auch Workflow und Prozesskontrolle passen bestens in die Kooperationssoftware.

4.5.2   Kollaborationswerkzeuge

Wir werden in der Folge einige Werkzeuge durchleuchten, um ein Gefühl dafür entwickeln zu können, wie es mit der Team-Unterstützung durch geeignete Software heute aussehen kann. Für diesen Beitrag greifen wir einige Werkzeuge aus dem vielfältigen Angebot heraus und versuchen, eine Einordnung in die im Bild dargestellten Leistungsebenen vorzunehmen. Die Auswahl wurde dabei zwar systematisch, aber nicht vollständig zusammengestellt. Die Auswahl spiegelt vielmehr das konkrete Erfahrungsspektrum des Autors wider. In den 90er Jahren hatte der Autor im Wesentlichen Lotus Notes im Einsatz. Dazu gesellten sich im Laufe der Jahre zahlreiche weitere Werkzeuge, weil zum einen - vor dem Hintergrund globaler Kooperationen - bei den Partnern nicht immer die gleichen Plattformen verfügbar waren und zum anderen, sich bei manchen dedizierten Systemen mit ihrem speziellen Funktionsangebot ganz andere Leistungsregionen erreichen ließen.

Dieser Zustand ist erhalten geblieben. Die vollumfänglich integrierte Team-Kollaborationsplattform gibt es bis heute nicht. Virtuelle Teams müssen sich nach wie vor die Tool-Suite ihrer Wahl zusammenstellen, um die Projektziele effizient und effektiv zu erreichen.

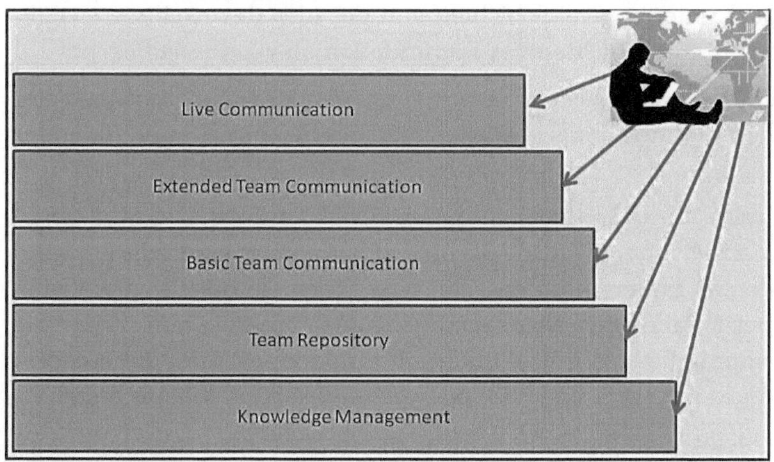

Abbildung 4-20:   **Systemklassifikation**

Bei der Zusammenstellung der Werkzeuge hat sich die Zuordnung der Werkzeuge zu einer Leistungsebene bewährt. Ziel dabei ist eine möglichst komplette Abdeckung aller in Abbildung 4-20 dargestellten Schichten.

Das in Abbildung 4-20 gezeigte Schichtensystem ist so angeordnet, dass die zwingend notwendigen Einrichtungen unten – also an der Basis – angesiedelt sind. Die höheren Schichten dienen der Steigerung der Effektivität und der Effizienz im Team. Ein Team ist dann durch eine hohe Effizienz ausgezeichnet, wenn es die Projektziele mit dem geringstmöglichen Aufwand erreicht. Eine hohe Effektivität ist dann gegeben, wenn die Projektziele vollständig und genau erreicht werden.

Das Wissensmanagement (Knowledge Management System, kurz KM-System) sehen wir als Grundlage für die Kollaboration an. Hier ist das über mehrere Projekte hinweg wiederverwendbare explizite Fachwissen archiviert. Es geht im Wesentlichen nicht darum, dieses Fachwissen vollständig, erschöpfend und unmittelbar in einem KM-System zu archivieren, sondern – im Idealfall – dort so weit Spuren zu hinterlassen, dass alle Teammitglieder in der Lage sind, sich ein gemeinsames Bild von den zu nutzenden zentralen Begriffen zu machen.

Die nächste Schicht darüber bildet das Team Repository oder Projektarchiv. Neben den Wissensbausteinen im KM-System gibt es im Projekt in aller Regel zahlreiche, zu archivierende Schriftstücke, z.B. Analysen, Konzepte, Entwürfe, Vorschläge, Lösungen, Berichte, Kalkulationen, Pläne, und so weiter. Viele dieser Dokumente müssen allen, oder einem Großteil des Teams, zur Verfügung stehen. Das Team Repository ist gewissermaßen der zentrale Aktenschrank, in dem sich auch die Unterlagen von der oben erwähnten Art von vergangenen Projekten befinden.

Das KM-System und das Team Repository dienen einem Unternehmen vor allem auch dazu, Fachwissen und Wissen um Projekte und Geschäfte zu archivieren, so dass diese Informationen nicht mit dem Arbeitgeberwechsel eines Mitarbeiters verloren gehen. Sind diese unteren zwei Schichten von der Idee des Archivierens geprägt, so sind die oberen drei Schichten der Kommunikation gewidmet.

Die Schicht der *elementaren Teamkommunikation (Basic Team Communication)* bietet das, was in klassischen E-Mail-Clients enthalten ist: zum Beispiel E-Mail, Kalender und To-do-Liste.

Die Schicht für die *erweiterte Team Kommunikation (Extended Team Communication)* geht in ihrem Funktionsangebot deutlich darüber hinaus. Hier sind z.B. Funktionen oder Schnittstellen zu finden, um den Workflow zu regeln oder Kontaktlisten in Richtung Customer-Relationship-Management (CRM) zu erweitern. Auch die Versorgung von Teammitgliedern mit aktuellen Informationen über ein entsprechend komplexes Projekt mit Hilfe von RSS- oder Atom-Feeds zählen wir hierzu.

Als oberste Schicht bleibt uns dann die Schicht der *Echtzeit-Kommunikation (Live Communication)*. Ist der Informationsaustausch und die Kommunikation über die unteren Schichten asynchron, so handelt es sich bei der obersten Schicht um synchrone Kommunikation, d.h. die beteiligten Teammitglieder müssen zur Nutzung der Funktionen zeitgleich am PC, Laptop, Netbook oder Mobile PDA verfügbar sein. Eine Ausnahme stellen SMS und Twitter dar, die auch asynchron ganz gut funktionieren, von der Idee her aber vom zeitnahen Informationsaustausch leben. Die folgende Liste liefert einen Überblick über die einzelnen Funktionen, die wir in den Schichten untergebracht sehen:

- *Ebene 5*: Live-Kommunikation (live communication; synchron und asynchron). Web-Meetings/Web-Conferencing, Video-Conferencing, IP-Telefonie/Fax, Desktop-Sharing, White Boards, Chat, Instant Messaging, SMS, Twitter, usw.
- *Ebene 4*: Erweiterte Teamkommunikation (extended team communication). RSS-/Atom Feed, Leistungsmerkmale (features) in Richtung Projektkoordination (=Projektmanagement; z.B. in Richtung MS Project), Leistungsmerkmale in Richtung Außendarstellung im Web (z.B. in Richtung MS Sharepoint, oder Einspeisung in Web Content Management Systeme), Kontaktmanagement (jetzt bis hin zu CRM), Workflow-Systeme, usw.
- *Ebene 3*: Elementare Teamkommunikation (basic team communication). E-Mail, Kalender, Aufgabenliste, Kontakte, Ressourcenverwaltung, Selbstmanagement, usw.
- *Ebene 2*: Projektarchiv (team repository). Filetransfer und Archive, FTP Server, WebDAV/WebLaufwerk/WebOrdner, Bittorrent, Live Mesh usw.
- *Ebene 1*: Wissensmanagement (knowledge management). Wikis, Enterprise Content Management Systeme (ECMS), Bulletin Board Systeme (BBS), Blog-Systeme, usw.

4.5.3 Wissensmanagement

Bei unseren Betrachtungen schließen wir die Ebene *Wissensmanagement* an dieser Stelle aus, da im vorliegenden Buch an anderer Stelle detailliert darauf eingegangen wird. An dieser Stelle sei aber erwähnt, dass zahlreiche Open-Source-Systeme für die Archivierung von explizitem Wissen im Projektteam zur Verfügung stehen:

Tabelle 4-1:   **Wiki-Systeme**

Produkt	Technologie	Website
Bitweaver	PHP mit div. DB-Systemen	http://www.bitweaver.org/
DokuWiki	PHP	http://www.dokuwiki.org/dokuwiki
HalloWiki	PHP mit MySQL oder Postgres	http://www.hallowiki.de/
MediaWiki	PHP mit MySQL oder Postgres	http://www.mediawiki.org/wiki/MediaWikide
MoinMoinWiki	Python	http://moinmoin.wikiwikiweb.de/
PmWiki	PHP	http://www.pmwiki.org/
ProWiki	Perl	http://www.prowiki.org/prowiki/wiki.cgi
TWiki	Perl	http://twiki.org/

4.5.4 Content Management

Für den Austausch bzw. die Ablage und Archivierung mittlerer und längerer Texte bieten sich mehrere Werkzeugtypen an: Wiki-, Content-Management-, Bulletin-Board-, Blog-, Filetransfer- und File-Sharing-Systeme kommen in Frage. Hier können Wissensbausteine und Projektdokumente so archiviert werden, dass sie jederzeit wieder auffindbar sind. Wie oben schon skizziert, gehören diese Systeme also zur Ebene Wissensmanagement und Team Repository.

In einer Kollaborationssituation gilt es, von Zeit zu Zeit diverse Veröffentlichungen zu tätigen. Im Rahmen von Projekten sind dies in aller Regel Analysen, Konzepte, Entwürfe, Vorschläge, Lösungen, Berichte, Kalkulationen, Pläne usw. Abgesehen von fachspezifischer Notation, Grafiken und Symbolen in solcher Art Unterlagen (z.B. UML-Notation in Software-Projekten) handelt es sich stets immer auch um Texte, die für die Projekt-Stakeholder (das sind im Wesentlichen all diejenigen Personen und Institutionen, die am Projekt ein berechtigtes Interesse haben) bedeutsam sind.

Text muss in einer ansprechenden Form veröffentlicht werden, deshalb haben sich schon früh Spezialkompetenzen entwickelt: Zum einen ist da der Autor, der schreibt und am Inhalt, nicht aber an der Form, ewig feilen mag. Zum anderen mag es für einen Künstler - den Layouter - die höchste Erfüllung bedeuten, dem Inhalt ein Gesicht zu geben. Beide Fertigkeiten verlangen sicherlich unterschiedliche Talente - und auch unterschiedliche Software-Werkzeuge. Was für den Autor ein komfortabler Editor ist, ist für den Layouter die Layout-Software. Im Desktop-Publishing- und Print-Bereich haben sich hierfür Programme wie beispielsweise InDesign, QuarkXpress, FrameMaker, RagTime, Scribus (Scribus ist OpenSource) usw. etabliert.

Ein für den Inhalt verantwortlicher Autor kann, bei entsprechender Arbeitsteilung, den Text mit einem für Büroumgebungen üblichen Werkzeug erfassen, also z.B. mit Microsoft Office Word oder OpenOffice.Org Writer. Das Schreibwerkzeug leistet bereits einige essentielle Hilfen, so z.B. das Zählen von Worten und Buchstaben (was für die Planung des Textvolumens notwendig ist) und die Überwachung der Rechtschreibregeln. Der so erfasste Text geht dann an den Layouter, der sich um die Übernahme des Textes in das Layoutprogramm (z.B. per cut-and-paste) kümmert. In aller Regel wird der Layouter ein bereits definiertes Seitenmuster (Template) verfügbar haben. Auf diese Art und Weise ist die Einhaltung der Corporate Identity weitgehend gewährleistet.

Wenn man diese Idee der Zusammenarbeit zwischen den Inhaltslieferanten auf der einen Seite und den Layoutern auf der anderen Seite weiterspinnt, so stößt man an den Punkt, an dem man sich fragt, warum der Text des Inhalts nicht gleich in ein vordefiniertes Template erfasst wird?

Im Print-Bereich ist dies teilweise auf Grund prozesstechnischer Eigenheiten nicht so ohne weiteres möglich, im Online-Bereich dagegen schon. Hier setzen Web Content Management-Systeme (WCMS) an. Als Projektarchiv ist die Werkzeuggattung zweifelsohne sehr nützlich und attraktiv. Da in diesem Werk an anderer Stelle auf das Thema eingegangen wird, verzichten wir an dieser Stelle auf eine weitere Darstellung.

4.5.5　Team Repositorys

Die Zusammenarbeit in verteilten Teams erfordert Software-Tools zur Unterstützung der Kollaboration speziell für die Wissens- und Content-Archivierung. Für den Austausch bzw. die Ablage und Archivierung mittlerer und längerer Texte bieten sich neben Wiki-, Content-Management-, Bulletin-Board- und Blog-Systemen auch Filetransfer- und File-Sharing-Systeme an.

Wir betrachten zwei populäre Ansätze für den Filetransfer, bzw. das Filesharing. Der Dateitransfer ist eine der wichtigsten Internet-Anwendungen und FTP transportiert alle Dateiarten und Dateiformate.

FTP steht für File Transfer Protocol und bezeichnet sowohl Protokoll als auch Dienstprogramm für die Dateiübertragung über das Internet. Ähnliches gilt für BitTorrent. FTP und BitTorrent gehören zu den am häufigsten benutzten Diensten im Internet, lassen sich doch damit Dateien weltweit distribuieren.

4.5.5.1　FTP

Wie viele andere Internet-Dienste, so besitzt auch FTP eine Client-Server-Architektur. Die Client-Software (z.B. FileZilla Client) residiert als grafische Benutzerschnittstelle auf dem Rechner, von dem aus der Zugriff auf den entfernten Rechner realisiert werden soll. Der Server-Teil der Software (z.B. FileZilla-Server) läuft auf dem Computer, auf dem die gewünschten Dateien liegen oder abgelegt werden sollen. Die oben erwähnte FileZilla-Software ist OpenSource und für Windows, Linux und Max OS X verfügbar.

Der Server wird auch als FTP-Archiv bezeichnet. Die Datei-Art spielt für die Ablage auf einem FTP-Server keine Rolle: das Dienstprogramm FTP kann Binär- oder Textdateien übertragen. Auf dem FTP-Server sind Dateien allerdings meist in einem komprimierten Format abgelegt. Eine komprimierte Datei ist in aller Regel eine Binärdatei. Vor der Nutzung gilt es dann, die komprimierte Datei zu dekomprimieren. Für das Komprimieren und Dekomprimieren sind spezielle Dienstprogramme notwendig (wie z.B. WinZip, WinRAR, u.v.m.). Diese können ihrerseits über das Internet mit dem FTP „gezogen" werden.

FTP kann auf zwei verschiedene Arten angewendet werden:

Mit Account auf entferntem Rechner: Einerseits können Daten, die einem selbst gehören, vom eigenen Rechner zu einem anderen übertragen werden. Für diese Anwendung ist es erforderlich, auf den beiden beteiligten Rechnern eine Zulassung (Account: User-ID mit Passwort) zu haben und die entsprechenden Zugriffsrechte für das Lesen und Schreiben der zu transferierenden Datei zu besitzen.

Ohne Account auf entferntem Rechner: Im Internet entwickelte der FTP-Service seine eigentliche Bedeutung durch die sogenannten Anonymous FTP-Server. Diese Server erlauben dem Internet-Surfer den Zugriff auf einen entfernten Rechner, obwohl der Besucher für diesen entfernten Rechner keinen Account besitzt. Auf solchen „öffentlichen" FTP-Servern werden copyrightfreie Software, Dokumente, Bilder, Videosequenzen, Sounddateien usw. für den Download angeboten.

So wie sich aber im Laufe der Zeit die das Internet betreffenden rechtlichen Rahmenbedingungen geändert haben (Haftung für die Inhalte, bzw. Haftung bei Copyright-Verletzungen), ist die Bedeutung der anonymen FTP-Server für das Hochladen (Upload) zurückgegangen. Der Betreiber eines FTP-Servers überlässt heute üblicherweise nur registrierten Benutzern das Hochladen auf einen FTP-Server. Im Umfeld von Projektteams, die FTP-Server für den Austausch und die Archivierung von Dokumenten nutzen, ist dies i.d.R. aus Sicherheitsgründen ohnehin gefordert. Verwandte Anwendungen bieten heute etwa Sharehoster oder Imagehoster. Sharehoster oder Imagehoster sind Internetdienstleister, bei denen Anwender Dateien ablegen können.

4.5.5.2 BitTorrent

Ein weiteres Beispiel für ein File-Sharing-System ist BitTorrent. Es handelt sich dabei um ein Protokoll, mit dem große Dateien über das Internet verteilt werden können. BitTorrent basiert auf einer erweiterten Peer-to-Peer-Technologie: Lädt beispielsweise ein Benutzer A eine Datei von einem Server und möchte ein Benutzer B dieselbe Datei vom Server herunterladen, so lädt Benutzer B die Datei nicht direkt vom Server herunter, sondern von Benutzer A, auch wenn dieser die Datei noch nicht vollständig heruntergeladen hat. Der Nutzer wird also noch während des Downloads selber zu einer Download-Quelle für andere. So gesehen gibt es für jede Datei ein eigenes, temporäres Peer-to-Peer-Netz. Dadurch wird die Bandbreite des Servers nicht geschmälert, die Wege der Daten über das Netz werden intelligenter eingeteilt. Ein weiterer Aspekt kommt bei BitTorrent zum Tragen: Je mehr Personen BitTorrent nutzen, desto besser wird es.[230]

Neben BitTorrent gibt es noch weitere Filesharing-Protokolle, Server und Clients, die wir hier aber nicht näher betrachten(z.B. Gnutella oder Aimster).

In Diskussionen kommt immer wieder die Frage auf, ob BitTorrent überhaupt legal ist. BitTorrent an sich ist Technologie und Software für den Fileaustausch über das Internet. Dagegen ist nichts einzuwenden. Die Frage ist, welche Art von Dateien damit transferiert werden. Haben die Dateien illegale Inhalte? Oder haben sie rechtsgeschützte Inhalte? Diese Frage ist jedoch getrennt zu diskutieren. Vereinfacht ausgedrückt: Wer Dateien transferiert, sich besorgt oder für den Download bereithält, deren Inhalt geschützt oder illegal ist, haftet für diesen Rechtsverstoß

---

230 http://computer.howstuffworks.com/bittorrent2.htm (zuletzt zugegriffen am 18.02.2013)

und nicht die Software, die für die Straftaten, Ordnungswidrigkeiten und Regelverstöße benutzt wird.

Streng genommen muss man zwischen Filetransfer (FTP) und Filesharing (BitTorrent) unterscheiden. Beim üblichen Filetransfer geht es selten darum, eine wirklich große Community zeitgleich mit Files zu versorgen, was aber eine typische Situation beim Filesharing ist: Möglicherweise möchten 10.000 Community-Mitglieder zeitgleich ein und dieselbe Musik- oder Video-Datei downloaden.

Aber abgesehen davon ist das rasante Herunterladen großer Datenmengen auch im Projektumfeld wünschenswert. So gesehen machen Filesharing-Systeme auch im Kollaborationsumfeld Sinn.

4.5.5.3 File-Server und WebDAV

WebDAV steht für Web-based Distribution and Versioning und ist ein offener Standard für die Bereitstellung von Dateien im Internet. WebDAV kann sehr gut in das lokale Filesystem eines mobilen Teamworkers integriert werden.

Über HTTP, dem Universalprotokoll des Internet, kann heute von jedem Betriebssystem aus auf Webserver lesend zugegriffen werden. WebDAV ist eine Erweiterung des HTTP-Protokolls, so dass auch schreibend auf einen Webserver zugegriffen werden kann. Damit lässt sich beispielsweise ein Webserver sehr leicht zu einem global verfügbaren Fileserver ausbauen. Auf WebDAV basierende Ansätze werden mit den verschiedensten Produktnamen belegt: Microsoft nennt sein Angebot SkyDrive[231], 1&1 bezeichnet sein Angebot als SmartDrive.[232] Die Hamburger Firma Teamdrive Systems GmbH bezeichnet naturgemäß ihr Produkt als Team-Drive.[233]

4.5.6 Elementare Team-Kommunikation

Für die elementare Teamkommunikation mit den dafür notwendigen Werkzeugen E-Mail, Kalender, Aufgaben- und Kontaktliste usw. stehen uns heute eine Reihe von Lösungspaketen gegenüber. Zum einen sind es die großen Hersteller wie Microsoft, IBM, Novell, Oracle usw., die mit elementaren Teamkommunikationswerkzeugen in den Markt drängen. Zum anderen nimmt das Angebot der Open Source Community kontinuierlich zu. In Tabelle 4-2 sind einige Werkzeuge aus dem Open Source Umfeld und der Microsoft-Welt gegenübergestellt.

---

231 http://skydrive.live.com/ (zuletzt zugegriffen am 18.02.2013)
232 https://sd.1und1.de/ (zuletzt zugegriffen am 18.02.2013)
233 http://www.teamdrive.net/ (zuletzt zugegriffen am 18.02.2013)

Tabelle 4-2:   Kommunikationswerkzeuge

Werkzeug	Microsoft (Vista)	Open Source
Chat	Windows Live Messenger	Skype
E-Mail	Windows Mail (mit und ohne Outlook)	Thunderbird und Mozbackup (zur Sicherung)
Fax	Windows-Fax und -Scan	Skype mit PamFax
Kalender	Windows-Kalender	Sunbird, Lightning
Kontaktliste	Windows-Kontakte	Thunderbird
Desktop oder Programme gemeinsam verwenden	Windows-Teamarbeit	OpenVNC
Portal-CMS und Kollaboration	Windows Sharepoint Portal Server	Alfresco
Peer-to-Peer Kollaboration und Datensynchronisation	Windows Live Mesh, Windows Groove	TeamDrive

In Windows Vista hat Microsoft einige Team-Kommunikationswerkzeuge eingebaut, die bezüglich ihrer Funktionalität an Microsoft Office Outlook erinnern, aber natürlich ohne dieses Produkt funktionieren.

Die Aufzählung der Werkzeuge oben zeigt, dass es wohl in beiden Welten – der proprietären Welt, stellvertretend dafür stehen hier die Microsoft-Produkte, und der Open Source Welt – viele Lösungen und Lösungsansätze gibt. Ohne die Lösungen und Ansätze hier bewerten zu wollen, wird aber deutlich, dass vom Microsoft-Ansatz ein gewisser Charme ausgeht, vor allem durch die Tatsache, dass vor den Produkten das Präfix Windows steht. Das suggeriert den integrierten Ansatz eines einzigen Herstellers.

Die Realität belehrt uns aber eines Besseren: Häufig sind die Werkzeuge zugekauft und weisen – möglicherweise trotz großer Anpassungsanstrengungen in Richtung Familienähnlichkeit – mehr oder weniger große Ungereimtheiten auf, wenn man nur tief genug bohrt und entsprechend ehrgeizige und hohe Erwartungen hat.

Als Fazit scheint sich die Erkenntnis durchzusetzen, dass in beiden Welten letztlich Mash-Ups die Realität sein werden. Unter einem Mash-Up verstehen wir einen softwaretechnischen Funktions-und Oberflächenmix, der sich letztlich aus unterschiedlichen Applikationen oder Services (im Sinne einer SOA) zusammensetzt.

Tatsache ist aber auch, dass Teamarbeitsfunktionalität zunehmend in die Basisausstattung von Computern Einzug hält. Als Beispiel mag hierfür Windows-Teamarbeit dienen, das mit dem Betriebssystem Vista auf den PCs Einzug gehalten hat.

Windows-Teamarbeit ermöglicht die Zusammenarbeit von Windows-Vista-Anwendern im LAN oder WLAN - nicht jedoch über das Internet. Die Software basiert auf dem Vista-Feature „Personen in meiner Nähe", das andere Rechner im Netz ohne weitere Konfiguration aufspürt und eine Verbindung herstellt. Voraussetzung ist jedoch, dass die Funktion dort ebenfalls eingeschaltet ist. Bei der Einrichtung werden die notwendigen Ports in der Windows-Firewall freigeschaltet.

Zum Funktionsumfang von Windows-Teamarbeit gehören der Austausch von Dateien sowie die Freigabe des Desktops oder einzelner Programme. Die Dateien werden als sogenannte „Handzettel" dem Programm hinzugefügt und automatisch auf die Rechner aller Teilnehmer kopiert. Die Übertragung von Änderungen erfolgt dabei automatisch, jeder der maximal zehn Teilnehmer ist immer auf dem neuesten Stand.[234]

Die Originaldateien bleiben davon unberührt. Windows-Teamarbeit ist Teil aller Vista-Versionen. Nutzer von Vista Basic können aber nur an den virtuellen Treffen teilnehmen, aber nichts dazu beitragen. Die Freigabe von Programmen oder Dateien funktioniert nur mit den besser ausgestatteten Vista-Varianten.

Windows-Teamarbeit hat eine gewisse Ähnlichkeit mit Live Mesh. Im Gegensatz zu Windows-Teamarbeit läuft Live Mesh auch auf XP- und Mac-Rechnern und vor allem auch über das Internet. Auf Live Mesh gehen wir unten noch detaillierter ein.

4.5.7 Erweiterte Team-Kommunikation

Auf dem Markt gibt es einige Kollaborations- und Kooperationssysteme, die teilweise als Groupware-Systeme oder auch als Projektmanagement-Systeme antreten. In Tabelle 4-3 geben wir einen skizzenhaften Überblick über derzeit aktuelle Systeme.

Vorab findet sich in Abbildung 4-21 eine Einordnung der Systeme in unser Schichtenmodell.

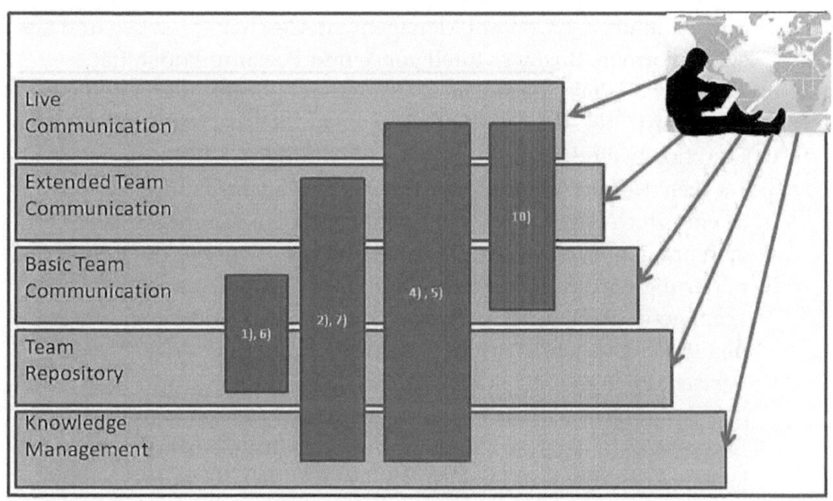

Abbildung 4-21:   **Groupware im Schichtenmodell**

---

234 Vgl.   http://www.zdnet.de/enterprise/os/vista/workshops/0,39035507,39153209,00.htm, (zuletzt zugegriffen am 03.02.2009)

Die Balken liefern einen groben Anhaltspunkt über die Funktionsbandbreite der unten vorgestellten Systeme. Die Dicke der Balken spielt keine Rolle. Gleiche Höhe der Balken bedeutet nicht notwendigerweise einen identischen Funktionsumfang.

Bei der folgenden Betrachtung unterteilen wir Groupware-Systeme in drei Kategorien: in Kollaborationssysteme, Kooperationssysteme und Systeme für das kooperative Projektmanagement.

Kollaborationssysteme unterstützen die Zusammenarbeit, ohne dass koordinierende Funktionen angeboten werden

Kooperationssysteme unterstützen die *Zusammenarbeit* und haben koordinierende Funktionalität (zur Synchronisation von Arbeitsschritten und Workflows)

Kooperatives Projektmanagement gestattet mehreren Teammitgliedern, an gemeinsamen Plänen zu arbeiten, im Sinne der oben festgelegten Definition „Kooperation = Kollaboration + Koordination".

Tabelle 4-3:   **Groupware-Systeme**

	System	Funktionalität
1)	OX OpenXchange	*Kollaborationssystem, Groupware*: OX bietet für das Messaging E-Mail, für die Kollaboration die Funktionen „Kalender", „Kontakte", „Aufgaben" und „Ordner". Für die Advanced Collaboration (Originalton OX) werden die Funktionen „InfoStore" (= WebDAV)), „Objektverlinkung", „Granulare Rechte" und „Mash-Ups" angeboten.
2)	Microsoft Office SharePoint Server	*Kooperationssystem, Kooperationsportal*: Nach Darstellung von Microsoft mit Funktionen für die Zusammenarbeit, unternehmensweite Suche, Enterprise Content Management, Geschäftsprozesse und Geschäftsformen, Business Intelligence und Portalfunktionalität.
3)	Microsoft Project	*Kooperatives Projektmanagement* in mehreren Produktvarianten von „Standard" bis „Professional". Die wesentlichen „Standard"-Funktionen sind: Definition und Verwaltung von Projekten, Ressourcen, Kosten und Budgets. Für die Projekteinrichtung kann ein integrierter Assistent (Project Guide) und eine Sammlung von Projektvorlagen (Project Templates) genutzt werden. Für die Reportgenerierung wird die Integration mit Word, Visio, Excel und PowerPoint genutzt. Diverse Auswertemöglichkeiten sind integriert, um den Projektfortschritt mit Key-Performance-Indikatoren (Betriebswirtschaftliche Kennzahlen, anhand derer der Fortschritt oder Erfüllungsgrad hinsichtlich eines Ziels gemessen werden kann.) und Earned-Value-Analyse (Methode zur Fortschrittsbewertung von Projekten. Auch hier werden Kennzahlen ermittelt, mithilfe derer dann eine Trendanalyse möglich ist.) zu messen, die Budget-/Kosten-Entwicklung und die Ressourcennutzung zu verfolgen. Zusätzlich stellt Office Project Professional 2007 bei Verwendung mit Microsoft Office Project Server 2007 auch kooperative Funktionen für unternehmensweites Projektmanagement bereit.

4)	Teamspace	*Kollaborationssystem*: Teamspace versteht sich als Universal-Groupware-Lösung mit den Koordinationsfunktionen Kalender (mit Outlook-Anbindung), Aufgaben und Projekte (die Teamdaten können mit MS Project ausgetauscht werden). Für die Kooperation stehen Dateiablage (WebDAV) und Adressverzeichnis (mit Exportmöglichkeit nach Outlook und Lotus Notes) zur Verfügung, für die Kommunikation Chat und Telefonie mit Skype, Diskussionsforum, E-Mail und SMS. Darüber hinaus existieren weitere Funktionsmodule: myteams (für die Organisation von Projektteams), Zeiterfassung, Pinnwand, Public Pages, Innovationsforum, Ideensuche und Ideenbewertung.
5)	IBM Lotus Notes	*Kollaborationssystem*: Lotus Notes deckt Kalender-, E-Mail-, To-do-Listen- und Kontaktmanagementfunktionalität ab. Darüber hinaus wird die onlinebasierte Zusammenarbeit (Lotus Sametime) unterstützt. Als weitere Produktivitätswerkzeuge sind enthalten: Tabellenkalkulation, Präsentation und Textverarbeitung. (Alle diese Tools unterstützen zahlreiche Dateiformate). Lotus Sametime gibt es in vier Ausprägungen: Sametime Entry, Sametime Standard und Sametime Advanced und Sametime Mobile für PDAs. Ein Demo-Video für Sametime-Standard ist.
6)	Collax	Basiert auf OX OpenXchange, siehe oben.
7)	Projectile	*Kooperatives Projektmanagement*: mit Workflow-Engine für die Abbildung von Projektprozessen. Mit Projectile können Projekte, Ressourcen und Budgets geplant und verwaltet werden. Die integrierte Zeiten- und Kostenerfassung dient als Basis für das Projektcontrolling. Ein Auswertungssystem macht u.a. Earned-Value-Analyse und stellt Übersichten und Grafiken zur Verfügung. Zusatzmodule: Faktura (Auftragswesen, Eingangs-/Ausgangsrechnungen), Reportgenerator, Groupware (E-Mail, Dokumentenverwaltung, Terminkalender), Produktmanagement, Risikomanagement, Wissensmanagement.
8)	blue ant	*Kollaboratives Projektmanagement* mit Funktionen für die Projekt- und Ressourcen -Planung und -Steuerung, Wissens- und Dokumentenmanagement, Arbeitszeitverwaltung, Ticket-System für das Supportmanagement, Faktura, Controlling, zahlreiche Schnittstellen zu anderen Systemen wie z.B. Microsoft Project, Microsoft Exchange, usw.
9)	fx-project	*Kollaboratives Projektmanagement* mit den üblichen Funktionen für Projekt-, Personen- und Ressourcenverwaltung; Termin- und Dokumentenverwaltung runden die Groupware-Funktionaliät ab. Projektverwaltungsspezifische Funktionen sind das Controlling, die Zeiterfassung und Reisekostenerfassung. Die Software ist mandantenfähig.
10)	Microsoft Office Outlook	Kollaborationssystem: Outlook deckt Kalender-, E-Mail-, To-do-Listen- und Kontaktmanagementfunktionalität ab. Darüber hinaus wird die onlinebasierte Zusammenarbeit (Live Meeting) unterstützt.

4.5.8   Live Kommunikation

Als System-Beispiel für die Live Kommunikation mag hier Skype dienen, weil das kleine System einen akzeptablen Funktionsumfang besitzt, auf allen bedeutenden Plattformen (Windows, Linux, Mac) verfügbar ist und hervorragend zu global mobilen Teamworkern passt. Die Skype-Technologies S.A. wurde im Jahr 2003 von Niklas Zennström und Janus Friis gegründet. Ziel war es, dem vernetzten Computernutzer kostengünstige IP-Telefonie zu ermöglichen.

Das Telefonieren zwischen Skype-Nutzern ist kostenfrei. Gebühren werden erst dann fällig, wenn in das „konventionelle" Telefonnetz telefoniert wird („Skype out"). Selbst in diesem Fall sind die Gebühren sehr moderat. Umgekehrt wird beim „Skype in" der Anruf einer sogenannten Netztelefonnummer mit dem Festnetz- oder Mobiltelefon auf den Computer des Skype-Nutzers geroutet. Ergänzend sei hier erwähnt, dass es in der Zwischenzeit auch Skype-Mobil- und -Festnetztelefone gibt, so dass der Computereinsatz nicht unbedingt notwendig ist.

Neben der Hauptfunktion IP-Telefonie rund um den Globus integriert Skype von Haus aus auch Konferenzgespräche, Video-Conferencing, Chat, Gruppen-Chat, SMS und Dateitransfer. Zahlreiche weitere Funktionen – von Fax über File- und Application Sharing bis zu MS Outlook-Integration und Web-Meetings - sind durch entsprechende Plug-Ins reichlich verfügbar, i.d.R. immer nach dem Modell „Grundfunktionalität ist kostenfrei, Profifunktionalität ist kostenpflichtig".

Microsoft Office Live Meeting ist ein von Microsoft gehosteter Service für 1:many-Präsentationen an „unbekannte" Teilnehmer. Die Funktionalität von Live Meeting ist ein Stück weit vergleichbar mit der von Skype: Instant-Messaging und Video-Konferenzen stehen im Mittelpunkt. Darüber hinaus sind White Boarding, Application Sharing und Web-Konferenzen möglich. Live Meeting bietet, wie Skype auch, Präsenzinformationen („Wer ist erreichbar?", „Wer will nicht gestört werden?" usw.). Der Unterschied besteht darin, dass Live Meeting die Kalendereinträge von Outlook berücksichtigt! Das heißt, ist im Kalender ein Meeting eingetragen, so weiß Live Meeting, dass der betreffende User nicht erreichbar ist. Das System ist gekennzeichnet durch eine tiefe Integration in das Microsoft-Office-System, was einer der wichtigsten Vorzüge von Live Meeting ist.

4.5.9   Kollaboration mit SAAS und Cloud

Verteilte IT-Architekturen sind der aktuelle Mega-Trend. Angefangen hat alles mit monolithischen Software-Architekturen, später kamen Client-Server-Architekturen, heute Web-Services und serviceorientierte Architekturen (SOA). Soweit zur Softwareseite. Auf der Infrastrukturseite lief die Historie über Mainframes, Single-Server, Serverfarmen, Cluster-Computing und Grid-Computing hin zu Cloud Computing. Das Konzept des Cloud Computings verfolgt die Idee, den Applikationsablauf und die Datenspeicherung auf eine Ansammlung von Servern in einem Netzwerk – u.U. dem Internet – zu verlegen. Die Ansammlung von dafür vorgesehenen Servern wird als Cluster bezeichnet. Cluster sind selber wieder vernetzt und bilden so ein Grid. Spätestens jetzt verwischt sich für den Benutzer die Nachvollziehbarkeit, auf welchen Servern die Applikation läuft bzw. wo die Daten gespeichert werden. Weil vor diesem Hintergrund Ablauf- und Ablageorte irrelevant werden, spricht man von Cloud Computing. Was dem Benutzer bleibt, ist das sogenannte User-Frontend, die als grafische Benutzerschnittstelle im Web-Browser läuft.

Was bedeutet das konkret? Wir befinden uns in einem Paradigmenwechsel: Cloud Computing und SOA passen hervorragend zusammen- ist doch die zentrale Idee von SOA das feingranulare Aufdröseln großer Applikationen in kleinere Services, die dann auch durchaus auf verschiedenen Servern laufen können. Der Vorteil: Durch eine genaue Orchestrierung (= bedarfsgerechte Zusammenstellung der Services) lassen sich Anwenderbedürfnisse einerseits mit geringerem Aufwand realisieren und andererseits auch noch leichter skalieren und migrieren – nämlich in der Cloud, genau dann, wenn durch einen erhöhten Bedarf auch eine höhere Leistung von dem betroffenen Service notwendig ist! Die Migration in der Cloud muss dabei nicht zwischen physischen Servern passieren, typischerweise werden es unterschiedlich ausgestattete virtuelle Server sein. So treffen sich heute drei Trends: die Hardware-Virtualisierung, das Cloud Computing und SOA, was zusammen genommen einen vierten Trend begründet, nämlich SAAS-Software wird zunehmend nicht mehr als Installationspaket verkauft (oder lizenziert), sondern als Service bedarfsgerecht gemietet; bezahlt wird jeweils nur das was „verbraucht" wird. Wir beziehen IT-Dienstleistungen aus der Steckdose.

Diesem Paradigma folgen auch die Hersteller von Kollaborationslösungen. Wir geben hier einen kurzen Einblick in die Ansätze von Google, IBM und Microsoft.

4.5.9.1 Google Apps

Google sinniert: „Die Zusammenarbeit und gemeinsame Nutzung von Informationen haben sich in den letzten Jahren immens geändert. Allerdings sind die Unternehmensanwendungen die alten geblieben. Die Systeme, Anwendungen und Benutzeroberflächen wurden für eine von Papierdokumenten beherrschte Welt konzipiert - Mitarbeiter und Teams ohne Online-Kommunikation sind heute jedoch nicht mehr zeitgemäß. Der Umfang digitaler Informationen hat sich vervielfacht und Unternehmen werden nun von den Anforderungen der Online-Welt beeinflusst. Heute sieht unsere Arbeitswelt ganz anders aus. Teams von heute kooperieren mit ihren Kollegen an den verschiedensten Orten über eine Vielzahl von Geräten. Die meisten der elektronisch erzeugten Daten verlassen nie die digitale Welt. Nutzer sind fast immer mit dem Internet verbunden. Und mithilfe der verbesserten Suchalgorithmen finden Nutzer Informationen an allen möglichen

Orten. In der heutigen Welt wollen und müssen Menschen in Echtzeit zusammenarbeiten."[235]

Um dem Anspruch gerecht zu werden, bietet Google für Unternehmen die *Google Apps Professional Edition*. Für andere Benutzergruppen, wie Schulen, Behörden und Privatpersonen gibt es ein angepasstes Google-Apps-Funktionsangebot.

Als kollaborationsspezifische Tätigkeitsschwerpunkte sieht Google die Themen innovative Kommunikation, Zusammenarbeit und Veröffentlichung sowie Dienste verwalten.[236]

innovativ kommunizieren	Zusammenarbeit und Veröffentlichung	Dienste verwalten
Google Mail Greifen Sie von einem beliebigen Ort über einen Computer oder Handy mit Internetanbindung auf Ihre E-Mail-Konten mit 25 GB Speicher zu.	*Text und Tabellen* Nutzen Sie Dokumente gemeinsam und arbeiten Sie in Echtzeit mit Ihrem Team oder mit dem gesamten Unternehmen zusammen. Sie können fertige Dokumente auch für die ganze Welt veröffentlichen.	*Steuerungsfeld* Verwalten Sie Ihre Domain- und Nutzerkonten über die Online-Oberfläche.
Google Talk Nutzen Sie Instant Messaging direkt aus dem Browser mit Google Mail oder rufen Sie Ihre Kollegen und Kunden mit der Google Talk-Anwendung an.	*Startseite* Veröffentlichen Sie wichtige Unternehmensnachrichten und -informationen über eine personalisierbare Browser-Startseite.	*APIs* Integrieren Sie die Lösung in die vorhandene IT-Infrastruktur oder in Drittanbietersysteme.
Google Kalender Koordinieren Sie Besprechungen und andere Termine mit gemeinsam nutzbaren Kalendern.	*Page Creator* Erstellen und veröffentlichen Sie Webseiten schnell und einfach.	*Hilfe und Support* Online-Hilfe und telefonischer Support sind verfügbar (nur US-Englisch).

Abbildung 4-22:   **Google Apps Professional Edition**

Wie das Google-Angebot einzuordnen und zu bewerten ist, zeigt Abbildung 4-23. Mit Google Talk für das Instant-Messaging bietet Google eine vergleichsweise „schwache" Lösung im Vergleich zu IBM LotusLive an. Der Vorteil auf der anderen Seite ist die kostenfreie Nutzung für jedermann.

Google Startseite und Google Page Creator „berühren" das Leistungsangebot von Microsoft Sharepoint, ohne allerdings tatsächlich die Funktionsvielfalt zu erreichen.

---

235 http://www.google.com/a/help/intl/de/admins/premier.html, (zuletzt zugegriffen am 09.03.2013)

236 Ebenda

Google Mail und Google Kalender sind elementare Kommunikationsmittel, die aber dadurch an Wert gewinnen, dass Google die Archivierung übernimmt. Andererseits ist hier bekanntermaßen eine Menge Sprengstoff im Spiel: Google macht keine Aussage, wo die archivierenden Datacenter geografisch angesiedelt sind. Hier darf davon ausgegangen werden, dass die Datacenter in den USA stehen und damit faktisch – im Bedarfsfall – die US-Administration und –Gerichtsbarkeit Zugriff auf die Daten hat. Ein Szenario, das für europäische und speziell deutsche Firmen, unvorstellbar ist.

Insgesamt erscheint Google Apps für ad-hoc-Teams und Freelancer ein geeignetes Angebot zu sein, oder als Ergänzung zu anderen Kollaborationsinfrastrukturen, für welche die oben genannte Rechtsunsicherheit keine Rolle spielt.

In Abbildung 4-23 ist Google auf der Ebene Knowledge Management nicht nur wegen seiner leistungsfähigen Suchmaschine angesiedelt, sondern auch, weil es daneben noch andere Dienste für das Knowledge Management anbietet. Erwähnt sei hier vor allem die Google Buchsuche[237] und Google Knol.[238]

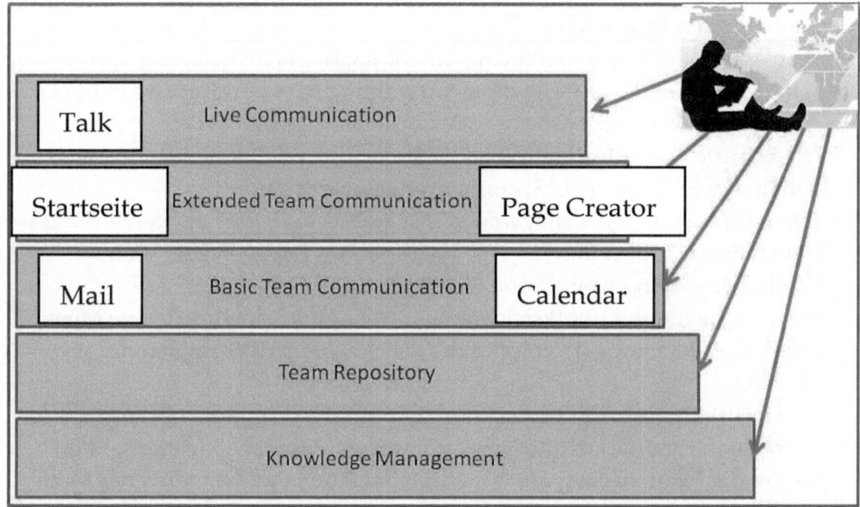

Abbildung 4-23: Google Apps im Schichtenmodell

Google scannt seit mehreren Jahre systematisch Bücher und Schriftstücke aller Art. In Google Buchsuche werden die Ergebnisse online öffentlich zugänglich gemacht. Autoren und Verleger haben in den USA eine Sammelklage eingereicht, worin Google beschuldigt wird, die Rechte von Autoren, Verlegern und anderen Urheberrechtsinhabern zu verletzen, indem die Inhalte ohne Genehmigung durch die Rechteinhaber veröffentlicht werden. Google bestreitet diese Anklagepunkte. Die Parteien haben sich Ende 2008 auf einen Vergleich geeinigt, der im Juni 2009 vom Gericht genehmigt oder verworfen werden sollte. Der Vergleich sieht vor, dass

---

237 http://books.google.de (zuletzt zugegriffen am 18.02.2013)
238 http://knol.google.com (zuletzt zugegriffen am 18.02.2013)

Google 63% der Einnahmen an die Rechteinhaber auszahlt, den anfänglichen Betrieb und die Bekanntmachung des sogenannten Buchrechteregisters vorfinanziert, die Gerichtskosten übernimmt und mindestens 45 Millionen Dollar für diejenigen Rechteinhaber bereitstellt, deren Werke eingescannt wurden, dem Vergleich aber widersprechen.[239]

4.5.9.2 IBM LotusLive

IBM startete Ende September 2008 das Angebot Bluehouse, in der Zwischenzeit umbenannt in LotusLive.[240] Dabei handelt es sich um das industrieweit erste Paket von Social Networking und Online Collaboration Tools für die sichere Zusammenarbeit in Unternehmen und über Firmengrenzen hinweg.

Die Suite gehosteter Online-Technologien ermöglicht den Austausch von Dokumenten und Kontakten, gemeinsame Projektarbeit, Online-Meetings sowie den Aufbau von Communities über einen Web Browser mittels Cloud Computing.

Tabelle 4-4:   LotusLive Funktionalität

Service	Kollaborationsfunktion
LotusLive Engage	Web-Meeting/Web-Conferencing mit Filesharing, Archivierung und Instant Messaging/Chat; Teilnehmerverwaltung (Networking Capabilities), Application Sharing. Die Begriffe Web-Meeting, Web-Conferencing und Online Meeting werden in diesem Beitrag als Synonyme angesehen.
LotusLive Connections	Filesharing, Activity Management, Instant Messaging/Chat, Networking Capabilities (Connections ist ein "abgespecktes Engage: ohne Web-Meeting und ohne Application Sharing).
LotusLive Meetings	Firmiert auch unter der Bezeichnung „IBM Lotus Sametime Unyte Meeting". Web-Meeting mit Voice und Video für bis zu 999 Teilnehmer pro Meeting.
LotusLive Events	Firmiert auch unter der Bezeichnung „IBM Lotus Sametime Events". Dient der Organisation und Verwaltung von LotusLive Meetings: übernimmt die Registrierung der Meetingteilnehmer, das Promoten des Meetings und die Nachbehandlung des Meetings.
LotusLive Notes	Firmiert auch unter der Bezeichnung „IBM Lotus Notes Hosted Messaging". Hier handelt es sich um das bekannte Lotus Notes – jedoch als Service (SAAS-Lösung) von der IBM gehostet.
LotusLive iNotes	Browserbasierte Lösung für Messaging Service, E-Mail, File-Transfer.

LotusLive kann von jedem genutzt werden, der mit externen Gruppen wie Geschäftspartnern, Agenturen, Zulieferern oder Kunden so einfach und sicher wie mit den Inhouse-Kollegen zusammenarbeiten möchte – ein Vorteil, den alle Cloud Computing-Anbieter hervorheben. IBM richtet sich mit diesem Angebot vor allem

---

239 Siehe Süddeutsche Zeitung vom Samstag/Sonntag 7./8. Februar 2009; Nr. 31, Seite 11
240 http://www-01.ibm.com/software/de/lotus/saas/ (zuletzt zugegriffen am 18.02.2013)

an kleine und mittelständische Unternehmen sowie Abteilungen in größeren Unternehmen.

In unserem Schichtenmodell ist LotusLive (wie Skype) im Wesentlichen auf der obersten Ebene „Live-Kommunikation" anzusiedeln; Notes und iNotes reichen mit ihrer Funktionalität auch in die tieferen Schichten. Prinzipiell gibt es Ähnlichkeiten im Leistungsangebot. Außer Zweifel ist die LotusLive-Funktionalität jedoch erheblich vielfältiger und sehr viel höher skalierbar. Während das Skype-Angebot Freelancer kleinere und mittlere Betriebe anspricht, ist LotusLive für Großunternehmen prädestiniert.

4.5.9.3 Microsoft Live Mesh und Groove

Seit November 2008 ist Microsoft mit Live Mesh (in einer Beta-Version) auf dem Markt. Für die Kollaboration ist Live Mesh als Team-Repository bedeutsam. Auf den ersten Blick sieht Live Mesh wie ein Web-Laufwerk aus.

Die Vorteile eines Web-Laufwerkes (Online Storage) liegen auf der Hand. Unabhängig vom eigenen Desktop oder Laptop befindet sich im Web ein Datenspeicher, der dem Teamworker den Zugriff auf seine Daten, z.B. auch von unterwegs aus, ermöglicht, wenn er den Laptop nicht dabei hat. Notwendig ist ein beliebiger Internetrechner mit Browser, zum Beispiel in einem Internet-Café.

Damit hat man seine Daten überall parat, die Daten werden vom Dienstprovider professionell gesichert und sie lassen sich mit Teammitgliedern teilen bzw. gemeinsam nutzen.

Das hört sich zunächst einmal gut an. Der Schwachpunkt: Für den Abgleich der Daten auf dem Web-Laufwerk und den Daten auf dem Laptop muss der Benutzer selbst sorgen, wenn er Wert darauf legt, dass die beiden Versionen synchronisiert werden sollen. Oder die Daten liegen eben ausschließlich im Netz. Was aus mehreren Gründen nicht optimal ist. Denn man kann die Daten nur bearbeiten, wenn man eine Verbindung zum Netz hat.

Ideal ist der Ansatz, die gewünschten Daten repliziert im Netz („in der Cloud", weil der definitive Ablageort sehr wahrscheinlich unbekannt ist) und parallel dazu die Daten in identischer Form auch lokal auf dem Desktop und dem Laptop zu halten. Wenn jetzt noch die Daten auf dem Web-Laufwerk, auf dem Laptop und auf dem Desktop im Büro automatisch synchronisiert werden, dann hätten wir eine Komfortstufe, die ganz passabel wäre. Noch dazu, wenn die Bedieneroberfläche in den vertrauten Filesystem-Browser integriert wäre. Genau hier setzt Microsoft Live Mesh an.

Microsoft hat mit dem Beta von Live Mesh im November 2008 diesen Service freigegeben. Fünf Gigabyte stehen dem Anwender zur Nutzung. Jetzt kann man es sich nicht nur so einrichten, dass sich bestimmte Verzeichnisse des Bürorechners mit dem Live Mesh-Verzeichnis automatisch synchronisieren, wenn eine betroffene Datei geändert wird. Mehr noch: Die Synchronisation lässt sich bei Bedarf auf weitere Rechner ausdehnen, zum Beispiel auf die Laptops aller Teammitglieder. Dazu muss der User nur das Gerät (Laptop, Desktop oder Mobile), das in die Synchronisation mit einbezogen werden soll, dem Mesh hinzufügen. Als Mesh wird die Gesamtheit der Geräte bezeichnet, die in die Synchronisation mit einbezogen werden.

Live Mesh integriert sich in die Microsoft Betriebssysteme XP und Vista oder Apple Mac OS X Version 10.5 (Leopard) oder deren Nachfolger. Nach den ersten praktischen Erfahrungen hat der Service das Potenzial zu einem wertvollen Kollaborationswerkzeug. Microsoft selbst wirbt mit dem Slogan "Sync Share Access" und zielt darauf ab, dass sich das Team einen eigenen Mesh präpariert und über den Live Desktop so eine gemeinsame, ortsunabhängige Sicht auf die Projekt-Datenbasis hat. Über „Member"-Funktionen (*invite* und *manage*) können die Zugriffsrechte („owner", „contributor", „reader") geregelt werden. Die Synchronisation der ausgewählten Dateien über alle dem Mesh hinzugefügten Geräte übernimmt das System automatisch.

Verwandt mit Microsoft Live Mesh ist Microsoft Office Groove. Mit einer der entscheidenden Unterschiede zu Live Mesh ist die tiefere Integration von Groove in Microsoft Office.

Groove nutzt für die Synchronisation von Inhalten eine Peer-to-Peer-Technologie, d.h. es ist kein gemeinsamer, von allen Teammitgliedern zu nutzender Server notwendig. Die Groove-Clients kommunizieren über das Internet direkt (peer-to-peer) miteinander.

Mit Hilfe von Groove werden Arbeitsbereiche und Kontakte verwaltet und gepflegt. So gesehen ist Groove eine Mischung aus Outlook und SharePoint. Die Kontakte können untereinander Instant Messaging betreiben und – je nach Einstellung - Arbeitsbereiche und ihre Inhalte (Dateien), gemeinsam nutzen. Des Weiteren können gemeinsame Kalender eingerichtet werden und weitere Tools zum Einsatz kommen, wie z.B. für Diskussionen, Notizen, Skizzen oder Formulare.

In den (projektspezifischen) Arbeitsbereichen kann der Groove-Nutzer die einzelnen, gemeinsam zu nutzenden Dateien einbringen. Andere Groove-Nutzer, die diese Dateien nutzen sollen, müssen in die Kontakte eingetragen sein und für die gemeinsame Nutzung vom Eigentümer des Arbeitsbereichs eingeladen werden. Bei der Einladung wird auch der Status des betreffenden Teammitglieds festgelegt. Vorgesehene Rollen sind „Teilnehmer", „Manager" oder „Gast". In Abhängigkeit davon gestalten sich die Zugriffsrechte unterschiedlich.

Nachdem die Einladung vom Empfänger angenommen wurde, werden die Daten auf seinen Rechner synchronisiert. Außerdem kann das neue Teammitglied jetzt auch Dateien in den Arbeitsbereich einstellen. Über die Vorgänge im Arbeitsbereich werden die Teammitglieder jeweils in einem Statusfenster informiert. Die zeitgleich in einem Arbeitsbereich aktiven Mitglieder werden ebenfalls angezeigt.

4.5.10   Zusammenfassung und Ausblick

Fassen wir zusammen: Die Werkzeugunterstützung für eine effiziente und effektive Team-Kollaboration hat einen hohen Detaillierungs- und Wirkungsgrad erreicht. Der hohe Detaillierungsgrad ergibt sich aus der Vielzahl von Werkzeugen, die über die fünf Ebenen der Team-Kollaboration verteilt sind. Der hohe Wirkungsgrad ergibt sich dadurch, dass im Vergleich zur erzielten Wirkung der Kollaborationswerkzeuge nur ein verhältnismäßig geringer Aufwand notwendig ist. Dies gilt sowohl in Hinsicht auf den finanziellen Einsatz wie auch auf den Lernaufwand.

Durch die in das Web verlegten Workflows, gerade durch die im Beitrag behandelten Tools, sind so dramatische Vorteile bei der globalen Kooperation erzielt worden, dass man davon ausgehen muss, dass diese Benefits nicht mehr aufgegeben werden. So wie sich die Weltwirtschaft in den letzten Jahren konfiguriert hat, muss auch von einer weiteren Globalisierung der Ökonomie, der Technik, der Wissenschaft und auch der persönlichen sozialen Beziehungen ausgegangen werden. Vor diesem Hintergrund werden Teams zunehmend verteilt und lose gekoppelt zusammenarbeiten. Konkret bedeutet das, dass Wirtschaftsnetze auf allen Ebenen – lokal, regional, national und kontinental - kommunikativ noch intensiver zu verbinden sind. Auch hierfür bedarf es dieser Werkzeuge.

Salesforce.com, IBM LotusLive und Microsoft Live Mesh, Google Apps und Amazon S3 geben die Richtung „SOA in der Cloud" vor. Andere Firmen sind schon nachgezogen[241], zum Beispiel: AT&T, Adobe, Oracle, Sun. Auch Kollaborationswerkzeuge für den Teamworker werden zunehmend SOA-orientiert als SAAS-Lösung in der Cloud angeboten, der Beitrag sollte dies verdeutlicht haben. Der webbasierte Ansatz ist technisch und vor allem auch betriebswirtschaftlich interessant. Salesforce hat als erste Firma (seit etwa 2005) ein ERP-System als webbasierte Lösung erfolgreich angeboten und ist heute Vorbild für die Großen im IT-Markt. Amazon bietet seine enorme IT-Infrastruktur dem Markt als „Daten-Lagerhaus" an und bietet in diesem Zusammenhang professionelle Service-Level-Agreements.[242]

Technisch ist dies möglich, weil die Netzwerkinfrastruktur (Lichtwellenleiter, schnelle Netzkoppelglieder) immer leistungsfähiger werden. Das Heinrich-Hertz-Institut in Berlin meldet: „In der Forschung wird die [...] folgende Generation mit 160 Gbit/s vorbereitet. Ein 160 Gbit/s-System ermöglicht die gleichzeitige Übertragung von ca. 2,5 Millionen Telefongesprächen in ISDN-Qualität."[243] Und: „Halbleitertechnik ist teuer. Neue optische Mikrochips aus Kunststoff sollen die Glasfaser-

---

241 Vgl.   http://www.heise.de/newsticker/Microsoft-investiert-massiv-in-Rechenzentren-fuers-Cloud-Computing--/meldung/119443, (zuletzt zugegriffen am 09.03.2013)

242 Vgl. http://www.amazon.de/gp/press/pr/20071106, (zuletzt zugegriffen am 09.03.2013)

243 http://www.berlinews.de/archiv/1377.shtml, (zuletzt zugegriffen am 03.02.2009)

technik künftig günstiger machen. Damit rückt der persönliche Glasfaseranschluss für Privatleute und Industrieunternehmen in greifbare Nähe."[244]

Die betriebswirtschaftlichen Vorteile der webbasierten Kommunikationslösungen ergeben sich aus den geringeren Wartungskosten, den erheblich niedrigeren Infrastrukturkosten, der besseren Skalierbarkeit zu geringerem Preis, der höheren Flexibilität und der per se gegebenen Mobilität.

Mit der zunehmenden Vernetzung und der praktisch permanenten Onlineverbundenheit beginnt die eingangs aufgemachte Rechnung für das Team-Kommunikations-Modell „jeder kommuniziert mit jedem" offensichtlich doch aufzugehen: Statt die Kommunikation „en bloc" , in Mammutsitzungen oder während langwieriger Reisen abzuwickeln, gewissermaßen im „Batch-Verfahren", das ein lineares Abarbeiten von Aufgaben zu einem fest definierten Zeitpunkt vorsieht, lässt sich heute die Projektkommunikation ein Stück weit im „real time"-Verfahren, eben Live, betreiben. Voraussetzung ist ein sauberes Knowledge Management, eine systematische Dokumentenablage im Team-Repository, die disziplinierte Nutzung der Basic und Extended Team Communication Tools und der gekonnte Einsatz der Mittel aus der Ebene Live Communication. Dann hält sich auch die E-Mail-Flut in Grenzen und es bleibt Zeit für das persönliche Gespräch.

4.6 E-Learning und Blended Learning (Prof. Dr. U. Dittler)

4.6.1 Einführung

Auf die große Bedeutung von Wissensmanagement für die Entwicklung und Wettbewerbsfähigkeit von Unternehmen wurde in den vergangenen Kapiteln schon hingewiesen. In diesem Zusammenhang kommt der – meist durch die Personalabteilungen – unternehmensweit zentral gesteuerten Unterstützung des Kompetenzerwerbs der Mitarbeiter eine zentrale Rolle zu. Seit den 80er und 90er Jahren hat in diesem Zusammenhang die elektronische Unterstützung von Lehr- und Lernprozessen in den Unternehmen der Industriestaaten massiv Einzug gehalten. Die zunächst für die Einführung von E-Learning und Blended Learning ausschlaggebenden wirtschaftlichen Überlegungen (Einsparungen von Trainern, Einsparung von Reise- und Hotelkosten gegenüber Präsenzworkshops etc.) sind zwischenzeitlich zu Gunsten qualitativer Überlegungen und zu Gunsten des Wunsches, Lern- und Arbeitsprozesse stärker zu verzahnen, in den Hintergrund getreten. Mit Blick auf das aktuelle Angebot an elektronischen Lehr- und Lernmedien stellen sich zahlreiche Fragen: Welche Formen elektronischer Lehr- und Lernunterstützung gibt es und was zeichnet diese Formen aus? Welche Einsatzszenarien bieten sich für Unternehmen an? Welche didaktischen Potentiale stecken im E-

---

244 http://www.innovationsreport.de/html/berichte/informationstechnologie/bericht-
      67702.html, (zuletzt zugegriffen am 09.03.2013)

Learning? Bei welchen Inhalten stößt die elektronische Lehr- und Lernunterstützung an ihre Grenzen?

Lernziele für dieses Kapitel sind daher:

- Einsatzgebiete und mögliche Inhalte elektronischer Lehr-/Lernunterstützung kennen und beurteilen können
- Die historische Entwicklung des E-Learnings/E-Teachings kennen und vor diesem Hintergrund die aktuelle Bedeutung reflektieren können
- Die Grenzen von E-Learning und Blended Learning einschätzen können

Die in der Kapitelüberschrift genannten Begriffe des E-Learnings und Blended Learnings sollen im Folgenden zunächst kurz vorgestellt und gegeneinander abgegrenzt werden:

Der in den 80er Jahren geprägte Begriff des computerunterstützten Unterrichts (CUU)[245] wurde in den 90er Jahren durch den (Mode-)Begriff „E-Learning" verdrängt.

> E-Learning bezeichnet das elektronisch unterstützte Lernen.

Diese offene Definition betont vor allem den Technikeinsatz (PC, CD-ROM, DVD, Internet etc.) zur Präsentation, Distribution und Kommunikation und lässt die Lerninhalte (Hard Skills, Soft Skills etc.) ebenso wie die Einsatzszenarien (Lernen zu Hause, Lernen am Arbeitsplatz, Lernen in Klassenverbund etc.) offen und unberücksichtigt. Entscheidend für E-Learning im Sinne dieser offenen Definition sind der Einsatz digitaler Medien und multimedialer Darstellungsformen (Sprache, Text, Bild, Audio, Video etc.) und die Möglichkeit zur interaktiven Auseinandersetzung mit dem Lernmedium und dem behandelten Inhalt.

Ausgehend von der Erkenntnis, dass weniger die *Lern*prozesse, als vielmehr die *Lehr*prozesse elektronisch unterstützt werden, etablierte sich Ende der 90er Jahre parallel auch der Begriff des E-Teaching, der ebenfalls die starke Fokussierung auf die technischen/technologischen Aspekte der elektronischen Lehr- und Lernunterstützung aufgreift.

Seit dem Jahrtausendwechsel und ausgehend von der Erkenntnis, dass elektronische Lehr- und Lernunterstützung i.d.R. stark und eng verzahnt ist mit Präsenzveranstaltungen, etablierte sich das Modell und der Terminus des „Blended Learnings"[246], der den von Kerres und Jechle geprägten Begriff des *hybriden Lernens* ablöste.[247]

> Blended Learning bezeichnet Lehr- und Lernszenarien, die durch eine didaktisch sinnvolle Verknüpfung von Phasen des Präsenzlernens (Vorlesungen,

---

245 Vgl. Seidel et al. 1989
246 Vgl. Sauter et-al. 2002
247 Siehe hierzu Kerres, Jechle 1999

Seminare, Workshops etc.) mit Phasen des elektronisch unterstützen Lernens (Lernen mit CBT/WBT, Online-Kursen, EduCasting, Game-Based-Learning, mLearning etc.) gekennzeichnet sind.

4.6.2   Ein kurzer geschichtlicher Rückblick

Die Notwendigkeit einer fortlaufenden Aus- und Weiterbildung – gerade im betrieblichen Umfeld – ist unbestritten. Die vielerorts diskutierten Schlagworte des „lebenslangen bzw. lebensbegleitenden Lernens" und des „selbstgesteuerten Lernens" als Teil einer Wissens- und Informationsgesellschaft umschreiben eine Position zur Aus- und Weiterbildung, die aktuell eine breite gesellschaftliche Akzeptanz findet. Diese Position zur Bedeutung des Lernens ist historisch gesehen relativ neu; sie basiert auf folgenden Entwicklungen und Erkenntnissen:

- Die Erfahrung, dass das während der Ausbildung erworbene Wissen in immer kürzeren Abständen aktualisiert und ergänzt werden muss (Halbwertzeit des Wissens), führte zur Einsicht in die Notwendigkeit des lebenslangen Lernens.
- Die Einschätzung, dass ein hoher Qualifizierungsgrad der Mitarbeiter eines Unternehmens eine wichtige Ressource und häufig ein entscheidender Wettbewerbsvorteil für Unternehmen darstellt, führte zu verstärkten Bemühungen, diese Ressource systematisch durch Aus- und Weiterbildung zu entwickeln (Personalentwicklung) und zu verwalten (Wissensmanagement).
- Die wirtschaftliche Notwendigkeit für viele Unternehmen über nationale Grenzen hinaus zu expandieren, um in einem zunehmend globaler werdenden Wettbewerb bestehen zu können, brachte die Herausforderung mit sich, Wissen und Fähigkeiten räumlich und zeitlich unabhängig zu vermitteln (z.B. mit Hilfe von Business-TV, Bildplatten, CD-ROM etc.).

Die betriebliche Aus- und Weiterbildung ist vor diesem Hintergrund eine der Kernaufgaben der Personalentwicklung und damit eine der zentralen Aufgaben in Unternehmen. Trotz der Bedeutung dieser Aufgabe für ein Unternehmen lassen sich verschiedene Phasen und Entwicklungsstufen der betrieblichen Weiterbildung feststellen, die auch ein jeweils spezifisches Mitarbeiterverständnis beinhalten[248]:

- In der ersten Phase, der Institutionalisierungsphase, haben Unternehmen i.d.R. noch keine expliziten Strategien für die Weiterbildung und Kompetenzentwicklung ihrer Mitarbeiter formuliert. Mitarbeiter werden in dieser Phase als Produktionsfaktor gesehen, eine Weiterbildung findet nur reaktiv statt, d.h. wenn sich die betrieblichen Gegebenheiten soweit geändert haben (z.B. durch die Anschaffung neuer Produktionsmaschinen), dass Mitarbeiter nicht mehr ausreichend arbeitsfähig sind. Aus- und Weiterbildung hat in dieser Phase das Ziel, die Arbeitsfähigkeit der als Produktionsmittel angesehenen Mitarbeiter sicherzustellen.

---

248 Vgl. Becker 1999

- In der Differenzierungsphase basieren die einzelnen Maßnahmen der Aus- und Weiterbildung bereits auf einer strategischen Planung. Diese Planung ist geleitet von dem Bild des Mitarbeiters als Kostenfaktor, dessen Arbeitseffektivität durch die Vermittlung von Handlungskompetenz in Aus- und Weiterbildungsmaßnahmen gesteigert werden soll.

- Eine andere Zielsetzung haben Maßnahmen zur Kompetenzentwicklung in der Integrationsphase. Aus- und Weiterbildung verfolgt hier das Ziel, Potentiale der Mitarbeiter zu entfalten und auszuschöpfen; die Steigerung der Problemlösefähigkeit ist beispielsweise ein solches Ziel. Wenn Mitarbeiter als Erfolgsfaktoren und Potentialträger (und nicht mehr als Produktionsmittel oder Kostenfaktor) gesehen werden, erfolgen Bildungsmaßnahmen strategisch und proaktiv.

Die zur Entwicklung der Mitarbeiter in der Integrationsphase erforderlichen Aus- und Weiterbildungsmaßnahmen orientieren sich sehr stark an den individuellen Kompetenzen, Voraussetzungen und Zielen der einzelnen Mitarbeiter. Derartige Maßnahmen müssen daher anders gestaltet sein (learning-on-the-job, learning-near-the-job usw.) als die meist als learning-off-the-job gestalteten Angebote der Institutionalisierungsphase.[249] Gleichzeitig kann bei derartigen Angeboten der Integrationsphase auch mit einer starken Motivation zum selbstständigen und selbst organisierten Lernen auf Seiten des Lernenden gerechnet werden.

Vor dem Hintergrund der skizzierten Entwicklungsphasen der betrieblichen Kompetenzentwicklung und der sich daraus ergebenden veränderten Zielsetzungen und Forderungen an Bildungsmaßnahmen wurden die zunehmend an Bedeutung gewinnenden computerbasierten und -unterstützten Formen der Aus- und Weiterbildung entwickelt.

Parallel zu diesen Entwicklungen, die neue Möglichkeiten für die betriebliche Aus- und Weiterbildung öffneten und einen rasanten Zuwachs an Weiterbildungsbedarf zur Folge hatten, vollzog sich auch im Bereich der Informationstechnologie ein dramatischer Wandel: Die Entwicklung immer leistungsfähigerer PCs, Notebooks und SmartDevices bei gleichzeitig sinkenden Kosten, die rasante Verbreitung des Internets und breitbandiger Zugänge, führten zu einer raschen Verbreitung von leistungsfähigen Online-Zugängen in Unternehmen und privaten Haushalten.

Wie in Abbildung 4-24 verdeutlicht, sind beim Einsatz elektronischer Lehr- und Lernmedien zur Aus- und Weiterbildung deutliche Unterschiede zwischen einzelnen Branchen zu erkennen.

Für Finanzdienstleistungsunternehmen (Versicherungen, Banken etc.) war es seit den 90er Jahren, bedingt durch die ausgeprägte dezentrale Filialstruktur und die hohe Durchdringung der Arbeitsplätze mit PCs, naheliegend, Seminar- und Reisekosten ebenso wie Kosten, die durch die Abwesenheit vom Arbeitsplatz entstehen,

---

249 Vgl. Ballin et al. 1996

einzusparen und den Mitarbeitern Produktinformationen und Schulungen zu neu-
en Produkten bis etwa zum Jahrtausendwechsel als CD-basierte Computer-Based-
Training (CBT) und seither als Online-Module oder -Kurse (Web-Based-Training),
zukommen zu lassen.[250]

Abbildung 4-24:   **E-Learning-Anwender nach Branchen (Quelle: iBusiness)**

Auch für Unternehmen der EDV-, Kommunikations- und Medien-Branche war es,
natürlich bedingt durch die Medien- und IT-Kompetenz der Mitarbeiter, schon
früh auf elektronische Lehr- und Lernformen zu setzen.[251]

Ganz anders stellt(e) sich die Situation für die Bereiche Ernährung und Einzelhan-
del dar: Obwohl die stark dezentrale Filialstruktur den Einsatz von elektronischen
Lehr- und Lernformen auch in Supermarktketten nahezulegen scheint, ist die
Ausstattung mit PCs i.d.R. so gering, dass es den Mitarbeitern schlicht an der Möglichkeit fehlt, die Lernmaßnahmen zu bearbeiten (und eine Aufstellung eines zusätzlichen PCs im Sozialraum oder im Marktleiterbüro verbietet sich aus unterschiedlichen Gründen).

Auch die inhaltlichen Grenzen elektronischer Lehr- und Lernformen wurden in
den vergangenen Jahren ausgelotet: Während die Vermittlung von Hardskills sich
als weitgehend problemlos erwies, gestaltete sich die Vermittlung von Soft Skills
alleine durch CBTs und WBTs deutlich schwieriger.[252]

Mit dem Platzen der dot.com-Blase geriet um den Jahrtausendwechsel auch E-
Learning in der Aus- und Weiterbildung in die Krise: Es wurde deutlich, dass die

---

250 einige solche Projekte sind beispielhaft beschrieben in Dittler 2011
251 siehe hierzu auch Klimsa, Issing 2011, S. 357 ff.
252 einige interessante Beispiele hierzu sind in Dittler 2011 zu finden; spannende Ansätze
     finden sich auch in Bosch 2006

hohen Erwartungen an das finanzielle Einsparpotential in vielen Fällen nicht realisiert werden konnten. Darüber hinaus gab es teilweise erhebliche Akzeptanzprobleme und auch der zeitliche Vorlauf einer Produktion von multimedialen Lehr- und Lernmedien ist erheblich länger als der Vorbereitungsaufwand eines Workshops oder Seminars. Das „kommerziell-industrielle content-fokussierte E-Learning steckt", wie es Beat Döbeli Honegger, Anja Ebersbach, Marco Kalz, Helmut Leitner für den Jahrtausendwechsel formulieren, „in der Krise".[253] Einerseits ist es kostspielig, professionelle Lerninhalte zu erstellen und zu warten. Andererseits bietet die Interaktion eines Lernenden mit einem technischen System nicht denselben Anreiz wie das Lernen in einer sozialen Umgebung und als Teil einer sozialen Gruppe."

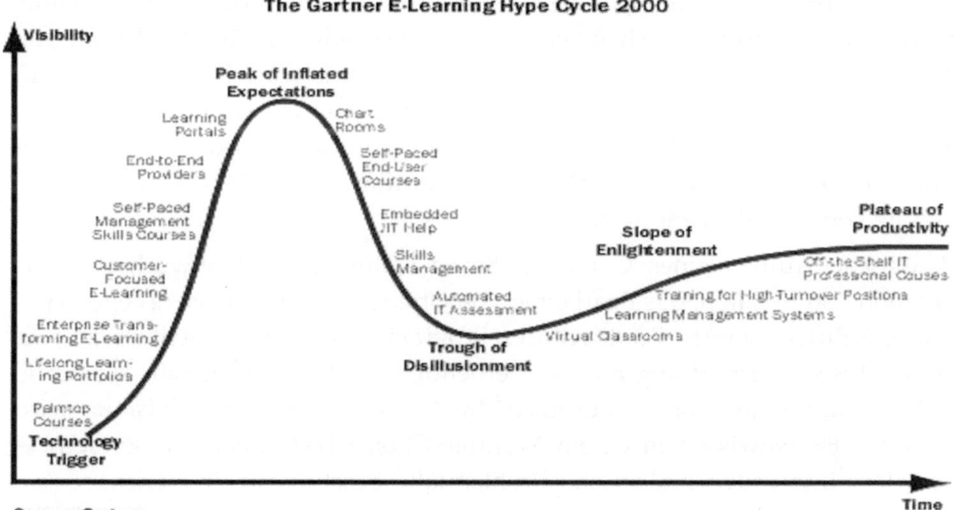

Abbildung 4-25:   E-Learning-HypeCycle nach Gartner[254]

Mit Blick auf den von Gartner veröffentlichen E-LearningHypeCycle (Abbildung 4-25) wird deutlich, dass nach dem Gipfel der überzogenen Erwartungen etwa ab dem Jahrtausendwechsel der Weg in das Tal der Enttäuschungen folgen musste. Die bis dahin in einigen Unternehmen diskutierte komplette Einstellung aller Präsenztrainings zugunsten vermeintlich preiswerterer und ebenso effektiver E-Learning-Maßnahmen war spätestens zu diesem Zeitpunkt als Illusion entlarvt.

Mit dem Pfad der Erleuchtung und dem Weg zum Plateau der Produktivität änderte sich die Zielsetzung des E-Learning-Einsatzes zur Kompetenzentwicklung: Der bis dahin dominierende Kostenaspekt wird seither verdrängt durch den An-

---

253 Nach Döbeli- Honegger et al. 2006, S. 357
254 Aus http://www.gartner.com/technology/research/methodologies/hype-cycle.jsp (zuletzt zugegriffen am 18.02.2013)

spruch mit dem Einsatz von E-Learning die Qualität eines Lehr- und Lernprozesses zu verbessern.[255]

Dieser Qualitätsaspekt, der bislang schon für den E-Learning-Einsatz in Hochschulen ausschlaggebend war, wird damit zunehmend auch für die berufliche Aus- und Weiterbildung relevanter. Da E-Learning-Angebote sehr unterschiedlich umgesetzt sein können, sollen die verschiedenen technischen Formen des E-Learnings im Folgenden differenziert betrachtet werden.

4.6.3 Formen des E-Learnings

4.6.3.1 Computer-Based-Training (CBT) und Web-Based-Training (WBT)

Unter Computer-Based-Training (CBT) werden computerbasierte Lernprogramme verstanden, die auf physikalischen Datenträgern (Diskette, CD-ROM, DVD etc.) an den Lernenden ausgeliefert werden. Die im Folgenden beschriebenen Eigenschaften sind seit der Entwicklung der ersten disketten-basierten CBTs grundsätzlich gleich geblieben, geändert haben sich die Ausprägungsformen der einzelnen Eigenschaften wie die Einsatzmöglichkeiten von multimedialen Darstellungsformen, der Einsatz von Interaktivität usw.

Der klassische Aufbau eines Computer-Based-Trainings sieht abwechselnd die Präsentation von Inhalten, das Bearbeiten von Übungen zum neu erworbenen Wissen und ein differenziertes Feedback des Programms vor. Im Anschluss an eine Phase der Wissensvermittlung hat der Lernende die Möglichkeit, sein Wissen in einer Anwendungssituation einzusetzen. Im Sinne des Konstruktivismus wird hierbei nicht Faktenwissen in einem Multiple-Choice-Test abgefragt, sondern es werden dem Lernenden realistische Problemfälle beschrieben, in denen er sein Wissen anwenden soll. Anschließend gibt das Programm dem Lernenden ein detailliertes Feedback darüber, wo er ggf. noch inhaltliche Lücken hat und verweist den Lernenden direkt auf die entsprechenden Abschnitte des CBT.

In Abgrenzung zu der hier vorgestellten Definition von Computer-Based-Training zeichnen sich Web-Based-Trainings (WBT) dadurch aus, dass sie den Zugriff auf im Internet oder Intranet abgelegte Lernanwendungen ermöglichen. Dieser technische Unterschied der Distribution der Informationen und Lerninhalte ist für die Kompetenzentwicklung jedoch weniger wichtig, als die sich aus der Distribution über ein Netzwerk ergebenden didaktischen Möglichkeiten: Im Gegensatz zu CBTs ermöglichen WBTs kooperatives und kollaboratives Lernen von mehreren Lernpartnern. Mehrere Mitarbeiter eines Unternehmens können so beispielsweise gemeinsam an einem problembasierten Lernfall arbeiten oder gemeinsam eine Aufgabe in einer explorativen Lernwelt lösen. Die Mitarbeiter können so auch voneinander lernen und zudem ihre soziale Kompetenz ausbauen.[256]

---

255 Vgl. Dittler, Jechle 2009
256 Siehe hierzu auch Haake et al. 2012

Tabelle 4-5:   **Matrixdarstellung der einzelnen E-Learning-Medien**

	Präsenztraining/Workshop	Computer-Based-Training (CBT)	Web-Based-Training (WBT)	Virtuelles Seminar	Business-TV	Lernplattform/LMS
Zentralistisches Lernen	*					
Verteiltes Lernen		*	*	*	*	*
Personenzentriertes Lernen	*		~	*	*	(*)
Medienzentriertes Lernen		*	*			*
Synchrones Lernen	*		(*)	*	*	(*)
Kooperatives Lernen	*		*			(*)
Asynchrones Lernen		*	*			*
Rezeptives Lernen					*	
Interaktives Lernen	*	*	*	*		*

In Tabelle 4-5 werden Eigenschaften des Lernens mittels Computer-Based-Training und Web-Based-Training dem Lernen mit anderen Medien gegenübergestellt:

- Lernen mit CBT ermöglicht ein *verteiltes Lernen*, d.h. der Lernende kann selbst entscheiden, wo er lernen möchte; er ist nicht auf seine Anwesenheit an einem bestimmten Veranstaltungsort angewiesen (wie dies bei zentralistischen Lernformen in Form von Präsenztrainings und Workshops der Fall ist). Das Lernen mit CBT ähnelt in diesem Punkt stark dem Arbeiten mit einem Lehrbuch oder Studienbrief.

- Beim Lernen mit einem CBT kommt einem Dozenten eine nicht so große Bedeutung zu, wie dies bei personenzentrierten Lernformen (z.B. Präsenztrainings und Workshops) der Fall ist. Wichtiger für den Lernerfolg ist das den Lerninhalt vermittelnde Medium des CBT (*medienbasiertes Lernen*).

- Das Lernen mit CBT ist nicht nur weitgehend ortsunabhängig, sondern auch zeitlich nicht gebunden, so dass ein *asynchrones Lernen* möglich wird: Während in einem Präsenzseminar oder bei einem Workshop die Teilnehmer zeitgleich (während der Dozent die Lerninhalte präsentiert) lernen, ermöglicht CBT das Lernen zu einem beliebigen Zeitpunkt nach der Produktion des CBT-Distributionsmediums.

- Lernen mit CBT ist *interaktives Lernen*. Das Programm ermöglicht es dem Lernenden, Eingaben zu machen, eine Auswahl zu treffen und so den Verlauf der Darbietung der Lerninhalte individuell zu beeinflussen. Hierin unterscheidet sich das Lernen mit CBT beispielsweise von Schulungs- und Business-TV, zwei nicht interaktiven Medien (in der Tabelle zur Abgrenzung „rezeptiven Lernen" genannt).

Während Computer- und Web-Based-Training schon sehr früh zur Vermittlung von Faktenwissen eingesetzt wurden, war es – wie oben bereits angesprochen – lange Zeit umstritten, ob CBT auch zur Vermittlung von Soft Skills sinnvoll eingesetzt werden kann. Die berechtigte Kritik bestand hauptsächlich in der Feststellung, dass der klassische CBT-Aufbau, wie er erfolgreich bei Computer-Based-Trainings zur Vermittlung von Faktenwissen eingesetzt wird (Wissensvermittlung, Anbieten von Übungssituationen und Feedback zur Übung), zur Vermittlung von Soft Skills nicht effektiv eingesetzt werden kann.

Bei Hard Skill-CBT geht seit Ende der 90er Jahre die Tendenz zu einem stark modularisierten Aufbau (ein CBT setzt sich dann aus mehreren *knowledge nuggets* zusammen, die ggf. individuell für den Lernenden zusammengesetzt werden). Dieser modularisierte Aufbau soll es dem Lernenden auch ermöglichen, *just-in-time* zu lernen (bei EDV-Anwendungen z.B. im Sinne einer didaktisch erweiterten Bedienungshilfe). Ein solcher modularisierter Aufbau ist bei Soft Skill-CBTs jedoch meist nicht sinnvoll.

Bei der Vermittlung von Soft Skills (beispielsweise Kommunikationsverhalten, Teamfähigkeit, Kundenorientierung, Zeitmanagement, Einfühlungsvermögen, Redegewandtheit, Verhandlungsführung, Kritikfähigkeit und Fähigkeit, Konflikte konstruktiv bewältigen können sowie Eigenverantwortung) wird schnell deutlich, dass die kognitiven Anteile der Inhalte sehr gut über CBT vermittelt werden können: So lassen sich – um bei dem Beispiel „Kommunikationsverhalten" zu bleiben – die klassischen Phasen eines Beratungs- oder Verkaufsgesprächs und die Unterschiede in den einzelnen Fragetechniken (offene Fragen versus geschlossene Fragen) sehr gut mittels E-Learning vermitteln und beispielsweise in Multiple-Choice-Tests abprüfen. Entscheidend für ein erfolgreiches Kommunikationsverhalten in der Praxis ist jedoch nicht nur das Wissen um die fachlichen Details, sondern vor allem auch die Fähigkeit, das erworbene Wissen im Umgang mit dem Gesprächspartner konkret anwenden zu können. Diese realistischen Anwendungssituationen – und ein entsprechend qualifiziertes Feedback – können jedoch elektronische Lehr- und Lernformen nur begrenzt bieten.

Beim Einsatz von elektronischen Lehr- und Lernmedien zur Vermittlung von Soft Skill-Kompetenzen werden daher zwei unterschiedliche Blended Learning-Wege zur Lösung dieses Dilemmas gegangen: Der *Einsatz von komplexen Lernsituationen,* in denen auch das Kundenverhalten simuliert wird[257], sowie der *Einsatz der Soft Skill-CBTs in Kombination mit Präsenzveranstaltungen.*[258]

Neben den klassischen CBT auf CD-ROM, DVD oder Blu-Ray, die ein selbstständiges Lernen des Mitarbeiters mit dem Computer ermöglichen (der Computer kann hierbei alle drei der genannten didaktischen Funktionen von Unterricht überneh-

---

257 Siehe hierzu beispielsweise Dittler 2011, S. 213 ff.
258 ein Beispiel hierzu ist in Dittler 2011, S. 109 ff. vorgestellt

men), gewinnt vor allem Web-Based-Training (WBT) seit Ende der 90er Jahre zunehmend an Bedeutung.[259] Im Unterschied zu CBT ist beim Web-Based-Training ein kooperatives Lernen zweier oder mehrerer Teilnehmer gleichzeitig möglich. Lernende können in einem WBT beispielsweise gemeinsam ein Problem oder eine Aufgabenstellung bearbeiten und dabei nicht nur vom Computer, sondern auch voneinander lernen. Der Computer übernimmt damit beim Einsatz von WBT nur die Rolle eines Vermittlers zwischen zwei Lernenden.[260] Diese Form des gemeinsamen Lernens entspricht sehr viel stärker der täglichen Arbeits- und Anwendungssituation und auch der konstruktivistischen Anforderung an Lernumgebungen.

Web-Based-Training unterscheidet sich von Computer-Based-Training sowohl in *technischer Hinsicht* als auch in *methodisch-didaktischer Hinsicht*:

Der *technische Unterschied* zwischen diesen beiden Formen des E-Learnings besteht darin, dass CBTs eigenständige Anwendungen sind, die auf CD-ROM, DVD oder Blu-Ray an die Lernenden weitergegeben werden und von diesen selbstbestimmt (d.h. orts- und zeitunabhängig) bearbeitet werden können. Web-Based-Trainings (WBT) hingegen werden über das Internet aufgerufen, da WBT-Anwendungen zentral bei einem Bildungsanbieter auf einem Server liegen. Die technischen Vorteile dieses Vorgehens liegen vor allem in der stetigen Aktualisierbarkeit der Inhalte auf dem Web-Server und in den logistischen Einsparungen. Nachteile sind in der Abhängigkeit von ausreichend breitbandigen Internetzugängen zu sehen.

Der *methodisch-didaktische Vorteil* von Web-Based-Training liegt in den Möglichkeiten der Kooperation der Lernenden: Während CBT meist von einem Lernenden selbstständig bearbeitet wird, ist es möglich und sinnvoll, WBT so zu gestalten, dass mehrere Lernende – ortsunabhängig voneinander – gemeinsam lernen (*kooperatives und kollaboratives Lernen*). Zur Verdeutlichung ein Beispiel eines kooperativen WBTs aus der Medizin: Zwei Studierende der Medizin, die mit unterschiedlichen Schwerpunkten studieren, verabreden sich zur gemeinsamen Bearbeitung eines WBT. Das WBT ist problemorientiert und fallbasiert aufgebaut und erfordert die Einbringung und Kombination des spezifischen Wissens beider Lernenden. Eine Lösung des im kooperativen WBT dargestellten Lernfalls ist in diesem Beispiel nur dann möglich, wenn die Lernenden auch voneinander lernen und sich mit dem Wissen des Lernpartners auseinandersetzen. Die Vermittlung von Wissen findet daher nicht mehr nur durch das WBT statt, sondern auch in der Kooperation der Lernpartner.[261]

Es zeigte sich in zahlreichen Anwendungssituationen, dass die Nutzung – aber auch die Akzeptanz und der Lernerfolg – von Web-Based-Trainings erhöht werden

---

259 Vgl. Bruns, Gajewski 1999
260 Vgl. Godehardt, List 1999; Mitschian 1999; Petersen, Reinerdt 1994
261 Vgl. Dittler 2011, S. 101 ff.

kann, wenn eine Betreuung und Kommunikationsmöglichkeit ergänzend zum WBT angeboten wird. Die Einrichtung einer – meist mail-, chat- oder Skype-/FaceTime-basierten – Kommunikationsmöglichkeit mit einem Fachexperten und die Einrichtung eines – ggf. moderierten Forums – zum Thema des WBTs können daher ganz erheblich zum Erfolg von Web-Based-Trainings beitragen.

Zur Verdeutlichung auch hier eine Gegenüberstellung von Web-Based-Training und anderen Lehrformen (siehe Tabelle 4-5):

- Bedingt durch die serverbasierte Struktur von Web-Based-Training handelt es sich um ein verteiltes Lernen, das – abgesehen von der Notwendigkeit eines Internet-/Intranet-Zugangs – ortsunabhängig stattfinden kann.
- Wie auch bei Computer-Based-Training handelt es sich auch bei WBTs um ein medienzentriertes Lernen, bei dem ein Trainer oder Dozent (im Gegensatz zu Präsenzveranstaltungen, virtuellen Seminaren oder Workshops) eine untergeordnete Rolle spielt.
- Kooperatives Lernen wird mit WBTs möglich; einhergehend damit sind auch die Sternchen bei synchronem Lernen bzw. asynchronem Lernen zu sehen: Das Lernen mit WBT findet asynchron zur Erstellung des Lernmediums statt, kooperatives Lernen mit einem Lernpartner setzt jedoch die zeitliche Synchronität der beiden Lernenden voraus.
- Ein zentrales Element beim Lernen mit WBT ist – wie auch beim CBT – die Interaktion des Lernenden. Daher handelt es sich beim Lernen mit WBT um eine Form des interaktiven Lernens.

4.6.3.2 Virtuelle Seminare/Lecture Capturing

Virtuelle Seminare wurden entwickelt, um die Vorteile des mediengestützten Lernens mit den Vorteilen von Präsenztrainings und Workshops zu verbinden: Zu den Vorteilen des Lernens mit CBT und WBT gehört zweifellos die Möglichkeit, auch größere Zielgruppen über ein Lernmedium anzusprechen und sowohl zeitnah als auch relativ preiswert zu schulen. Darüber hinaus bieten CBT und WBT die Möglichkeit, Inhalte multimedial aufzubereiten und damit auch komplizierte Zusammenhänge zu visualisieren und verständlich zu machen. Zu den Vorteilen von Präsenztrainings und Workshops in der betrieblichen Aus- und Weiterbildung zählt hingegen die Möglichkeit der direkten Kommunikation zwischen Dozent und Teilnehmern: Die Lernenden können Rückfragen zum behandelten Inhalt stellen und der Dozent kann seinerseits Fragen zum Verständnis an die Teilnehmer richten. Diese direkte Kommunikation – die in einem vorproduzierten CBT und WBT nicht umgesetzt werden kann – bildet die Basis für einen dialektischen Unterricht, der sich am Vorwissen und an den Fragen der Lernenden orientiert und auch deren Erfahrungen und Beiträge in die Lernmaßnahme mit einbindet.

Virtuelle Seminare laufen i.d.R. so ab, dass ein Dozent den Lerninhalt vorbereitet und entsprechendes digitales Anschauungsmaterial (Folien, Bilder, Videosequenzen usw.) für das Virtuelle Seminar zusammenstellt. Zu einem verabredeten Zeitpunkt wählen sich die Lernenden (die weltweit verteilt an der Veranstaltung partizipieren können) unter der Web-Adresse des Virtuellen Seminars ein und nehmen live an der Veranstaltung teil. Sie sehen auf ihrem Bildschirm (wahlweise PC oder SmartDevice) neben dem Video- oder Standbild des Trainers auch die vorbereiteten Visualisierungen zum Lerninhalt und können den akustischen Ausführungen des Dozenten folgen.

Bedingt durch die digitale Übertragung der Inhalte ist es möglich, alle Inhalte und Anschauungsmaterialien, die digital vorliegen, in die Veranstaltung einzubinden; die multimediale Aufbereitung der Inhalte muss daher derjenigen in CBT und WBT in nichts nachstehen. Dadurch, dass die Teilnehmer des Virtuellen Seminars weltweit verteilt sein können und für die Partizipation am Seminar lediglich einen Internetzugang benötigen, ist die Anzahl der Teilnehmer nicht durch äußere Faktoren (beispielsweise die Größe eines Seminarraums) begrenzt. Die Teilnehmerzahl kann, beispielsweise bei virtuellen Schulungen für Vertriebsmitarbeiter, theoretisch beliebig groß sein; eine Grenze ergibt sich jedoch zum einen durch die eingesetzte Software (und die dadurch ggf. entstehenden Kosten für die Infrastruktur), zum anderen macht ein Virtuelles Seminar mit einer großen Teilnehmerzahl auch didaktisch keinen Sinn mehr, da Zwischenfragen der Teilnehmer ab einer bestimmten Anzahl von Lernenden vom Dozenten nicht mehr beantwortet werden können.

Ein wesentlicher Vorteil von Virtuellen Seminaren liegt – wie bereits angesprochen – in der direkten und synchronen Kommunikation zwischen Dozent und Teilnehmern: Da der Dozent i.d.R. von Teilnehmern nur den Namen (und ggf. ein kleines Foto oder Videobild) auf seinem Monitor sieht, fehlen ihm – im Vergleich zu einer Präsenzveranstaltung – wesentliche Informationen, wie gestische und mimische Hinweise der Teilnehmer, die Interesse oder Desinteresse am Thema zum Ausdruck bringen. Durch die mediengestützte Kommunikation mit den Teilnehmern, beispielsweise über Chat über Audio oder über Audio/Video kann der Trainer die Teilnehmer und ihre Anfragen in das Seminar integrieren und so auch im Verlauf des Virtuellen Seminars die Erwartungen, Rückfragen und Ergänzungen der Teilnehmer berücksichtigen. Die Teilnehmer können ihrerseits bei inhaltlichen Rückfragen den Trainer direkt in seinen Ausführungen unterbrechen, der Trainer kann die Rückfragen direkt beantworten und somit sicherstellen, dass die Lernenden seinen weiteren Ausführungen folgen können. Durch die Nähe zu klassischen Präsenzseminaren eignen sich Virtuelle Seminare auch für Zielgruppen, die bisher nur geringe Erfahrungen im Umgang mit elektronischen Lehr- und Lernformen haben. Um eine störungsfreie Teilnahme zu ermöglichen, sollten die Teilnehmer vorab die Gelegenheit erhalten, sich mit den Interaktionsmöglichkeiten des Virtuellen Seminars vertraut zu machen; so können sie sich während der Schulung auf die Inhalte konzentrieren.

Wie in Tabelle 4-5 zu sehen ist, gelingt die mit dem Einsatz von Virtuellen Seminaren angestrebte Kombination der Vorteile von CBT und WBT sowie der Vorteile von Präsenzschulungen nicht in allen Fällen:

- Bedingt durch den technischen Aufbau und die weltweite Zugriffsmöglichkeit auf Virtuelle Seminare handelt es sich bei diesen (zweifellos) um eine Form des verteilten Lernens.
- Ähnlich wie in Vorlesungen und Workshops findet die Wissensvermittlung auch in Virtuellen Seminaren primär durch den Dozenten (und dessen Ausführungen) statt (personenzentriertes Lernen); die Visualisierungen verdeutlichen lediglich dessen Ausführungen.

4.6.3.3 Business-TV

In den 90er Jahren gewann Business-TV auch im Bereich der Aus- und Weiterbildung zunehmend an Bedeutung.[262] Zahlreiche Unternehmen produzierten und distribuierten für ihre Mitarbeiter täglich (z.B. HypoVereinsbank), wöchentlich (z.B. ATU), monatlich (z.B. SAP) oder quartalsweise (z.B. Wüstenrot) eigene Sendungen, die dann über Satelliten ausgestrahlt und in den einzelnen Filialen und Niederlassungen des Unternehmens empfangen werden konnten. Diese Business-TV-Sendungen informierten immer auch über neue Produkte und Aktionen der Unternehmen und können daher auch als Instrumente zur Kompetenzerweiterung verstanden werden. Der immense Produktionsaufwand für derartige Business-TV-Beiträge und die inzwischen flächendeckende Verfügbarkeit von breitbandigen Intranets in Unternehmen führten zu einer Verlagerung der klassischen Business-TV-Inhalte in Intranets; dabei wurde meist auch das lineare TV-Format zugunsten einer interaktiver und modularer gestalteten Präsentations- und Strukturierungsform der Inhalte aufgegeben.

In Tabelle 4-5 ist auch Business-TV anderen Lehr- und Lernformen gegenübergestellt:

- Bedingt durch die Distribution der Inhalte via Satellit in die einzelnen Filialen und Niederlassungen eines Unternehmens handelt es sich um eine Form des verteilten Lernens.
- Um sich an die bekannten Formate des Unterhaltungsfernsehens anzulehnen, werden Inhalte meist in einer nachrichtenähnlichen Form präsentiert, bei der dem Präsentator eine bedeutende Rolle zukommt (personenzentriertes Lernen).
- Da Business-TV zunächst klassisch zu einem festen Zeitpunkt ausgestrahlt wurde (meist morgens kurz vor Öffnung der Filiale oder des Ladens) handelt es sich um synchrones Lernen. Die Speicherung der Business-TV-Beiträge auf einem Festplattenrecorder oder die Distribution über ein Intranet ermöglicht zwischenzeitlich natürlich auch ein asynchrones Lernen.

---

262 Christ et al. 2000; Amberger et al. 1999; Jungbeck et al. 1998

- Da – wie auch bei Unterhaltungs-TV – auch beim Business-TV jede Form der Interaktion mit der Sendung oder dem Sendungsinhalt fehlt, handelt es sich bei Kompetenzvermittlung über Business-TV um eine Form des rezeptiven Lernens.

4.6.3.4 Learning-Management-Systeme (LMS)

Sowohl die eingangs dargestellten Formen des Computer-Based-Training und Web-Based-Training haben, ebenso wie dies auch für Virtuelle Seminare gezeigt werden konnte, als elektronische Lehr- und Lernmedien in der betrieblichen Aus- und Weiterbildung spezifische Vor- und Nachteile. Bei der Entwicklung eines Einsatzkonzeptes für eine E-Learning- oder Blended-Learning-Maßnahme sind diese Vor- und Nachteile vor dem Hintergrund der zu vermittelnden Kompetenzen und der angesprochenen Zielgruppe der Bildungsmaßnahme zu berücksichtigen.

Während Virtuelle Seminare die Vorteile von CBT und WBT mit den Vorteilen von Präsenzveranstaltungen kombinieren, gehen Learning-Management-Systeme (LMS) noch einen deutlichen Schritt weiter: In Learning-Management-Systemen sind eine ganze Reihe unterschiedlicher Lernmedien unter einer gemeinsamen Oberfläche zusammengeführt. Der Lernende hat in einem LMS beispielsweise Zugriff auf folgende Lernmedien:

- Computer-Based-Training
- Web-Based-Training
- Virtuelle Seminare
- Schulungsunterlagen und Studienbriefe (beispielsweise zum Download als PDF-Datei)
- Sammlungen von Fragen und Antworten (FAQ-Listen)
- Verweise auf Präsenzseminare und Workshops (und die Möglichkeit sich zu diesen Veranstaltungen anzumelden)
- Fach- und Produkt-Foren (meist thematisch sortiert, die einen Austausch der Lernenden untereinander ermöglichen)
- Sprechstunden von Experten und Produktverantwortlichen
- Einzelberatung und Coaching (realisiert beispielsweise als Videokonferenz zwischen Lernendem und Trainer)

Der Zugriff auf die einzelnen Medien und Inhalte eines solchen Learning-Management-Systems kann entweder unbeschränkt durch alle Mitarbeiter eines Unternehmens erfolgen (wie dies nach Anmeldung bei einigen öffentlichen und kommerziellen Lernportalen der Fall ist (Edu-Commerce)) oder – wie dies bei den meisten firmeninternen Lernplattformen realisiert ist – über Stellenbeschreibungen oder Tätigkeitsprofile, die dem Mitarbeiter nach der Anmeldung im System direkt eine personalisierte Liste mit Themen und Inhalten zusammenstellen, die für ihn und seine Tätigkeit relevant sind. Da es neben dieser automatisch generierten Liste meist noch einen Zugang über eine thematische Suche gibt, kann sich der Mitarbeiter auch mit individuellen Fragestellungen an die Lernplattform wenden: So kann beispielsweise ein Mitarbeiter in einem Finanzdienstleistungsunternehmen, der etwas zum Thema „Rentenversicherung" lernen möchte, dieses Stichwort in einer entsprechenden Suchmaske eingeben. Als Ergebnis wird er i.d.R. eine Liste von Lernmedien (jeweils mit einer kurzen inhaltlichen Beschreibung), die sich mit diesem Thema befassen, erhalten. Der Mitarbeiter kann nun vor dem Hintergrund seiner individuellen Problemstellung und seines bereits vorhandenen Wissens auswählen, ob er ein komplettes WBT zur Rentenversicherung bearbeiten möchte (beispielsweise um sich Grundlagen anzueignen), ob er an einem moderierten Chat mit Kollegen teilnehmen möchte (beispielsweise um deren Erfahrungen mit dem Thema kennen zu lernen) oder ob seine Frage so speziell ist, dass ihm eine Videokonferenz mit einem Fachexperten am sinnvollsten erscheint.

Der Vorteil des gezielten Zugriffs auf verschiedene Lernmedien ist jedoch nur ein Vorteil eines Learning-Management-Systems. Ein weiterer Vorteil liegt darin, dass die einzelnen Medien nicht nur alle parallel verfügbar sind, sondern auch – im Sinne eines Lehrplans – in eine sinnvolle fachliche und zeitliche Ordnung gebracht werden können.

Ein Ausbildungsverantwortlicher – beispielsweise für die Auszubildenden im oben angesprochenen Finanzdienstleistungsunternehmen – kann so ein Curriculum mit unterschiedlichen Lernmedien zum Thema Rentenversicherung zusammenstellen und auf einer Lernplattform hinterlegen:

Der Ausbildungsverantwortliche

- empfiehlt den Auszubildenden die Bearbeitung eines Grundlagen-CBT
- stellt ihnen einige webbasierte kooperative Übungsszenarien zur Verfügung
- richtet zur Besprechung dieser Übungen ein entsprechendes Forum für die Auszubildenden ein und moderiert das Forum

Im Anschluss an die Bearbeitung findet ein Präsenzworkshop statt, nach dessen erfolgreicher Teilnahme die Auszubildenden in ihrer Filiale ihr neu erworbenes Wissen unter der Leitung ihres Vorgesetzten anwenden können. Für auftretende Fragen wird weiterhin eine FAQ-Liste eingerichtet und weiterführende Texte (zum Beispiel zu den rechtlichen Hintergründen der Rentenversicherung) zur Verfügung gestellt. Der beschriebene einführende Themenblock endet mit einem Virtuellen Seminar und dem Hinweis auf ein weiterführendes WBT.

Meldet sich nun ein Auszubildender an dem skizzierten Learning-Management-System an, so sieht er die Aufstellung der einzelnen Medien und der empfohlenen Reihenfolge; darüber hinaus kann ihm ein betreuender Tele-Tutor zur Verfügung gestellt werden, der ihn bei der Bearbeitung unterstützt. Den Zeitpunkt der Bearbeitung der einzelnen Medien kann der Auszubildende selbstständig wählen. Bei Bedarf kann sich der Ausbildungsleiter und der Tele-Tutor vom Learning-Management-System darüber informieren lassen, ob ein Auszubildender bis wenige Tage vor der geplanten Präsenzveranstaltung noch keine Zeit zur Bearbeitung des einführenden WBTs gefunden hat; zusammen mit dessen Vorgesetzten kann dann ein entsprechendes Zeitfenster zur Bearbeitung des WBT reserviert werden.

Besonders bei umfangreichen Ausbildungsinhalten und bei großen Teilnehmer-zahlen ist die organisatorische Unterstützung (Lernbegleitung, Tele-Tutoring), die Lernplattformen bieten können, sowohl für die Bildungsanbieter als auch vor al-lem für die Lernenden eine große Hilfe.

Wie in Tabelle 4-5 dargestellt, können in Learning-Management-Systemen die Vor-teile des mediengestützten Lernens und des Präsenzlernens (Vorlesung und Work-shop) noch stärker kombiniert werden, als dies in Virtuellen Seminaren möglich ist:

- Da Learning-Management-Systeme im Internet oder Intranet implementiert sind, handelt es sich um eine Form des verteilten Lernens
- Da die in einem LMS angebotenen Lernmedien um synchrone und asynchrone Kommunikationsformen erweitert werden, kann es sich beim Lernen in Learn-ing-Management-Systemen sowohl um medienzentriertes Lernen (WBT, elekt-ronische Studienbriefe), als auch um personenzentriertes Lernen (Virtuelle Se-minare, Experten-Chat, Coaching per Videokonferenz) handeln
- Während bei der individuellen Bearbeitung der einzelnen Lernmedien das asynchrone Lernen überwiegt, ist synchrones Lernen nur in entsprechend ge-stalteten WBTs und Diskussionsforen möglich

4.6.3.5 E-Learning 2.0

Unter dem Schlagwort „E-Learning 2.0" wird etwa seit 2007 der Gedanke der Ein-bindung von Web2.0-Diensten in die Aus- und Weiterbildung propagiert und ver-folgt. Es wurde daher zwischenzeitlich in zahlreichen Unternehmen damit begon-nen Web2.0-Tools in unternehmensinterne Learning-Management-Systeme zu integrieren. Neben der Kompetenz, die seitens der Mitarbeiter im Umgang mit sol-chen Tools erworben werden kann, besteht ein wesentlicher Vorteil der Web2.0-Anwendungen darin, dass sie i.d.R. ohne großen technischen Aufwand genutzt werden können und der bei CBTs und WBT teilweise erhebliche Aufwand der Er-stellung und des Betriebs entfällt.

Die Einsatzmöglichkeiten für Web2.0-Anwendungen (Blog, Wiki, Podcast, Social Networks etc.) im Rahmen der betrieblichen Aus- und Weiterbildung sind zahl-reich. Da eine vollständige Übersicht über mögliche Einsatzszenarien den Rahmen dieses Beitrags deutlich sprengen würde, sei an dieser Stelle nur auf die schnell wachsende Literatur zu diesem Themenfeld verwiesen.[263]

Vermutlich sind die Auswirkungen, die E-Learning 2.0 und Soziale Netzwerke sowohl auf die institutionalisierte als auch auf unternehmensinterne Aus- und

---

263 Einen Einstieg hierzu bieten beispielsweise Reinmann 2008, Dittler 2009 aber auch Kuhlmann, Sauter 2008 sowie Born 2008.

Weiterbildung haben wird, erst in Ansätzen absehbar; ein Versuch einer Vision wird in Dittler (2010) gewagt.

4.6.4 Lernpsychologische Ansätze des medienvermittelten Lernens

Nachdem zu Beginn des 20. Jahrhunderts das Verständnis von Lehr- und Lernprozessen stark vom neu entdeckten Behaviorismus[264] geprägt war, gewann Mitte des Jahrhunderts der Kognitivismus[265] zunehmend an Bedeutung. Zum Wechsel ins 21. Jahrhundert setzte sich – gerade mit Blick auf die Möglichkeiten des computerunterstützten Lehrens und Lernens - der Konstruktivismus als Lerntheorie durch.[266]

Lernen wird im Konstruktivismus verstanden als die Konstruktion von Wissen auf der Basis individuellen Vorwissens; Lehr- und Lernsituation müssen daher immer auf den einzelnen Lernenden und seine individuelle Situation eingehen können. Beim konstruktivistischen Lernen übernimmt der Lehrende die Rolle eines Coachs oder Trainers und unterstützt den Lernenden beim Aufbau von eigenen Wissensstrukturen und mentalen Modellen sowie kognitiven Repräsentationen. Aus den angesprochenen konstruktivistischen Ansätzen zur Gestaltung von Lernumgebungen lassen sich einige zentrale Aspekte ableiten, die den Prozess des Erwerbs anwendbaren Wissens fördern können.

Dies sind bekanntermaßen die Möglichkeiten

- Lernen als aktiven und konstruktiven Prozess zu gestalten
- den Wissenserwerb selbst steuern zu können
- Wissen in der aktiven Auseinandersetzung mit einem Problem erwerben zu können
- Wissen in authentischen Problemsituationen erwerben zu können
- das erworbene Wissen in verschiedenen Problemsituationen anwenden zu können (multiple Kontexte, multiple Perspektiven)
- das neu erworbene Wissen in einer sozialen Gruppe überprüfen zu können

Gemeinsam ist den angesprochenen drei Modellen, dass sie sehr gut geeignet sind, um Lehr- und Lernprozesse in institutionalisierten Formen des Lernens zu erklären: Während solche institutionalisierte Lernformen wie beispielsweise Schule und

---

264 Der Behaviorismus basiert auf dem Paradigma des Stimulus-Respons-Lernens. Im Behaviorismus ist der Lehrer die Autorität, die mittels Belohnung oder Bestrafung den Lehrnprozess unterstützt (operante und responde Konditionierung), so dass richtige Antworten/Reaktionsweisen im Gehirn quasi abgelegt werden. Siehe hierzu auch Mietzel 2001 und Bodenmann et al. 2004

265 Im Kognitivismus wird Lernen nicht mehr als Ablagerung von Verhaltesweisen angesehen, sondern der Lernende wird als Individuum verstanden, das durch individuelle Denk- und Verstehensprozesse, d.h. individuelle Interpretations- und Verarbeitungsprozesse lernt. Der Lehrer ist damit eher in der Rolle eines Tutors, der hilft Problemlösekompetenz aufzubauen. Siehe hierzu auch Kron 2000 und Edelmann 2000

266 Siehe Kerres 2012 oder Schulmeister 1997

Hochschule – aber eben auch betriebliche Aus- und Weiterbildung – in den letzten Jahrhunderten die Lehr- und Lernszenarien maßgeblich prägten und kulturell verankerten, gewinnen seit wenigen Jahrzehnten informelle Lernformen zunehmend an Bedeutung, wie Tully (1994) schon sehr früh für den Bereich der Computerkompetenz aufzeigte.[267]

Diese Zunahme des informellen Lernens – das sich beispielsweise in webbasierten Fachforen, Communities und Sozialen Netzwerken abspielt, zeigt die Grenzen der drei klassischen Lerntheorien auf: Es wird offensichtlich, dass die oben skizzierten Modelle des behavioristischen Lernens, des kognitivistischen Lernens und des konstruktivistischen Lernens nicht mehr ausreichen, um informellen Kompetenzerwerb in Zeiten der Web2.0-gestützten Kommunikation zu erklären.

George Siemens thematisierte dieses seit dem Jahrtausendwechsel in Ansätzen beobachtbare veränderte Lernverhalten in seiner Schrift „Connectivism: a learning Theory of the Digital Age" und entwickelte darin als Erklärungsmodell den *Konnektivismus* (ebd.), der in seinem Verständnis über den Konstruktivismus hinausgeht.[268]

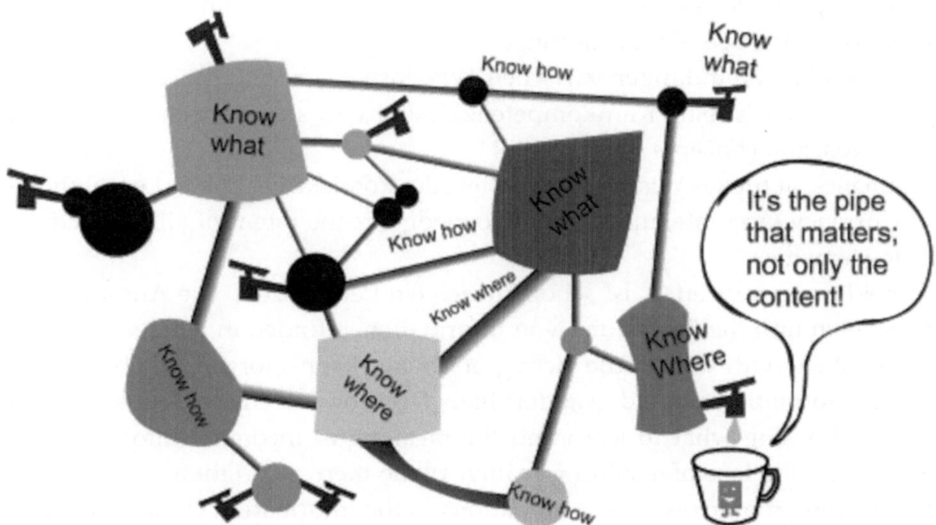

Abbildung 4-26:   **Konnektivistisches Lernen**[269]

Ausgangspunkt für den Konnektivismus (Abbildung 4-26) ist die Feststellung, dass die klassischen Lerntheorien weder mediale Lehr- und Lernformen angemessen berücksichtigen noch die sich schnell ändernde Informationsmenge berücksichtigen. Auch die sich ständig weiterentwickelnde Lebensumwelt lernender Individuen erscheint Siemens nicht ausreichend berücksichtigt. Einen weiteren

---

267 Vgl. Tully 1994
268 Nach Siemens 2006
269 Aus Siemens 2006, S. 32

Kritikpunkt sieht er in der Tatsache, dass Wissen in den klassischen Lerntheorien stets an Personen gebunden ist, Institutionen („Lernende Unternehmen") oder technische Wissensspeicher (Informationsdatenbanken) jedoch keinerlei Berücksichtigung finden.

Siemens stellt daher acht Prinzipien des Konnektivismus auf[270]:

- Lernen und Wissen setzen verschiedene Meinungen und Denkansätze voraus, um aus ihnen die besten Alternative zu wählen. "Learning and knowledge rests in diversity of opinions."
- Lernen ist ein Prozess, der spezialisierte Wissensknoten oder Informationsquellen miteinander verbindet. "Learning is a process of connecting specialized nodes or information sources."
- Wissen/Lernen kann in nicht-menschlichen Einrichtungen stattfinden/gespeichert werden. "Learning may reside in non-human appliances."
- Die Eigenschaft, mehr wissen zu wollen, ist wichtiger als der aktuelle Wissensstand. "Capacity to know more is more critical than what is currently known."
- Pflege und Aufrechterhaltung von Verbindungen ist notwendig zur Unterstützung durchgehender Lernprozesse. "Nurturing and maintaining connections is needed to facilitate continual learning."
- Die Fähigkeit, Verbindungen zwischen Wissensbereichen, Ideen und Konzepten zu erkennen ist eine Kernkompetenz. "Ability to see connections between fields, ideas, and concepts is a core skill."
- Zeitgemäßes, aktuelles Wissen ist das Ziel aller konnektivistischen Lernaktivitäten. "Currency (accurate, up-to-date knowledge) is the intent of all connectivist learning activities."
- Entscheidungen zu treffen, ist schon an sich ein Lernprozess. Die Auswahl von Lerninhalten und die Bewertung von Informationen finden in einer sich verändernden Welt statt. Was heute richtig erscheint, kann morgen falsch sein, da sich das Informationsumfeld geändert hat. „Decision-making is itself a learning process. Choosing what to learn and the meaning of incoming information is seen through the lens of a shifting reality. While there is a right answer now, it may be wrong tomorrow due to alterations in the information climate affecting the decision."

Ausgehend von diesen Prinzipien versteht Siemens ein lernendes Individuum als ein stark vernetztes Wesen, das auf mehrere Informationsquellen – technischer und menschlicher Art – zugreifen kann und Wissen durch verschiedene Kontakte/Verbindungen (bei Siemens als „Pipes" bezeichnet) austauscht. Die Auswahl und Bewertung der erhaltenen Informationen ist dabei ein wesentlicher Teil der Lernleistung. Die Aufrechterhaltung der bestehenden Verbindungen zu Wissensquellen ist dabei ebenso essenziell, wie das Erkennen von thematischen Verbindungen zwischen verschiedenen Disziplinen. Ebenso unabdingbar ist für das Modell des

---

270 Ebenda

Konnektivismus die (intrinsische) Motivation des Individuums zum Lernen und die Bereitschaft, sich auf Themen und Fragestellungen zu unterschiedlichen Zeitpunkten wieder neu einzulassen, da die Bewertung der Situation durch die sich entwickelnde und sich ändernde Lebenswelt stets neu und unvoreingenommen vorgenommen werden sollte.

4.6.5　Arten des Wissens

Aus den im Abschnitt „Formen des E-Learnings" dargestellten technischen Weiterentwicklungen der elektronischen Lehr- und Lernmedien und der seit einigen Jahren boomenden Sozialen Netzwerken ergeben sich – vor dem Hintergrund der im Abschnitt „Lernpsychologische Ansätze des medienvermittelten Lernens" dargestellten veränderten Verständnis von Lernprozessen - neue Chancen und Herausforderungen, die auch die betriebliche Aus- und Weiterbildung und das betriebliche Wissensmanagement stark beeinflussen: Die Menge an zugänglichen Informationen erscheint bereits heute unüberschaubar; und auch der Zugriff auf die weltweit existierenden Informationen ist kein (technisches) Problem mehr. „Eine kleine UMTS-Karte, nicht größer als ein Daumennagel, reicht aus, es abzurufen."[271] Aber Informationen sind noch kein Wissen[272]: Informationen sind – in Übereinstimmung mit den aktuellen Überlegungen der Wissenschaftstheorie[273] – zunächst nur in Zeichensystemen codierte – zunächst kontextfreie – Daten, die von einzelnen Lernenden – ganz individuell – zu Wissen verarbeitet werden können, in dem sie kognitiv durchdrungen und in bestehende mentale Modelle integriert werden. Der Auf- oder Ausbau mentaler Modelle stellt damit nach diesem Verständnis den Aufbau von Wissen dar. Es ist in diesem Zusammenhang hilfreich, „Wissen" weiter zu differenzieren und verschiedene Arten von Wissen zu unterscheiden:

- Eine geläufige Unterteilung unterscheidet zwischen den beiden Wissensarten des expliziten Wissens und des impliziten Wissens: Als explizites Wissen wird der Teil des Wissens bezeichnet, der dem Individuum bewusst ist und der sprachlich artikuliert werden kann. Implizites Wissen hingegen kann hingegen nicht sprachlich artikuliert werden und ist dem Individuum nicht bewusst – dieses Wissen kann aber beispielsweise in Anwendungssituationen dennoch erfolgreich eingesetzt werden/angewendet werden.

- Eine weitere Unterscheidung trennt deklaratives Wissen und prozedurales Wissen: Als deklaratives Wissen werden die Teile des Wissens bezeichnet, die sprachlich eindeutig formuliert werden können (know that), umgangssprachlich: Fakten. Dieses deklarative Wissen kann weiter unterteilt werden in semantisches Wissen (abstraktes Weltwissen/Faktenwissen) und episodisches Wissen

---

271 Schirrmacher 2009 S. 211 ff.
272 Wie in Dittler 2010 ausführlich dargestellt wird
273 Siehe hierzu auch Kuhlen 2004

(Erinnerungen/Erfahrungen). Prozedurales Wissen hingegen beschreibt Wissen, dass auf Handlungsabläufe/Handlungskompetenz bezogen ist (know how).

- Eine weitere Unterteilungsmöglichkeit ordnet nach der Dauer: Informationen, die nur im Kurzzeitgedächtnis verarbeitet werden (beispielsweise wenn wir uns den Anfang eins gesprochenen Satzes so lange merken, bis wir das Satzende gehört haben und so aus dem Satz einen Sinn entnehmen können) unterscheiden sich von Wissen, die wir im Langzeitgedächtnis ablegen (beispielsweise mathematische oder physikalische Gesetzmäßigkeiten, die wir auch Jahrzehnte nach der Schulzeit/dem Studium noch anwenden können)

Das durch die kognitive Verarbeitung der scheinbar unendlichen Informationen entstehende Wissen bildet die Basis für die Wissensgesellschaft. Der Begriff der Wissensgesellschaft, der, wie Kübler betont, bereits vielfach beliebig und phrasenhaft und ähnlich und oft synonym wie der Begriff der Informationsgesellschaft verwendet wird, beschreibt eine Gesellschaft, *die „eng an oder einseitig an die Entwicklung der Informations- und Kommunikationstechnologie[...] gebunden ist und damit einem gewissen, meist impliziten technologischen Determinismus huldigt."*[274] Der Begriff hat sich damit ein Stück weit entfernt von der zunächst in den 60er Jahren des vorigen Jahrhunderts damit verbundenen Bedeutung, die im beobachteten Zuwachs wissenschaftlichen Wissens zunächst vor allem eine Chance für eine wachsende Wissenschaftlichkeit und wachsende Rationalität sah. Stehr skizziert in diesem Zusammenhang ein Menschen- und Gesellschaftsbild, das sich dadurch auszeichnet, dass diese für die wissenschaftliche Forschung einen beachtlichen Teil ihrer Ressourcen aufwendet und dieses Wissen dazu nützt, die Gesellschaft zu erklären und auch im Sinne der eigenen Werte und Zielvorstellungen zu verändern.[275]

Die aktuelle Bedeutung des Begriffs legt – unter Berücksichtigung der aktuellen gesellschaftlichen, technischen und wirtschaftlichen Entwicklungen (die deutlich anders fokussiert sind als die von Stehr genannten Erwartungen an die Entwicklung einer Wissensgesellschaft) – den Schwerpunkt stärker auf technische und wirtschaftliche Erzeugung, Vermarktung, Verteilung und Monetarisierung von Wissen. Wissensverarbeitung im Sinne der Wertschöpfung dominiert – als Beispiel für die derartig orientierten Unternehmen der New Economy seien nur stellvertretend die Unternehmen Apple, Google, Amazon und Facebook genannt – deutlich gegenüber dem erkenntnisgeleiteten – und damit wissenschaftlichen und Wissen schaffenden – Ansatz, den Stehr als Basis einer Wissensgesellschaft sieht.

Die heute dominierende Verbindung von „Wissen" und „Technologie" – die an anderer Stelle als „eine unsere Kultur prägende Fetischisierung der Technik" bezeichnet wird – wurde bereits mehrfach betont, Kerres und de Witt sprechen daher von einer „mediatisierten Wissensgesellschaft" und fordern – im Gleichklang mit zahlreichen anderen Autoren – den Ausbau der Medienkompetenz und der Com-

---

274 Vgl. Kübler 2009, S. 90
275 Vgl. Stehr 1994

puter literacy, um allen Mitgliedern einer Gesellschaft gleichermaßen den Zugang zu Informationen und damit zu Wissen zu ermöglichen und so zukünftige und aktuelle Arbeitnehmer handlungsfähig zu machen und zu halten.[276] Die immer wichtiger werdenden, nicht-institutionalisierten Lernformen, d.h. die selbst gesteuerte und selbstverantwortliche Auseinandersetzung mit elektronischen Informationen, sind sicherlich die Formen des E-Learnings, die zukünftig im Rahmen der Kompetenzentwicklung noch deutlich an Bedeutung gewinnen.

---

276 Vgl. Kerres, de Witt 2006

5 Anwendungsbeispiele

5.1 Einführung (G. Längst)

Die Bedeutung von Wissensmanagement für den Erfolg von Unternehmen ist allgemein akzeptiert. Den Erfolgsbeitrag von Wissensmanagement in harten Kennzahlen zu messen und Dingfest zu machen, ist jedoch eine Herausforderung. Die Unternehmensberatung McKinsey & Company veröffentlichte 2003 unter dem Titel „Wissen entscheidet" eine Benchmark Studie[277], in der 40 renommierte Unternehmen der produzierenden Industrie untersucht wurden. Ziel der Studie war es, erfolgskritische Wissensmanagement-Maßnahmen zu ermitteln, deren konsequente Umsetzung erfolgreiche von weniger erfolgreichen Unternehmen unterscheidet. Verkürzt dargestellt konnte McKinsey einen Zusammenhang zwischen Unternehmenserfolg und konsequenter Anwendung bestimmter Wissensmanagement-Maßnahmen aufzeigen.

Bei der Auswahl der Unternehmen griff McKinsey auf den MAKE-Report (Most Admired Knowledge Enterprises)[278] des Marktforschungsinstituts Teleos zurück, in dem die weltweit anerkannten „Wissensunternehmen" gekürt werden. Der seit 1998 jährlich veröffentlichte Bericht basiert auf der Delphi-Methode[279], bei der über 500 Experten weltweit befragt werden. In einem dreistufigen Prozess werden Unternehmen zunächst nominiert, selektiert und die Finalisten dann anhand von acht Kriterien des MAKE-Frameworks in eine Reihenfolge gebracht.

Die acht Kriterien (knowledge performance dimensions), die das MAKE-Framework mittels einer Reihe von Schlüsselfaktoren beschreibt und konkretisiert, lauten:

- Schaffen einer wissensorientierten Unternehmenskultur
- Aufbau von qualifizierten, im Umgang mit Wissen kompetenten Mitarbeitern (knowledge worker) durch geeignete Mitarbeiterführung des Managements
- Entwickeln und Liefern von wissensbasierten Produkten, Serviceleistungen und Lösungen
- Maximieren des unternehmenseigenen intellektuellen Kapitals und Eigentums
- Schaffen eines Umfeldes für kooperativen, unternehmensweiten Wissensaustausch

---

277 Wissen entscheidet, Kluge et al. 2005

278 2005 Global Most Admired Knowledge Enterprises (MAKE) Report, Chase, 2005-2006

279 Die Delphi-Methode ist ein systematisches, mehrstufiges Befragungsverfahren, indem sich Experten einbringen, um eine fundierte Meinung zu zukünftigen Trends oder Entwicklungen zu erhalten. Das Verfahren wurde von der Rand Corporation in den 50er Jahren entwickelt.

- Schaffen einer lernenden Organisation
- Werte schaffen für den Kunden durch Wissen über den Kunden
- Unternehmenswissen in Unternehmenswert (Shareholder Value) wandeln

In 2005 wurden insgesamt 138 Organisationen nominiert und 55 davon in der finalen Runde in eine Reihenfolge gebracht/bewertet. Beim Blick auf die Top 20 Unternehmen fällt auf, dass es mit Infosys Technologies (Platz 10 und zum dritten Mal unter den Gewinnern) und Wipro Technologies (Platz 14 und zum ersten Mal unter den Gewinnern) zwei der führenden indischen IT-Unternehmen in die Weltspitze geschafft haben. Dies unterstreicht die allgemein zu beobachtende Aufholjagd asiatischer Unternehmen.

Tabelle 5-1:   **Die Top 20-Unternehmen des MAKE Reports 2005**

Platz	Unternehmen	Punktzahl (max. 80) [280]
1	Toyota	68,78
2	Accenture	68,71
3	Buckman Laboratories	68,23
4	Dell	67,08
5	McKinsey & Company	66,92
6	Ernst & Young	66,86
7	Google	66,71
8	Samsung Group	66,19
9	IBM	65,74
10	Infosys Technologies	65,57
11	3M	65,56
12	PricewaterhouseCoopers	65,40
13	BP	65,04
14	Wipro Technologies	64,99
15	Nokia	64,82
16	Siemens	64,48
17	BMW	64,00
18	General Electric	63,91
19	Science Applications International Corporation	63,50
20	Microsoft/Sony	63,40

Sowohl die McKinsey-Studie als auch der MAKE-Report liefern interessante Erkenntnisse über Erfolgsfaktoren für Wissensmanagement und wie diese von den führenden Unternehmen gelebt werden. Eine verlockende Vorstellung wird dem Leser dabei leider genommen: Es gibt kein allgemeingültiges Erfolgsrezept.

Bei der Auswahl der Fallbeispiele kam es den Autoren darauf an, zwei in ihrem Charakter möglichst unterschiedlich Organisationen zu betrachten.

Die nachfolgende Tabelle zeigt die Eckdaten der beiden Beispiele:

---

280 Die maximale Punktzahl ergibt sich aus den einzeln zu bewertenden Kriterien (key performance dimensions). Für jedes Kriterium werden zwischen 1 (schwach) und 10 (exzellent) Punkte vergeben.

Tabelle 5-2:   **Übersicht Fallbeispiele**

Unternehmen	Segment	Größe und Standorte	Anwendungsbereich	Homepage
Accenture	Beratung und Outsourcing Services	Mitarbeiter: 126.000 Umsatz: 15,5 Mrd. USD (Stand 2005)	Globale WM-Prozesse	accenture.com
Hochschule Furtwangen	Bildung		Globale WM-Prozesse	hs-furtwangen.de

Der inhaltliche Aufbau des Accenture-Fallbeispiels ergibt sich anhand folgender Fragen:

1. Das Unternehmen/die Organisation: Wie ist das Unternehmen strukturiert? Welche Produkte und Dienstleistungen bietet es an? Welche Märkte und Kunden werden bedient?

2. Motivation und Zielsetzung: Warum wurde und wird in Wissensmanagement investiert? Welche Ziele werden verfolgt? Was soll erreicht werden?

3. Begriffsdefinition: Was versteht das Unternehmen unter Wissen und Wissensmanagement?

4. Historischer Rückblick: Wann wurde (explizit) mit Wissensmanagement begonnen? Wie gestalteten sich die weiteren Schritte bis in die Gegenwart?

5. Strategie zu WM: Welche Strategie verfolgt das Unternehmen?

6. Konzeptionelles Modell: Wie sind die Elemente Aufbauorganisation, Prozesse, Technologie etc. zum Wissensmanagement konzipiert bzw. implementiert?

7. Technologische Infrastruktur: Welche IT-Komponenten werden eingesetzt? Der Fokus liegt hier auf Anwendungssoftware. Hardware-technische Fragen stehen im Hintergrund.

8. Lessons learned: Gibt es Erfahrungswerte, Empfehlungen, Regeln, die von allgemeinem Interesse sind?

5.2   Accenture (G. Längst)

5.2.1   Das Unternehmen

Accenture ist ein global agierendes Dienstleistungsunternehmen mit den Schwerpunkten Managementberatung, Technologie und Outsourcing Services. Das Unternehmen wurde 1989 als Strategische Business Unit der Andersen Worldwide Organisation unter dem Namen Andersen Consulting gegründet und ist heute mit ca. 110 Büros in 48 Ländern präsent. Im Zuge der formalen Trennung von Arthur

Andersen im Jahr 1999 wurde die Umbenennung in Accenture vollzogen. Im Jahr 2001 folgte der Börsengang.

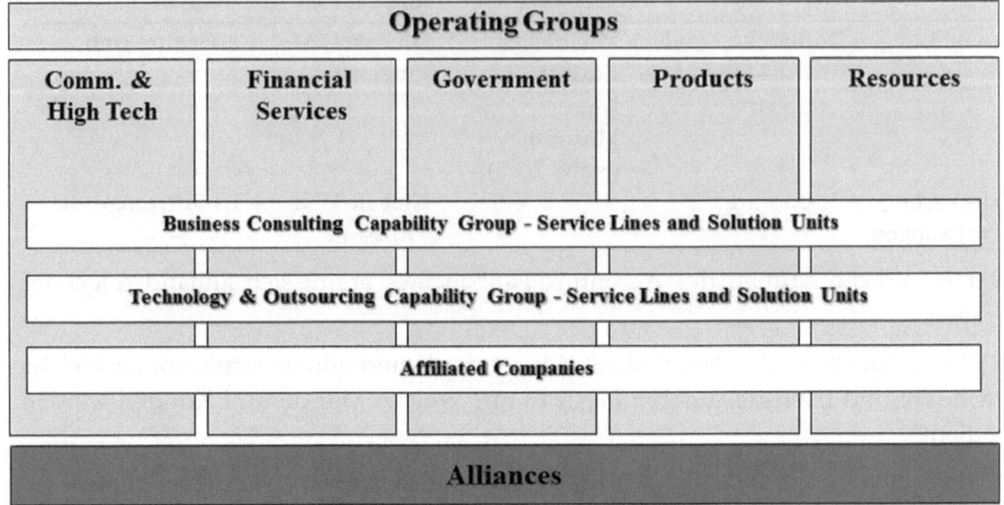

Abbildung 5-1:   **Unternehmensstruktur**

Die Unternehmensstruktur ist in fünf global aufgestellten ‚Operating Groups' aufgeteilt, die wiederum in insgesamt 20 Industriegruppen untergliedert sind (Abbildung 5-1). Die Beratungs-, Technologie- und Outsourcing-Einheiten als auch Tochterunternehmen und Allianzen sind entsprechend einer Matrixstruktur horizontal zu den ‚Operating Groups' angeordnet. Diese Einheiten sind entsprechend den Kernprozessen der Kunden in diverse Untergruppen unterteilt, wie zum Beispiel Strategie, Supply Chain Management, Customer Relationship Management, Human Performance.

Diese Struktur verdeutlicht das Servicespektrum des Unternehmens. Es bietet sämtliche Dienstleistungen von der klassischen Beratung über die Implementierung von Lösungen bis zum Betrieb ganzer Prozessbereiche. Die Strategie des ‚High Performance Delivered' steht für das Ziel, Kunden mittels industriespezifischer Erfahrungen und Sachkenntnisse in den Bereichen Beratung, Technologie und Outsourcing dabei zu unterstützen, ihre Innovations- und Wettbewerbsfähigkeit zu verbessern und dadurch den Unternehmenswert zu steigern.

Dieser Anspruch spiegelt sich u.a. in den Investitionen für Forschung und Entwicklung von knapp 300 Mio. USD und die Ausgaben für die Weiterentwicklung der Mitarbeiter von über 680 Mio. USD im Jahr 2006 wider.[281] Das entspricht 5,9 % des Jahresumsatzes.

---

281 Annual Report on Form 10-K, Seite F-11

Accenture weist seit Gründung 1989 ein durchschnittliches jährliches Wachstum von 16% auf. Das Kundenportfolio umfasst 84 der Fortune Global 100 und über 2/3 der Fortune Global 500 Unternehmen.

5.2.2 Motivation und Zielsetzung

Joe Forhand, Accenture's CEO bis 2004, hat die Bedeutung von Wissen für das Unternehmen folgendermaßen formuliert:

„The execution of our entire business strategy to be a market maker, architect and builder of the new economy is dependant on how we create, share and protect knowledge. Knowledge sharing is the essence of how we bring innovation to change the way the world works and lives."

Das Schaffen, Teilen und Schützen von Wissen bildet somit das Fundament für die erfolgreiche Umsetzung der Unternehmensstrategie und ist zentraler Bestandteil der Unternehmenskultur. Als objektiver Beleg hierfür kann der MAKE Report interpretiert werden. Accenture ist seit der ersten Veröffentlichung 1998 immer unter den besten 20 Unternehmen weltweit zu finden, zuletzt auf Platz 2 im Jahr 2005 (vgl. Tabelle 5-1).

Das Ziel des Wissensmanagements wird in einer Maxime zusammengefasst: „Wissensmanagement hilft, die richtigen Mitarbeiter, Fähigkeiten, Technologien und Allianzen zu mobilisieren, um Kundenbedürfnisse zu befriedigen." Konkret sind fünf Ziele für die Wissensmanagement-Strategie definiert: Förderung und Stärkung einer Unternehmenskultur in der Wissen geschaffen, geteilt und genutzt wird (Collaboration):

- Verkürzung der Zeitspanne bis neue Mitarbeiter relevante Fähigkeiten entwickelt haben (time-to-market)
- Verbesserung und Erweiterung der Fähigkeiten (i.S. von Wirkungsgrad) in Verkaufs- und Angebotsphasen (Sales und RfP)
- Verbesserung der Lieferqualität und der Gewinnmarge von Kundenprojekten (Delivery)
- Identifikation und Schutz von geistigem Eigentum (IP-Rights und Assets)
- Sicherstellung und Verbesserung des Return-On-Investment von Wissensmanagement (ROI)

Auffallend ist der Fokus auf Kernprozesse und -produkte des Unternehmens. Dies war nicht immer so, wie in Kapitel 5.2.4 aufgezeigt wird.

5.2.3 Begriffsdefinition ‚Wissensmanagement'

Accenture definiert „Wissensmanagement" als

> den systematischen Prozess des Kreierens, Akquirierens, Synthetisierens und Teilens von Informationen, Einblicken und Erfahrungen, um operationale Ziele zu erreichen.

Diese Begriffsbestimmung schließt alle Kernprozesse des Wissensmanagements ein, wobei die Wissensbewahrung nicht explizit genannt wird. Wissen selbst wird als Summe von Informationen, Einblicken und Erfahrungen verstanden, eine für die Praxis geeignete Beschreibung. Die Verbindung zu operativen Zielen zeigt, dass Wissensmanagement im Unternehmen kein Selbstzweck ist.

5.2.4 Rückblick – wie alles begann

Accenture zählt zu den Pionieren des Wissensmanagements. Es begann bereits Anfang der 90er Jahre mit dem Aufbau einer technischen Infrastruktur (Knowledge Infrastructure) als Voraussetzung für den Wissensaustausch. Mit Einführung des Begriffs „Knowledge Exchange" wurde Wissensmanagement als dedizierte Kompetenz des Unternehmens etabliert. Die Entwicklung war geprägt von der Suche nach dem richtigen Weg und der im Nachhinein betrachtet zähen Transformation der Unternehmenskultur. Veränderte Rahmenbedingungen im Beratungsmarkt als auch die strategische Entscheidung Accenture's, das Geschäftsfeld ‚Oursourcing' aufzubauen, gaben weitere Impulse für die Weiterentwicklung der WM-Kompetenz.

Rückblickend kann der Weg in vier Stufen unterteilt werden, jede Phase stand jeweils unter einem eigenen Motto.

Phase 1 (1992 – 1995) „Knowledge Infrastruktur" legte den Schwerpunkt auf den Aufbau globaler Kommunikationsstrukturen. Im Zentrum stand der unternehmensweite Einsatz eines E-Mail-Systems. Es entstanden Diskussionsforen und erste Pilotanwendungen für themenspezifische Datenbanken. Die technologische Plattform bildete IBM Lotus Notes.

Phase 2 (1994 – 1997) „Knowledge Sharing" ergänzte die bestehenden Strukturen um Content-Datenbanken und Anwendungen für „Communities", z.B. für Industrie- oder Kompetenzgruppen. Die strukturierte Dokumentation des Wissens und damit auch die Kultur des „Wissen Schaffens und Teilens" wurde vorangetrieben, das „organisationelle Gedächtnis" etabliert. Zu Beginn ging hierbei für den einzelnen durchaus die Orientierung („wo gehöre ich hin?") und Unterstützung bei der Wissenssuche verloren.

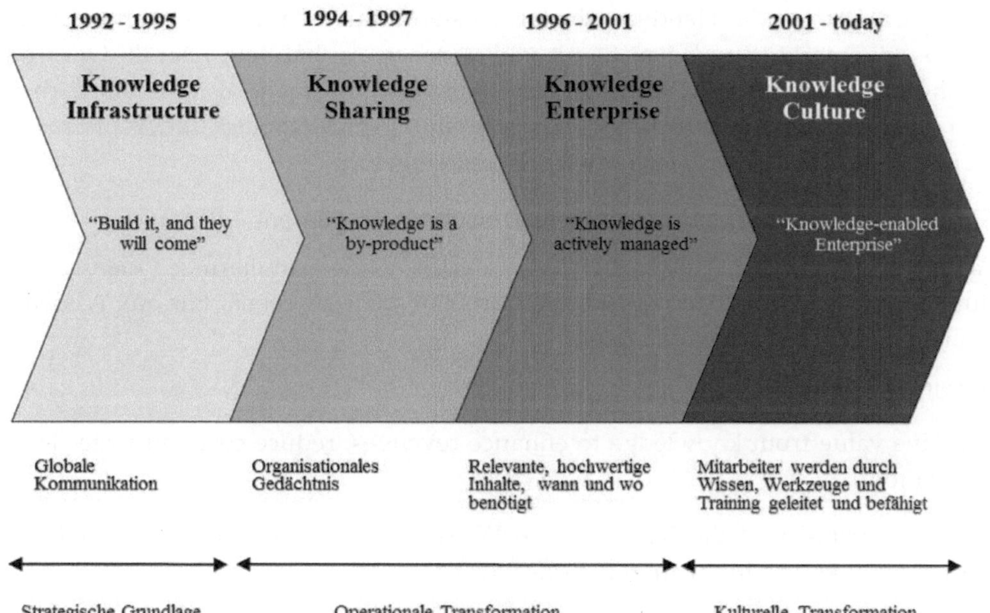

Abbildung 5-2:   Evolution des Wissensmanagements

Phase 3 (1996 – 2001) „Knowledge Enterprise" war vom Gedanken geprägt, Wissen aktiver zu managen. Das autonome, mithin „chaotische" Schaffen und Beschaffen von Wissen lenkte eine neu geschaffene Knowledge-Management-Organisation in strukturiertere Bahnen. Die neu etablierten KM-Prozesse orientieren sich dabei auf die Geschäftsprozesse des Unternehmens, auf technischer Ebene wurden Orientierungs- und Suchfunktionen verbessert und zentrale Unterstützungsfunktionen aufgebaut, um einerseits die Wissensbeschaffung und -aufbereitung als auch die Rechercheaufgaben zu optimieren. Diese Maßnahmen verbesserten die Qualität und Relevanz des Wissens als auch dessen bedarfsgerechte Verfügbarkeit. Technisch begann der Übergang zu webbasierten Technologien auf Basis des IBM Lotus Notes Domino Server.

Phase 4 (2001 – heute) „Knowledge Culture" steht für die Verinnerlichung - Wissen als Teil der Unternehmenskultur. Ein Großteil der heute beschäftigten Mitarbeiter ist nach 2001 eingestellt worden. Sie sind in dieser wissensgeprägten Kultur groß geworden. Sie ist selbstverständlich, Teil der täglichen Arbeit und Interaktion. Im Bereich Content-Management wurden Zugriff auf und Organisation von Wissensinhalten vereinfacht und vereinheitlicht (Stichworte sind hier Standardisierung, einheitliche Taxonomie, Mitarbeiterportale, Industrie-, Kompetenzgruppenportale). Diese strukturellen Verbesserungen gingen einher mit einer stufenweisen Migration von IBM Lotus Notes auf MS Sharepoint-Technologie, der Einrichtung von Shared Service-Einheiten und der Verlagerung von Aufgaben in Offshore-

Zentren.[282] Dringender Handlungsbedarf entstand durch das rasche Wachstum des Outsourcingmarktes und dem damit verbundenen Aufbau von über 40 On- und Offshore-Servicezentren (Global Delivery Network) mit mehr als 48.000 Mitarbeitern. Hier wurden einheitliche Rollenbeschreibungen, Methoden und Tools speziell für diese Serviceleistungen entwickelt und eingeführt.

5.2.5 Unternehmensstrategie zum Wissensmanagement

Accenture pflegt den Ansatz, bereits in der Strategieformulierung Orientierung durch ein spezifisches Mission- und Vision-Statement zu geben. Für das Wissensmanagement lauten diese wie folgt:

Mission-Statement:

> „Drive value from knowledge to enhance revenues, reduce cost and foster innovation"

Frei übersetzt schafft die Nutzung von Wissen Werte, indem Erträge gesteigert, Kosten gesenkt und Innovation gefördert werden.

Vision-Statement:

> „To create a world-class knowledge-sharing culture and environment that contributes to Accenture's success"

Auf Deutsch: Schaffen einer erstklassigen, wissensorientierten Unternehmenskultur und Infrastruktur, die zum Unternehmenserfolg beitragen.

Die daraus abgeleitete Strategie stellt ab auf die Entwicklung, den Schutz und die Nutzung von wissensbasierten, marktrelevanten Serviceleistungen und Erfahrungen und formuliert konkrete Aufgaben je WM-Prozess (siehe auch Abbildung 5-6):

- *Planung*: WM unterstützt die Planung von strategischen, vermarktbaren Assets. Ferner sind Schwerpunkte für intern genutztes Know-how, Werkzeuge und Methoden entsprechend der Prioritäten des Marktes zu setzen.
- *Entwicklung*: WM unterstützt den Auf- und Ausbau der Assets durch die Entwicklung, Synthetisierung und Beschaffung von strategischen Inhalten.
- *Schutz*: WM fördert und unterstützt den (gesetzlichen) Schutz von proprietären Assets (geistiges Eigentum).
- *Zugang und Verteilung*: WM konzipiert, implementiert und nutzt anwenderfokussierte Kanäle und Werkzeuge für den Zugang, die Verteilung und das Teilen von Wissen als auch die Förderung der Zusammenarbeit.

---

282 Die Aufgaben für Betreuung und Betrieb der Knowledge Exchange-Infrastruktur, des Content Managements u.s.w. lagen verstreut über Operating Groups. Eine mehrstufige Restrukturierung bündelte diese Aufgaben in Shared Service-Einheiten. Dies war eine Voraussetzung. um beispielsweise die Softwareentwicklung und -wartung in indische Offshore-Zentren zu verlagern.

- *Kommerzialisierung*: WM hilft bei der kommerziellen Nutzung der Assets durch aktive Teilnahme am Verkaufsprozess.
- *Betreuung*: WM pflegt und aktualisiert fortlaufend Assets und Inhalte, um deren Relevanz und Nutzung zu gewährleisten.

Zusammenfassend stehen Marktrelevanz, Wertschöpfung und Schutz der Ressource Wissen im Vordergrund. Sie bilden u.a. den Maßstab für die jährlich anstehenden Investitions-Entscheidungen in die Weiterentwicklung der WM-Kompetenz.

5.2.6 Konzeptionelles Modell

Das konzeptionelle Modell liefert detaillierte Einblicke in die Strukturen der Organisation, Prozesse und technologischen Infrastruktur. Das Bild wird durch den Blick auf die Gesamtstruktur aus der Perspektive des Mitarbeiters abgerundet.

5.2.6.1 Aufbauorganisation

Die jüngste organisatorische Umgestaltung erfolgte 2004 mit der Zusammenlegung der Bereiche Training bzw. Weiterbildung und Wissensmanagement unter der Führung des Chief Learning Officers (CLO) Don Vanthournout. Die Begründung für diesen Schritt liefert er in seinem aktuellen Buch „Return on Learning".[283] Als Hauptargumente für die Integration nennt er die zunehmende Dynamik des Marktes, die kürzere Reaktionszeiten erfordert. Ein formal abgegrenztes Trainingsprogramm ist zunehmend von „just-in-time"-Training und der direkten Verbindung mit den Prozessen der Wissensschaffung und -teilung zu ersetzen. Diese Entwicklung kann eine zentral verantwortliche Managementrolle besser aufgreifen und umsetzen.

Der CLO ist weltweit für die Entwicklung der Fähigkeiten und Kompetenzen (Capabilities) der Organisation verantwortlich und berichtet an die globale Leitung des Personalbereichs (Global Human Resource Organization).

Die CLO-Organisation gliedert sich in fünf zentral aufgestellte Teams, in denen insgesamt etwa 300 Mitarbeiter beschäftigt sind. Diese vergleichsweise kleine Gruppe wird von über 150 Kollegen des „Deployed Capability Development"-Teams unterstützt, die vor Ort die „Operating Groups" und die Kompetenzgruppen (Service Lines) unterstützen. Der „deployed to"-Ansatz bedeutet u.a. die kostenseitige Zuordnung der Mitarbeiter zur Linienorganisation.

---

283 Return on Learning, Vanthournout et al. 2006

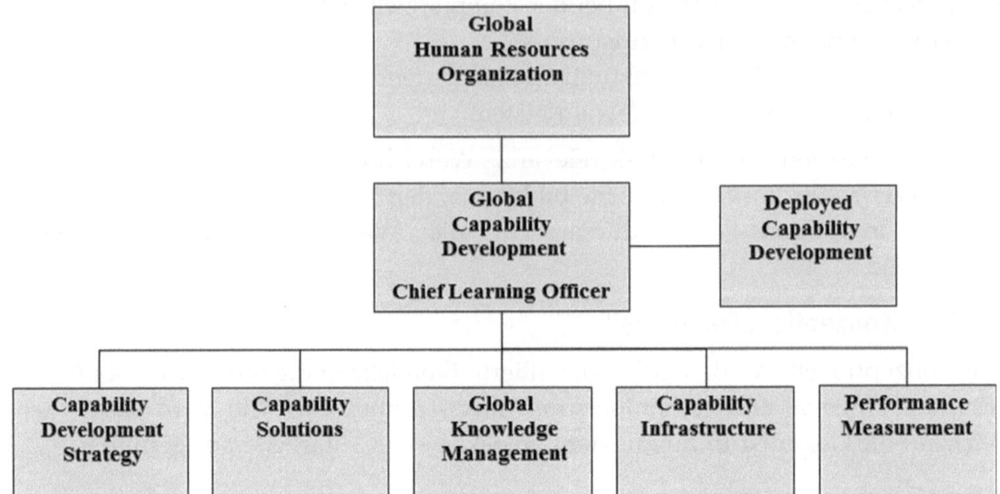

Abbildung 5-3:   Aufbauorganisation des Bereichs ‚Global Capability Development‘

Deployed Capability Development: Diese Gruppe bildet mit über 150 Mitarbeitern die größte Einheit. Sie ist entsprechend der Unternehmensstruktur den Operating Groups und Kompetenzgruppen zugeordnet und arbeitet dezentral in allen Regionen (siehe Abbildung 5-3). Sie bilden die Verbindung zwischen den internen Kunden in der Organisation und der zentralen Organisation. In dieser Rolle tragen sie dazu bei, gemeinsam mit den jeweiligen Sponsoren strategische Wissens- und Trainingsbedarfe zu identifizieren. Gleichzeitig sind sie verantwortlich für die Akquisition und Pflege der Wissensbasis.

Die dem CLO untergeordneten Teams haben im Einzelnen folgende Aufgaben:

- *Capability Development Strategy*: Diese Gruppe leitet aus Unternehmensstrategie und Marktentwicklungen Anforderungen an das Fähigkeiten- und Kompetenzspektrum der Organisation ab. Die laufende Analyse der Qualifikationsprofile der Mitarbeiter und der Kompetenzen der Organisation als Ganzes zählt ebenso zum Aufgabengebiet. Aus diesen Bausteinen werden Schwerpunkte und Struktur der Curriculums bzw. Lehrpläne für alle Karrierepfade definiert und kontinuierlich angepasst.

- *Capability Solutions*: In dieser Einheit liegen die Schwerpunkte auf der konkreten Entwicklung (bzw. deren Koordination) von Trainingsinhalten für alle Managementebenen als auch von marktrelevanten Assets.

- *Global Knowledge Management*: Diese Einheit entwickelt die Strategien und Konzepte für das Wissensmanagement im engeren Sinne (Schwerpunkt Inhalte und Communitys, ohne Training). Überdies ist sie verantwortlich für die Weiterentwicklung und den laufenden Betrieb der Infrastruktur, insbesondere MS Sharepoint. Das Team arbeitet sehr eng mit der „Deployed Capability Development"-Gruppe in der Linienorganisation zusammen.

- *Capability Infrastructure*: Diese Einheit kümmert sich sowohl um die Entwicklung und den laufenden Betrieb der Infrastruktur als auch um Training und Weiterbildung.
- *Performance Measurement*: Hier ist das „Controlling" für Training und Wissensmanagement angesiedelt. Zum einen definiert und implementiert das Team die Kennzahlen und Erhebungsverfahren, die zur Erfolgsmessung und Steuerung erforderlich sind. Zum anderen sind sie für operative Datenerhebung, die Analyse und das Berichtswesen an das Management verantwortlich.

Die CLO-Organisation arbeitet eng mit einer Reihe von weiteren Einheiten zusammen, um das Dienstleistungsspektrum (siehe auch Abbildung 5-6 Prozesse in Verbindung mit Abbildung 5-7 Zuständigkeitsmatrix) anbieten zu können:

Accenture Learning Services (ALS): ALS ist eine auf Training spezialisierte Tochtergesellschaft, die ihre Dienstleistungen frei am Markt anbietet. Sie ist für die konkrete Ausarbeitung von Trainingskursen und CTB Trainingsinhalten verantwortlich. Ein Teil der Trainingskurse wird in den Trainingszentren dieser Tochtergesellschaft an verschiedenen Standorten weltweit durchgeführt. Das Kursangebot für Spezialthemen wird bei Bedarf von externen Anbietern vervollständigt.

Accenture Research: Eine Gruppe spezialisiert auf Rechercheaufgaben insbesondere von externen Quellen. Zu den Hauptaufgaben zählen Erstellen von Marktanalysen, Konkurrenzanalysen und Kundenprofilen als auch die Selektion und Betreuung von externen Informationsservices.

Accenture Methodology: Accenture hat schon vor dem Aufbau des Wissensmanagements viel in die Entwicklung und Dokumentation einer strukturierten Projektmethodik investiert. Hier werden die über Jahrzehnte gemachten Projekterfahrungen zusammengefasst und kontinuierlich weiterentwickelt. Die ursprünglich in einer Vielzahl von Ordnern dokumentierten Verfahren wurden auf moderne webbasierte Tools transferiert und sukzessive um weitere Anwendungsgebiete, wie z.B.: den Betrieb von Outsourcing Servicezentren, ergänzt. Die Verantwortung für die Pflege dieses wertvollen Erfahrungsschatzes liegt in dieser Gruppe.

Accenture Technology Labs: Accenture hat weltweit eine Reihe von Technologie-Labors aufgebaut. Hier werden hauptsächlich technologische Innovationen auf die industrielle Anwendbarkeit hin untersucht und konkrete Anwendungsmöglichkeiten entwickelt. Das primäre Ziel ist, Kunden neue Lösungsansätze aufzuzeigen, daraus individuelle Ideen abzuleiten und zu implementieren.

5.2.6.2 Rollen

Auf der konzeptionellen Ebene sind die Rollendefinitionen des Wissensmanagements recht einfach gehalten.

Auffällig ist die Beschränkung der Rollenbeschreibungen auf den Bereich Content. Gängige Aufgaben der Personalabteilung wie z.B. Mitarbeiterbetreuung, Performance Management, Skill Tracking und Rollen im Trainingsumfeld fehlen, da sie nicht zur CLO-Organisation zählen.

Zudem ist erwähnenswert, dass bis auf den Content Manager alle Rollen von Mitarbeitern und Führungskräften der Linienorganisation wahrgenommen werden, d.h. jeder Mitarbeiter, ob Berater, Softwareentwickler oder Serviceexperte im Outsourcing, nimmt ein oder mehrere Wissensmanagement-Rollen wahr.

Rolle	Aufgabenstellung	Organisationseinheit
Knowledge Sponsor	Verantwortlich für die Entwicklung, Implementierung und den Erfolg von WM Lösungen	Operating Units, Service Lines, Solution Units
Anwender	Wendet WM in der täglichen Arbeit ein und schafft dadurch zusätzlichen Nutzen	Alle Einheiten
Contributor	Nutzt seine Fähigkeiten und Erfahrungen, um Inhalte für das WM zu entwickeln und zu aktualisieren	Alle Einheiten
Experte	Genehmigt die Wiederverwendung von verfügbarem Wissen für interne und externe Zwecke	Alle Einheiten
Content Manager	Synthetisiert und strukturiert Wissen, managt den Archivierungsprozess, unterstützt bei der Weiterentwicklung der WM Architektur	CLO Organisation
KM Technischer Support	Entwickelt, pflegt und verwaltet die WM Architektur	Service Einheiten (On- und Off-shore)

Abbildung 5-4:   **Rollenbeschreibungen**

Der Content Manager ist die sehr allgemein gehaltene Beschreibung für die Mitarbeiter der größten CLO-Einheit, der „Deployed Capability Development Group". Innerhalb dieser Einheit wurden weitere Unterteilungen, spezialisierte Rollen definiert und Karrieremodelle entwickelt.

5.2.6.3 Governance[284]

Die strategische Bedeutung des Faktors Wissen liegt auf der Hand. Gleichwohl sind die verfügbaren Mittel auch hierfür begrenzt. Accenture investiert kontinuierlich 5 bis 6 % des Umsatzes in Training, Entwicklung innovativer Lösungen und das Wissensmanagement allgemein.[285]

Trotz oder gerade aufgrund der beachtlichen Beträge muss der interne Wettbewerb um Prioritäten für Investitionen, um Budgets für neue Projekte, personelle Ausstattung von WM-Funktionen etc. in einem stringenten Prozess eingebettet

---

284 Unter Governance verstehen wir in diesem Kontext die auf- und ablauforganisatorischen Elemente und Strukturen zur Führung und Steuerung der WM-Aktivitäten.
285 In dieser Zahl sind direkte Personalkosten nicht enthalten

sein. Die Führungsstruktur muss die durchaus konkurrierenden Interessen der recht eigenständig agierenden Operating Groups unter einen Hut bringen. Hier sind sowohl unternehmensweite, strategische Managemententscheidungen gemeinsam zu fällen, als auch der Wettbewerb um die besten Ideen zwischen den Einheiten konstruktiv zu lösen.

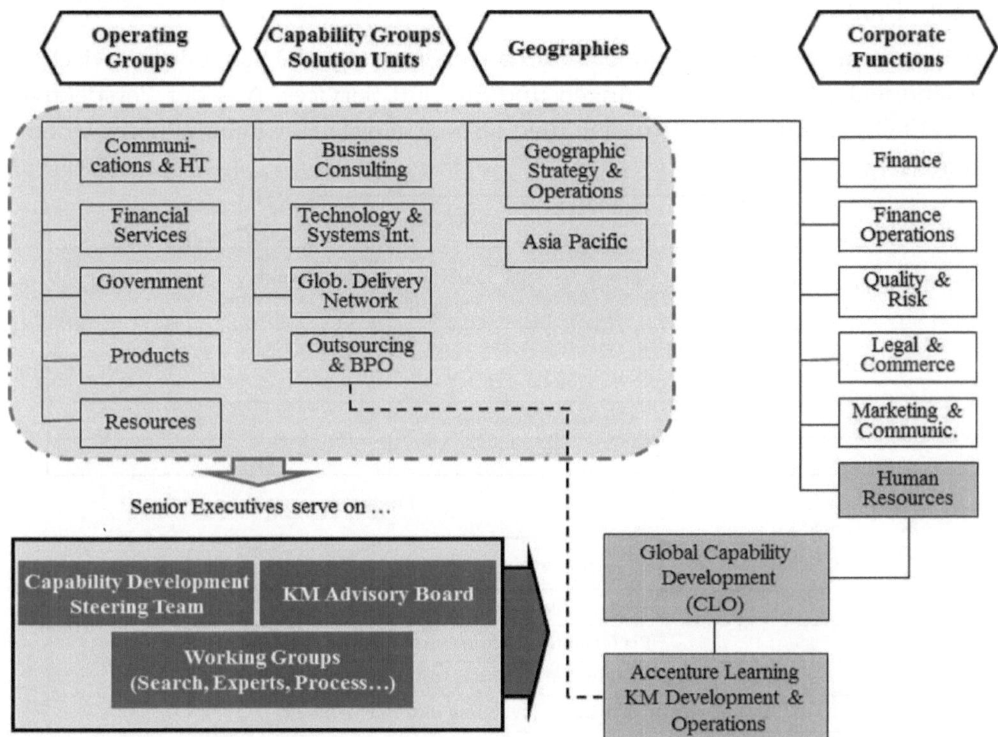

Abbildung 5-5:   **Steuerungs- und Entscheidungsmechanismen**

Aus Abbildung 5-5 wird deutlich, dass die Steuerung der CLO-Organisation durch den Kunden, die Operating Units, erfolgt. Die obersten Managementebenen aus allen Einheiten sind in zwei Gremien vertreten: das Capability Development Steering Team (CDST) und das KM Adivsory Board (KMAB).

Das CDST entscheidet über Trainingsschwerpunkte und Projekte zur Entwicklung von marktrelevanten Lösungen. Es stellt somit die konsequente Ausrichtung dieser Maßnahmen auf die Unternehmensstrategie sicher.

Das KMAB konzentriert sich auf die Wissensmanagement-Strategie und weitere Entwicklung der WM-Anwendungsarchitektur. Hier wird über grundsätzliche Funktionalitäten, Plattformen und damit verbundene Investitionen entschieden.

Für zeitlich begrenzte Projekte, z.B. der Ausarbeitung von Anforderungen und Konzepten für die WM-Architektur, werden Arbeitsgruppen auf operativer Ebene gebildet. Ihre Ergebnisse und Empfehlungen werden je nach Inhalt einem der beiden Gremien vorgestellt.

Die Struktur vermeidet ein weiteres Risiko: Durch die Richtlinien- und Entscheidungskompetenzen der Gremien wird die Global Capability Development-Einheit des CLO eng an seine Kunden gebunden und kann somit kein unerwünschtes Eigenleben entwickeln.

5.2.6.4 Prozesse

Das Prozessmodell in Abbildung 5-6 unterscheidet auf oberster Ebene zwischen kundenorientierten Serviceleistungen und Support Services. Aus der Perspektive der CLO-Organisation sind Kunden die Leistungsempfänger innerhalb des Unternehmens.

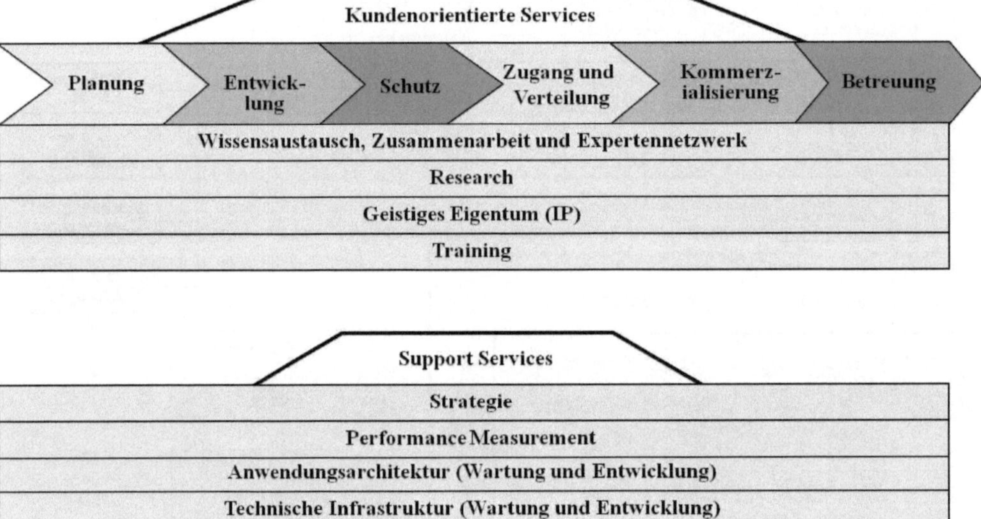

Abbildung 5-6:   **Prozessmodell**

Der kundenorientierte Teil ist auf den Lebenszyklus von „Wissensprodukten" ausgerichtet, oder auch inhaltorientiert. Der Kernprozess umfasst die Entwicklungsstufen im Leben eines Wissensobjekts, von der Planung bis zur Betreuung, und weist viele Parallelen zu den Prozessen des integrierten Geschäftsmodells in Kapitel 3.3 auf. Die Content getriebene Wertschöpfungskette wird ergänzt um weitere kundenorientierte Dienstleistungen:

- *Wissensaustausch, Zusammenarbeit, Expertennetzwerk*: Hierunter fallen alle Aktivitäten und Maßnahmen im Bereich „Zusammenarbeit" bzw. „Community".
- *Research*: Dies umfasst alle Recherchearbeiten, die vor allem von Beratungsprojekten in Anspruch genommen werden.
- *Geistiges Eigentum (Intellectual Property)*: Der Schutz des geistigen Eigentums hat einen hohen Stellenwert bei Accenture. Verantwortliche Projektmanager und -mitarbeiter sind sensibilisiert, Arbeitsergebnisse auf ihr IP-Potential hin zu prüfen. Je nach Projektgröße und -inhalt werden formale Gesprächsrunden zwischen Projektleitung und internen IP-Experten durchgeführt, um innovative

Projektergebnisse zu bewerten. Bei positivem Ergebnis wird der Prozess zum Schutz der Ergebnisse angestoßen. In Vertragsverhandlungen mit Kunden wird die Frage nach IP-Rechten vor Projektbeginn geregelt. Der Wert von IP-Rechten spiegelt ab einer bestimmten Größenordnung in der Bilanzierung derselben wider.

- *Training*: Jeder Mitarbeiter hat Anspruch auf ein festes Jahrespensum an Training. Täglich nutzen mehrere Tausend Mitarbeiter Trainingskurse, die über verschiedene Kanäle angeboten werden (siehe auch Abbildung 5-13).

Support Services sind von unterstützender, sekundärer Natur. Sie schaffen die Grundlage zur Bereitstellung der primären, Nutzen schaffenden Dienstleistungen. Hierzu zählen:

- *Strategie*: Die Entwicklung und Fortschreibung der Wissensmanagement-Strategie ist Aufgabe des CLO. Die Entscheidung darüber liegt bei den Management Gremien.

- *Performance Measurement*: könnte auch WM-Controlling heißen. Die laufende Messung klar definierter Kenngrößen bildet die Grundlage für die operative, taktische und in gewissem Umfang auch strategische Steuerung. Diese Aussage ist allgemeingültig und ist somit auch auf Wissensmanagement anwendbar. Die Entwicklung steht hier noch am Anfang. Auch der MAKE-Report betont die Lücken bei der Definition und Erhebung von aussagekräftigen KPIs (Key Performance Indicators). Accenture legt aktuell den Fokus auf zwei Bereiche: Inhalte und Training. Bei Inhalten werden sowohl die Nutzung als auch die Generierung von einzelnen Wissensobjekten gemessen. Beide Aspekte werden monatlich nach den Dimensionen Organisationseinheit, Management-Ebene und Region erhoben. Für Training werden Trainingsbudgets und deren Ausnutzung nach vergleichbaren Dimensionen ausgewertet.

- *Anwendungsarchitektur*: Dieser Prozess umfasst die Neuentwicklung und Wartung der WM-Softwareanwendungen. Hinzu kommt die Verantwortung für die Betreuung der Anwender durch einen telefonisch oder per E-Mail erreichbaren Help Desk. Diese Aufgaben werden größtenteils von Service Zentren in Indien und den Philippinen wahrgenommen.

- *Technische Infrastruktur*: Dahinter verbirgt sich der klassische Rechenzentrumsbetrieb, d.h. die Betreuung der Serverfarmen. Die Menge an benötigter Hardware für Entwicklung, Test und Produktion ist beachtlich aufgrund der großen Zahl an Anwendern und der über die Welt verteilten Standorte. Accenture unterhält große Rechenzentren in allen Zeitzonen, die untereinander verbunden sind und im Notfall gegenseitig als Back-up dienen können.

Die Verbindung zwischen Organisationsstruktur und Prozessmodell beantwortet die Frage nach Zuständigkeiten im Unternehmen. Die Zuständigkeitsmatrix in Abbildung 5-7 zeigt, getrennt nach beiden Prozessgruppen, diesen Zusammenhang und verdeutlicht die enge interne Vernetzung der CLO-Organisation mit weiteren Serviceeinheiten.

Organisationseinheit	Planung	Entwicklung	Schutz	Zugang und Verteilung	Kommerzialisierung	Betreuung	Wissensaustausch…	Research	Geistiges Eigentum	Training
CLO Organisation	✓	✓	✓							
Deployed Capability Development				✓	✓	✓	✓	✓	✓	
Accenture Learing Services		✓								✓
Accenture Technology Lab		✓			✓				✓	
Accenture Methodology		✓								
Accenture Research								✓		
Off-shore Service Zentren				✓		✓				

Organisationseinheit	Strategie	Performance Management	Anwendungsarchitektur	Technische Infrastruktur
CLO Organisation	✓	✓	✓	✓
Deployed Capability Development			✓	
Off-shore Service Zentren		✓	✓	✓

Abbildung 5-7:   **Zuständigkeitsmatrizen**

Zwei Fragenkomplexe werden mit den bisherigen Ausführungen noch nicht ausführlich beantwortet:

- Wie sind die WM-Prozesse mit den wertschöpfenden Kernprozessen des Unternehmens wie Beratung und Outsourcing verzahnt? Wo liegt der Nutzen für die verantwortlichen Führungskräfte der gewinnverantwortlichen Einheiten?
- Wie stellt sich Wissensmanagement aus Sicht des einzelnen Mitarbeiters dar? Worin liegt für ihn der Vorteil in der Nutzung und – ebenso wichtig – der aktiven Mitwirkung im Wissensnetzwerk?

5.2.6.5 Verknüpfung der WM-Prozesse

Die erste Frage beantwortet Abbildung 5-8 beispielhaft anhand des Kernprozesses im Beratungsgeschäft. Die Wertschöpfungskette ist in fünf Schritte unterteilt.

Ausgangspunkt ist der Aufbau und Ausbau von industriespezifischem Know-how bzw. Lösungen (Assets) und entsprechend kompetenter Beraterteams. Es folgt der Aufbau und Ausbau von Kundenbeziehungen einschließlich der Akquisition von Neukunden. Aus Kundenbeziehungen entstehen Verkaufschancen, d.h. in der Regel die Einladung zur Teilnahme an Ausschreibungsverfahren für konkrete Projekte. Wenn es dem Beraterteam gelingt, eine spezifische, innovative Projektidee exklusiv bei den Entscheidungsträgern des Kunden zu platzieren, erübrigt sich möglicherweise ein Ausschreibungsverfahren. Die Erfolgschancen dieses Ansatzes hängen wesentlich von den Ergebnissen des ersten Prozessschrittes ab.

Auf die Annahme des Projektangebotes durch den Kunden folgt die Projektdurchführung. In der Anfangsphase profitiert das Projektteam von den Serviceleistungen der CLO-Organisation. Die Suche nach wiederverwendbaren Lösungskomponenten als auch die Zusammenstellung projektspezifischer Trainingspläne verkürzt die Einarbeitungsphase und reduziert die Projektkosten. Dieser Informationsfluss kehrt sich im Verlauf des Projekts um. Neu geschaffenes Wissen wird vom Projektteam identifiziert und zusammengestellt. Anschließend bereitet der zuständige Content-Manager das Material für die WM-Datenbank auf. Voraussetzung ist eine entsprechende vertragliche Regelung mit dem Kunden. In Einzelfällen wird eine gemeinsame Verwertung der „Assets" vereinbart.

Abbildung 5-8:   **Verknüpfung zwischen WM-Prozessen und Beratungsgeschäft**

In jedem der fünf Phasen bringt die CLO-Organisation Serviceleistungen ein, die Nutzen schaffen. Arbeitsschritte werden beispielsweise durch Research, Wiederverwendung von Lösungen oder Experteneinsatz beschleunigt, Ergebnisse qualitativ verbessert, neues Wissen systematisch erfasst und bei Bedarf urheberrechtlich geschützt. Der Einsatz von CLO-Mitarbeitern ist für Kundenmanager ein selbstverständlicher Vorgang bei der Vorbereitung und Durchführung von Projekten.

5.2.6.6 Mitarbeiterperspektive

Eine zentrale These des Buches ist: Der Mensch steht im Mittelpunkt, ist Dreh- und Angelpunkt des Wissensmanagements. Somit ist die Art und Weise, wie ein Unternehmen seine Mitarbeiter in die Aufgabe einbindet und sie motiviert, Wissen zu schaffen und zu teilen, ein Erfolgsfaktor.

Ein neuer Mitarbeiter wird gleich zu Beginn seines Arbeitsverhältnisses an die Unternehmensphilosophie zum Wissensmanagement herangeführt. Die Agenda der Orientierungstage schließt ein Wissensmanagement-Training mit ein. Der Aufbau der Einführung gliedert sich, beispielhaft für die Automobilindustrie, wie folgt:

- Warum Wissen managen?
- Spezifisches Wissen zur Automobilindustrie:
  - Trainingskurs
  - Internes Wissensportal zur Automobilindustrie
  - AUTO Website auf Accenture.com
  - Anlegen des eigenen Wissensprofils
  - Finden/Nutzen von Expertenprofilen
- Nutzen des Knowlegde Exchange
- Beitragen zum Knowledge Exchange

Ein Mitarbeiter lernt darüber hinaus die internen Abläufe zur Mitarbeiterführung und -bewertung kennen. Einmal jährlich definiert jeder Mitarbeiter gemeinsam mit seinem Vorgesetzten Ziele hinsichtlich seiner beruflichen Entwicklung und konkreter Projektaufgaben. Das Jahresgespräch dient auch dazu, das Trainingsprogramm festzulegen. Ausgangspunkt sind je nach Kompetenzschwerpunkt global definierte Curriculi. Diese werden um variable, mitarbeiterspezifische Kurse ergänzt. Eine Reihe der Trainingskurse werden im firmeninternen Campus in der Nähe von Chicago durchgeführt. Das gemeinsame Lernen mit Kollegen und Kolleginnen aus der ganzen Welt ist ein wichtiger Baustein zur Förderung der Unternehmenskultur.

Grundsätzlich ist das Schaffen und Teilen von Wissen als auch die Förderung und der Aufbau von fähigen Mitarbeitern fester Bestandteil der Zieldefinitionen. In regelmäßigen Gesprächen, mindestens viermal jährlich, werden die aktuellen Leistungen diskutiert, bewertet und Maßnahmen definiert, um mögliche Schwächen zu adressieren.

Dieser Ansatz schafft Anreize durch Anerkennung von gezeigten Leistungen zur Verbesserung der Wissensbasis des Unternehmens. Gleichzeitig führen unzureichendes Engagement zu schlechteren Bewertungen und folglich zu spürbaren, persönlichen Konsequenzen in Bezug auf Karriere- und Gehaltsentwicklung.

Training, Leistungsanreize und Sanktionen sind notwendige, aber nicht hinreichende Bedingungen für die Motivation des Mitarbeiters. Die Erfahrung des Autors aus zahlreichen Gesprächen mit Mitarbeitern zeigt, dass der persönlich wahrgenommene Nutzen im täglichen Projektgeschäft den wichtigsten Anreiz für eine aktive Rolle im Wissensmanagement darstellt. Abbildung 5-9 zeigt die vier Nutzenpotentiale, die es den Teammitgliedern zu verdeutlichen gilt.

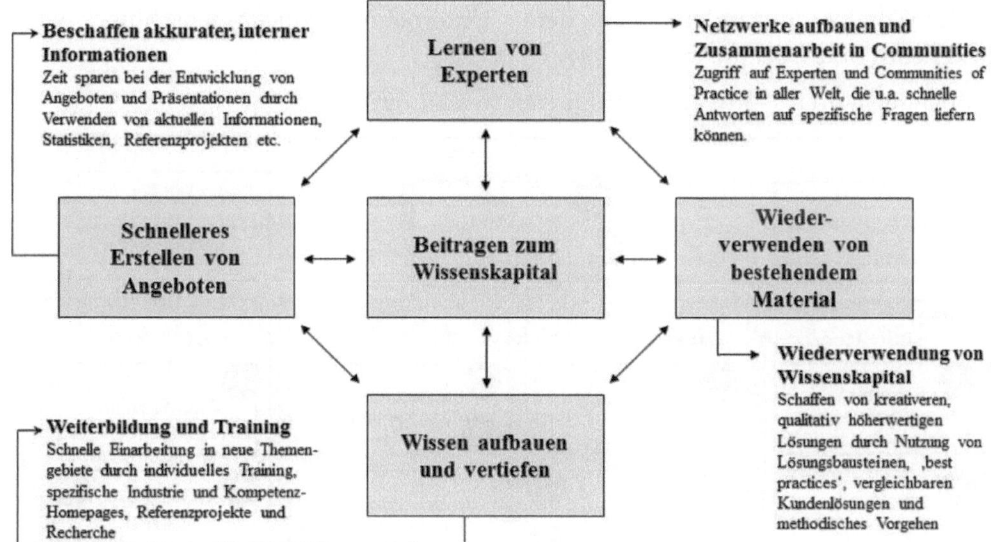

Abbildung 5-9:   **Wissensmanagement aus der Perspektive des Mitarbeiters**

Zusammenfassend setzt das Modell drei Prinzipien um:

* *Kompetenz*: Neuen Mitarbeitern ist durch Training und Coaching das Handwerkszeug zu vermitteln, um sich als Wissensträger im Unternehmen einbringen zu können.

* *Zuckerbrot und Peitsche*: Der Beitrag eines Mitarbeiters zur Wissensbasis des Unternehmens ist wichtiger Bestandteil des Beurteilungsprozesses und demnach zu bewerten.

* *Nutzen*: Der Mitarbeiter muss in seiner täglichen Arbeit einen persönlichen Nutzen erkennen.

Nur die Kombination der drei Prinzipien schafft die Grundlage einer wissensorientierten Unternehmenskultur.

5.2.7 Technologische Infrastruktur

5.2.7.1 Überblick

Als Ausgangspunkt für die Beschreibung der Anwendungsarchitektur verwenden wir das Referenzmodells des theoretischen Teils. Die Softwareplattform des Unternehmens adressiert alle Komponenten dieses Modells.

Jede der Boxen in der Abbildung ist mit ein bis drei Referenznummern versehen. Sie stehen für die jeweilige Softwarekomponente, die diese Funktionalität abdeckt. Die Referenzen stehen für folgende Pakete:

1) Microsoft Sharepoint

2) Microsoft Office

3) SumTotal (entstanden aus dem Unternehmenszusammenschluss von Click2Learn und Docent Anfang 2004)

4) Sonstige Standardsoftware oder Eigenentwicklung

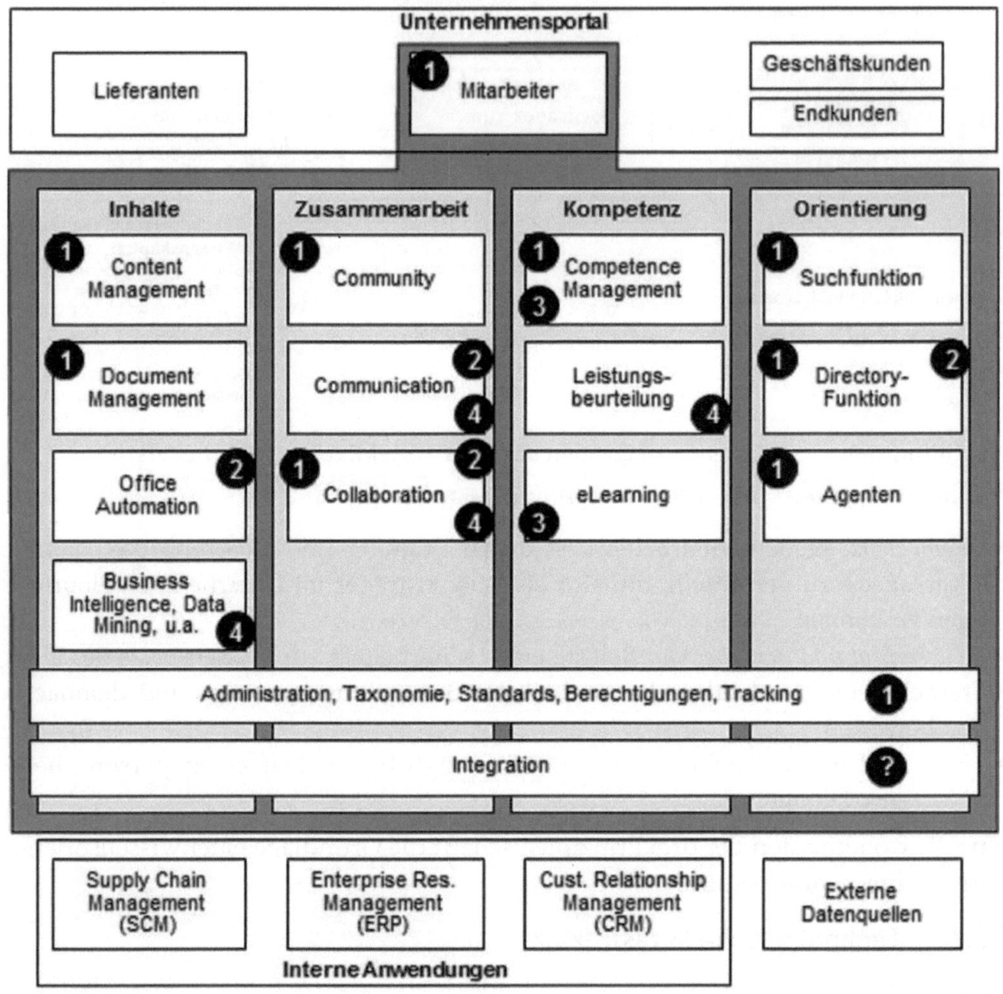

Abbildung 5-10:   **Anwendungsarchitektur**

Der Aufbau der Applikationslandschaft ist unternehmensweit identisch. Demnach gibt es für alle wesentlichen Funktionen eine global eingesetzte Anwendung. Für ein Unternehmen dieser Größenordnung ist das nicht selbstverständlich, entspricht jedoch Accenture's Charakter. Die in Abbildung 5-1 skizzierte Organisationsstruktur besteht aus Einheiten, die weltumspannend aufgestellt sind. Die regionsübergreifende Zusammenarbeit über alle Organisationsebenen ist die Regel. Das ist wirtschaftlich nur möglich, wenn die Infrastruktur „global" aufgestellt ist.

Dieses Kapitel bietet im Weiteren einen Überblick über die einzelnen Funktionsbereiche und die wichtigsten Informationstypen, die im Content- bzw. Document-

Management -System verwaltet werden. Das darauf folgende Kapitel verdeutlicht anhand eines konkreten Beispiels - eine „Community of Practice"-Homepage - das Designprinzip im Bereich Inhalte und Zusammenarbeit.

5.2.7.2 Die Komponenten

Der Einstieg für den Mitarbeiter in die Welt des Wissensmanagements erfolgt über das auf MS SharePoint basierende Mitarbeiterportal. Mit wenigen Ausnahmen lassen sich darüber alle relevanten Applikationen aufrufen.

5.2.7.3 Die Säule „Inhalte"

Als zentrale Plattform für Inhalte und Zusammenarbeit deckt MS-SharePoint den Bereich Content und Document Management ab. Die unternehmensweite Verantwortung für Inhalte jeglicher Art liegt bei den Content Managern der CLO-Organisation. Sie sind folglich die Anwender der Content Management- und Dokumenten-Management-Systeme (CMS und DMS). Ein Großteil der von ihnen bearbeiteten und qualitätsgesicherten Inhalte erhalten sie über spezielle Contribution Pipelines[286], die von Mitarbeitern aus allen Unternehmensbereichen laufend bestückt werden. Für ihre jeweiligen Themengebiete agieren die Content Manager auch selbst als Redakteur (z.B. für CoP homepages).

Bei der stufenweisen Migration von IBM Lotus Notes auf MS SharePoint wurde aus den über eine Millionen Dokumenten knapp 200.000 selektiert. Die restlichen Inhalte wurden gelöscht. Eine der kritischen und wichtigen Aufgaben der Content Manager ist es, Inhalte aktuell zu halten und intelligente Verfahren für deren Archivierung zu definieren. Bei Accenture werden Dokumente zunächst archiviert und dann nach 6 bis 12 Monaten einem Management Review unterzogen, um zu entscheiden, ob sie endgültig gelöscht werden.

Accenture nutzt für Office Automation das Microsoft Office Paket.

Die Applikationen für analytische Funktionen (Business Intelligence, Data Mining) sind für die Breite der Mitarbeiter nicht relevant und werden nur projektbezogen aufgebaut und bereitgestellt.

5.2.7.4 Die Säule „Zusammenarbeit"

Die Liste der möglichen Werkzeuge und kommunikationstechnischen Spielereien, die zur Gruppe „Zusammenarbeit" bzw. den drei „Cs" (Community, Communication und Collaboration) gezählt werden können, ist lang.

Unter dem Stichwort „Community" sind themenspezifische Homepages der zahlreichen Communities of Practice (CoPs) essentielles Instrument. CoPs sind themenspezifisch. Jeder Mitarbeiter ist einer CoP zugeordnet und findet dort Zugang,

---

286 Contribution Pipelines sind softwarebasierte „Kanäle", über die Mitarbeiter ihre Beiträge an die Content Manager weiterleiten können.

u.a. zu Wissensquellen, Experten und Werkzeugen für z.B. projektspezifische Phasen. Näheres dazu im nächsten Kapitel.

Der Block „Communication" wird von drei Applikationen bestimmt. Der E-Mail-Verkehr läuft über Microsoft Outlook. Für Video-, Web- und Telefonkonferenzen kommt MeetingPlace von Cisco zum Einsatz. Die Möglichkeit, virtuelle Treffen ohne großen Aufwand zu organisieren und durchzuführen, ist unverzichtbar. Kaum ein Beratungsprojekt arbeitet ohne die Einbeziehung von Experten, die irgendwo in der Welt sitzen. Outsourcing-Teams bestehen häufig aus On- und Offshore-Einheiten, d.h. mit Standorten in Amerika oder Europa auf der einen und Kollegen in Osteuropa, Indien oder den Philippinen auf der anderen Seite.

Die weltweite Plattform für Sprachnachrichten liefert Octel® von Avaya. Dieses Tool eignet sich u.a. hervorragend für regelmäßige Übermittlung von internen Nachrichten - so genannte Broadcasts - von Führungskräften an spezifische Mitarbeitergruppen. Die asynchrone Kommunikation mit Kollegen oder Projektteams über Zeitzonen hinweg ist eine weitere, intensiv genutzte Möglichkeit des Informationsaustausches.

Der Block „Collaboration" baut im Wesentlichen auf Microsoft Sharepoint und Outlook auf. Die CoP-Homepages bieten Zugang zu Diskussionsforen, Experten, Newslettern und Meeting-Kalender. MS Outlook erlaubt die „typischen" Organisationswerkzeuge wie z.B. Task-Management und Group-Scheduling. Blogs und Wikis sind die jüngsten Zugänge im Collaboration Werkzeugkasten. Der Begriff „Werkzeugkasten" trifft den Charakter der Ansammlung von Lösungsoptionen. Art und Umfang der Nutzung ist team- und kontextspezifisch.

Application Sharing und Joint Editing spielen keine Rolle.

5.2.7.5 Die Säule „Kompetenz"

Unter Competence Management ist als erster Baustein das zentrale Experten-Verzeichnis in MS Sharepoint zu nennen. Der zweite Baustein basiert auf SumTotal. Die Unternehmensbereiche definieren und verwalten dort je Industrie, Spezialgebiet und Karrierepfad ein Bündel an Wissensprofilen und Trainingsplänen. In den jährlichen Mitarbeitergesprächen werden darauf aufbauend individuelle Ziele zur Weiterentwicklung der persönlichen Fähigkeiten festgelegt. Sie münden in individuellen Trainingsplänen der Mitarbeiter, die ebenfalls in SumTotal erfasst und fortgeschrieben werden. Die strategische Planung von Kompetenzzielen und deren Erreichung erfolgt außerhalb dieser Plattform.

Die Leistungsbeurteilung ist fester Bestandteil der Mitarbeiterführung bei Accenture. Jeder Mitarbeiter hat Anspruch auf regelmäßige, schriftliche Rückmeldung von seinem Verantwortlichen. Der Beurteilungsprozess und die Beurteilungskriterien sind detailliert vorgegeben und werden durch eine intern entwickelte Software unterstützt. Ergänzend zur klassischen „downward"-Beurteilung arbeitet Accenture seit einigen Jahren mit „upward"-Beurteilungen, d.h. der Beurteilung von Führungskräften durch ihre Mitarbeiter. Aufbau und Auswertung dieses Prozesses als auch die Web-Anwendung selbst werden von einem auf Führungskräftetraining spezialisierten Unternehmen betreut.

Der letzte Baustein „E-Learning" wird vollständig von SumTotal abgedeckt.

5.2.7.6 Die Säule „Orientierung"

Die Bedeutung einer gut funktionierenden Orientierungsfunktion darf nicht unterschätzt werden. Die Akzeptanz und damit der Erfolg des Knowledge Exchange bei Accenture waren wesentlich von der permanenten Weiterentwicklung dieser Funktion abhängig.

Die erfolgreiche Suche nach Informationen, Wissen, konkreten Lösungskomponenten oder Experten fußt auf drei Elementen. Das erste ist eine einheitliche, überschaubare und verständliche Taxonomie. Das zweite Element ist eine erste Orientierung durch CoP-spezifische Homepages, die interessante Links, aktuelle Informationen, Assets usw. auf Interessensgruppen zugeschnitten anbieten. Das letzte Element ist eine leistungsstarke Suchfunktion. Leistungsstark bedeutet, Anfragen flexibel gestalten zu können und eine gute Trefferquote mit relevanten Ergebnissen geliefert zu bekommen. Das Phänomen unbrauchbarer Suchergebnisse dürfte den meisten Lesern aus ersten Gehversuchen mit einer Suchmaschine wie Google oder Yahoo bekannt sein.

Bis auf das E-Mail-Verzeichnis in MS Outlook werden die eben skizzierten Eigenschaften durch MS Sharepoint abgedeckt.

5.2.7.7 Informationstypen

Welche Informationen, Wissensbausteine, Ideen, Konzepte usw. soll ein Unternehmen systematisieren und speichern? Die Antwort muss jede Organisation für sich beantworten, wobei es durchaus industrietypische Ansätze gibt.

Die Liste der Informationstypen bei Accenture in Tabelle 5-3 dürfte „typisch" für Beratungsunternehmen und IT-Dienstleister sein. Die Elemente sind in fünf Kategorien gegliedert:

- Informationen über Märkte, Marktteilnehmer, Konkurrenten
- Material zur Unterstützung des Verkaufsprozesses
- Verweise auf Methodiken, d.h. umfassenden Werkzeuge und Referenzmaterialien zu Projektdurchführung und Outsourcing-Prozessen
- Verweise auf vermarktbare Assets
- Sonstiges zu internen Aspekten

Trainingsmaterial ist nicht mit aufgeführt, da es zur Kompetenzsäule zählt.

Tabelle 5-3:   **Informationstypen**

Kategorie	Informationstyp	Beschreibung
Markt	Allianzen, Lieferanten	Spezifische, interne Informationen zu Allianzen und größeren Lieferanten.
	Marktanalysen	Industriespezifische Marktanalysen, interne und externe Konkurrenzanalysen, Analystenberichte.
	Nachrichten	Interne und externe Nachrichten über Märkte, Industrien, Unternehmen usw.
Verkauf	Marketing und Verkaufsinformation	Material, das die Fähigkeiten einer Organisationseinheit gegenüber dem Markt darstellt. Dazu zählen u.a. Broschüren und Präsentationen.
	Lösungsangebote („Offerings")	„Offering" ist die logische Einheit, in der Accenture aktuelle Lösungen am Markt überregional positioniert. Diese werden in kompakten, kundenorientierten Dokumenten beschrieben. Sie bestehen meist aus einer Reihe einzelner Assets, die als eigener Informationstyp gemanagt werden.
	Angebotsmaterial	Unterlagen, die im Rahmen von Angebotsphasen entstehen. Dazu zählen RFI, RFP, RFQ-Dokumente[287], Präsentationen, Business Cases, Angebotstexte.
	Kundenreferenzen	Zusammenfassende Beschreibungen einzelner Projekte oder Outsourcing-Engagements.
	„Thought Leadership"	Von internen Experten verfasste Artikel über Märkte, Industrien, Technologien etc. mit neuen, innovativen, in die Zukunft gerichteten Einschätzungen und Konzepten
Methodik	Methodik	Projektvorgehen sind methodisch detailliert definiert und unterscheiden sich je nach Projekttyp. Neben der Beschreibung der Projektarbeitsschritte werden Beispiele für Projektergebnisdokumente und Arbeitshilfen (z.B.: Design Richtlinien, Empfehlungen zur Organisation von On-/Offshore Teams usw.) bereitgestellt. Methodische „Handbücher" liegen auch für Outsourcing-Engagements und das Management von Service-Einheiten vor.
	Projektplanung und -management	Prozessbeschreibungen für Projektplanung und -management, standardisierte Arbeitspläne als Startpunkt, Werkzeuge zur Aufwands- und Kos-

---

287 RFI = request for information = Auskunftsersuchen, d.h. die Aufforderung eines potentiellen Kunden zur Bereitstellung von Informationen zum Unternehmen und dessen Qualifikation zu einer konkreten Aufgabenstellung; RFP = request for proposal = Ausschreibung, d.h. die Aufforderung zur Abgabe eines Angebots; RFQ = request for quotation = Anfrage

		tenschätzung.
Assets	Geschäftsstrategie und -Architekturen	Unterlagen für Strategieprojekte, wie z.B. Geschäftsmodelle, Strategiedefinitionen, Investitionsrechnungen.
	Geschäftsprozesse und Metriken	Material mit Bezug zu Geschäftsprozessen eines Unternehmens, wie z.B. Prozessmodelle, Richtwerte (Benchmarks), Metriken, Designprinzipien.
	Organisation und Human Resources	Unterlagen mit Bezug zur Organisation eines Unternehmens. Dazu zählen einerseits Fragen des Organisationsdesigns. Der andere Schwerpunkt liegt auf der methodischen Unterstützung von Veränderungsprozessen.
	Technisches Design und Implementierung	Technologieorientierte Dokumente für die Entwicklung von IT-Architekturen.
	Demos und Prototypen	Konkret entwickelte Lösungsbausteine zur Unterstützung des Verkaufsprozesses. Meist Teil eines Lösungsangebots.
Internes	Interne Nachrichten	z.B. Rundbriefe der verschiedenen Organisationseinheiten.
	Organisation	Informationen zur Aufbauorganisation, Kontaktlisten, Beschreibungen zu Industriegruppen und CoPs.

Die Indizierung der einzelnen Informationsobjekte baut auf eine einheitliche Taxonomie auf. Die Kunst ist, die Begriffswelt möglichst einfach zu halten und gleichzeitig die Anforderungen aller Unternehmensbereiche unter einen Hut zu bringen. Accenture nutzte die Migration von Lotus Notes auf MS Sharepoint nicht nur für die mengenmäßige Bereinigung der Inhalte sondern auch zur konsequenten Konsolidierung und Vereinheitlichung der unternehmensweiten Taxonomie.

5.2.7.8 Fokus: Community of Practice Homepage

In diesem Kapitel wird anhand einer konkreten Community of Practice Homepage die Anwendung „Community" innerhalb der Säule „Zusammenarbeit" konkretisiert.

Der Screenshot in Abbildung 5-11 zeigt die Homepage der Community „Supply Chain Management". Das ist eine „Kompetenzgruppe" oder „Service Line" innerhalb des Beratungsgeschäfts. Sie umfasst mehrere Tausend Mitarbeiter aus praktisch allen Büros weltweit. Ihr gehören Mitarbeiter an, die sich auf Lösungen für das Management der Zuliefer- bzw. Versorgungskette eines Unternehmens spezialisiert haben.

Abbildung 5-11:   **Beispiel einer Themenseite ‚Supply Chain Management'**

Die Abbildung wurde um Referenzpunkte ergänzt, auf die im folgenden Text Bezug genommen wird. Der Aufbau der Homepage folgt klar definierten Standards und Strukturen, die von allen CoP-Homepages eingehalten werden. Das erleichtert CoP übergreifende Recherchen für Mitarbeiter.

Nun zu den verschiedenen Elementen des Bildschirmaufbaus:

Die Kopfzeile liefert die Orientierung aus organisatorischer Sicht.

Der Willkommensgruß des globalen Managing Director der Kompetenzgruppe dient zur Positionierung, liefert eine pointierte Begründung für die Bedeutung der Gruppe aus Sicht des Kunden und damit auch aus Sicht des Unternehmens. Das hat nicht nur informativen Charakter, sondern birgt zusätzlich ein internes Marketingelement. Letztlich besteht ein interner Wettbewerb um die besten Ressourcen. Eine gute CoP-Homepage stellt einen wichtigen Baustein für die Attraktivität einer Kompetenzgruppe dar.

Die Sektion „What's New?" liefert aktuelle Nachrichten, informiert über neu verfügbare Broschüren, Organisatorisches, neu eingestellte Inhalte und sonstige Veränderungen im Bereich Inhalte. Hier wird schon deutlich, dass die CoP-Homepage nicht nur den Zugang zu Community-Funktionen schafft, sondern die Verbindung zu Inhalten und Dokumenten, die von Content Managern in der Säule Content bereitgestellt werden.

Die Sektion „Sell and Deliver" stellt Links zu Inhalten zur Verfügung gegliedert nach dem Verkaufs- und Projektlieferungsprozess, d.h. wiederum die Verbindung zu Inhalten. Die für die Links verwendeten Begriffe sind weitestgehend deckungsgleich mit den im letzten Kapitel vorgestellten Informationstypen. Steht ein Team vor der Aufgabe, ein Angebot zu erstellen, beginnt hier meist die Recherchearbeit.

Jede Kompetenzgruppe bzw. Service Line unterteilt ihr Gebiet in Unterthemen. Sektion „Domains" ist nach diesen Unterthemen gegliedert. Die Links führen zu Inhalten, die themenspezifisch sind und sehr detailliert sein können. Wenn ein Mitarbeiter für seine Projektarbeit konkrete Lösungen, Lösungsansätze, Designempfehlungen o.Ä. benötigt, ist das der Einstieg.

Sektion „About Supply Chain" zählt stärker zur Säule „Zusammenarbeit". Dort finden sich Kontaktdaten, Expertenübersichten, Zugang zu Diskussionsforen, ein Link zum Research-Bereich und das Archiv der Newsletter. Für Neueinsteiger ist ein spezieller Einführungskurs abrufbar. Der letzte Link in der Liste führt zum E-Learning.

Am rechten Bildschirmrand sind weitere Sektionen angeordnet. Ganz oben rechts ist der Link, um eigene Inhalte oder Dokumente den Content Managern zu Be- und Verwertung bereitzustellen. Sektion „Key Supply Chain Areas" steht für aktuelle Schwerpunktthemen, in deren Bearbeitung beispielsweise konkret investiert wird und zu denen häufig konkrete Lösungskomponenten oder Serviceangebote existieren. Beispiel: „Accenture Procurement Solutions" ist ein Serviceangebot, das bis zum Outsourcing der vollständigen Einkaufsfunktion an Accenture reicht.

Die Sektion „Supply Chain Groups" verweist auf drei Arten von Gruppen. Als erstes die bekannten CoPs der Kompetenzgruppe. „Center of Excellence" sind auf Kunden ausgerichtete Einrichtungen an populären Standorten, an denen Accenture „state-of-the-art"-Lösungen über die Supply Chain-Wertschöpfungskette zu Demonstrationszwecken implementiert hat. An diesen Orten können Teams ihre Kunden zu Strategiediskussionen, Projektdefinitionen oder einfach zum Gedankenaustausch einladen. „Delivery Center" steht für das Netzwerk aus On- und Offshore-Zentren für die Anwendungsentwicklung und -betreuung.

Hinter den Stichworten unter Sektion „Initiatives" verbergen sich interne Projekte der Organisationseinheit. Initiativen adressieren interne Themen, die aus Sicht des Managements besondere Aufmerksamkeit und meist Verbesserung bedürfen. Wichtige Eigenschaften der Initiativen sind, dass sie ein konkretes Ziel haben, Zeit und Geld in deren Umsetzung investiert werden, sie zeitlich begrenzt sind und deren Erfolge gemessen werden. In unserem Beispiel befassen sich zwei Initiativen mit der Stärkung der Innovationskraft und der Verbesserung des Schutzes geistigen Eigentums.

Die beiden letzten Sektionen verweisen auf die Homepages der anderen Organisationseinheiten bzw. weiterer interessanter Links.

Zusammenfassend ist festzustellen, dass die Homepage einer Kompetenzgruppe von zentraler Bedeutung für den einzelnen Mitarbeiter ist. Sie bietet in strukturierter und kompakter Form Zugang zu fast allen Fragestellungen der täglichen Arbeitssituation.

5.2.7.9 Fokus: E-Learning

Die kontinuierliche Investition in die Fortbildung der Mitarbeiter ist unverzichtbar, selbstverständlich und gleichzeitig ein bedeutsamer Kostenfaktor. Accenture hat über Jahre hinweg zwei Formen des Trainings praktiziert: Präsenzschulungen in einem der drei großen Trainingszentren und Selbststudium.

Mit dem globalen wirtschaftlichen Abschwung Ende der 90er Jahre erhöhte sich der Druck, das Kostenniveau je Trainingseinheit zu reduzieren. Die Reduktion des Trainingsvolumens je Mitarbeiter war keine Option. Die Antwort lag im Aufbau einer umfassenden E-Learning-Infrastruktur. Über diese Plattform war es möglich, Mitarbeitern weitere, kostengünstige Trainingskanäle anzubieten. Gleichzeitig wurden die klassischen Trainingsformen integriert und der gesamte Trainingsprozess von der Planung über die Durchführung bis zur Bewertung und Optimierung auf dieselbe Plattform gestellt.

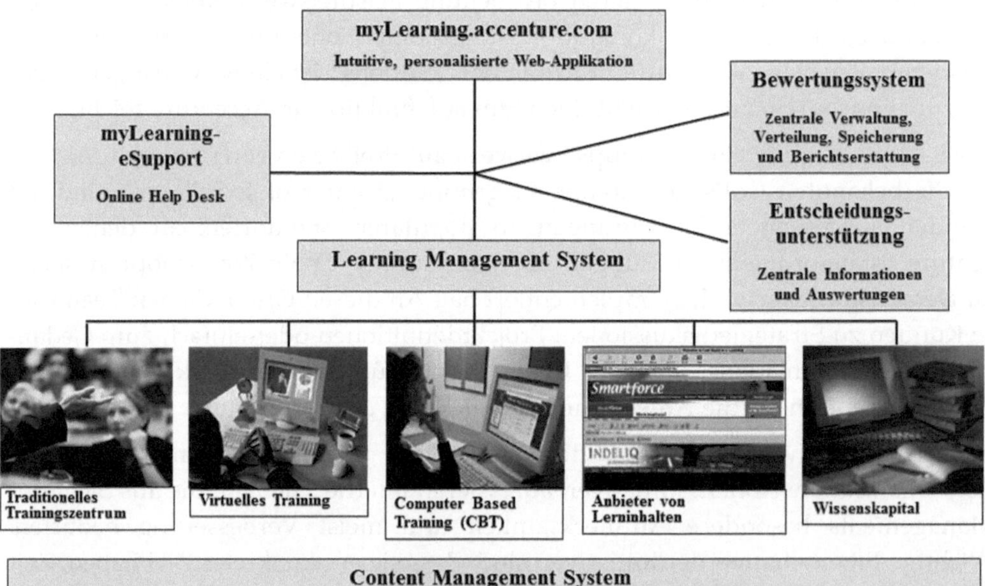

Abbildung 5-12:   **Architekturüberblick myLearning.accenture.com**

Abbildung 5-12 zeigt die E--Learning-Komponenten im Überblick. Der Einstieg für den Trainingssuchenden ist die mylearning.accenture.com-Homepage (siehe auch Abbildung 5-13), auf die in diesem Kapitel noch genauer eingegangen wird. Dahinter liegt ein Learning Management System (LMS), das den Zugang zu allen Trainingskanälen bzw. -formen bietet. Das LMS stellt Hintergrundinformationen zu den Kursen bereit und erlaubt die direkte Buchung derselben, sofern ein Kurs Teil des individuell genehmigten Trainingsplans ist. Die Trainingskanäle sind

- Traditionell im Trainingszentrum
- Virtuelles Training: der Dozent ist über virtuelle Internet-Sitzungen mit den Studenten verbunden
- Computerbasiertes Training: interaktive Trainingskurse am PC
- Anbieter von Lerninhalten: das können sowohl externe Präsenzkurse als auch externes Trainingsmaterial sein
- Wissenskapital: Das ist Material, das den Weg aus der Säule „Inhalte" in das interne Trainingsprogramm gefunden hat

Für das Verwalten der Trainingsinhalte benötigt das LMS ein eigenes Content Management-System. Der Anwender wird durch ein Online-Hilfesystem unterstützt.

Neben diesen Kernanwendungen sind zwei weitere Funktionsblöcke von Bedeutung: Die Bewertung der Trainingskurse, -inhalte, und -organisation und der Trainer selbst ist ein wichtiges Steuerungselement zur Optimierung des Angebots. Die verantwortlichen Manager finden im Bereich „Entscheidungsunterstützung" Funktionen zur Planung und Steuerung des Trainingsgeschehens. Dazu zählen Informationen und Berichte über Trainingsprogramme, zugehörige Budgets und Kosten als auch Nutzungs- bzw. Teilnehmerzahlen.

Im Zuge der Aufbaumaßnahmen Ende der 90er Jahre entstand eine „E-Learning"-Organisation, Accenture Learning Services, die die Kompetenz, Kapazität und Infrastruktur zur Betreuung von damals ca. 70.000 Mitarbeitern aufweisen konnte. Es lag nahe, diese Kompetenz als eigene Serviceleistung am Markt anzubieten. Mittlerweile werden neben den 140.000 Accenture Mitarbeitern über 200.000 Mitarbeiter von Kunden, d.h. von Drittfirmen, durch Accenture Learning Services betreut.

Zum Abschluss noch ein Blick auf den Aufbau der myLearning.accenture.com-Homepage.

Über die Kopfzeile erhält man Zugang zum vollständigen Kursangebot, dem persönlichen Trainingsplan, zum view transcript einer Funktion zur Unterstützung der persönlichen Entwicklungsplanung und Rollen.

Im mittig liegenden Begrüßungsbereich werden aktuelle Nachrichten, Tipps und Tricks kommuniziert. Die linke Sektion „myLearning Channels" listet zum einen diverse Kontaktpunkte für den Trainingswilligen als auch für Trainer[288] an. Zum anderen werden Einstiege in die Trainingskurse der unterschiedlichen Organisationseinheiten angeboten. Es gibt – typisch für Web-Applikationen – viele Wege zum gesuchten Trainingskurs.

---

288 Accenture praktiziert das Konzept ‚Train the Trainer', d.h. Mitarbeiter haben sehr früh die Gelegenheit sich selbst als Trainer einzubringen. Davon profitieren beide Seiten, der Student und der Trainer.

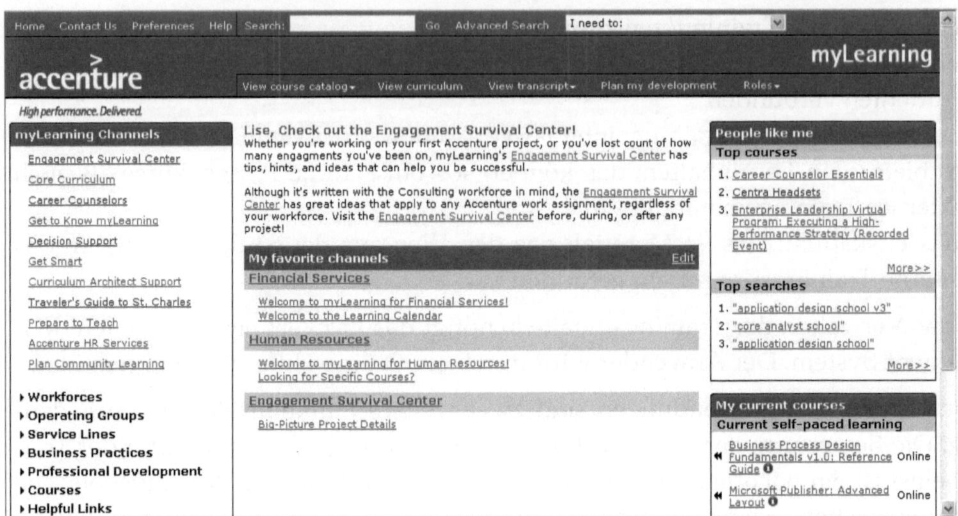

Abbildung 5-13: **Personalisierte myLearning-Homepage**

Die Sektion „My favorite channels" ist ein Beispiel für personalisierte Inhalte, d.h. der Mitarbeiter kann in diesem Abschnitt selbst festlegen, welche Links er bevorzugt nutzen möchte. Sektion „People like me" zeigt die meistbesuchten Kurse und Suchaufträge, und zwar von Kollegen mit vergleichbarem Profil und damit vermutlich vergleichbaren Interessen. Die als nächstes vom Mitarbeiter zu absolvierenden Kurse sind in Sektion „My current courses" genannt.

5.2.7.10 Zusammenfassung

Die in diesem Kapitel vorgestellte technologische Infrastruktur ist ein Beispiel für eine sehr umfassende und leistungsfähige Softwarelandschaft. Die Implementierung und der erreichte Reifegrad ist ein Ergebnis jahrelanger, kontinuierlicher Weiterentwicklung. Die zugrunde liegenden Standardsoftwarepakete spielen dabei eine untergeordnete Rolle. Wichtiger für den „Wirkungsgrad" der softwaretechnischen Unterstützung einer Organisation ist die konsequente Anwendung einiger weniger Entwicklungsprinzipien:

- unternehmensweite Nutzung einer Software für eine Funktion auf Basis einheitlicher Designstandards und Begrifflichkeiten (Taxonomie) versus individueller Lösungen und der daraus resultierenden Komplexität
- möglichst umfassende Nutzung einer Software für ein möglichst breites Funktionsspektrum versus Einsatz von vielen, nicht integrierten „best-of-breed"-Paketen
- Designprinzip: Orientierung an den Geschäftsprozessen und der Organisationsstruktur
- Themenseiten sind ein zentrales Element, um den Anwendern den Kontext für die Suche zu liefern und zugleich einen breiteren Zugang zu einer Fragestellung zu bieten

- Eine effektive und effiziente Suchfunktion ist der wichtigste Aspekt der Infrastruktur

5.2.8 Lessons learned

Wie lauten die Erkenntnisgrundsätze aus über 15 Jahren Wissensmanagement bei Accenture? Die meisten hier aufgeführten Empfehlungen klangen direkt oder indirekt an verschiedenen Stellen in den zurückliegenden Kapiteln an.

- WM ist ein strategisches Gut, das Unternehmen investiert entsprechend in dessen Unterhalt und Weiterentwicklung.
- Accenture's WM-Strategie wird durch die übergreifende Geschäftsstrategie und daraus abgeleiteten Unternehmenszielen bestimmt.
- Accenture's WM-Fähigkeiten schaffen einen messbaren Wettbewerbsvorteil, indem sie jeden Mitarbeiter dabei unterstützen, schneller bessere Kundenlösungen zu schaffen und gleichzeitig die individuelle Leistungsfähigkeit steigern.
- Die Integration von WM und Training hat sich positiv auf beide Bereiche ausgewirkt.
- Der Fokus von Inhalten und Design der WM-Fähigkeiten liegt auf den Unternehmensprozessen, vornehmlich Verkauf und Projektdurchführung bzw. Lieferung.
- Die technische Infrastruktur folgt den in 5.2.7 definierten Prinzipien.
- WM ist ein natürlicher, immanenter Teil der täglichen Arbeit eines jeden Mitarbeiters.

Die vielleicht wichtigste Schlussfolgerung ist die, dass Wissensmanagement ein evolutionärer Prozess ist. Eine Organisation braucht (viel) Zeit, um die notwendigen Veränderungen in Denkstrukturen, Verhaltens-und Arbeitsweisen zu vollziehen. Somit kann ein Unternehmen nicht zu früh mit den ersten Schritten beginnen, sondern höchstens zu schnell voranschreiten. Neben der Geschwindigkeit ist die Richtung auf dem Weg zum Ziel von Bedeutung. Die Richtung gibt die Unternehmensstrategie vor. Auch das ist eine wichtige Erfahrung, die Accenture gemacht hat.

5.3 Hochschule Furtwangen (HFU)

Dieses Kapitel beschreibt die Bedeutung und den Einsatz von Wissensmanagement in einer öffentlichen Einrichtung, namentlich der Hochschule Furtwangen (HFU).

5.3.1 Historische Entwicklung und aktuelle Herausforderungen

Die HFU zählt mit derzeit mehr als 5000 Studierenden zu den größeren Hochschulen (ehemals Fachhochschulen) des Landes Baden-Württemberg. Neben der außergewöhnlichen Lage - Furtwangen ist die höchst gelegene Stadt Baden-

Württembergs, liegt zwischen 850 m und 1.150 m.ü.M. mitten im Schwarzwald - zeichnet sich diese Hochschule durch ein aktuelles und praxisnahes Studienangebot aus, das in offiziellen Rankings immer wieder Spitzenplätze belegt. Ihre fortwährende Innovationsbereitschaft und ihr hoher Qualitätsstandard bildet die Basis für die stetige Weiterentwicklung und damit die Überlebenssicherung dieser Hochschule im ländlichen Raum. Mittlerweile ist die HFU auf drei Standorte verteilt: Furtwangen (mit 55% der Studierenden), Villingen-Schwenningen (seit 1988, mit 38% der Studierenden) und Tuttlingen (seit 2009, mit 7% der Studierenden; Stand Februar 2012).

5.3.1.1 Von den Anfängen bis ins Jahr 2010[289]

Die Geschichte der HFU erstreckt sich über einen Zeitraum von mehr als 150 Jahren. Die Anfänge gehen auf eine Uhrmacherschule zurück, die am 5. März 1850 offiziell eröffnet wurde. Nachdem die Schule 1863 zunächst wieder geschlossen wurde, weil man davon ausging, genügend Absolventen zu haben, wurde sie 1877 wieder eröffnet, um dem internationalen Druck Stand halten zu können. Der neue Direktor führte ein fortschrittliches Ausbildungskonzept ein, welches mit der heutigen Berufsfachschule mit integriertem Fachschuljahr zu vergleichen ist.

Nach dem 2. Weltkrieg wurde die Uhrmacherschule in eine Ingenieurschule für Feinwerktechnik umgewandelt. Bereits zur 100-Jahr-Feier verabschiedete man die ersten Ingenieure. Im Jahr 1958 entstand der erste Neubau für die Ingenieurschule und 1959 wurde ein zweiter feinwerktechnischer Studiengang für Gerätebau und Automatisierungstechnik eingerichtet. Im Jahr 1963 folgte der Studiengang Elektronik und Regelungstechnik als erstes Studienangebot dieser Art in Deutschland und die Inbetriebnahme des ersten Rechenzentrums an einer Ingenieurschule in Baden-Württemberg, womit das Computerzeitalter früher als anderenorts eingeleitet wurde. Im gleichen Jahr wurde die Ausgliederung der Berufsfachschule vollzogen. In Anerkennung der Verdienste ihres Urgründers trägt diese Institution heute den Namen Robert-Gerwig-Schule.

Im Jahr 1971 erfolgte die Umwandlung der Ingenieurschule in eine Fachhochschule. Im gleichen Jahr wurde der zu dieser Zeit bundesweit einmalige Studiengang Wirtschaftsinformatik aus der Taufe gehoben. Im Jahr 1988 erfolgte die erste Erweiterung der Fachhochschule um ihren Standort in Villingen-Schwenningen. Ungefähr zehn Jahre später wurde sie in „Fachhochschule für Technik und Wirtschaft" umbenannt und im Jahr 1999 kam die internationale Zusatzbezeichnung „University of Applied Sciences" hinzu. In all diesen Jahren werden die hervorragenden Leistungen der FH Furtwangen nicht nur regional, sondern auch überregional wahrgenommen, was in Rankings verschiedener Medien und Institutionen mit Spitzenplätzen honoriert wird.

---

289 Vgl. http://www.hs-furtwangen.de/willkommen/die-hochschule/zahlen-und-fakten/ geschichte.html (zuletzt zugegriffen am 5.3.2012)

Mit dem neuen Landeshochschulgesetz (LHG)[290], das im Jahr 2005 in Kraft trat, wurden Fachhochschulen und Universitäten in einem Gesetz zusammengefasst. Dies hatte u.a. zur Folge, dass sich Fachhochschulen in Hochschulen umbenannten. Diesen Schritt vollzog auch die Fachhochschule Furtwangen, die sich seit November 2005 Hochschule Furtwangen nennt.

Im Jahr 2009 wurde unter finanzieller Beteiligung von Industrie, Kreis und Stadt ein dritter Standort in Tuttlingen eingerichtet, dessen Schwerpunkt in der Medizintechnik liegt.

5.3.1.2 Aktuelle Herausforderungen

Hochschulen befinden sich heute in einem noch stärkeren Wettbewerb um die besten Studierenden, die besten Lehrenden und die besten Forschenden als noch vor Jahren. Aber auch über die primären Prozesse des Studierens, Lehrens und Forschens hinaus müssen Hochschulen bezüglich ihrer unterstützenden, verwaltungsinternen Prozesse effektiver und effizienter werden, um den aktuellen und künftigen Herausforderungen gewachsen zu sein.

Zum 1.1.2005 ist das neue baden-württembergische Landeshochschulgesetz (LHG)[291] in Kraft getreten. Dieses brachte eine Vielzahl an Änderungen für die Hochschulen, für die Professorenschaft und für Studierende. Ziel des neuen LHG war und ist es, die Autonomie der Hochschulen zu stärken und ihnen einen größeren Handlungsspielraum zu ermöglichen. So sind einige bislang gesetzlich vorgegebene Bestimmungen entfallen und können nun von den Hochschulen selbst in ihren jeweiligen Grundordnungen geregelt werden. Darüber hinaus entfallen zahlreiche Abstimmungs- und Genehmigungsvorbehalte ersatzlos, wodurch die Gestaltungs- und Regelungskompetenzen der Hochschulen erweitert werden. Auch Studierenden allgemein, Studierenden mit Kindern und Frauen werden im neuen LHG mehr Rechte eingeräumt. Dieser größere Handlungsspielraum ermöglicht es Hochschulen stärker als früher, ihr Profil zu schärfen und sich gegenüber Mitbewerbern abzugrenzen. Aufgrund des Wechsels in der Landesregierung von Schwarz-Gelb auf Grün-Rot bleibt im Moment abzuwarten, ob und wenn ja, welche Änderungen es für die Hochschulen und Universitäten des Landes in Zukunft geben wird.

Die vorübergehend von Studierenden zu zahlende Studiengebühr (von SS 2007 bis WS2011) hat die finanzielle Ausstattung der Hochschulen und Universitäten im Land Baden-Württemberg deutlich verbessert. Dies spiegelt sich an der HFU in vielerlei Bereichen des studentischen Lebens wider, z.B. durch eine bessere Bibliotheks- und Laborausstattung, durch mehr Betreuungspersonal bei Übungen und ein gesteigertes Angebot an wissenschaftlichem Personal allgemein. Die seit Mai

---

290 http://mwk.baden-wuerttemberg.de/fileadmin/pdf/gesetze/2_Hochschul_Gesetzblatt
    010105.pdf (zuletzt zugegriffen am 5.3.2012)
291 Ebenda

2011 neu gewählte Landesregierung hat die Studiengebühren zwar zum Sommersemester 2012 abgeschafft, hat den Hochschulen aber im Gegenzug eine Ausgleichzahlung in Form sogenannter Kompensationsmittel zugesagt, die den Ausfall der Studiengebühren decken sollen.

Im Rahmen des Ausbauprogramms „Hochschule 2012"[292] richtet das Land Baden-Württemberg 20.000 neue Studienplätze ein, um der erhöhten Nachfrage, die durch den doppelten Abiturjahrgang[293] entsteht, gerecht zu werden. In diesem Zusammenhang wurden auch an der HFU bereits bestehende Studienangebote ausgebaut und neue innovative Studienangebote hinzugenommen.

5.3.2   Vision, Leitbild und strategische Ziele

Die Vision der HFU ist es, ihren traditionell guten Ruf als innovative Hochschule mit herausragender Ausbildungsqualität kontinuierlich auszubauen. Hierzu passend wurde der Werbeslogan „Studieren auf höchstem Niveau" geschaffen, der etwas verdeckt auch auf die geografische Höhenlage der HFU anspielt. Um diesem Anspruch gerecht zu werden, gilt es, den Studierenden erstklassige Qualität in Studium und Lehre zu bieten. Hierzu bedarf es eines vielfältigen Engagements. Auf welche Bereiche sich dieses Engagement erstreckt, kann dem Leitbild der HFU entnommen werden, wie es auf der Website nachgelesen werden kann.

„Die Hochschule Furtwangen (HFU) ist eine führende Hochschule in Deutschland und zeichnet sich durch Spitzenpositionen auf folgenden Gebieten aus:

- Hohe Qualität und Innovation in der Lehre
- Praxisbezug durch Kooperation mit der Wirtschaft
- Internationale Kooperationen
- Angewandte Forschung
- Weiterbildung und lebenslanges Lernen
- Qualifikation und Motivation
- Soziale Verantwortung und Zukunftssicherung

Kerngeschäft der Hochschule Furtwangen ist die wissenschaftlich fundierte praxisnahe Aus- und Weiterbildung. Durch interdisziplinäres Arbeiten werden traditionelle Fachgrenzen überschritten. Die HFU ist führend in den Kompetenzfeldern Ingenieurwissenschaften, Informatik, Wirtschaftsinformatik, Wirtschaftsingenieurwesen, Medien, Internationale Wirtschaft und Gesundheit. Die Hochschule passt ihr Leistungsangebot ständig zukunftsweisenden Entwicklungen an. Ziel ist es, begabte junge Menschen in zukunftsorientierten Studiengängen zu qualifizierten, staatlich anerkannten Abschlüssen zu führen, die ihnen überdurchschnittliche

---

292 http://mwk.baden-wuerttemberg.de/themen/hochschulen/hochschule_2012/   (zuletzt
     zugegriffen am 5.3.2012)
293 Im Jahr 2012 werden in Baden-Württemberg durch die Verkürzung der Gymnasialzeit
     zwei Abiturjahrgänge die Schulen verlassen, nämlich die Abiturientinnen und Abiturienten des ersten achtjährigen und des letzten neunjährigen Gymnasiums.

beruflliche Chancen eröffnen. Zugleich wollen wir ihre Entwicklung zu verantwortungsbewussten, souveränen Persönlichkeiten fördern, die Problemlösungen eigenständig entwickeln und vertreten.

Darüber hinaus leistet unsere Hochschule durch anwendungsorientierte Forschung und wissenschaftliche Weiterbildung einen Beitrag zu Innovation und Qualifizierung in Wirtschaft und Gesellschaft sowie zur Förderung des wissenschaftlichen Nachwuchses."[294]

Wie der Abbildung 5-14 zu entnehmen ist, gliedert sich das Leitbild der HFU in sieben Teilbereiche. Diese sind im Einzelnen:

Hohe Qualität und Innovation in der Lehre: Ziel ist es, eine qualitativ hochwertige und praxisorientierte Lehre auf der Basis wissenschaftlicher Grundlagen anzubieten. Die Studienangebote umfassen sowohl den grundständigen (Bachelor) als auch den postgradualen (Master) Bereich, sowie ein berufliches Weiterbildungsangebot auf Hochschulniveau. In qualitätsgeprüften Bachelor- und Masterstudiengängen vermittelt die Hochschule wissenschaftliche, fachliche und methodische Kompetenz. Die Studienangebote unterliegen einem kontinuierlichen Verbesserungsprozess und verwenden innovative Lehrmethoden. Neben der Vermittlung interdisziplinären, anwendungsorientierten Wissens wird auch der Vermittlung von Schlüsselqualifikationen wie Sach- und Methodenkompetenz, Sozial- und Selbstkompetenz oder „Ich-Kompetenz" Beachtung geschenkt.

Praxisbezug durch Kooperation mit der Wirtschaft: Die HFU versteht sich als führender Innovationspartner für Unternehmen. Der Praxisbezug in Lehre, Forschung und Weiterbildung wird durch einen ständigen Austausch mit Partnern in Unternehmen und Institutionen sichergestellt. Darüber hinaus werden gemeinsam mit diesen neue Studienmodelle und praxisorientierte Förderprogramme für Studierende entwickelt.

Internationale Kooperationen/Internationalität: Durch die weltweite Zusammenarbeit mit anderen Hochschulen und Unternehmen wird ein internationales Klima geschaffen. Die HFU forciert als weltoffene Hochschule den internationalen wissenschaftlichen und kulturellen Austausch unter Studierenden sowie Mitgliedern der Hochschule. Die Studiengänge sind in hohem Maße auf Chancen und Anforderungen im internationalen Umfeld ausgerichtet und gewährleisten eine weltweite Anerkennung der Hochschulabschlüsse. Die Einbindung internationaler Entwicklungen in die Curriculae, die Vermittlung von Fremdsprachenkenntnissen und interkultureller Kompetenz sowie die Förderung von Auslandsaufenthalten befähigen die Absolventen in einem internationalen Umfeld zu arbeiten.

---

[294] http://www.hs-furtwangen.de/willkommen/die-hochschule/profil-leitbild.html (zuletzt zugegriffen am 5.3.2012)

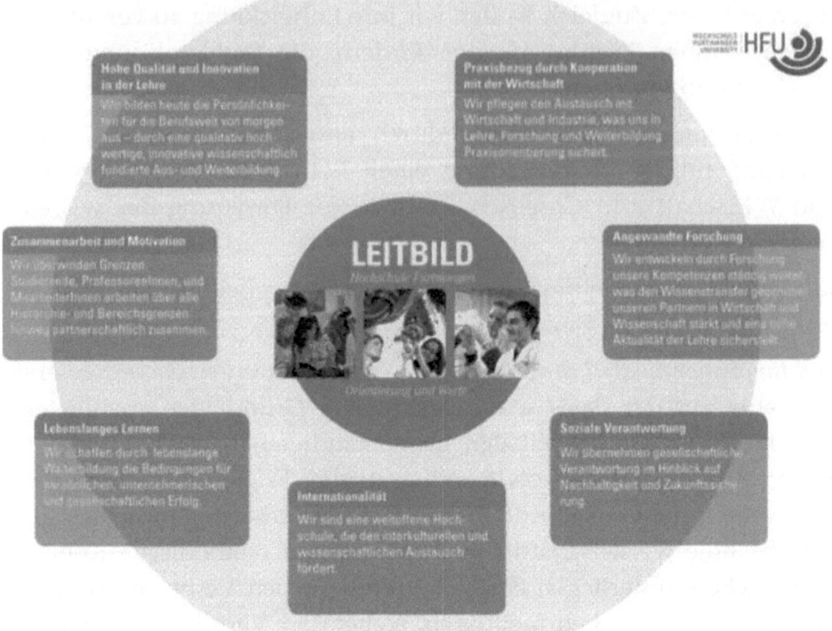

Abbildung 5-14: **Das Leitbild der HFU**[295]

Angewandte Forschung: Die HFU legt besonderen Wert auf angewandte Forschung sowie den Technologietransfer in Zusammenarbeit mit Partnern als Katalysator für Innovation und Voraussetzung für die Aktualität der Lehre. Qualitativ anspruchsvolle und aktuelle Lehre erfordert das Engagement der Lehrenden in anwendungsorientierter Forschung, Entwicklung und Projektarbeit. Solche Aktivitäten und resultierende Publikationen werden nachdrücklich gefördert und eröffnen Studierenden und Unternehmen so die aktive Partizipation an der Forschung und ihren Resultaten. Die Kompetenz der HFU im Bereich Forschung wird durch die starke Zunahme der Forschungsmittel und Publikationen in den vergangenen Jahren belegt, die die HFU mittlerweile zu einer der führenden Hochschulen in Baden-Württemberg gemacht hat.

Weiterbildung und lebenslanges Lernen: Die HFU versteht sich als die Hochschule für lebenslanges Lernen. Über die Einrichtung der sogenannten HFU-Akademie bietet sie ein umfangreiches Weiterbildungsangebot zur Vermittlung wissenschaftlicher und beruflicher Qualifikationen an. Auch in dieser Hinsicht zeichnet sich die Hochschule in ihrer Innovationsbereitschaft aus, indem sie innovative, kundenorientierte Angebote für Unternehmen, Verbände und Absolventen entwickelt.

Qualifikation/Zusammenarbeit und Motivation: Die HFU zeichnet sich durch eine Kommunikation über Hierarchiegrenzen hinweg aus, zum Beispiel in der Zusam-

---

295 http://www.hs-furtwangen.de/willkommen/die-hochschule/profil-leitbild.html (zuletzt zugegriffen am 5.3.2012)

menarbeit zwischen Studierenden, Mitarbeitern und Professoren und bei der interdisziplinären Zusammenarbeit aller Bereiche der Hochschule, zwischen Lehre, Forschung und Weiterbildung. Lehrbeauftragte stellen ein wichtiges Bindeglied zwischen Hochschule und Praxis dar. Serviceorientierung, Transparenz und kontinuierliche Verbesserung zeichnen die Prozesse der Hochschule aus. Leistungsbereitschaft, persönliche Eignung, berufliches Engagement sowie Forschungs- und Entwicklungserfahrung gewährleisten akademische und fachliche Kompetenz.

Soziale Verantwortung und Zukunftssicherung: Die HFU stellt sich ihrer gesellschaftlichen Verantwortung und fühlt sich der Nachhaltigkeit und Zukunftssicherung verpflichtet. Den Studierenden werden notwendige Kompetenzen für zukunftssicherndes und nachhaltiges Handeln vermittelt. Die Vereinbarkeit von Familie und Beruf bzw. Studium wird aktiv z.B. anhand von Verträgen mit ansässigen Betreuungseinrichtungen gefördert und es wird auf besondere Lebenssituationen aller Mitglieder der Hochschule Rücksicht genommen. Darüber hinaus wird Eigenverantwortung und Unternehmergeist gestärkt und so die Entwicklungsperspektiven des Einzelnen wie auch der Hochschule gefördert. Die Studierenden bleiben als Alumni fester Bestandteil des sozialen Netzwerks der HFU.[296]

Die HFU ist bestrebt, die führende Hochschule im Südwesten mit anerkannt hohem Anspruch in Lehre und Forschung und internationaler Ausrichtung zu sein. Das Klima an der HFU wird als außergewöhnlich gut, persönlich und nah beschrieben. Kernwerte der Hochschule sind:

- innovativ/angesehen
- persönlich/menschlich
- praxisnah/gefragt.

Vision und Leitbild folgen strategischen Zielen, deren Erreichen für die Hochschule erfolgskritisch ist. Aus dem Anspruch der Kompetenzführerschaft bezüglich Qualität in Studium und Lehre sind dies folgende Ziele[297]:

- praxisnahe Ausbildung mit hoher Qualität; einschließlich der Befähigung der Studierenden zur selbstständigen Weiterqualifizierung
- Berücksichtigung langfristig nutzbare Methodenkompetenz im Studienangebot (Soft Skills)
- enge Verzahnung mit der Industrie/Wirtschaft
- Studienangebot, das sowohl die Nachfrage nach Studienplätzen als auch nach Absolventen angemessen befriedigt und auch aktuelle Entwicklungen zeitnah berücksichtigt
- internationale Orientierung und Vernetzung; Studierende haben die Möglichkeit, mindestens ein Studien- oder Praxissemester im Ausland zu verbringen
- hochqualifizierte Mitarbeiter, die sich kontinuierlich weiterbilden

---

296 Ebenda
297 Aus einem internen Papier mit dem Titel „Vision Qualität Studium und Lehre"

- angemessene Größe, um sich den Herausforderungen des Wettbewerbs stellen zu können

Zwar hat die HFU eine Wissensmanagement-Strategie nicht explizit definiert, doch könnte diese ohne zu großen Aufwand aus der allgemeinen Strategie und den allgemeinen Zielen abgeleitet werden.

5.3.3   Organisation und Kultur

Neben 5100 Studierenden, umfasst die HFU (Stand Februar 2012) insgesamt 148 Professorinnen und Professoren und 318 Mitarbeiterinnen und Mitarbeiter. Der Bereich Lehre gliedert sich in acht Fakultäten mit insgesamt 35 Studiengängen. Wie oben bereits erwähnt verteilt sich die HFU auf drei Standorte, nämlich Furtwangen, Villingen-Schwenningen und Tuttlingen.

Das Rektorat, der Senat und der Hochschulrat sind zentrale Organe der Hochschule (Abbildung 5-15).[298]

Das Rektorat besteht aus dem Rektor als Vorsitzendem, dem Kanzler als Verantwortlichen für den Bereich Wirtschafts- und Personalverwaltung und aus bis zu drei weiteren nebenamtlichen Rektoratsmitgliedern. Im Fall der HFU sind dies drei Prorektoren: ein Prorektor für Lehre, studentische Dienste und Qualitätsmanagement, ein Prorektor für Forschung und Entwicklung und Technologietransfer und ein Prorektor für Internationales und Weiterbildung.

Der Senat berät und entscheidet in Angelegenheiten von Forschung, Lehre, Studium und Weiterbildung. Je nach Angelegenheit handelt es sich dabei um Bestätigung, Stellungnahme, Beschlussfassung oder Erörterung.[299]

Dem Senat gehören Kraft Amtes das Rektorat sowie die Dekane der Fakultäten und die Gleichstellungsbeauftragte an. Auf Grund von Wahlen gehören dem Senat weiterhin höchstens 20 stimmberechtigte Mitglieder an, die nach Gruppen direkt gewählt werden. Die Amtszeit der nichtstudentischen Wahlmitglieder beträgt vier Jahre.

---

298 Im Landeshochschulgesetz (LHG) wird das Rektorat mit Vorstand und der Hochschulrat mit Aufsichtsrat bezeichnet.

299 Für nähere Ausführungen siehe: Zweites Hochschulrechtsänderungsgesetz - 2. HRÄG, 1. Kapitel, 1. Teil, Paragraph 19; http://mwk.baden-wuerttemberg.de/fileadmin/pdf/ gesetze/2_Hochschul_Gesetzblatt010105.pdf (zuletzt zugegriffen am 5.3.2012)

ORGANIGRAMM DER HOCHSCHULE FURTWANGEN

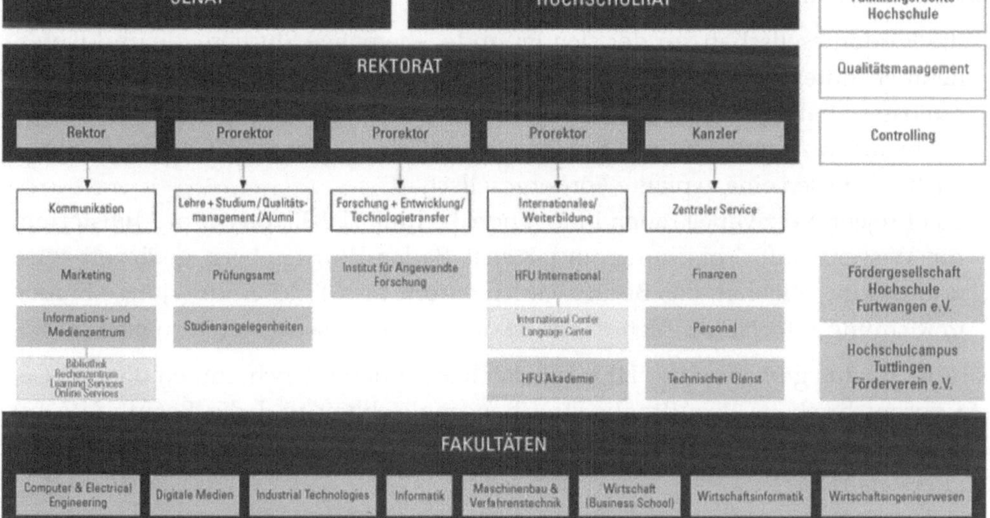

Abbildung 5-15:   Das Organigramm der HFU[300]

Der Hochschulrat „trägt Verantwortung für die Entwicklung der Hochschule und schlägt Maßnahmen vor, die der Profilbildung und der Erhöhung der Leistungs- und Wettbewerbsfähigkeit dienen. Er beaufsichtigt die Geschäftsführung des Vorstands."[301] An der HFU setzt sich dieser aus elf vom Wissenschaftsminister bestellten Mitgliedern, fünf internen und sechs externen, zusammen. Den Vorsitz des Hochschulrats führt ein externes Mitglied.

Zentrale Einrichtungen (wissenschaftliche und betriebliche Einrichtungen wie Bibliothek etc. (LHG, §15, Abs. 7)) der HFU sind:

- HFU-Akademie (schließt die Tele-Akademie ein)
- Language Center
- International Center
- Informations- und Medienzentrum (IMZ): es umfasst die Bibliothek, das Rechenzentrum und die Abteilungen Learning Services und Online-Services
- Institut für Angewandte Forschung (IAF)
- Marketing/PR
- Technischer Dienst

---

300 http://www.hs-furtwangen.de/willkommen/die-hochschule/zentrale- services/organe.html (zuletzt zugegriffen am 5.3.2012)

301 Zweites Hochschulrechtsänderungsgesetz - 2. HRÄG, 1. Kapitel, 1. Teil, Paragraph 20; http://mwk.baden-wuerttemberg.de/fileadmin/pdf/gesetze/2_Hochschul_Gesetz- blatt010105.pdf (zuletzt zugegriffen am 5.3.2012)

- Verwaltung
- Deutsches Uhrenmuseum
- Rechnermuseum.

Sonstige Einrichtungen der HFU sind:

- die Fördergesellschaft, zu der sich Freunde, ehemalige Studierende und Unternehmen unter dem Motto „Bildung fördern – Zukunft bauen" zusammengeschlossen haben, um die Bildungs- und Forschungsarbeit der Hochschule Furtwangen zu unterstützen. Seit der Gründung des Campus Tuttlingen gibt es auch für diesen eine explizite Fördergesellschaft
- das Projekt Netzwerk Frauen.Innovation.Technik (F.I.T), das vom Ministerium für Wissenschaft, Forschung und Kunst Baden-Württemberg gefördert wird und das das Ziel hat, das Berufswahlspektrum für Mädchen und junge Frauen in Richtung Informatik, Technikberufe und Naturwissenschaften zu erweitern

Darüber hinaus gibt es an der HFU wie auch an anderen Hochschulen die qua Gesetz vorgeschriebene Beauftragte für Chancengleichheit und die Beauftragte für Gleichstellung, sowie eine Vertrauensperson für schwerbehinderte Menschen und den Personalrat.

Bevor die Unternehmenskultur der HFU kurz beschrieben wird, sollen an dieser Stelle ein paar grundsätzliche Gedanken zum Thema Unternehmenskultur ausgeführt werden.

Unter Unternehmenskultur versteht man die von einer Gruppe gemeinsam gehaltenen grundlegenden Überzeugungen, die deren Wahrnehmung, Denken, Fühlen und Handeln bestimmen und insgesamt typisch für diese Gruppe sind. Nach Schein[302] gliedert sich die Unternehmenskultur nach Grad der Sichtbarkeit in drei Ebenen. Diese sind Artefakte, bekundete Werte und Grundprämissen. Unter Artefakte werden sichtbare Strukturen und Prozesse im Unternehmen verstanden, die leicht zu beobachten, aber schwer zu entschlüsseln sind. Bekundete Werte sind in Strategien, Zielen und in der Unternehmensphilosophie formuliert und damit leicht zugänglich. Grundprämissen dagegen sind unbewusste und selbstverständliche Anschauungen, Wahrnehmungen, Gedanken und Gefühle, die Ausgangspunkt für Werte und Handlungen darstellen, aber nicht einfach erhebbar und beschreibbar sind.

Zur Unternehmenskultur an der HFU existiert keine wissenschaftliche Untersuchung. Unter Verwendung der oben beschriebenen drei Ebenen kann sie hinsichtlich Artefakte und bekundete Werte als transparent und kollegial beschrieben werden. Allerdings liegt es, wie im Rahmen einer Masterarbeit zur innerbetrieblichen Kommunikation an der HFU[303] gezeigt wurde, in hohem Maß im Ermessen jedes Einzelnen, sich kundig zu machen und einzubringen. In diesem Sinne kann

---

302 Vgl. Schein 1995, S. 30

303 Siehe Schröpfer 2009

man von einer Holschuld sprechen, d.h. derjenige, der sich interessiert, kann viel erfahren (unter der Nutzung entsprechender Medien und der direkten Kommunikation mit Sachkundigen). Derjenige allerdings, der sich nicht selbst bemüht, an Informationen zu kommen, ist relativ uninformiert. Wie später gezeigt wird, versucht man mittels eines regelmäßig erscheinenden Newsletters über aktuelle Projekte und Entwicklungen an der HFU zu berichten und so die Transparenz über das aktuelle Geschehen zu erhöhen.

5.3.4 Bedeutung der Ressource Wissen für die HFU

Fachhochschulen, heute Hochschulen für Angewandte Wissenschaften genannt, zeichnen sich durch eine wissenschaftliche Lehre mit hohem Praxisbezug aus. Sie sind gefordert, anspruchsvolle und zukunftsträchtige Studiengänge anzubieten und Unternehmen regional, aber auch überregional mit sehr gut ausgebildetem Fachpersonal zu versorgen. Darüber hinaus stellen sie ihre personellen und infrastrukturellen Ressourcen für den Wissens- und Technologietransfer mit der Unternehmenspraxis zur Verfügung.

„Die Hochschulen dienen entsprechend ihrer Aufgabenstellung der Pflege und der Entwicklung der Wissenschaften und der Künste durch Forschung, Lehre, Studium und Weiterbildung in einem freiheitlichen, demokratischen und sozialen Rechtsstaat. Die Hochschulen bereiten auf berufliche Tätigkeiten vor, welche die Anwendung wissenschaftlicher Erkenntnisse und wissenschaftlicher Methoden oder die Fähigkeit zu künstlerischer Gestaltung erfordern. Hierzu tragen die Hochschulen entsprechend ihrer besonderen Aufgabenstellung wie folgt bei: [...] 4. die Fachhochschulen vermitteln durch anwendungsbezogene Lehre und Weiterbildung eine Ausbildung, die zu selbstständiger Anwendung wissenschaftlicher Erkenntnisse und Methoden oder zu künstlerischen Tätigkeiten in der Berufspraxis befähigt; im Rahmen ihrer Aufgaben betreiben sie anwendungsbezogene Forschung und Entwicklung."[304]

Wie diese Aufgabendefinition verdeutlicht, kommt dem Thema Wissen und Wissensmanagement an Hochschulen eine zentrale Bedeutung zu.

Die Leistungserbringung der Hochschule besteht zum Großteil in der Produktion immaterieller Güter, indem zum Beispiel Lehrende ihr Wissen an Studierende weitergeben, die dieses Wissen aufnehmen und dadurch ihre Kompetenz auf einem bestimmten Gebiet erweitern. Auch im Bereich der Forschung werden durch die Entwicklung neuen Wissens zunächst immaterielle Werte geschaffen. Erst wenn dieses Wissen in neue Produkte einfließt, werden materielle Güter erzeugt, die dann aber nicht an der Hochschule selbst produziert werden, sondern deren Pro-

---

304 Zweites Gesetz zur Änderung hochschulrechtlicher Vorschriften zum 01.01.2005 (Zweites Hochschulrechtsänderungsgesetz - 2. HRÄG), 1. Kapitel, 1. Teil, Paragraph 2; http://mwk.baden-wuerttemberg.de/fileadmin/pdf/gesetze/2_Hochschul_Gesetzblatt 010105.pdf (zuletzt zugegriffen am 5.3.2012)

duktion und Vermarktung werden i.d.R. in Spinn-Offs ausgelagert. Handelt es sich bei der Entwicklung neuen Wissens um Entwicklung neuer Dienstleistungen, so sind dies auch wiederum immaterielle Güter, deren Vermarktung ebenso nicht an der Hochschule selbst, sondern auch in diesem Fall in Form von Ausgründungen erfolgt.

Die Hochschule stellt damit ein klassisches wissensintensives Unternehmen bzw. eine wissensintensive Organisation dar. Dieses zeichnet sich durch ein hohes Bildungsniveau seiner Mitarbeiter, hohe Investitionen in Forschung und Entwicklung und einen hohen Durchdringungsgrad durch Informations- und Kommunikationstechnologie (IKT) aus. Hinsichtlich eines hohen Bildungsniveaus ist in Anbetracht der großen Anzahl an Professorinnen und Professoren sowie wissenschaftlicher Angestellter die Bewertung als wissensintensives Unternehmen eindeutig. In Bezug auf Forschung und Lehre zeigt sich die Stellung anhand der eingeworbenen Drittmittel. Hier nimmt die HFU im Vergleich zu anderen Fachhochschulen einen Spitzenplatz ein. Die Beurteilung des Durchdringungsgrads durch IKT ist nur schwer möglich, da es kein Benchmarking gibt, anhand dessen sich Hochschulen einschätzen könnten. Wie die weiteren Ausführungen in diesem Kapitel jedoch zeigen, muss sich die HFU hier nicht verstecken.

Es sei an dieser Stelle erwähnt, dass die deutschen Hochschulen nicht wie die Hochschulen in Österreich in der Pflicht sind, eine sogenannte Wissensbilanz zu erstellen. Dieses Thema könnte aber in Zukunft durchaus an Bedeutung gewinnen.[305]

Beim Vergleich von traditioneller Arbeit und Wissensarbeit fallen deutliche Unterschiede hinsichtlich organisatorischer und IKT-Aspekte auf, die es wert sind, beachtet zu werden. So ist man bei einem hohen Maß an Wissensarbeit zum Beispiel deutlich mehr auf eine offene Kommunikationskultur angewiesen und auf eine Kommunikation über Hierarchiegrenzen hinweg.[306]

Unter der Prämisse, dass Wissensmanagement auch Informations- und Datenmanagement umfasst[307], lassen sich die zentralen Aufgabenbereiche der Hochschule in Anlehnung an das Münchner Wissensmanagement-Modell den Bereichen Wissensrepräsentation, Wissenskommunikation, Wissensentwicklung und Wissensnutzung, wie in Tabelle 5-4 ausgeführt, zuordnen.

---

305 Bundesgesetzblatt für die Republik Österreich, Jahrgang 2010, ausgegeben am 7. Juli 2010 Teil II, 216. Verordnung: Wissensbilanz-Verordnung 2010 – WBV 2010 http://www.bmwf.gv.at/fileadmin/user_upload/wissenschaft/recht/wbv_2010.pdf (zuletzt zugegriffen am 5.3.2012)
306 Siehe hierzu Peinl et al. 2009, S. 25ff
307 Dieser Denkansatz ist durchaus geläufig. Vertreter eines humanorientierten Wissensmanagements, für die Wissen ausschließlich an Menschen als Wissensträger gebunden ist, würden dieser Definition allerdings nicht zustimmen.

Tabelle 5-4:　　　Zuordnung WM-Prozessbereiche und Aufgabenbereiche der HFU

Wissensmanagement Prozessbereiche	Aufgabenbereich	Beschreibung mit Bezug zum Münchner Wissensmanagement-Modell[308]
Wissensrepräsentation *Wissensbewahrung*	Lehre, Weiterbildung, Forschung, Transfer und Verwaltung	In der Wissensrepräsentation geht es vor allem darum, Wissen explizit und prinzipiell zugänglich zu machen, Wissen zu dokumentieren und zugriffsbereit abzulegen, Wissen aufzubereiten (zum Beispiel strukturieren, visualisieren), Wissen zu formalisieren und zu kodifizieren und Wissen zu speichern und zu aktualisieren. Die Wissensrepräsentation stellt in allen Hochschulbereichen eine zentrale Funktion dar. Zu beachten ist, dass nicht nur Wissensträger wie Dokumentationen in Papier- oder elektronischer Form Wissen repräsentieren, sondern auch Mitarbeiter selbst als Wissensträger und damit als Wissensrepräsentant gesehen werden müssen.
Wissenskommunikation *Wissensaustausch*	Lehre, Weiterbildung	In der grundständigen Lehre und in der berufsbegleitenden Weiterbildung geht es im Rahmen der Wissenskommunikation vor allem darum, Wissen zu vermitteln und weiterzugeben.
	Forschung	Im Bereich der Forschung geht es im Rahmen der Wissenskommunikation darum, Forschungsergebnisse (auch Teilergebnisse) zu kommunizieren.
	Transfer	Beim Transfer geht es im Rahmen der Wissenskommunikation darum, Wissen mit anderen Organisationen auszutauschen.
	Verwaltung	In der Verwaltung geht es darum, Wissen, das für die tägliche Abwicklung der sekundären Geschäftsprozesse benötigt wird, entsprechend zu kommunizieren.
Wissensentwicklung *Schaffung und Erwerb neuen Wissens*	Lehre, Weiterbildung	In der Wissensentwicklung geht es hier vor allem darum, den Erwerb neuen Wissens bei Studierenden und Kursteilnehmern zu fördern. Außerdem sollen innovative Ideen in bestehende Curricu-

---

308 Siehe Kapitel 3.2.4 Münchner Wissensmanagement- Modell

		lae eingearbeitet bzw. neue Studienangebote entwickelt werden.
	Forschung	In der Wissensentwicklung geht es vor allem darum, „Eigenproduktion" von Wissen in Form von Forschung und Entwicklung durchzuführen.
	Transfer	Gemeinsam mit Organisationen außerhalb der Hochschule besteht beim Transfer auch die Möglichkeit, neues Wissen zu entwickeln.
	Verwaltung	In der Verwaltung gilt hierbei vor allem darum, neues Wissen im Sinne neuer bzw. optimierter Verfahren (Routinen) und damit optimierter Prozesse zu entwickeln.
Wissensnutzung *Einsatz des vorhandenen Wissens*	Lehre, Weiterbildung, Forschung, Transfer, Verwaltung	In der Wissensnutzung geht es vor allem darum, Wissen in Entscheidungen und Handlungen umzusetzen und Wissen in Produkte und Dienstleistungen zu transformieren. Die Wissensnutzung stellt in allen Hochschulbereichen eine zentrale Funktion dar.

Es sei an dieser Stelle erwähnt, dass auch das Nicht-Wissen Beachtung finden muss. Es muss nicht jeder alles wissen. Unter ökonomischen Gesichtspunkten gilt es deshalb abzuwägen, wer genau welches Wissen benötigt. Darüber hinaus ist auch der Entsorgung von veraltetem und nicht mehr benötigtem Wissen Rechnung zu tragen, um einen effizienten Umgang mit der Ressource Wissen zu ermöglichen.

Die Aufstellung in Tabelle 5-4 unterstreicht nochmals die Bedeutung von Wissensmanagement für die HFU.

Zusammenfassend sind folgende Bereiche des Wissensmanagements zu unterscheiden:

- Die Wissensrepräsentation, die Wissensbewahrung, die für eine angemessene Speicherung des vorhandenen Wissens steht und die Hochschule vor Wissensverlust jeglicher Art (z.B. auch durch Kündigungen) schützt. Stichwort: *Inhalte*
- Die Wissenskommunikation, der Wissensaustausch, der die Zusammenarbeit aller an den primären und sekundären Prozessen beteiligten Personen unterstützt. In diesem Zusammenhang geht es vor allem darum, dass jeder die für ihn relevanten Informationen erhält. Stichwort: *Zusammenarbeit*
- Die Wissensentwicklung, die Schaffung und der Erwerb neuen Wissens, was dafür verantwortlich ist, dass das vorhandene Wissen sich vermehrt. Dies schließt i.d.R. auch ein, dass nicht mehr benötigtes Wissen aus der Wissensbasis gelöscht wird. Stichwort: *Kompetenz*

- Die Wissensnutzung, der Einsatz des vorhandenen Wissens, der dafür Sorge trägt, dass die an den Prozessen Beteiligten die für sie notwendigen Informationen nutzen können, d.h. dass es für sie eine Orientierungshilfe gibt, bei der relevante Informationen gesucht und schließlich auch gefunden werden können. Stichwort: *Orientierung*

Wie das folgende Kapitel zeigt, gibt es an der HFU eine Vielzahl an Wissensmanagement-Initiativen und IT-Systemen, um die Ressource Wissen optimal zu nutzen.

5.3.5 Methoden und Werkzeuge

Zur Unterstützung des Managements von Wissen stellt die HFU eine Vielzahl an Methoden und Werkzeugen zur Verfügung. Die wichtigsten werden im Folgenden klassifiziert und näher erläutert. Unter Methoden werden hier Prozesse und Verfahren für das Management von Wissen verstanden, die nicht zwingend an Informations- und Kommunikationstechnologie (IKT) gebunden sind. Bei den Werkzeugen dagegen liegt der Schwerpunkt auf der Nutzung von IT-Systemen.

Für einen optimalen Gebrauch der Ressource Wissen gilt es gemäß der Unterscheidung in die vier Bereiche Wissensrepräsentation, Wissenskommunikation, Wissensentwicklung und Wissensnutzung in Bezug auf Methoden und Werkzeuge folgende Fragen zu stellen.

- Die Wissensrepräsentation: Wie unterstützen wir die Dokumentation und Aufbewahrung öffentlich zugänglichen Wissens? Wie sichern wir uns gegen Wissensverlust z.B. durch Kündigung unserer Mitarbeiter?
- Die Wissenskommunikation: Wie unterstützen wir die Kommunikation von Wissen?
- Die Wissensentwicklung: Wie fördern wir die Entwicklung neuen Wissens im Sinne des Erwerbs neuer Kompetenzen, aber auch im Sinne von Innovationen allgemein.
- Die Wissensnutzung: Wie unterstützen wir die Nutzung des vorhandenen Wissens, in dem zum Beispiel die Suche nach und der Zugriff auf vorhandenes Wissen vereinfacht wird?

Eine Methode, die für die HFU in der Vergangenheit von besonderer Bedeutung war, ist der sogenannte *Large Scale Event*, der im Jahr 2007 mit insgesamt 250 Teilnehmern an zwei Tagen in der Tonhalle in Villingen stattfand. Verschiedene Interessensgruppen wie Hochschulleitung, Professoren, Mitarbeiter, Studierende, Firmenvertreter und Vertreter des Ministeriums hatten sich getroffen, um über die aktuelle Situation und die künftige Entwicklung der HFU zu beraten. Die in Workshops erzielten Ergebnisse lieferten viele Anhaltspunkte für Entwicklungsmöglichkeiten der HFU.

Bezüglich der zur Verfügung stehenden IT-Systeme erfolgt die Zuordnung je nach Handlungsschwerpunkt in einer Abbildung bestehend aus den Feldern Unternehmensportal, Inhalte (Repräsentation), Zusammenarbeit (Kommunikation), Kompetenz (Entwicklung), Orientierung (Nutzung) und interne Anwendungen. Es hat sich gezeigt, dass in manchen Fällen eine eindeutige Zuordnung zu einem bestimmten Bereich nicht möglich ist. Es kann deshalb zur Mehrfachnennung kommen.

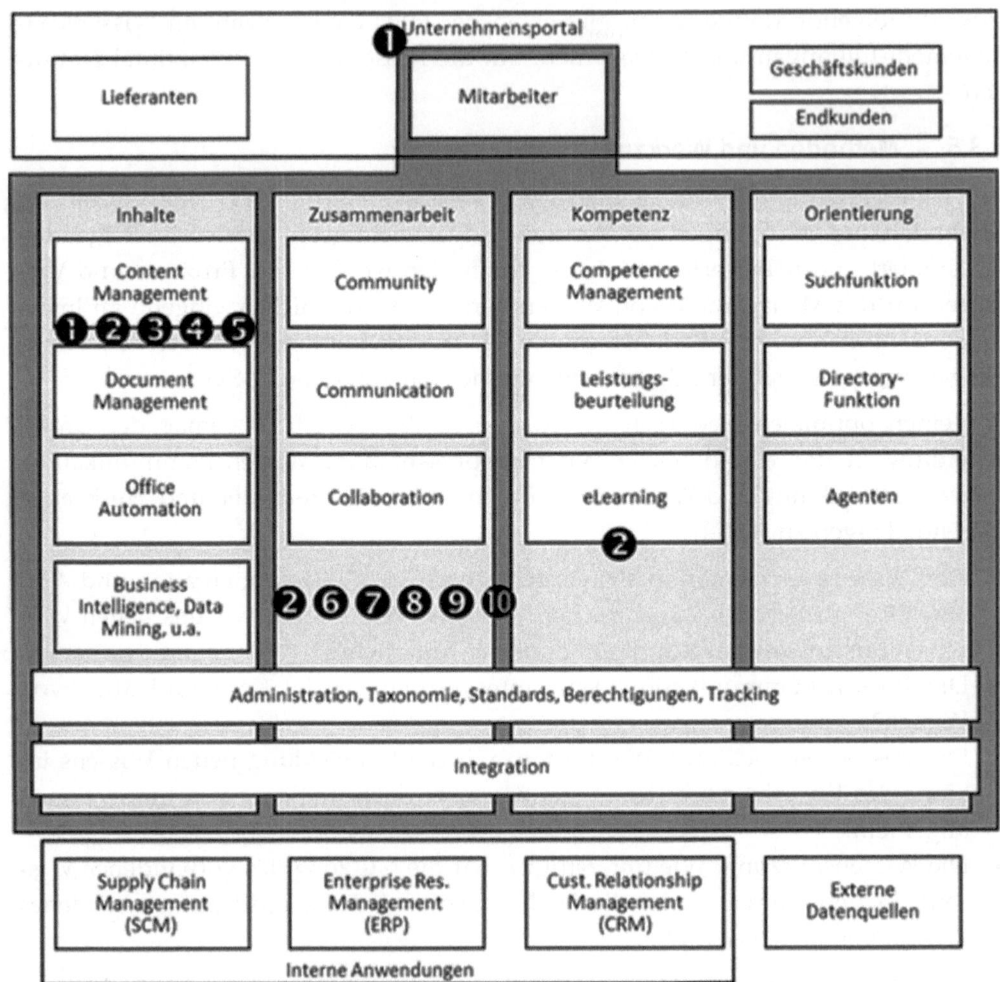

Abbildung 5-16:   **Klassifikation der an der HFU vorhandenen IT-Systeme**[309]

Wie in Abbildung 5-16 zu sehen ist, können an der HFU insgesamt zehn verschiedene IT-Anwendungen unterschieden werden, die das Management von Wissen unterstützen. Diese werden in der folgenden Tabelle aufgelistet und kurz erläutert. Eine ausführlichere Beschreibung erfolgt im Anschluss daran.

---

309 Darstellung in Anlehnung an Riempp 2004, S. 171

Tabelle 5-5:   **WM-Systemlandschaft der HFU**

Handlungsfeld	Nr.	System	Beschreibung
Hochschulportal	1	HFU Website	Allgemein zugängliche Website der HFU ; www.hs-furtwangen.de
Inhalte	1	HFU Website	Allgemein zugängliche Website der HFU: www.hs-furtwangen.de,
	2	Lernplattform Felix	Felix als Lernplattform der HFU; aktuelles E-Learning-System,
	3	Frieda-Verwaltung	Mitarbeiterportal der HFU, das verwaltungsrelevante interne Inhalte enthält,
	4	Studi-Portal	Studentenportal der HFU, das alle prüfungsrelevanten Informationen enthält,
	5	Bibliotheks-Katalog	Bibliotheksportal der HFU, über das Zugriff zum Bibliotheks-Katalog, sonstigen Online-Katalogen und E-Books möglich ist.
Zusammenarbeit	2	Lernplattform Felix	Felix als Lernplattform der HFU; aktuelles E-Learning-System,
	6	Memeo, Skype	Memeo als virtuelles Klassenzimmer der HFU; Skype für ortsunabhängige Besprechungen,
	7	Webmail	Mail-Client der HFU,
	8	Newsletter	In regelmäßigen Abständen erscheinende Nachrichten, die als elektronische Newsletter an die Mitarbeiter der HFU verteilt werden,
	9	Service Desk	Ticket-System für die schnelle Kommunikation bei Anfragen verschiedenster Art,
	10	Formularserver	zur elektronischen Abwicklung von Geschäftsprozessen.
Kompetenz	2	Lernplattform Felix	Felix als Lernplattform der HFU; aktuelles E-Learning-System.

5.3.5.1 HFU Website

Die seit Februar 2012 im neuen Layout erscheinende Website der Hochschule Furtwangen repräsentiert die HFU im Internet und stellt das Portal für den Zugriff auf vielfältige Informationen für unterschiedliche Benutzergruppen dar. Neben aktuellen Informationen zum Geschehen rund um die HFU, bietet dieses auch Informationen über die Hochschule Furtwangen im Allgemeinen. Aktuelle Termine der HFU werden in einem Kalender auf der Startseite angezeigt. Des Weiteren gibt es Verlinkungen zu den Studienangeboten der einzelnen Fakultäten sowie Informationen zu den Themen Forschung, Internationales und Weiterbildung. Eine Suchfunktion für den schnellen Zugriff auf spezifische Inhalte rundet den Webauftritt der HFU ab.

Abbildung 5-17:   **Startseite der HFU Website**[310]

5.3.5.2 Lernplattform FELIX

FELIX, das kurz für „Furtwangen E-Learning and Information eXchange" steht, repräsentiert die von der Universität Zürich entwickelte Lern- und Austauschplattform, die nicht nur von allen am Lehrbetrieb Beteiligten, sondern auch von allen Mitarbeiter der HFU genutzt wird. Für den Lehrbetrieb bietet es eine umfassende Kursverwaltung. Für jeden einzelnen Kurs steht eine Vielzahl von Bausteinen zur individuellen Konfiguration des Kurses zur Verfügung. Neben allgemeinen Informationen zum Kurs kann zum Beispiel ein Dokumentenordner, eine Gruppenverwaltung, eine Einschreibefunktionalität, E-Mail und vieles andere realisiert werden. Je nach Benutzerrollen können zudem verschiedene Sicht- und Zugriffsrechte auf die jeweiligen Inhalte definiert werden. Des Weiteren bietet FELIX Funktionen für die Speicherung, Verwaltung und Verbreitung von Dokumenten. Auch sogenannte Wikis, wie beispielsweise das Auslandswiki, welches als Sammlung für Informationen, Erfahrungsberichte usw. für Auslandssemesteraufenthalte dient, können in Felix erstellt und gepflegt werden.

---

310 http://www.hs-furtwangen.de/ (zuletzt zugegriffen am 8.3.2012)

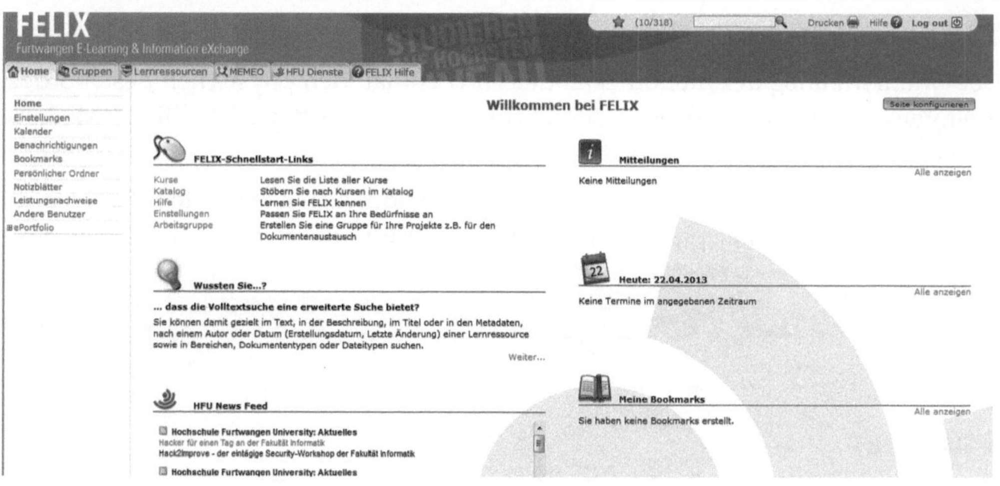

Abbildung 5-18:   Personalisierter FELIX-Startbildschirm[311]

Zur vereinfachten Bedienung ist die Oberfläche von FELIX den Wünschen des Nutzers anpassbar, d.h. personalisierbar. Dies umfasst die Auswahl der einzelnen Funktionen, welche auf der Startseite sichtbar sein sollen, wie auch einzelne News-, Gruppen, Notizen- und Kalenderansichten (Abbildung 5-18).

Eine weitere sehr interessante Funktion gerade im Hinblick auf Gruppenarbeit an Dokumenten oder Programmcode ist die Integration der Versionierungs-Software Subversion. Mit Hilfe dieser ist beispielsweise das gleichzeitige Arbeiten an Dokumenten möglich, wie auch das Rückgängigmachen beliebiger Änderungen, da anhand der verschiedenen Versionen des Dokumentes alle Veränderungen seit dessen Erstellung auf dem Server der HFU gespeichert werden.

Zur IT-basierten Unterstützung der Zusammenarbeit stehen Foren-, Chat- und E-Mail-Verteiler-Funktionalität zur Verfügung.

5.3.5.3 FRIEDA-Verwaltung

Bei FRIEDA handelt es sich um ein Intranet mit der Hauptverwendung für Hochschulmitarbeiter. Seine Aufgaben umfassen die Bereitstellung von Dokumenten, Formularen, Workflows und Kompetenzregistern.

5.3.5.4 Studi-Portal

Das Studi-Portal hat die Aufgabe, den Studierenden bei der organisatorischen Verwaltung seiner studien- und prüfungsrelevanten Abläufe zu unterstützen. Diese umfassen die Einsicht in angemeldete Prüfungen, die Ansicht und Exportfunktion des Notenspiegels, die Semesterrückmeldung, den Download von Studienbescheinigungen sowie die Verwaltung der Adressanschriften.

---

311 https://felix.hs-furtwangen.de/ (zuletzt zugegriffen am 8.3.2012)

5.3.5.5 Bibliotheks-Katalog

Der Online-Katalog der Bibliotheken der HFU enthält den physischen Bestand der Bibliothek (gedruckte Bücher, Zeitschriften, DVD, Blu-Ray etc.). Diese Medien können i.d.R. entliehen werden.

Er enthält außerdem mehr als 25.000 von den Bibliotheken lizenzierte E-Books und E-Journals, wie zum Beispiel die Springer E-Books und die Hanser E-Books.

Abbildung 5-19:   **Bibliotheks-Portal der HFU**

Das Bibliotheksportal bietet neben dem elektronischen Zugriff auf den normalen Bestandskatalog mit Monografien, Zeitschriften etc. auch die Anbindung an verschiedene, zumeist gebietsspezifische Online-Datenbanken. Unterstützend für Seminar- und Abschlussarbeiten wird den Studierenden kostenlos das Literaturverwaltungssystem Citavi angeboten.

5.3.5.6 Memeo/Skype

Mit Memeo bietet die HFU eine für Studenten kostenlose Applikation zur Unterstützung von Zusammenarbeit und Kommunikation in Form virtueller Kurs- und Teamarbeit an. Wie in Abbildung 5-20 ersichtlich, können die Teilnehmer einer virtuellen Konferenz anhand von Webcams am rechten Bildschirmrand eingeblendet werden. Die behandelten Inhalte werden dagegen in der Fenstermitte durch die Einbindung verschiedenster textueller oder multimedialer Formate integriert.

Abbildung 5-20:   Memeo

Auch Skype wird für die Durchführung von ortsunabhängigen Besprechungen genutzt.

5.3.5.7 Webmail

Der durch die HFU betriebene E-Mail-Service wurde 2009 erweitert und bietet nun basierend auf der Groupware open-Xchange eine Vielzahl weiterer Funktionen. So ermöglicht open-Xchange neben den Grundfunktionen rund um die E-Mail-Verwaltung die Nutzung von Ordnerstrukturen für die übersichtlichere Aufbewahrung der Mails. Die integrierte Kontaktverwaltung, Kalenderfunktion und Aufgabenplanung sowie Bereitstellung von Speicherplatz für Datenobjekte inklusive der Möglichkeit ihrer Publikation, sind sinnvolle funktionale Unterstützungen für Zusammenarbeit. Zugänglich sind all diese Funktionen mit Hilfe eines Browsers.

5.3.5.8 Newsletter

In regelmäßigen Abständen erscheint ein Newsletter, der die breite Öffentlichkeit über aktuellen Themen der HFU informiert.

Des Weiteren gibt es einen internen Newsletter, der die Beschäftigten der HFU über aktuelle HFU-interne Themen informiert.

5.3.5.9 Service-Desk

Der Service-Desk ist eine Einrichtung des Informations- und Medienzentrums der HFU, der es sowohl Studierenden als auch Beschäftigten der HFU ermöglicht, ein elektronisches Ticket aufzusetzen, um Hilfestellung bei der Nutzung der vom IMZ bereitgestellten Infrastruktur zu erhalten. Diese Tickets werden an entsprechende Service-Mitarbeiter weitergeleitet und möglichst umgehend bearbeitet.

5.3.5.10 Formularserver

Seit Sommersemester 2012 wurde an der HFU ein sogenannter Formularserver in Betrieb genommen, der es nicht nur ermöglicht, Formulare online auszufüllen, sondern der darüber hinaus eine Funktionalität bietet, die es erlaubt, Formulare digital zu signieren und rollengerecht weiterzuleiten. Dieses System trägt damit zum einen zu einer papierarmen Verarbeitung der Geschäftsprozesse bei. Zum anderen ermöglicht es eine elektronische Weiterleitung der Formulare, so dass das aufwendige Hin- und Herschieben von Dokumenten entfällt. Die Inbetriebnahme des Formularservers stellt für die HFU gerade im Hinblick auf die drei Standorte eine deutliche Effizienzsteigerung dar.

5.3.5.11 Sonstige Methoden und Werkzeuge

Sitzungen: Die Gremien der HFU wie Rektorat, Senat, Fakultätsrat, Personalrat und Hochschulrat tagen in regelmäßigen Sitzungen. Des Weiteren findet in regelmäßigen Abständen gemeinsam mit dem Rektorat eine Dekanrunde statt.

Mitarbeiterbesprechung und Rektorensprechstunde: In regelmäßigen Abständen finden Mitarbeiterbesprechungen statt. Des Weiteren bietet der Rektor der HFU in regelmäßigen Abständen an allen drei Standorten eine sogenannte Rektorensprechstunde für Beschäftigte der HFU an. Diese soll dazu dienen, dass Mitarbeiter ihre Anliegen direkt dem Rektorat mitteilen können.

Dienstbesprechung Professoren: In regelmäßigen Abständen findet eine Dienstbesprechung der Professoren statt, in denen die Hochschulleitung über aktuelle Hochschulthemen informiert. Des Weiteren wird im Rahmen dieser Besprechung die Gelegenheit genutzt, dass sich neue Kolleginnen und Kollegen vorstellen können.

FuCamp - Der Wissensevent aus Furtwangen: Das FuCamp ist ein ideales Beispiel einer Community of Practice. Als Barcamp folgt es nur sehr wenigen Regeln: Jeder darf teilnehmen, jeder darf sich als Vortragender anmelden, jeder darf mitdiskutieren. Von dieser Freiheit lebt ein Barcamp sozusagen. Das FuCamp im Speziellen war im Jahr 2009 eines der ersten, von Studenten initiierten Barcamps, welches aber durch die HFU zusätzlich in Form der Gebäudebereitstellung und eines gestellten Budgets unterstützt wurde. Leider folgt die Aufbereitung und Archivierung des vorgetragenen und diskutierten Materials ebenso freien Regel wie der Ablauf. Bisher ist noch kein System vorgestellt worden, um all das Wissen effizient einsetzen zu können. Allerdings wurden die Vorträge mit Video aufgezeichnet und in FELIX abgelegt, aber auch Inhalte teilweise in privaten Blogs veröffentlicht.

Referate: In Hinblick auf praxisnahe Anwendung des erlernten Wissens im Hochschulumfeld sind die Referatsangebote eine gute Alternative zur zukünftigen Berufspraxis. Denn die zumeist als Communitys organisierten Studentengruppen können sich nicht nur gegenseitig austauschen und ihren Wissenshorizont dadurch erweitern, sondern dies unter Umständen mit Hilfe der Gruppe bereits in der Wirtschaft anwenden. Ein Beispiel hierfür ist das Institut für Business Consulting e. V., welches seinen Mitgliedern ermöglicht, ihre im Studium erlernten Fähigkeiten bereits als studentische Berater praktisch anwenden zu können.

Tagungen und Kongresse: Die Hochschule öffnet sich einem weiteren Interessentenkreis, indem Tagungen und Kongresse an der HFU stattfinden. Aktuelle Ereignisse sind der Gesundheitskongress und die SEIN-Konferenz, eine Konferenz, die in einem regelmäßigen Turnus gemeinsam mit der University of Plymouth veranstaltet wird.

5.3.5.12 Hochschulkontaktbörse

Zwei Mal im Jahr findet eine Hochschulkontaktbörse statt, die Firmen die Möglichkeit bietet, ihr Unternehmen vorzustellen. Studierenden und Hochschulangehörigen haben die Gelegenheit, direkt mit Unternehmen in Kontakt zu treten.

5.3.6 Kritische Würdigung und Ausblick

Wie eingangs erwähnt, zeichnet sich die Hochschule Furtwangen durch ihre Innovationsfreude und ihr Qualitätsbewusstsein aus. Diese Eigenschaften drücken sich auch darin aus, dass man bereit ist, veraltete Studienangebote zu überdenken, Prozesse zu optimieren und IKT-Systeme dem aktuellen Stand der Technik anzupassen.

Auf Basis der in Kapitel 5.3.5 vorgestellten Bereiche der Wissensrepräsentation, -kommunikation, -entwicklung und -nutzung ergibt sich in Bezug auf Wissensrepräsentation und -kommunikation die in Abbildung 5-21 dargestellte Gesamtsicht. Darüber hinaus ist, wie bereits ausgeführt, auch den Aspekten der Wissensentwicklung und -nutzung Rechnung zu tragen.

Ein effektiver und effizienter Umgang mit der Ressource Wissen setzt voraus, dass es gelingt, auf die folgenden Fragen zufriedenstellende Antworten zu finden:

- Was tut die Hochschulleitung, um sowohl Studierende als auch Beschäftigte und sonstige Stakeholder der HFU für die Bedeutung der Ressource Wissen zu sensibilisieren?
- Wie wird die Kommunikation von Wissen, also der Informationsaustausch im Allgemeinen, gefördert und unterstützt?
- Wie wird die Dokumentation und Aufbewahrung öffentlich zugänglichen Wissens unterstützt?
- Welche Maßnahmen werden gegen Wissensverlust, z.B. durch Kündigung von Mitarbeitern, getroffen?
- Wie wird die Entwicklung neuen Wissens im Sinne des Erwerbs neuer Kompetenzen, aber auch im Sinne von Innovationen allgemein unterstützt?

- Wie wird die Nutzung des vorhandenen Wissens gefördert?

Die in Abbildung 5-21 genannten Methoden und Werkzeuge bilden eine gute Basis, Antworten auf diese Fragen zu geben. Im Hinblick auf Wissensentwicklung und Wissensnutzung müssen aber darüber hinaus weitergehende Lösungsansätze gefunden werden, da in diesem Zusammenhang der Mensch in den Mittelpunkt der Betrachtung rücken muss und hier sogenannte weiche Faktoren zum Tragen kommen.

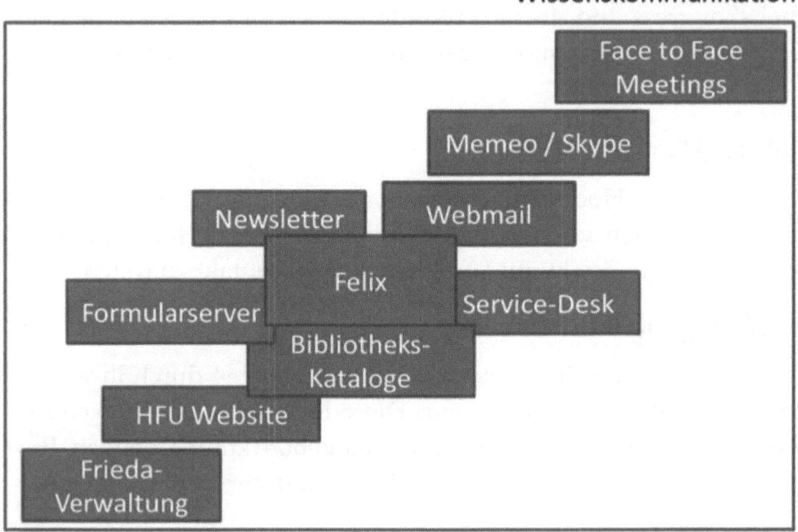

Abbildung 5-21:   Überblick der Werkzeuge zur Wissensrepräsentation und -kommunikation der HFU

Als klassische wissensintensive Organisation muss die HFU auch in Zukunft sogenannten immateriellen Vermögenswerten eine hohe Bedeutung zukommen lassen. Dazu gehört, Kontakte zu Studierenden, Beschäftigen, aber auch Kontakte zu Unternehmen und Organisationen im Allgemeinen, zu anderen Hochschul- und Forschungseinrichtungen und auch zum Wissenschaftsministerium und sonstigen örtlichen Behörden zu pflegen und zu nutzen.

Des Weiteren gilt es, die Innovationsfreudigkeit und das Qualitätsbewusstsein auch in Zukunft zu nutzen, um stets am Puls der Zeit zu sein. Denn nur so kann das Überleben der HFU im ländlichen Raum auf längere Sicht gesichert werden.

6   Einführung und Verankerung im Unternehmen

Ziel einer jeden Wissensmanagement-Initiative ist es, den Umgang mit der Ressource Wissen in der Unternehmung effektiver und effizienter zu gestalten, um damit letztendlich nicht nur den kurzfristigen, sondern auch den mittel- und langfristigen Unternehmenserfolg sicher zu stellen. Bei all den Vorteilen, die durch eine professionellere Handhabung der Ressource Wissen erzielt werden können, ist allerdings darauf zu achten, dass kein blinder Aktionismus betrieben wird. Für jedes Engagement im Bereich Wissensmanagement ist deshalb eine sorgfältige Planung für die Einführung und Verankerung im Unternehmen von besonderer Bedeutung.

Es sei an dieser Stelle darauf hingewiesen, dass in diesem Kapitel nicht zwischen der Einführung und Verankerung von Wissensmanagement in kleinen und mittelständischen Unternehmen (KMU) und Großunternehmen unterschieden wird. Es ist deshalb zu beachten, dass je nach Größe des Unternehmens sich unterschiedliche Lösungen bzw. unterschiedliche Projektvorgehen als sinnvoll erweisen werden.

Kapitel 6 widmet sich der Frage, wie Wissensmanagement-Initiativen erfolgreich geplant und umgesetzt werden können.

Lernziele für das sechste Kapitel sind:

- die Bedeutung der Definition von Wissensmanagement-Zielen und einer Wissensmanagement-Strategie für eine erfolgreiche Einführung und Verankerung im Unternehmen kennen
- Erfolgsfaktoren für Wissensmanagement-Initiativen kennen
- den Bezug zum integrierten Geschäftsmodell mit Fokus Wissen (*iGFW*) kennen
- das hier vorgestellte Vorgehensmodell zur Wissensmanagement-Einführung kennen
- eine beispielhafte Projektplanung und -organisation kennen

6.1   Übersicht

Vor dem Start konkreter Wissensmanagement-Initiativen sind die Ziele, die damit verfolgt werden sollen, klar zu definieren. Dabei ist es wichtig, dass diese Ziele mit den strategischen Zielen der Unternehmensführung in Einklang stehen. Des Weiteren ist auch eine Auseinandersetzung mit den Erfolgsfaktoren nicht zu vernachlässigen. Für die Analyse und Auswahl geeigneter Wissensmanagement-Initiativen kann es hilfreich sein, sich nochmals das Referenzmodell zu vergegenwärtigen, wie es in Kapitel 3.3 mit dem integrierten Geschäftsmodell mit Fokus Wissen (*iGFW*) vorgestellt wurde. Das in diesem Kapitel beschriebene Vorgehensmodell zur Wissensmanagement-Einführung, das vom Bundesministerium für Wirtschaft und Technik (BMWi) im Rahmen des Aktionsprogramms „Informationsgesellschaft Deutschland 2010 (iD2010)" entwickelt wurde, gliedert sich in sechs Phasen, die im weiteren Verlauf dieses Kapitels näher ausgeführt werden.

6.1.1 Ziele und Erfolgsfaktoren

Als oberstes Ziel einer jeden Wissensmanagement-Initiative den effektiven und effizienten Umgang mit der Ressource Wissen zu deklarieren, ist einleuchtend und schnell geschehen. Schon im nächsten Schritt aber, wenn es darum geht, konkretere Angaben zu machen, was getan werden soll und wie, tut sich ein immenses Spektrum an Möglichkeiten auf. Deshalb ist es von besonderer Bedeutung, bereits bei der Zieldefinition strukturiert vorzugehen, um nichts Wesentliches zu übersehen und sich nicht auf Nebenkriegsschauplätzen zu verirren. Zunächst empfiehlt sich die Definition einer Wissensmanagement-Strategie, wie sie in Kapitel 2.3.3 vorgestellt und in Kapitel 3.3.1 weiter ausgeführt wurde.

Die Grundlage hierfür stellt ein wissensmanagementförderliches Leitbild dar, das für das Unternehmen sowohl eine entsprechende Wissens- und Lernkultur als auch eine entsprechende Kommunikations- und Kooperationskultur definiert. Sollte dieses bereits existieren, ist zumindest die definitorische Voraussetzung für eine lernende und wissensbasierte Organisation gegeben.

Wie in Kapitel 2.3.3 bereits ausgeführt wurde, muss sich die Unternehmensführung der Spielregeln eines wissensbasierten Wettbewerbs bewusst sein und sich den daraus resultierenden Herausforderungen stellen. Neben der allgemeinen Unternehmensstrategie spielt deshalb auch eine Strategie zum Umgang mit Wissen eine entscheidende Rolle. Dabei gilt es zu beachten, dass nicht nur der allgemeine Umgang mit der Ressource Wissen von Bedeutung ist, sondern auch Fragen nach dem Organisationalen Lernen, also der Veränderung der Wissensbasis im Unternehmen, Beachtung finden müssen.

Im Rahmen der Darstellung des Integrierten Geschäftsmodells mit Fokus Wissen (iGFW) (Kapitel 3.3.1) wurde das Thema Wissensmanagement-Strategie nochmals aufgegriffen und weiterführend behandelt. Wie gezeigt wurde, liegt mit dem wissensbasierten Ansatz (Knowledge Based View) ein Forschungsbereich im strategischen Management vor, der sich explizit mit dem Zusammenhang zwischen Strategie und Wissen beschäftigt.

Zusammenfassend kann gesagt werden, dass die Unternehmensleitung neben der allgemeinen Unternehmensstrategie auch eine Antwort darauf geben muss, welche Wissensmanagement-Strategie verfolgt wird, wie diese im Detail aussehen soll und wie diese mit der Unternehmensstrategie in Einklang steht. Aufgabe der Unternehmensführung ist es, eine Analyse der bereits vorhandenen Wissensbasis durchzuführen, eine Wissensstrategie zu formulieren und für deren Umsetzung Sorge zu tragen. Hierzu gilt es Wissensmanagement-Ziele und Methoden zur Messung der Zielerreichung zu definieren. Voraussetzung hierfür ist die Erkenntnis der Bedeutung der Ressource Wissen für eine langfristige Wettbewerbsfähigkeit und die Unterscheidung in das Management der Ressource Wissen an sich (inhaltliche Dimension) und des Prozesses der Anpassung der Wissensbasis (prozessuale Dimension).

Orth et al.[312] haben in ihrem Leitfaden folgende Erfolgsfaktoren für Wissensmanagement-Initiativen definiert:

- Unterstützung durch das Management
- Klare Vorstellungen und Ziele
- Große Reise – kleine Schritte
- Projektleiter mit definierten Zuständigkeiten und Budget
- Nutzen kommunizieren
- Partizipation der Mitarbeiter
- Potenzial der vorhandenen IT-Werkzeuge ausschöpfen
- Prozessorientierung
- Klares, systematisches Vorgehen
- „Personal Trainer"

Die Erfahrungen, die die Autorin bei der Durchführung von Wissensmanagement-Projekten gemacht hat, bestätigen diese Liste. Jeder einzelne Punkt ist von Bedeutung und sollte nicht vernachlässigt werden.

6.1.2 Referenzmodell

Das in Kapitel 3.3.1 vorgestellte Integrierte Geschäftsmodell mit Fokus Wissen (*iGFW*) bietet als Referenzmodell einen Rahmen für die Verortung von Wissensmanagement-Zielen und daraus ableitbaren Initiativen.

So könnte sich ein konkreter Handlungsbedarf ergeben aufgrund

- einer geänderten wirtschafts- und sozialpolitischen Gesetzgebung
- geänderter Kundenanforderungen
- geänderter Lieferantenbeziehungen
- einer geänderten Mitbewerbersituation

Im Hinblick auf die Unternehmensführung wurde die Bedeutung der Definition einer Wissensmanagement-Strategie bereits deutlich gemacht. Aber auch Fragen in Bezug auf die Unternehmenskultur sind zu stellen und zu klären. Besitzt das Unternehmen eine wissensmanagementförderliche Unternehmenskultur, die zum Beispiel das Teilen von Wissen und eine positive Fehlerkultur fördert?

Des Weiteren ist es Aufgabe der Unternehmensführung, die Organisationsstruktur zu überprüfen. Wie sich zeigt, verschwinden Hierarchien in einem wissensbasierten Unternehmen zwar nicht vollständig, sie haben aber einen geringeren Stellenwert. Der möglichst effiziente Austausch von Wissen steht im Vordergrund der

---

312 Vgl. Orth et al. 2011, S. 49

Geschäfstätigkeit und nicht das Einhalten veralteter Strukturen. Von besonderer Bedeutung ist das Benennen von Ansprechpartnern, die je nach Unternehmensgröße als Chief Knowledge Officer (CKO), als Knowledge Worker (KW), als Sponsor etc. explizit ausgewiesen werden.

Auch gilt es, sich Gedanken darüber zu machen, welchen Einfluss das Engagement im Zusammenhang mit Wissensmanagement in der allgemeinen Leistungsbeurteilung hat. Nachdem zum Beispiel Wissensmanagement-Ziele aus der Wissensmanagement-Strategie abgeleitet wurden, müssen für diese Ziele konkrete Erfolgsfaktoren und Messgrößen zur Überprüfung der Zielerreichung definiert werden. Ein ausführliches Beispiel hierfür findet sich in Kapitel 3.3.2.

Dass, und zwar vor allem in wissensintensiven Organisationen, den Mitarbeitern an sich eine zentrale Bedeutung zukommt, wurde im Rahmen des Buches mehrfach erwähnt. Entscheidend ist nicht nur die Kompetenz der Mitarbeiter, sondern auch deren Bereitschaft, ihre Fähig- und Fertigkeiten wertschöpfend in das Unternehmen einzubringen.

Unternehmensprozesse jeglicher Art unter die Lupe zu nehmen, ein Process Reengineering durchzuführen, ist sicherlich eine im Rahmen von Wissensmanagement-Initiativen nicht zu vermeidende Aufgabe. Diese gilt es zu gestalten und vor allem daran zu denken, den Mitarbeiter „mitzunehmen". Hier gilt es Überzeugungsarbeit zu leisten, da der Mensch seine Gewohnheiten i.d.R. ungern ändert. Für die Unternehmensführung ist es eine wichtige Aufgabe, diesen Veränderungsprozess zu planen und zu gestalten, da sie letztendlich für die Überlebensfähigkeit der Organisation verantwortlich zeichnet. Hier kann man Wesentliches aus der Systemtheorie lernen, die überzeugend deutlich macht, dass ein System, das nicht im Stande ist, sich zu wandeln, auf längere Sicht stirbt.

Zeitgemäße Unternehmensführung heißt darüber hinaus, sich stets mit den neuesten Technologien und Verfahren auseinander zu setzen und daraus abgeleitet Entscheidungen für den künftigen Einsatz von IT-Systemen im Unternehmen zu treffen. Wie im Rahmen des Buches ausführlich gezeigt wurde, spielen hier Wissensmanagement-Systeme im weitesten Sinne eine zentrale Rolle.

Um sich nun Klarheit darüber zu verschaffen, welche Wissensmanagement-Initiative zur Zielerreichung sinnvoll ist, gilt es die folgenden vier Tätigkeitsbereiche im Umgang mit der Ressource Wissen zu unterscheiden:

- Das Schaffen neuen Wissens: Darunter kann Forschung und Entwicklung aber auch Lernen selbst subsumiert werden (*Kompetenz*).
- Das Verteilen von Wissen: Darunter wird der Wissensaustausch verstanden, also der gesamte Bereich der *Zusammenarbeit*.
- Das Speichern von Wissen: Darunter wird die Bewahrung explizierbaren, codierbaren Wissens verstanden (*Wissensbewahrung*).

- Die Nutzung von Wissen: Darunter kann sowohl die Suche nach Wissen selbst als auch die diese unterstützenden Orientierungshilfen verstanden werden (*Wissensnutzung/Orientierung*).

Daraus ergeben sich beispielhaft die in Tabelle 6-1 dargestellten Gestaltungs- und Tätigkeitsbereiche.

Tabelle 6-1:   Gestaltungs- und Tätigkeitsbereiche

	Wissen schaffen	Wissen verteilen	Wissen bewahren	Wissen nutzen
Unternehmensextern				
Gesetzgebung	Seminar	Meeting, E-mail	Dokument	Zugriff auf relevantes
Kunden	Messe	Gespräch	CRM-System	Know-how,
Lieferanten	Meeting	Meeting, E-Mail	SRM-System	relevante Ansprechpart-
Mitbewerber	Benchmarking	Gespräch	Dokument	ner und Systeme
Gremien/Netzwerk	Konferenz	Community	MA	
Unternehmensintern				
Strategie	Workshop	Meeting	MA, Doku	Zugriff auf
Kultur	Assessment	Versamm-	Mentoren	relevantes
Struktur	Reengineering	lung	Dokument	Know How, auf relevante
Leistungsbeurteilung (Führung/Controlling)	Feedback, Audit	Meeting Meeting, E-Mail	Dokument	Ansprechpartner und Systeme
Mitarbeiter (Kompetenz, Lernen, Kommunikation, Innovation)	Training	Caféecke, Foren	MA-Treue Systeme, Produkte,	
Prozesse (Produkte/Dienstleistung)	KVP	Newsletter	Doku	
Infrastruktur (Informationstechnologie)	Schulung	Newsletter, Intranet	MA, Systeme, Dokumentation	

Wie in Kapitel 6.1.4 ausführlicher dargestellt wird, ist für die Initiierung eines Wissensmanagement-Projekts ein konkreter Handlungsbedarf zu identifizieren. Dieser könnte anhand der vorliegenden Tabelle ermittelt werden.

6.1.3   Vorgehensmodell

Auf Initiative des Bundesministeriums für Wirtschaft und Technologie wurde speziell für kleine und mittlere Unternehmen (KMU) ein Vorgehensmodell zur Einführung von Wissensmanagement[313] entwickelt, das hier kurz vorgestellt wird.

Wie in Abbildung 6-1 zu sehen, gliedert sich das Vorgehen in sechs Phasen:

---

313 Howaldt et al. 2007

- Anknüpfen an eine geeignete Ausgangslage
- Initiierung
- Analyse
- Lösungskonzeption
- Umsetzung
- Evaluation und Verstetigung der WM-Lösung

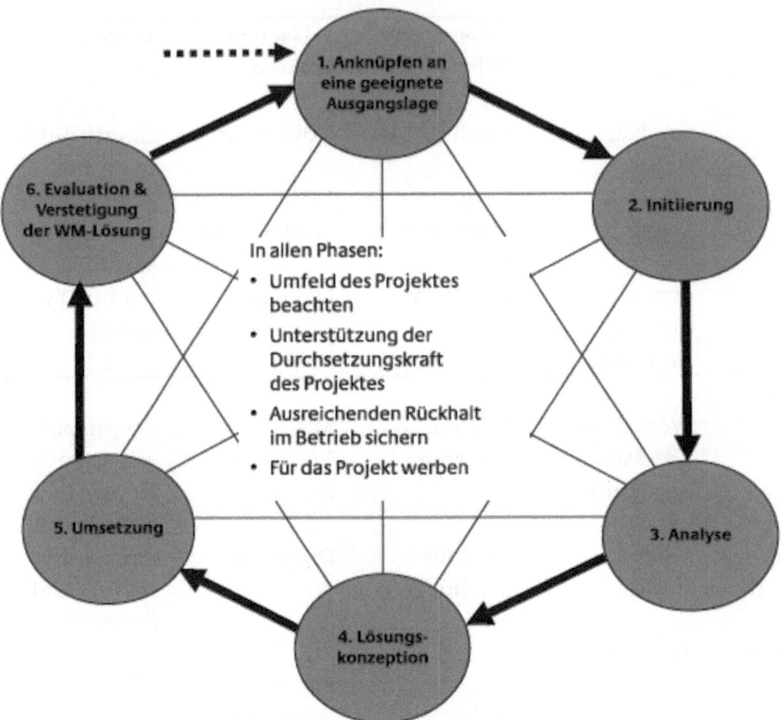

Abbildung 6-1:   **Die sechs Phasen der Wissensmanagement-Einführung**[314]

In der Ausführung dieses Vorgehensmodells wird darauf hingewiesen (Abbildung 6-1), dass in jeder Phase das Projektumfeld zu beachten ist, dass in jeder Phase die Durchsetzungskraft des Projekts unterstützt werden muss, dass in jeder Phase ein ausreichender Rückhalt im Betrieb sicher gestellt werden muss und dass in jeder Phase für das Projekt im Unternehmen geworben werden muss.

Wie in jedem Projekt, das es erfolgreich zu meistern gilt, ist ein straffes Projektmanagement mit dem Fokus auf die Zielerreichung, die Sicherstellung der notwendigen Ressourcen, die Beachtung der Qualität der Ergebnisse, die Einhaltung des Zeitplans und des Budgets eine große Herausforderung für denjenigen, der für das Projekt verantwortlich zeichnet.

---

314 Howaldt et al. 2007, S. 39

6.2   Ausgangslage und Initialisierung

Jede Wissensmanagement-Initiative sollte nicht ohne eine geeignete Ausgangslage gestartet werden. Diese ist laut dem hier vorgestellten Vorgehensmodell dann gegeben, wenn erstens ein Problem beim Umgang mit Wissen offensichtlich ist und adressiert werden kann. Zweitens, wenn es Personen gibt, die bereit sind, dieses Problem anzugehen und wenn drittens eine positive Gelegenheit dazu vorhanden ist.

„Wenn eine offensichtliche Problemlage und eine gute Gelegenheit zusammenpassen, dann kommt es noch auf einen dritten, entscheidenden Erfolgsfaktor an: Es muss eine Person oder eine Personengruppe einsetzbar sein, die geeignet, kompetent und motiviert ist, das erkannte Problem mit einer Wissensmanagementlösung in den Griff zu bekommen und andere mitzuziehen."[315]

Neben der Zielrichtung des Vorhabens und ggf. der Festlegung des Geschäftsbereiches benötigt es für die Projektinitiierung ein Projektteam und klare Verantwortlichkeiten im Projekt.

Entscheidend ist des Weiteren der Einsatz von Multiplikatoren, wie er in der folgenden Abbildung 6-2 sehr anschaulich dargestellt wird.

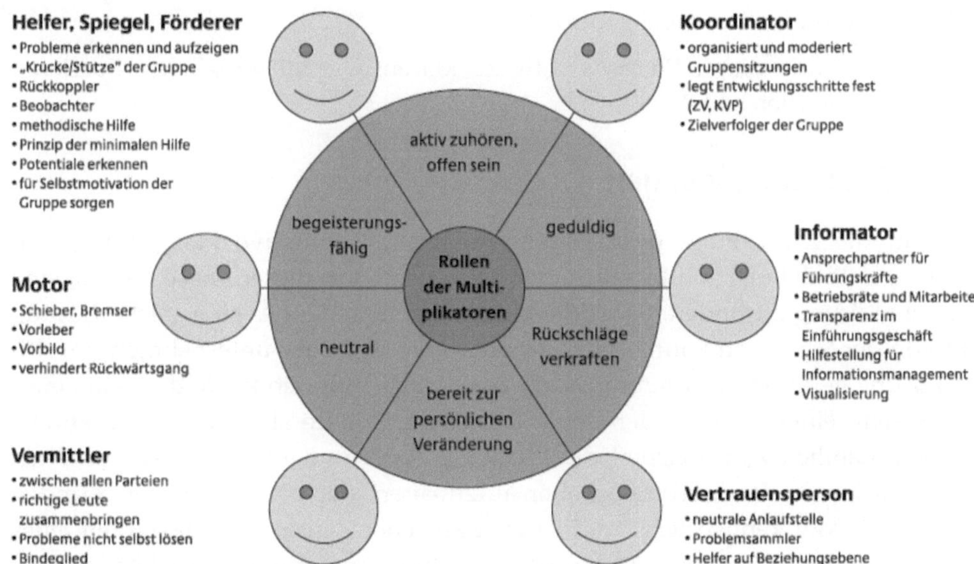

Abbildung 6-2:   **Multiplikatoren einbeziehen (Quelle: IQM, Hamburg)**

Die Multiplikatoren gliedern sich in die Rollen Koordinator, Informator, Vertrauensperson, Vermittler, Motor und Helfer, Spiegel, Förderer. Es geht vor allem darum, dass die beteiligten Personen aktiv zuhören, offen und geduldig sind. Dass

---

315 Ebenda, S.41

sie Rückschläge verkraften und bereit zur persönlichen Veränderung sind. Des Weiteren sollten sie neutral und begeisterungsfähig sein.

6.3   Analyse

In dieser Phase ist zu klären, in welchem Prozess und ggf. noch detaillierter in welchem Arbeitsschritt eines Prozesses der Umgang mit der Ressource Wissen verbessert werden soll.

Je nachdem, ob, wie in Kapitel 6.1.1 empfohlen, eine Wissensmanagement-Strategie mit entsprechenden Wissensmanagement-Zielen definiert wurde, kann daraus ein Handlungsbedarf abgeleitet werden. Bei der Strategie eines kundenorientierten Wissensmanagements könnte zum Beispiel der Prozess der Kundenbetreuung (Customer Relationship Management) näher betrachtet werden. Fragen, die zu beantworten sind, könnten sein:

- Welche Aufgaben werden von wem mit welchem Ergebnis zurzeit durchgeführt?
- Bei welchen Arbeitsschritten entstehen welche Informationen, in welcher Form werden sie abgelegt?
- Bei welchen Arbeitsschritten wird welches Wissen benötigt?
- Welche Technik wird dabei genutzt?[316]

Auch ist bereits in dieser Phase wichtig zu klären, wie mit möglichen Barrieren umgegangen werden soll.[317]

6.4   Ziele und Lösungen

Nachdem die Zielsetzung der Wissensmanagement-Initiative klar ist und ein Handlungsfeld definiert und analysiert wurde, geht es in dieser Phase darum, eine geeignete Lösung zu finden. Es ist davon auszugehen, dass es eine solche Lösung nicht von der Stange zu kaufen gibt, sondern dass eine sehr unternehmensspezifische Lösung gefunden werden muss, die auch darin münden kann, dass ein neues CRM-System eingeführt werden soll. Die Lösung könnte aber auch ganz anders aussehen, nämlich zum Beispiel die Frequenz von Kundenbesuchen zu erhöhen oder einen jungen Vertriebsmitarbeiter aufzubauen, der die wichtigsten Kunden sukzessive besser kennen lernt und so zu gegebener Zeit in die Fußstapfen eines älteren Kollegen treten kann. Dabei ist es wichtig, im Auge zu behalten, welche Auswirkungen diese Wissensmanagement-Initiative auf die Unternehmenskultur hat oder haben könnte. So könnte zum Beispiel Misstrauen entstehen, wenn neues Personal aufgebaut wird, das bei Bedarf das bereits vorhandene Personal ersetzen könnte.

---

316 Howaldt et al. 2007, S. 44
317 Vgl. Orth et al. 2011

6.5 Umsetzung

Voraussetzung für die erfolgreiche Umsetzung einer Wissensmanagement-Initiative ist, dass die Unternehmensleitung voll hinter der Lösung steht, diese propagiert und den Umgang damit vorlebt. Des Weiteren muss sichergestellt werden, dass die Mitarbeiter über Neuerungen vorab angemessen informiert (abgeholt und mitgenommen) werden und auch entsprechende Schulungen erhalten, falls diese notwendig sind.

Bei der Einführung neuer IT-Systeme oder neuer Funktionalitäten bestehender Systeme sind gemäß dem hier vorgestellten Vorgehensmodell in der Umsetzungsphase folgende Punkte zu beachten:

- stabiles technisches System
- Organisatorische Absprachen treffen
- Durchführung und Schulung
- weitere unterstützende Maßnahmen

Falls ein neues System eingeführt wurde, ist dafür Sorge zu tragen, dass die relevanten Einstellungen und ggf. notwendigen Datenübertragungen vorgenommen wurden und das System stabil läuft. Des Weiteren sollten organisatorische Absprachen im Umgang mit der neuen Lösung getroffen werden, an die sich alle halten.

Wie bereits erwähnt ist es sehr wichtig, dass die Mitarbeiter von der neuen Lösung überzeugt sind und geschult werden. Darüber hinaus sind weitere unterstützende Maßnahmen wie zum Beispiel die Benennung von Power-Usern vorzusehen, die anderen Mitarbeitern unterstützend zur Seite stehen, aber auch Rückmeldung an das Projektteam über ggf. auftretende Schwierigkeiten bei der Handhabung der Lösung geben.

6.6 Evaluation und Verstetigung der Lösung

Sowohl während der Umsetzung einer Wissensmanagement-Initiative als auch zum Abschluss eines Projekts ist es notwendig, zu prüfen, ob die gesteckten Ziele erreicht wurden und welche Maßnahmen getroffen werden müssen, um die eingeführte Lösung im Unternehmensalltag zu verstetigen.

Dabei gilt es kritisch zu hinterfragen, ob das Wissensmanagement-Ziel, das man sich gesteckt hatte, mit Hilfe der durchgeführten Initiative und/oder der eingeführten Lösung erreicht werden konnte.

Wie in dem hier vorgestellten Vorgehensmodell ausgeführt wird, ist eine Evaluation sinnvoll, die regelmäßig also auch während der Projektlaufzeit, eine qualitative Befragung der Betroffenen, d.h. in das Projekt involvierte Personen, durchführt. Wesentlich für den Projekterfolg ist die Tatsache, dass Schwachstellen und Missverständnisse frühzeitig erkannt und ausgeräumt werden.

Für die Verstetigung der Lösung ist es darüber hinaus von entscheidender Bedeutung, dass der Nutzen der Wissensmanagement-Initiative immer wieder deutlich hervorgehoben und thematisiert wird. Die ist Aufgabe der Unternehmensführung, aber auch eines jeden Führungsverantwortlichen.

7 Zusammenfassung und Ausblick

Ziel des vorliegenden Buches war und ist es, eine Einführung in das Thema Wissensmanagement zu geben und dabei sowohl theoretische Ansätze in Form von Definitionen, Konzepten und Modellen als auch deren praktische Anwendung zu beleuchten. Da es sich um ein Buch handelt, das in der Reihe IT im Unternehmen erscheint, wurde hierbei ein Schwerpunkt auf die Möglichkeiten gelegt, die die Informations- und Kommunikationstechnologie (IKT) bietet.

Wie die Ausführungen im zweiten Kapitel zeigen, ist das Thema Wissensmanagement nicht nur für privatrechtliche und öffentliche Unternehmen von Bedeutung, sondern auch für den Menschen an sich. Zudem ist dem Thema auch eine gesellschaftspolitische Bedeutung zuzuschreiben. Für Unternehmen ist ein effektiver und effizienter Umgang mit der Ressource Wissen unabhängig von ihrer Größe und ihres Geschäftszwecks erfolgskritisch. Deshalb ist eine Auseinandersetzung mit Wissensmanagement unabdingbar. Aber auch für den Menschen an sich hat das Thema Relevanz, da ihm als potentiellem Wissensträger eine entscheidende Rolle zukommt. Gesellschaftspolitisch gesehen gilt es, in einer schrumpfenden und zunehmend älter werdenden Gesellschaft Rahmenbedingungen zu schaffen, die die globale Wettbewerbsfähigkeit Deutschlands auch in Zukunft sicherstellt. Hierbei ist zu beachten, dass wissensintensive Gesellschaften sich durch ein hohes Bildungsniveau, hohe Investitionsausgaben in Forschung und Entwicklung und einen hohen Durchdringungsgrad durch IKT auszeichnen.

Ein Lehrbuch zum Thema Wissensmanagement hat auch die Aufgabe, die theoretischen Grundlagen des Wissensgebiets zu vermitteln. Dass dieses Vorhaben nicht trivial ist, wenn es um eine eindeutige Definition des Begriffs Wissen und des Begriffs Wissensmanagement geht, wurde ausführlich dargelegt. Zumindest für den Begriff des Wissensmanagements konnte eine eigene Definition entwickelt und eingeführt werden. Wie dem interessierten Leser sicherlich nicht entgangen ist, schließt Wissensmanagement nach Meinung der Autorin die Gebiete des Daten- und Informationsmanagements mit ein, wodurch der Bogen von der theoretischen Beschäftigung mit dem Wissensmanagementbegriff zur praktischen Umsetzung mit Hilfe der Informations- und Kommunikationstechnologie gespannt ist.

Neben dem Begriffspaar Wissen und Wissensmanagement hat das vorliegende Buch auch den Begriffen Wissensbasis und Wissensstrategie bzw. Wissensmanagementstrategie besondere Beachtung geschenkt. Unter der Wissensbasis eines Unternehmens wird das gesamte im Unternehmen verfügbare Wissen verstanden. Dieses ist auf der einen Seite an den Menschen als Wissensträger gebunden, kann aber auf der anderen Seite auch auf materiellen Wissensträgern wie Datenbanken gespeichert werden. Hervorzuheben ist in diesem Zusammenhang die Unterscheidung zwischen sogenanntem impliziten und expliziten Wissen. Unter implizitem Wissen wird Wissen verstanden, das an den Menschen als Wissensträger gebunden ist, also zum Beispiel Erfahrungswissen. Dieses ist i.d.R. nur diesem Menschen zugänglich und nur schwer explizier- und damit austauschbar. Demgegenüber kann explizites Wissen in Sprache, Bilder oder Bildsequenzen (Videos) gefasst werden und kann damit gespeichert und zwischen Personen und Systemen ausgetauscht werden. Die Wissens- oder Wissensmanagementstrategie legt die langfristige Verhaltensweise der Organisation im Umgang mit der Ressource Wissen fest. Diese kann als Teil der Unternehmensstrategie definiert werden oder diese letztendlich sogar ersetzen.

Dass das Thema Wissensmanagement ohne die rasante Entwicklung in der Informations- und Kommunikationstechnologie nicht diese Bedeutung erlangt hätte, steht außer Frage. Sich diese Entwicklung zu vergegenwärtigen und in Anbetracht des Innovationsschubs der vergangenen 15 bis 20 Jahre einen Ausblick in die Zukunft zu geben, ist sicherlich gewagt. Die zunehmende Mobilität und Verfügbarkeit von Wissen wird aber auch künftig den Innovationsdruck auf Mensch, Organisation und Gesellschaft aufrechterhalten.

Im Laufe der vergangenen 15 bis 20 Jahre hat sich eine ganze Reihe an Wissensmanagement-Modellen etabliert. Die wohl bekanntesten Modelle sind das Modell der Wissensschaffung von Nonaka und Takeuchi aus dem Jahre 1995 und die Bausteine des Wissensmanagements von Probst et al. aus dem Jahre 1997. Neben diesen beiden Modellen wurde im Rahmen dieses Buches (Kapitel drei) auch das Münchner Wissensmanagement-Modell von Reinmann-Rothmeier aus dem Jahre 1999 vorgestellt. Während Nonaka und Takeuchi ihr Augenmerk der Wissensschaffung durch Wandlung des Wissens von implizitem in explizites Wissen widmen, konzentrieren sich Probst et al. und Reinmann-Rothmeier et al. auf Bausteine bzw. Prozessbereiche des Wissensmanagements. Beide Modelle können auf die vier Aktivitätsbereiche des Erwerbs, des Austauschs, der Dokumentation und Speicherung und der Nutzung des Wissens reduziert werden. Ergänzt werden diese Aktivitätsbereiche durch die Komponenten der Definition von Wissenszielen und der Beurteilung der Zielerreichung. Aus Sicht der Autorin sind auch das HANSE-Modell von Snowden und das Modell des systemischen Wissensmanagements von Willke erwähnenswert, da sie über die anderen Modelle hinweg zusätzliche Aspekte in Bezug auf das Management von Wissen zur Sprache bringen. Bei Snowden ist es die Konzentration auf den Umgang mit sogenanntem impliziten Wissen. Bei Willke ist es die systemische Sichtweise, die die Auseinandersetzung mit dem effektiven und effizienten Umgang mit der Ressource Wissen bereichern. Neben den bekannten Wissensmanagement-Modellen wurde im Rahmen des Buches auch das integrierte Geschäftsmodell mit Fokus Wissen (iGFW) vorgestellt. Ziel dieses Modells ist es, die eine Unternehmung kennzeichnenden Bereiche wie Unternehmensführung, Mitarbeiter, Kunden, Lieferanten etc. unter dem Aspekt Wissen zu beleuchten und darüber hinaus Denkanstöße und Handlungsempfehlungen zu liefern. Alle im Buch vorgestellten Modelle stellen den Mensch und die Organisation in den Mittelpunkt des Interesses. Das iGFW erweitert diese Sichtweise um den Aspekt Wissensmanagement-Handlungsfelder, die neben anderen auch mit Hilfe von IT-Systemen gestaltet werden können. Damit ist die Brücke zu den in dem vorliegenden Buch ausführlich beschriebenen Methoden und Werkzeugen aus dem IKT-Umfeld geschlagen.

Dem Prozess des Erwerbs neuen Wissens, des Wissensaustauschs, der Wissensdokumentation und -bewahrung und allgemein der Wissensnutzung stehen eine ganze Reihe Methoden und Werkzeuge zur Verfügung. Im Rahmen des Buches wurden im vierten Kapitel gängige Architekturen sogenannte Wissensmanagement-Systeme vorgestellt und einzelne Komponenten näher erläutert. Die zentrale Einstiegsseite in solche Wissensmanagement-Systeme stellen i.d.R. sogenannte Portale dar. Sie bilden die allgemeine Benutzerschnittstelle, die den Zugriff auf vorhandenes explizierbares Wissen ermöglicht. Zudem ermöglichen sie i.d.R. den Zugriff auf weitere Wissensmanagement-Funktionalitäten. Eine weitere wichtige Komponente ist die für die Suche nach Inhalten. Gerade die unüberschaubare Menge an zur Verfügung stehender Information macht es notwendig, eine möglichst gute Unterstützung, z.B. in Form von Suchmaschinen, beim Auffinden relevanter Information zu erhalten. Darüber hinaus stehen Werkzeuge wie Content-Management-Systeme oder Dokumenten-Management-Systeme zur Speicherung und Bewahrung von verschiedenen Inhalten zur Verfügung. Die Zusammenarbeit in Gruppen wird durch sogenannte Kollaborations-Systeme unterstützt und zu guter Letzt werden im Rahmen des Buches auch E-Learning-Systeme vorgestellt, die es dem Benutzer ermöglichen, zeit- und ortsunabhängig E-Learning-Module zu bearbeiten und so seine Kompetenz zu erweitern.

Die Bedeutung von Wissensmanagement für den Erfolg von Unternehmen ist allgemein akzeptiert. Wie im Rahmen des Buches ausgeführt wurde, konnte McKinsey einen Zusammenhang zwischen Unternehmenserfolg und konsequenter Anwendung bestimmter Wissensmanagement-Initiativen aufzeigen. Bei der Auswahl der Unternehmen griff McKinsey auf den MAKE-Report des Marktforschungsinstituts Teleos zurück, in dem die weltweit anerkannten Wissensunternehmen gekürt werden. Die acht Kriterien, die das MAKE-Framework mittels einer Reihe von Schlüsselfaktoren beschreibt und konkretisiert, sind: Schaffen einer wissensorientierten Unternehmenskultur; Aufbau von qualifizierten, im Umgang mit Wissen kompetenten Mitarbeitern (knowledge worker) durch geeignete Mitarbeiterführung des Managements; Entwickeln und Liefern von wissensbasierten Produkten; Serviceleistungen und Lösungen; Maximieren des unternehmenseigenen intellektuellen Kapitals und Eigentums; Schaffen eines Umfeldes für kooperativen, unternehmensweiten Wissensaustausch; Schaffen einer lernenden Organisation; Werte schaffen für den Kunden durch Wissen über den Kunden und Unternehmenswissen in Unternehmenswert (Shareholder Value) wandeln. Anhand zweier Fallbeispiele, nämlich dem Beratungsunternehmen Accenture und der

Hochschule Furtwangen wurde in Kapitel fünf aufgezeigt, welche Bedeutung Wissensmanagement für diese Organisationen hat und wie mit konkreten Wissensmanagement-Maßnahmen der effektive und effiziente Umgang mit der Ressource Wissen sichergestellt wird.

Das Buch schließt mit einem Kapitel zur Einführung und Verankerung von Wissensmanagement im Unternehmen. Nochmals wird hier deutlich gemacht, welche entscheidende Rolle der Unternehmensführung bei der Einführung bzw. Verstetigung von Wissensmanagement-Initiativen zukommt. Dabei wird nochmals der Bezug zu dem integrierten Geschäftsmodell mit Fokus Wissen hergestellt. Eine zusammenfassende Beschreibung des Vorgehensmodells, wie es vom BMWI entwickelt und veröffentlicht wurde und ein Verweis auf den von Fraunhofer Instituten veröffentlichten Praxisleitfaden Wissensmanagement runden dieses Kapitel ab. Der Leser kann sich damit relativ schnell einen Überblick darüber verschaffen, was es bei der Einführung und Verankerungen von Wissensmanagement im Unternehmen zu beachten gibt und wo er professionelle Hilfestellung in Form von hochwertigem Informationsmaterial bekommt.

Bleibt zum Schluss die Frage nach dem Quo vadis, also wohin die Reise geht. Sicherlich wird auch in Zukunft die rasante Entwicklung in der Informations- und Kommunikationstechnologie Menschen und Organisationen treiben, effektiver und effizienter mit der Ressource Wissen umzugehen. Dabei wird nach Ansicht der Autorin allerdings Qualität vor Quantität an Bedeutung gewinnen, da auch bei all den neuen zur Verfügung stehenden technischen und nicht-technischen Möglichkeiten der Tag nur 24 Stunden hat und es letztendlich bei der Menge des verfügbaren Wissens „nur" zählt, wie es erfolgreich und langfristig überlebenssichernd im Alltag (privat und in der Organisation) genutzt werden kann.

Über die Autoren

Prof. Dr. Marianne Andres lehrt Software Engineering mit den Schwerpunkten Requirements Engineering und Software Projektmanagement sowie Mensch-Computer-Interaktion an der Fakultät Wirtschaftsinformatik der Hochschule Furtwangen. Sie ist Mitglied des Kompetenzzentrums Usability der Hochschule und leitet das Usability Labor der Fakultät.

Prof. Dr. Ullrich Dittler hat die Professur für Interaktive Medien an der Fakultät Digitale Medien der Hochschule Furtwangen inne. Er lehrt die Fächer Medienpsychologie/-didaktik sowie E-Learning und Online-Learning. Zudem ist er Stellv. Leiter des Informations- und Medienzentrums der Hochschule.

Prof. Dr. Monika Frey-Luxemburger lehrt Wirtschaftsinformatik an der Hochschule Furtwangen und ist Direktorin des Instituts für Informations- und Kommunikationsmanagement. Neben den Themen Wissensmanagement und Business Intelligence beschäftigt sie sich auch mit Fragen nach effizienter Kommunikation.

Prof. Dr. Eduard Heindl lehrt an der Fakultät Wirtschaftsinformatik der Hochschule im Bereich eBusiness. Er hat mehrere Unternehmen im IT-Bereich gegründet und ist auch im Bereich Energiespeichertechnologien wissenschaftlich aktiv.

Prof. Dipl. Inform. J. Anton Illik hat Informatik und Wirtschaftswissenschaften an der Technischen Universität München studiert. Arbeitsschwerpunkte liegen heute in der Fakultät Wirtschaftsinformatik an der HFU in den Fachgebieten Web Business & E-Commerce, Programmiersprachen und Software Engineering. Principal Research und E-Business der Ambit Informatik.

Dipl. Inform. (FH) Gerhard Längst ist seit 2005 freier Unternehmensberater in der Finanzbranche. Zuvor war er Partner der Beratungsgesellschaft Accenture. Dort begann seine berufliche Laufbahn 1988 nach dem Studium der Wirtschaftsinformatik.

Abkürzungsverzeichnis

AD	Active Directory
AIIM	Association for Information and Image Management
APRANET	Advanced Research Projects Agency Network
ARIS	Architektur Integrierter Informationssysteme
ASCII	American Standard Code for Information Interchange
BI	Business Intelligence
BKM	Business Knowledge Management
BPM	Business Process Management
CAD	Computer Aided Design
CI	Coded Information
CIO	Chief Information Officer
CKO	Chief Knowledge Officer
CM	Content-Management
CMS	Content-Management-System
CoI	Community of Interest
COLD	Computer Output on Laser Disc
CoP	Community of Practice
CRM	Customer Relationship Management
CSS	Cascading Style Sheet
DB	Datenbank
DBMS	Datenbankmanagement-System
DLM	Document Lifecycle Management
DM	Datenmanagement
DRT	Document Related Technology
DTD	Document Type Definition
DWH	Data Warehouse
E-Learning	Electronic Learning
E-Mail	Electronic Mail
EAF	Emotionaler Ausgangsfilter
EAI	Enterprise Application Integration
ECM	Enterprise Content Management
EEF	Emotionaler Eingangsfilter
EIP	Enterprise Information Portal
EK	Europäische Kommission
ER	Europäischer Rat
ERM	Entity-Relationship-Modell (hier: Enterprise Report Management)
ERP	Enterprise Resource Planning

et al.	et alii (Maskulinum), et aliae (Femininum) oder et alia (Neutrum) (lateinisch; und andere)
EU	Europäische Union
F&E	Forschung und Entwicklung
FAQ	Frequently Asked Questions
FTP	File Transfer Protocol
GP	Geschäftsprozess
HFU	Hochschule Furtwangen
HR	Human Resource
HRM	Human Resource Management
HTML	Hypertext Markup Language
HTTP	Hypertext Transfer Protocol
iGFW	integriertes Geschäftsmodell mit Fokus Wissen
IKT	Informations- und Kommunikationstechnologie
ILM	Information Lifecycle Management
IP	Internet Protocol
IT	Informationstechnologie
KBV	Knowledge Based View
KEF	Kritischer Erfolgsfaktor
KI	Künstliche Intelligenz
KMU	Kleinere und mittlere Unternehmen
LDAP	Lightweight Directory Access Protocoll
LHG	Landeshochschulgesetz
MAKE	Most Admired Knowledge Enterprise
Mio.	Millionen
MIS	Management-Informations-System
Mrd.	Milliarden
NCI	Non Coded Information
NSF	National Science Foundation
OCR	Optical Character Recognition
PC	Personal Computer
PDM	Produktdaten-Management
PHP	Hypertext Preprocessor
PIM	Produktinformations-Management
PIS	Produktinformations-System
PM	Performance Management
R&D	Research and Development
RFI	Request for Information
RFP	Request for Proposal
RFQ	Request for Quotation
RM	Records Management
ROI	Return on Investment

RTF	Rich Text Format
SCM	Supply-Chain-Management
SECI	Socialization, Externalization, Combination, Internalization
SEF	Sozialer Eingangsfilter
SGML	Standardized General Markup Language
SMS	Short Message Service
SMTP	Simple Mail Transfer Protocol
SRM	Supplier-Relationship-Management
SSO	Single Sign On
TCP	Transmission Control Protocol
URL	Unified Modeling Language
VPN	Virtual Private Network
WAP	Wireless Access Point
WF	Workflow
WfMS	Workflow-Management-System
WM	Wissensmanagement
WMS	Wissensmanagement-System
WWW	World Wide Web
XML	Extensible Markup Language
XSL	Extensible Stylesheet Language
XSLT	Extensible Stylesheet Language Transformation

Tabellenverzeichnis

Literaturverzeichnis

1&1 (Hg.): 1&1 SmartDrive. Online verfügbar unter https://sd.1und1.de/, zuletzt geprüft am 18.02.2013.

AIIM.org (Hg.): What is Enterprise Content Management (ECM)? Online verfügbar unter http://www.aiim.org/What-is-ECM-Enterprise-Content-Management.aspx, zuletzt geprüft am 09.03.2013.

Albrecht, Frank (1993): Strategisches Management der Unternehmensressource Wissen. Inhaltliche Ansatzpunkte und Überlegungen zu einem konzeptionellen Gestaltungsrahmen. Techn. Univ., Diss.--Berlin, 1992. Frankfurt am Main, Berlin: Lang (Europäische HochschulschriftenReihe 5, Volks- und Betriebswirtschaft, 1367).

Al-Laham, Andreas (2003): Organisationales Wissensmanagement. Eine strategische Perspektive. 1. Aufl. München: F. Vahlen.

Amberger, Sabine; Geiger, Thomas; Jancker, Bernd (1999): Business-TV. Strategie und Umsetzung im Medien-Mix ; ein Handbuch für Entscheider, Planer und Umsetzer. Frankfurt am Main: FAZ-Inst. für Management-, Markt- und Medieninformationen (Management).

Amelingmeyer, Jenny (2004): Wissensmanagement : Analyse und Gestaltung der Wissensbasis von Unternehmen. 3. Aufl. Wiesbaden, Dt. Univ.-Verl.

Arbeitskreis Wissensbilanz (Hg.): Arbeitskreis Wissensbilanz. Online verfügbar unter http://www.akwissensbilanz.org/, zuletzt geprüft am 10.01.2010.

Auer, Sören; Lehmann, Jens: What have Innsbruck and Leipzig in common? Extracting Semantics from Wiki Content. Universität Leipzig. Leipzig. Online verfügbar unter http://www.informatik.uni-leipzig.de/~auer/publication/ExtractingSemantics.pdf, zuletzt geprüft am 09.03.2013.

Bach, Volker (Hg.) (1999): Business knowledge management. Praxiserfahrungen mit intranetbasierten Lösungen. Berlin: Springer.

Bacigalupo, Fabio; Girnatis, Jonas: Records Management (DMS) (Audio) - BPX - Was Manager wissen müssen. Hg. v. Podcast (Episode 250087). Online verfügbar unter http://api.podcast.de/episode/250087/Records_Management_DMS.

Bahrs, Julian (2012): Prozessmodellbasierte Konfiguration von Wissensmanagementsystemen. Univ., Diss.--Potsdam, 2012. Berlin: GITO-Verl.

Ballin, Dieter; Brater, Michael; Blume, Dieter (op. 1996): Handlungsorientiert lernen mit Multimedia. Lernarrangements planen, entwickeln und einsetzen. Nürnberg: BW, Bildung und Wissen, Verlag und Software.

Becker, Manfred (1999): Aufgaben und Organisation der betrieblichen Weiterbildung. 2. Aufl. München: Hanser.

Bell, Daniel (1973): The coming of post-industrial society. A venture in social forecasting. New York, NY: Basic Books.

Bell, Daniel (1996): Die nachindustrielle Gesellschaft. Neuausg. Frankfurt/Main, New York: Campus-Verl. (Reihe Campus, 1001).

Bennetz, Ralf (2008): Entwicklung einer Architektur für eine webbasierte medizinische Such-Plattform. Master-Thesis. Hochschule Furtwangen (HFU), Furtwangen. Fakultät Wirtschaftsinformatik.

BerliNews (Hg.): HHI überträgt Datenrate von 160 Gbit/s über Standard-Glasfaser. Online verfügbar unter http://www.berlinews.de/archiv/1377.shtml, zuletzt geprüft am 03.02.2009.

Bett, Katja; Wedekind, Joachim; Zentel, Peter (Hg.) (2004): Medienkompetenz für die Hochschullehre. Münster: Waxmann (Medien in der Wissenschaft, 28).

Bodenmann, Guy; Perrez, Meinrad; Schaer, Marcel (2011): Klassische Lerntheorien. Grundlagen und Anwendungen in Erziehung und Psychotherapie. 2. Aufl. Bern: Verlag Hans Huber.

Born, Julia (2008): Das eLearning-Praxisbuch. Online unterstützte Lernangebote in Aus- und Fortbildung konzipieren und begleiten ; ein Hand- und Arbeitsbuch. Baltmannsweiler: Schneider Hohengehren.

Bosch, Thorsten (2006): Blended Learning zur Verbesserung der Gesprächsführung im Verkauf. 1. Aufl. s.l: DUV Deutscher Universitäts-Verlag. Online verfügbar unter http://ebooks.ciando.com/book/index.cfm/bok_id/16626.

Bruns, Beate; Gajewski, Petra (1999): Multimediales Lernen im Netz. Leitfaden für Entscheider und Planer. Berlin: Springer.

Bullinger, H. –J, Wörner K. Prieto J. (Hg.) (1997): Wissensmanagement heute: Daten, Fakten, Trends. Frauenhofer-Institut für Arbeitswissenschaft und Organisation. Stuttgart.

Bundesministerium für Wirtschaft und Technologie (BMWi) (Hg.) (2006): iD2010 – Informationsgesellschaft Deutschland 2010. Online verfügbar unter http://www.bmwi.de/BMWi/Navigation/Service/publikationen,did=175530.html, zuletzt geprüft am 10.01.2010.

Bundesministerium für Wirtschaft und Technologie (BMWi) (Hg.) (2010): IKT-Strategie der Bundesregierung „Deutschland Digital 2015". Online verfügbar unter http://www.bmwi.de/Dateien/BBA/PDF/ikt-strategie-der-bundesregierung,property=pdf,bereich=bmwi,sprache=de,rwb=true.pdf, zuletzt geprüft am 09.03.2012.

Bundesministerium für Wirtschaft und Technologie (BMWi) (Hg.) (2012): IT-Gipfel 2012. Online verfügbar unter http://www.it-gipfel.de/IT-Gipfel/Navigation/start.html, zuletzt geprüft am 29.01.2013.

Christ, Michael; Frank, Gernold; Herold, Burkhard (2000): E-Learning mit Business TV. Strategie, Kosten-Nutzen, Controlling und Fallbeispiele für die erfolgreiche Integration von Kommunikation und Lernen im Unternehmen. 1. Aufl. Braunschweig : Vieweg.

Christ, Oliver (2003): Content-Management in der Praxis: Erfolgreicher Aufbau und Betrieb unternehmensweiter Portale. Berlin: Springer (Business Engineering).

Davenport, Thomas H.; Short, James E. (1990): The New Industrial Engineering: Information Technology and Business Process Redesign. In: Sloan Management Review 31 (4), S. 11–27. Online verfügbar unter http://www.redi-bw.de/db/ebsco.php/search.ebscohost.com/login.aspx%3fdirect%3dtrue%26db%3dbuh%26AN%3d4005729%26lang%3dde%26site%3dehost-live.

Davenport, Tom (1997): Managing the Knowledge of the Organization. Hg. v. Providersedge. Ernst & Young LLP. Online verfügbar unter http://www.providersedge.com/Docs/Km_Articles/Building_Successful_KM_Projects.Pdf, zuletzt geprüft am 31.01.2013.

Di Tullio, Dany (2006): Theories Used in IS Research. Knowledge Based Theory of the Firm. Online verfügbar unter http://www.istheory.yorku.ca/knowledgebasedtheory.htm, zuletzt aktualisiert am 13.04.2006, zuletzt geprüft am 09.03.2013.

Dittler, Martina (2002): Computervermittelte Kommunikation in netzbasierten Lernszenarien. Univ. München, München.

Dittler, Ullrich (1996): Von Computerspielen zu Lernprogrammen. Empirische Befunde und Folgerungen für die Förderung computergestützten Lernens. Frankfurt am Main. New York: P. Lang.

Dittler, Ullrich (2009): Postmedialität und Lernen: Einfluss der Allgegenwärtigkeit von Information auf Lernkompetenzen und Lehrprozesse. In: Stefan Selke und Ulrich Dittler (Hg.): Postmediale Wirklichkeiten. Wie Zukunftsmedien die Gesellschaft verändern. 1. Aufl. Hannover: Heise (Telepolis), S. 153–167.

Dittler, Ullrich (2009): Web 2.0: Von Hochschulen gehypt und von Studierenden unerwünscht? In: Ulrich Dittler, Krameritsch, Nistor, Schwaz und Anne Thillosen (Hg.): E-Learning: eine Zwischenbilanz. Kritischer Rückblick als Basis eines Aufbruchs. Münster, New York, NY, München, Berlin: Waxmann.

Dittler, Ullrich (2011): E-Learning. Einsatzkonzepte und Erfolgsfaktoren des Lernens mit interaktiven Medien. 3. Aufl. München: Oldenbourg-Wiss.-Verl.

Dittler, Ullrich; Jechle, Thomas (2004): tele-Tutor-Training: Erfahrungen aus der Qualifizierung von Tele-Tutoren. In: Katja Bett, Joachim Wedekind und Peter Zentel (Hg.): Medienkompetenz für die Hochschullehre. Münster: Waxmann (Medien in der Wissenschaft, 28), S. 153–170.

Dittler, Ullrich; Jechle, Thomas (2009): E-Learning in der Aus- und Weiterbildung. In: Issing und Klimsa (Hg.): Online-Lernen : Handbuch für Wissenschaft und Praxis. München: Oldenbourg, S. 419–426.

Dittler, Ulrich; Krameritsch; Nistor; Schwaz; Thillosen, Anne (Hg.) (2009): E-Learning: eine Zwischenbilanz. Kritischer Rückblick als Basis eines Aufbruchs. Münster, New York, NY, München, Berlin: Waxmann.

Döbeli-Honegger; Ebersbach; Kalz; Leitner (2006): Wikis in der Weiterbildung: Chaos, Emanzipation oder Schweizer Messer? In: Manuel Schulz, Henning Breyer und Andrea Neusius (Hg.): Fernausbildung geht weiter … Neue Beiträge zur Weiterentwicklung technologiegestützter Bildung aus pädagogisch-didaktischer Perspektive. 1. Aufl. Augsburg: ZIEL.

Documanager.de (Hg.): Elektronische Formulare und hybrides Input-Management. Online verfügbar unter http://www.documanager.de/magazin/artikel_1548_elektronisches_formular_formularerkennung.html, zuletzt geprüft am 15.02.2010.

Dostal, Werner (1995): Die Informatisierung der Arbeitswelt. Multimedia, offene Arbeitsformen und Telearbeit. In: Mitteilungen aus der Arbeitsmarkt- und Berufsforschung 28 (4), S. 528–543.

Dostal, Werner (2000): Demografie und Arbeitsmarkt 2010. Perspektiven einer dynamischen Erwerbsgesellschaft. Langfassung eines Vortrags auf der Auttakttagung Moderne Arbeit - Alternde Belegschaften - Betriebliche Personalpolitik in Bonn am 28. Juni 2000. Nürnberg.

Drucker, Peter F. (1969): The age of discontinuity. Guidelines to our changing society. Reprinted. London: Heinemann.

Drucker, Peter F. (1993): Post-capitalist society. 1. ed. New York: Harper.

Drucker, Peter F. (1998): The Coming of the New Organization. In: Harvard Business Review on knowledge management. Boston, Mass.: Harvard Business School Press (The Harvard Business Review paperback series), S. 1–19.

Duden – Deutsches Universalwörterbuch (Hg.): Kollaboration. Online verfügbar unter http://www.duden.de/duden-suche/werke/fx/000/089/Kollaboration.89344.html, zuletzt geprüft am 03.02.2009.

Ebersbach, Anja; Glaser, Markus; Heigl, Richard; Warte, Alexander (2007): Wiki. Kooperation im Web. 2. Aufl. Berlin: Springer.

Edelmann, Walter (2000): Lernpsychologie. 6. Aufl. Weinheim: Beltz, PVU.

Edler, J. (2003): Wissensmanagement in der deutschen Wirtschaft. Zusammenfassung. Fraunhofer-Institut Systemtechnik und Innovationsforschung (ISI).

Europäische Kommission (Hg.) (2008): Vorbereitung der digitalen Zukunft Europas. i2010 – Halbzeitüberprüfung. Online verfügbar unter http://ec.europa.eu/information_society/eeurope/i2010/docs/annual_report/2008/i2010_mid-term_review_de.pdf, zuletzt geprüft am 10.01.2010.

European Comission (Hg.): Towards a green and innovative economy. Online verfügbar unter http://ec.europa.eu/growthandjobs/index_de.htm, zuletzt geprüft am 10.01.2010.

Fatke, Reinhard; Merkens, Hans (Hg.) (2006): Bildung über die Lebenszeit. Schriftenreihe der DGfE. Wiesbaden: VS Verlag für Sozialwissenschaften/GWV Fachverlage GmbH, Wiesbaden.

Fröschle, Hans-Peter Reich Siegfried (Hg.) (2007): Enterprise Content Management. Heidelberg: dpunkt.verlag (HMD, 258).

Gantz, John F. (2008): The Diverse and Exploding Digital Universe. Hg. v. EMC. Online verfügbar unter http://www.emc.com/collateral/analyst-reports/diverse-exploding-digital-universe.pdf, zuletzt aktualisiert am 04.03.2008, zuletzt geprüft am 11.03.2010.

Gartner (Hg.): Hype Cycles. Online verfügbar unter http://www.gartner.com/technology/research/methodologies/hype-cycle.jsp, zuletzt geprüft am 18.02.2013.

Geiger, Daniel (2006): Wissen und Narration. Der Kern des Wissensmanagements. Zugl.: Berlin, Freie Univ., Diss., 2005. Berlin: Schmidt.

Gentsch, Peter (Hg.) (2004): Praxishandbuch Portalmanagement. Profitable Strategien für Internetportale. 1. Aufl. Wiesbaden: Gabler.

Ghemawat, Sanjay; Gobioff, Howard; Leung, Shun-Tak (2003): SOSP '03. Proceedings of the 19th ACM Symposium on Operating Systems Principles. The Google File System. New York, N.Y: Association for Computing Machinery.

Godehardt; List (1999): Vernetztes Arbeiten und Lernen. Telearbeit - Telekooperation Teleteaching. Heidelberg: Hüthig.

Google (Hg.): AdWords. Online verfügbar unter http://adwords.google.com, zuletzt geprüft am 13.02.2013.

Google (Hg.): Google Answers. Online verfügbar unter http://answers.google.com/answers/, zuletzt geprüft am 13.02.2013.

Google (Hg.): Google Apps. Online verfügbar unter http://www.google.com/a/help/intl/de/admins/premier.html, zuletzt geprüft am 25.02.2013.

Google (Hg.): Google Books. Online verfügbar unter http://books.google.de/, zuletzt geprüft am 13.02.2013.

Google (Hg.): Google Knol. Online verfügbar unter http://knol.google.com/, zuletzt geprüft am 18.02.2013.

Google (Hg.): Google Scholar. Online verfügbar unter http://scholar.google.de, zuletzt geprüft am 13.02.2013.

Google (Hg.): Produkte und Dienste. Online verfügbar unter http://www.google.com/corporate/tech.html, zuletzt geprüft am 13.02.2013.

Gronau, Norbert (2005): ERP Management: Enterprise Content Management. Berlin: Gito. Online verfügbar unter http://deposit.ddb.de/cgi-bin/dokserv?id=2709900&prov=M-&dok_var=1&dok_ext=htm.

Gronau, Norbert (Hg.) (2009): Anwendungen und Systeme für das Wissensmanagement. Ein aktueller Überblick. 3. Aufl. Berlin: Gito-Verl (Reihe Wirtschaftsinformatik: technische und organisatorische Gestaltungsoptionen).

Großmann, Martina; Koschek, Holger (2005): Unternehmensportale: Grundlagen, Architekturen, Technologien ; mit 13 Tabellen. Berlin: Springer. Online verfügbar unter http://www.myilibrary.com?id=62279.

Gulbins, Jürgen; Seyfried, Markus; Strack-Zimmermann, Hans (2002): Dokumenten-Management: Vom Imaging zum Business-Dokument ; mit 149 Abbildungen und 33 Tabellen. 3. Aufl. Berlin: Springer.

Haake, Jörg; Schwabe, Gerhard; Wessner, Martin (2012): CSCL-Kompendium 2.0. Lehr- und Handbuch zum computerunterstützten, kooperativen Lernen. 2. Aufl. München: Oldenbourg.

Harvard Business Review on knowledge management (1998). Boston, Mass.: Harvard Business School Press (The Harvard Business Review paperback series).

Hauschild, S. Licht T. Stein W. (2001): Creating a knowledge culture. In: The McKinsey Quaterly (1), S. 74–81.

Herrmann, Dorothea; Hüneke, Knut; Rohrberg, Andrea (2006): Führung auf Distanz. Mit virtuellen Teams zum Erfolg. In: Führung auf Distanz.

Howaldt, Jürgen et al (2007): Wissensmanagement in kleinen und mittleren Unternehmen und öffentlicher Verwaltung. Unter Mitarbeit von Jürgen Howaldt, Daniela Kamp, Olaf Katenkamp, Ralf Kopp, Maximiliane Wilkesmann, Uwe Wilkesmann et al. Hg. v. Bundesministerium für Wirtschaft und Technologie (BMWi). Online verfügbar unter http://www.bmwi.de/BMWi/Redaktion/PDF/Publikationen/wissenmanagen-leitfaden,property=pdf,bereich=bmwi,sprache=de,rwb=true.pdf, zuletzt geprüft am 10.03.2013.

howstuffworks.com (Hg.): How BitTorrent Works. Online verfügbar unter http://computer.howstuffworks.com/bittorrent2.htm, zuletzt geprüft am 18.02.2013.

IBM (Hg.): About LotusLive. Online verfügbar unter https://www.lotuslive.com/about, zuletzt geprüft am 03.02.2009.

IBM (Hg.): LotusLive. Online verfügbar unter http://www-01.ibm.com/software/de/lotus/saas/, zuletzt geprüft am 18.02.2013.

Illik, J. Anton (2002): Electronic Commerce. Grundlagen und Technik für die Erschließung elektronischer Märkte. 2. Aufl. München: Oldenbourg.

Illik, Johann Anton (2007): Verteilte Systeme. Architekturen und Software-Technologien. Renningen: expert-Verl.

ILOI-Institut (Institut für lernende Organisation und Innovation) (Hg.) (1997): Knowledge Management: Ein empirisch gestützter Leitfaden zum Management des Produktionsfaktors Wissen. München.

Innovations-report.de (Hg.) (2006): Glasfaser statt Kupferkabel. Online verfügbar unter http://www.innovations-report.de/html/berichte/informationstechnologie/bericht-67702.html, zuletzt geprüft am 25.02.2013.

Issing; Klimsa (Hg.) (2009): Online-Lernen : Handbuch für Wissenschaft und Praxis. München: Oldenbourg.

ITWissen.info (Hg.): Content - Inhalt. Online verfügbar unter http://www.itwissen.info/definition/lexikon/content-Inhalt.html, zuletzt geprüft am 09.03.2013.

Jablonski, Stefan; Meiler, Christian (2002): Web-Content-Managementsysteme. In: Informatik Spektrum 25 (2), S. 101–119.

Jahrbuch Arbeit, Bildung, Kultur (1999). Recklinghausen: Forschungsinst. für Arbeiterbildung.

Jungbeck, Karlheinz; Ritter, Sabine; Goedhart, Jan P. (1998): Business-TV in Deutschland. Marktpotentiale und Perspektiven. Starnberg: Schulz (Münchener Reihe Medienentwicklung, 2).

Kampffmeyer, Ulrich (2006, c 2006): Enterprise Content Management. ECM. Hamburg: Project Consult Unternehmensberatung Kampffmeyer.

Kaplan, Robert S. (1996): The balanced scorecard. Translating strategy into action. Unter Mitarbeit von David P. Norton. Boston, Mass: Harvard Business School Press.

Katenkamp, Olaf (2011): Implizites Wissen in Organisationen. Konzepte Methoden und Ansätze im Wissensmanagement. Wiesbaden: VS Verlag für Sozialwissenschaften (SpringerLink : Bücher).

Kerres, Michael (2012): Mediendidaktik. Konzeption und Entwicklung mediengestützter Lernangebote. 3., vollst. überarb. München: Oldenbourg.

Kerres, Michael; Jechle, Thomas (1999): Hybride Lernarrangements: Personale Dienstleistungen in multi- und telemedialen Lernumgebungen. In: Jahrbuch Arbeit, Bildung, Kultur, H. 17. Recklinghausen: Forschungsinst. für Arbeiterbildung, S. 21–39.

Kerres, Michael; Witt, Claudia de (2006): Perspektiven der Medienbildung. In: Reinhard Fatke und Hans Merkens (Hg.): Bildung über die Lebenszeit. Schriftenreihe der DGfE. Wiesbaden: VS Verlag für Sozialwissenschaften/GWV Fachverlage GmbH, Wiesbaden, S. 209–220.

Kittl, Christian; Zeidler, Christian (2007): User Generated Content und Metadatenmanagement. In: HDM: Praxis der Wirtschaftsinformatik 258, S. 57–67.

Klimsa, Paul; Issing, Ludwig J. (2011): Online-Lernen. Handbuch für Wissenschaft und Praxis. 2. Aufl. München: Oldenbourg.

Kluge, Jürgen; Stein Wolfram; Licht Thomas; Kloos Michael (2005): Wissen entscheidet. Wie erfolgreiche Unternehmen ihr Know-how managen. Frankfurt am Main.

knowledgebusiness (Hg.): The KNOW Network. Online verfügbar unter http://www.knowledgebusiness.com, zuletzt geprüft am 09.03.2012.

Koch, Michael; Richter, Alexander (2009): Enterprise 2.0. Planung, Einführung und erfolgreicher Einsatz von Social Software in Unternehmen. 2., aktualisierte und erw. Aufl. München: Oldenbourg. Online verfügbar unter http://www.gbv.de/dms/ilmenau/toc/601878957.PDF.

KPMG (Hg.) (1998): Knowledge Management Research Report.

Krapp, Andreas (Hg.) (1986): Pädagogische Psychologie. Ein Lehrbuch. München u.a: Psychologie-Verlags-Union Urban u. Schwarzenberg. Online verfügbar unter http://www.bsz-bw.de/cgi-bin/ekz.cgi?SWB01160857.

Kriz, Willy Christian; Nöbauer, Brigitta (2002): Teamkompetenz. Konzepte, Trainingsmethoden, Praxis; mit einer Materialsammlung zu Teamübungen, Planspielen und Reflexionstechniken. Göttingen: Vandenhoeck und Ruprecht.

Kron, Friedrich W. (2000): Grundwissen Didaktik. 3. Aufl. München, Basel: E. Reinhardt.

Kübler, Hans-Dieter (2005): Mythos Wissensgesellschaft. Gesellschaftlicher Wandel zwischen Information Medien und Wissen; eine Einführung. 1. Aufl. Wiesbaden: VS-Verl. für Sozialwiss.

Kübler, Hans-Dieter (2009): Mythos Wissensgesellschaft. Gesellschaftlicher Wandel zwischen Information, Medien und Wissen ; eine Einführung. 2., durchg. und erw. Wiesbaden: VS Verl. für Sozialwiss.

Kugler, Günter (2004): Evaluierung, Implementierung und Betrieb eines mandantenfähigen Enterprise Content Management Systems.

Kuhlen, Rainer (2004): Informationsethik. Umgang mit Wissen und Information in elektronischen Räumen. Konstanz: UVK Verlagsgesellschaft mbH.

Kuhlmann, Annette M.; Sauter, Werner (2008): Innovative Lernsysteme. Kompetenzentwicklung mit Blended Learning und Social Software. Berlin, Heidelberg: Springer (X.media.press). Online verfügbar unter http://d-nb.info/990486710/34.

Kunert, Kristian; Knill, Marcus; Landolt, Hermann; Weibel, Walter; Gonon, Philipp; Löw, Domo (2000): Team und Kommunikation. Theorie und Praxis. 2. Aufl. Aarau: Bildung Sauerländer.

Lehner, Franz; Scholz, Michael; Wildner, Stephan (2008): Wissensmanagement: Grundlagen, Methoden und technische Unterstützung. 2. Aufl. München: Hanser.

Lehner, Franz; Scholz, Michael; Wildner, Stephan (2009): Wissensmanagement. Grundlagen, Methoden und technische Unterstützung. 3., aktualisierte und erw. Aufl. München: Hanser (Hanser Kompetenz gewinnt). Online verfügbar unter http://www.gbv.de/dms/zbw/588925764.pdf.

Lewandowski, Dirk (2005): Web Information Retrieval. Technologien zur Informationssuche im Internet. Informationswissenschaft 7. Frankfurt am Main: DGI.

Lipnack, Jessica; Stamps, Jeffrey (1998): Virtuelle Teams. Projekte ohne Grenzen ; Teambildung, virtuelle Orte, intelligentes Arbeiten, Vertrauen in Teams. Wien, Frankfurt [Main]: Ueberreuter.

Lutz, Alexandra; Kemper, Joachim (2012): Schriftgutverwaltung nach DIN ISO 15489-1. Ein Leitfaden zur qualitätssicheren Aktenführung. 1. Aufl. Berlin ˜[u.a.]œ: Beuth.

Macher & Märkte: Das Jahrbuch für Enterprise Content Management; ECM-Projekte in Industrie Handel und Behörden (2005). München: H & T Verl.-Ges.

Maier, Ronald (2007): Knowledge management systems. Information and communication technologies for knowledge management ; with 91 tables. 3. ed. Berlin: Springer. Online verfügbar unter http://www.gbv.de/dms/bs/toc/526817194.pdf.

Mandl, Heinz; Reinmann-Rothmeier, Gabi (2000): Wissensmanagement. Informationszuwachs - Wissensschwund?; die strategische Bedeutung des Wissensmanagements; [in den Monaten November und Dezember 1998 [...] im Rahmen einer Ringvorlesung der Ludwig-Maximilians-Universität München ...]. München: Oldenbourg (Forum Wirtschaft und Soziales). Online verfügbar unter http://www.gbv.de/dms/ goettingen/305749692.pdf.

Microsoft (Hg.): Cloud Computing. Online verfügbar unter http://msdn.microsoft.com/en-us/vstudio/cc972640.aspx, zuletzt geprüft am 03.02.2009.

Microsoft (Hg.): Live Meeting. Online verfügbar unter http://office.microsoft.com/dede/live-meeting/, zuletzt geprüft am 03.02.2009.

Microsoft (Hg.): Live Mesh. Online verfügbar unter https://www.mesh.com, zuletzt geprüft am 03.02.2009.

Microsoft (Hg.): Sky Drive. Online verfügbar unter http://skydrive.live.com/, zuletzt geprüft am 18.02.2013.

Mietzel, Gerd (2001): Pädagogische Psychologie des Lernens und Lehrens. 6. Aufl. Göttingen [u.a.]: Hogrefe, Verl. für Psychologie.

Miller, R. (1999): Knowledge Management Assessment. In: Arthur Andersen Report.

Mitschian, Haymo (1999): Neue Medien - neue Lernwerkzeuge. Fremdsprachenlernen mit Computern: Erfahrungen und Möglichkeiten für Deutsch als Fremdsprache. Bielefeld: W. Bertelsmann Verlag.

monitor.at (Hg.): Digital Information. Online verfügbar unter http://www.monitor.co.at/ausgaben/news_08_1/digital_info_growth1~fs.jpg, zuletzt geprüft am 26.09.2012.

Murphy: Mehrwert generieren durch Portale. Hg. v. Gartner. Online verfügbar unter http://www.gartner.com/technology/reprints.do?id=1-17RTIFE&ct=111025&st=sg, zuletzt geprüft am 24.09.2012.

Nonaka, Ikujiro; Takeuchi, Hiro (1995): The knowledge-creating company. How Japanese companies create the dynamics of innovation. New York: Oxford Univ. Press.

Nonaka, Ikujiro; Takeuchi, Hirotaka; Mader, Friedrich (1997): Die Organisation des Wissens. Wie japanische Unternehmen eine brachliegende Ressource nutzbar machen. Frankfurt/Main: Campus-Verl. Online verfügbar unter http://www.gbv.de/dms/bs/toc/222499370.pdf.

North, Klaus (1998): Wissensorientierte Unternehmensführung. Wertschöpfung durch Wissen. Wiesbaden: Gabler. Online verfügbar unter http://www.gbv.de/dms/ilmenau/toc/24384879Xnorth.PDF.

North, Klaus (2002): Wissensorientierte Unternehmensführung. Wertschöpfung durch Wissen. 3., aktualisierte und erw. Aufl. Wiesbaden: Gabler (Gabler-Lehrbuch).

North, Klaus (2005): Wissensorientierte Unternehmensführung. Wertschöpfung durch Wissen. 4., aktualisierte und erw. Aufl. Wiesbaden: Gabler (Gabler Lehrbuch). Online verfügbar unter http://www.gbv.de/du/services/toc/bs/502081244.

Orth, Ronald; Voigt, Stefan; Kohl, Ina (2011): Praxisleitfaden Wissensmanagement. Prozessorientiertes Wissensmanagement nach dem ProWis-Ansatz einführen. Hg. v. Kai Mertins und Holger Seidel. Fraunhofer-Institut für Produktionsanlagen und Konstruktionstechnik (IPK). Stuttgart. Online verfügbar unter http://www.prowis.net/prowis/sites/default/files/pdf/Literatur/Leitfaden/prowis_leitfaden_fraunhofer_web.pdf, zuletzt geprüft am 11.03.2013.

Page, Larry: The PageRank Citation Ranking: Bringing Order to the Web. Online verfügbar unter http://dbpubs.stanford.edu:8090/pub/showDoc.Fulltext?lang=en&doc=1999-, zuletzt geprüft am 13.02.2013.

Pautzke, Gunnar (1989): Die Evolution der organisatorischen Wissensbasis. Bausteine zu einer Theorie des organisatorischen Lernens. Zugl.: München, Univ., Diss., 1989. Herrsching: Kirsch (Münchener Schriften zur angewandten Führungslehre).

Pawlowsky, Peter (1994): Wissensmanagement in der lernenden Organisation. Habilitationsschrift. Universität Paderborn.

Pawlowsky, Peter (1998): Wissensmanagement. Erfahrungen und Perspektiven. Wiesbaden: Gabler.

Pawlowsky, Peter (2002): Wissensmanagement für die Praxis. Methoden und Instrumente zur erfolgreichen Umsetzung. Neuwied. Kriftel: Luchterhand.

Pawlowsky, Peter; Reinhard (1997): Wissensmanagement: Ein integrativer Ansatz zur Gestaltung organisationaler Lernprozesse. In: Norbert Wieselhuber (Hg.): Handbuch lernende Organisation. Unternehmens- und Mitarbeiterpotentiale erfolgreich erschließen. Wiesbaden: Gabler, S. 145–156.

Peinl, René; Hädrich, Thomas; Maier, Ronald (2009): Enterprise Knowledge Infrastructures. Information and Communication Technologies for Knowledge Work. Berlin, Heidelberg: Springer-Verlag Berlin Heidelberg (Springer-11643/Dig. Serial]). Online verfügbar unter http://dx.doi.org/10.1007/978-3-540-89768-2.

Peters, Thomas J. (2006): Auf der Suche nach Spitzenleistungen. Was man von den bestgeführten US-Unternehmen lernen kann. Unter Mitarbeit von Robert H. Waterman. Sonderausg. Heidelberg: Redline Wirtschaft (McKinsey Classics).

Peters, Thomas J. (2008): In search of excellence : lessons from Americas best-run companies. [Nachdr.]. New York [u.a.]">: HarperCollins.

Petersen, Jörg; Reinert, Gerd-Bodo (1994): Lehren und lernen im Umfeld neuer Technologien. Reflexionen vor Ort. Frankfurt am Main ;, New York: P. Lang.

Polanyi, Michael (1983): The tacit dimension. Reprinted. First Published 1966. Gloucester, Mass.: Smith.

Pöppel, Ernst (2001): Was ist Wissen? Online verfügbar unter http://www.uni-koeln.de/organe/presse/reden/poeppel_fest.pdf, zuletzt geprüft am 29.01.2013.

Porat, Marc (1977): The information economy. Vol. 1 Definition and measurement. Washington: OT Special Publications.

Probst, Gilbert J. B; Raub, Steffen; Romhardt, Kai (1997): Wissen managen. Wie Unternehmen ihre wertvollste Ressource optimal nutzen. Frankfurt am Main: Frankfurter Allgemeine Zeitung [u.a.]. Online verfügbar unter http://www.gbv.de/dms/ilmenau/toc/227281934.PDF.

Probst, Gilbert J. B; Raub, Steffen; Romhardt, Kai (1999): Wissen managen. Wie Unternehmen ihre wertvollste Ressource optimal nutzen. 3. Aufl. Frankfurt am Main: Frankfurter Allg. Zeitung für Deutschland [u.a.].

Probst, Gilbert; Raub, Steffen; Romhardt, Kai (2006): Wissen managen. Wie Unternehmen ihre wertvollste Ressource optimal nutzen. 5., überarbeitete Auflage. Wiesbaden: Betriebswirtschaftlicher Verlag Dr. Th. Gabler | GWV Fachverlage GmbH Wiesbaden (Springer-11775/Dig. Serial]). Online verfügbar unter http://dx.doi.org/10.1007/978-3-8349-9343-4/http://www.gbv.de/dms/hebis-darmstadt/toc/176595082.pdf.

ProSTEP iViP (Hg.): Association | Was ist STEP? Online verfügbar unter http://www.prostep.org/de/standards-amp-infos/was-ist-step.html, zuletzt geprüft am 02.06.2009.

Quinn, J. B. Anderson P. Finkelstein S. (1996): Managing Professional Intellect: Making the Most of the Best. In: Harvard Business Review (2), S. 71–80.

Rehäuser, J. Krcmar H. (1996): Wissensmanagement im Unternehmen. In: Georg Schreyögg (Hg.): Wissensmanagement. Berlin [u.a.]: de Gruyter (Managementforschung, 6), S. 1–40.

Reich, Siegfried; Behrend, Wernher (2007): Technologien und Trends für Wissensarbeit und Wissensmanagement. In: Hans-Peter Reich Siegfried Fröschle (Hg.): Enterprise Content Management. Heidelberg: dpunkt.verlag (HMD, 258), S. 6–15.

Reinmann, Gabi (2008): Lernen und Lehren im Zeitalter des Web 2.0. Ein Streifzug durch den aktuellen Stand beim E-Learning in verschiedenen Bildungskontexten. In: Medien + Erziehung : Merz ; Zeitschrift für Medienpädagogik 52 (2), S. 13–20.

Reinmann, Gabi; Eppler, Martin J. (2008): Wissenswege. Methoden für das persönliche Wissensmanagement. 1. Aufl. Bern: Huber (Psychologie-PraxisReihe). Online verfügbar unter http://www.gbv.de/dms/bs/toc/537889361.pdf.

Reinmann, Gabi; Mandl, Heinz (Hg.) (2004): Psychologie des Wissensmanagements. Perspektiven, Theorien und Methoden. Göttingen: Hogrefe. Online verfügbar unter http://www.gbv.de/dms/hebis-darmstadt/toc/124180248.pdf.

Reinmann-Rothmeier, Gabi (2001): Wissensmanagement lernen. Ein Leitfaden zur Gestaltung von Workshops und zum Selbstlernen. Weinheim: Beltz (Beltz Weiterbildung).

Reinmann-Rothmeier, Gabi; Mandl, Heinz; Erlach, Christine (1999): Wissensmanagement in der Weiterbildung. In: Rudolf Tippelt (Hg.): Handbuch Erwachsenenbildung, Weiterbildung. 2. Aufl. Opladen: Leske + Budrich, S. 20 S.

Reinmann-Rothmeier, Gabi; Mandl, Heinz; Erlach, Christine; Neubauer, Andrea (2001): Wissensmanagement lernen: ein Leitfaden zur Gestaltung von Workshops und zum Selbstlernen. Weinheim: Beltz.

Riemke-Gurzki, Thorsten: Was ist ein Portal? Online verfügbar unter http://www.gurzki.de/unternehmensportale-intranet/was-ist-ein-portal/, zuletzt geprüft am 09.03.2013.

Riempp, Gerold (2004): Integrierte Wissensmanagement-Systeme. Architektur und praktische Anwendung ; mit 26 Tabellen. Berlin: Springer (Business Engineering). Online verfügbar unter http://www.gbv.de/dms/bsz/toc/bsz109284925inh.pdf.

Roehl, Heiko (2000): Instrumente der Wissensorganisation: Perspektiven für eine differenzierende Interventionspraxis. Wiesbaden: Dt. Univ.-Verl.

Rothfuss, Gunther; Ried, Christian; Eisenbiegler, Jörn (2001): Content Management mit XML. Grundlagen und Anwendungen. Berlin: Springer.

Sauter, Annette M.; Sauter, Werner; Bender, Harald (2002): Blended learning. Effiziente Integration von E-Learning und Präsenztraining. Neuwied: Luchterhand.

Schein, Edgar H. (1995): Unternehmenskultur. Ein Handbuch für Führungskräfte. Frankfurt: Campus-Verl.

Schirrmacher, Frank (2009): Payback. Warum wir im Informationszeitalter gezwungen sind zu tun, was wir nicht tun wollen, und wie wir die Kontrolle über unser Denken zurückgewinnen. München: K. Blessing.

Scholz, Christian (2004): Human Capital Management. Wege aus der Unverbindlichkeit. Unter Mitarbeit von Volker Stein und Roman Bechtel. München, Unterschleißheim: Luchterhand.

Scholz, Michael; Niedermeier, Stephan (2009): Java und XML: Grundlagen, Einsatz, Referenz. 2. Aufl. Bonn: Galileo Press. Online verfügbar unter http://d-nb.info/992308224/04.

Schreyögg, Georg (Hg.) (1996): Wissensmanagement. Berlin [u.a.]: de Gruyter (Managementforschung, 6).

Schröpfer, David (2009): Analyse und IT-basierte Optimierung innerbetrieblicher Kommunikationsprozesse an der HFU. Master-Thesis. Hochschule Furtwangen (HFU), Furtwangen. Wirtschaftsinformatik.

Schüppel, Jürgen: Wissensmanagement. Organisatorisches Lernen im Spannungsfeld von Wissens- und Lernbarrieren: Deutscher Universitätsverlag.

Schütt, Peter (2000): Die richtige Balance zwischen stillem und explizitem Wissen. In: Wissensmanagement (4), S. 29–32. Online verfügbar unter http://www.wisonet.de/webcgi?START=A60&DOKV_DB=ZECU&DOKV_NO=WIM200004007&DOKV_HS=0&PP=1.

Schulmeister, Rolf (1997): Grundlagen hypermedialer Lernsysteme. [Theorie - Didaktik - Design]. 2., aktualisierte Aufl. München: Oldenbourg.

Schulz Thun, Friedemann von (2009): Das „Innere Team" und situationsgerechte Kommunikation. [Kommunikation, Person, Situation]. 18. Aufl., Orig.-Ausg. Reinbek bei Hamburg: Rowohlt-Taschenbuch-Verl. (rororo rororo-Sachbuch, 60545).

Schulz Thun, Friedemann von (2009): Stile, Werte und Persönlichkeitsentwicklung. Differentielle Psychologie der Kommunikation. 30. Aufl., Orig.-Ausg. Reinbek bei Hamburg: Rowohlt-Taschenbuch-Verl. (rororo, 18496 : rororo-Sachbuch).

Schulz Thun, Friedemann von (2009): Störungen und Klärungen. Allgemeine Psychologie der Kommunikation. 47. Aufl., Orig.-Ausg. Reinbek bei Hamburg: Rowohlt-Taschenbuch-Verl. (rororo rororo-Sachbuch, 17489).

Schulz Thun, Friedemann von; Ruppel, Johannes; Stratmann, Roswitha; Kurth, Nina; von Schulz Thun-Ruppel-Stratmann (2009): Miteinander reden: Kommunikationspsychologie für Führungskräfte. 10. Aufl., Orig.-Ausg., Neuausg. Juni 2003. Reinbek bei Hamburg: Rowohlt Taschenbuch-Verl (Miteinander reden, 61531).

Schulz, Manuel; Breyer, Henning; Neusius, Andrea (Hg.) (2006): Fernausbildung geht weiter … Neue Beiträge zur Weiterentwicklung technologiegestützter Bildung aus pädagogisch-didaktischer Perspektive. 1. Aufl. Augsburg: ZIEL.

searchtools.com (Hg.): About Robots.txt and Search Indexing Robots. Online verfügbar unter http://www.searchtools.com/robots/robots-txt.html, zuletzt geprüft am 13.02.2013.

Seidel, Christoph; Lipsmeier, Antonius; Lipsmeier, A. (1989): Computerunterstütztes Lernen. Entwicklungen - Möglichkeiten - Perspektiven. Stuttgart: Verlag für Angewandte Psychologie.

Seiler, B. Reinman G. (2004): Der Wissensbegriff im Wissensmanagement: Eine strukturgenetische Sicht. In: Gabi Reinmann und Heinz Mandl (Hg.): Psychologie des Wissensmanagements. Perspektiven, Theorien und Methoden. Göttingen: Hogrefe, S. 11–23.

SELFHTML, Redaktion (Hg.): Grundlagen von XSL/XSLT. Online verfügbar unter http://de.selfhtml.org/xml/darstellung/xslgrundlagen.htm, zuletzt geprüft am 09.03.2013.

Selke, Stefan; Dittler, Ullrich (2010): Postmediale Wirklichkeiten aus interdisziplinärer Perspektive. Weitere Beitrage zur Zukunft der Medien. 1. Aufl. Hannover: Heise.

Selke, Stefan; Dittler, Ulrich (Hg.) (2009): Postmediale Wirklichkeiten. Wie Zukunftsmedien die Gesellschaft verändern. 1. Aufl. Hannover: Heise (Telepolis).

Siemens, George (2006): Knowing knowledge.

Snwoden, D. (2000): The ASHEN Model – an enabler of action. In: Knowledge Management 3 (7), S. 14–17.

Spender, J. C. (1996): Making Knowledge the Basis of a Dynamic Theory of the Firm. In: Strategic Management Journal (17), S. 45–62.

Stahl, Florian; Maas, Wolfgang (Hg.) (2003): Content Management Handbuch: Strategien, Theorien und Systeme für erfolgreiches Content Management. St. Gallen: NetAcademy Press.

Stehr, Nico (1994): Arbeit, Eigentum und Wissen. Zur Theorie von Wissensgesellschaften. 1. Aufl. Frankfurt am Main: Suhrkamp.

Stelzer, Dirk (2004): Portale. Einführung und Überblick. In: Peter Gentsch (Hg.): Praxishandbuch Portalmanagement. Profitable Strategien für Internetportale. 1. Aufl. Wiesbaden: Gabler, S. 3–26.

Stewart, Thomas A (1997): Intellectual capital. The new wealth of organizations. 1. ed. New York: Doubleday/Currency. Online verfügbar unter http://www.loc.gov/catdir/bios/random057/96047491.html.

Stewart, Thomas A (1998): Der vierte Produktionsfaktor. Wachstum und Wettbewerbsvorteile durch Wissensmanagement. München: Hanser.

Strohner, Hans (2006): Kommunikation. Kognitive Grundlagen und praktische Anwendungen. Göttingen: Vandenhoeck & Ruprecht.

Tapscott, Don; Williams, Anthony D. (2007): Wikinomics. Die Revolution im Netz. München: Hanser.

teamdrive.net (Hg.): Teamdrive. Online verfügbar unter http://www.teamdrive.com/de/home.html, zuletzt geprüft am 25.02.2013.

Teleos (2009): 2009 European Most Admired Knowledge Enterprises – Executive Summary. Online verfügbar unter http://www.knowledgebusiness.com/, zuletzt geprüft am 11.02.2010.

The World Bank (Hg.): Knowledge Assessment Methodology 2012, zuletzt geprüft am 26.06.2012.

Tippelt, Rudolf (Hg.) (1999): Handbuch Erwachsenenbildung, Weiterbildung. 2. Aufl. Opladen: Leske + Budrich.

Tully, Claus J. (1994): Lernen in der Informationsgesellschaft. Informelle Bildung durch Computer und Medien. Opladen: Westdt. Verl.

Ueberschaer, Norbert (2000): Mit Teamarbeit zum Erfolg. So steigern Sie die Effizienz im Unternehmen. 2. Aufl. München, Wien: Hanser.

Ulich, Eberhard (2005): Arbeitspsychologie. 6. Aufl. Stuttgart, Zürich: Schäffer-Poeschel; vdf, Hochsch.-Verl. an der ETH.

VOI (Hg.) (2005): Dokumenten-Management: Vom Archiv zum Enterprise-Content-Management. Bonn: VOI Verband Organisations- und Informationssysteme (Code of practice).

Vonhoegen, Helmut (2009): Einstieg in XML: Grundlagen, Praxis, Referenz. 5. Aufl. Bonn: Galileo Press.

Wahrig, Gerhard (1991): Deutsches Wörterbuch. Völlig überarb. Neuausg. München: Bertelsmann.

Watzlawick, Paul (2009): Anleitung zum Unglücklichsein. 14. Aufl. München: Piper (Serie Piper, 4938).

Watzlawick, Paul (2009): Wie wirklich ist die Wirklichkeit?: Wahn, Täuschung, Verstehen. 7. Aufl. München [u.a.]: Piper (Serie Piper, 4319).

Weidenmann, Bernd (1986): Psychologie des Lernens mit Medien. In: Andreas Krapp (Hg.): Pädagogische Psychologie. Ein Lehrbuch. München u.a: Psychologie-Verlags-Union Urban u. Schwarzenberg, S. 495–554.

Weske, Mathias (2007): Business process management. Concepts, languages, architectures. Berlin, New York: Springer.

Wieselhuber, Norbert (Hg.) (1997): Handbuch lernende Organisation. Unternehmens- und Mitarbeiterpotentiale erfolgreich erschließen. Wiesbaden: Gabler.

Wikipedia (2013): Elektronische Archivierung. Online verfügbar unter http://de.wikipedia.org/wiki/Elektronische_Archivierung, zuletzt geprüft am 09.03.2013.

Wikipedia (2013): E-Mail-Archivierung. Online verfügbar unter http://de.wikipedia.org/wiki/E-Mail-Archivierung, zuletzt geprüft am 09.03.2013.

Wikipedia (2013): Faceted classification. Online verfügbar unter http://en.wikipedia.org/wiki/Faceted_classification, zuletzt geprüft am 13.02.2013.

Wikipedia (2013): Output Management. Online verfügbar unter http://de.wikipedia.org/wiki/Output_Management, zuletzt geprüft am 09.03.2013.

Wikipedia (2013): Schriftgutverwaltung. Online verfügbar unter http://de.wikipedia.org/wiki/Schriftgutverwaltung, zuletzt geprüft am 09.03.2013.

Willke, Helmut (2004): Einführung in das systemische Wissensmanagement. 1. Aufl. Heidelberg: Carl-Auer-Systeme (Carl-Auer compact). Online verfügbar unter http://www.gbv.de/dms/bsz/toc/bsz112819303inh.pdf.

Willke, Helmut (2007): Smart governance. Governing the global knowledge society. Frankfurt: Campus. Online verfügbar unter http://bvbr.bib-bvb.de:8991/F?func=service&doc_library=BVB01&doc_number=015573027&line_number=0002&func_code=DB_RECORDS&service_type=MEDIA.

Willke, Helmut; Krück, Carsten; Mingers, Susanne (2001): Systemisches Wissensmanagement. Mit 9 Tabellen. 2., neubearb. Aufl. Stuttgart: Lucius & Lucius (UTB für Wissenschaft Uni-Taschenbücher, 2047). Online verfügbar unter http://www.gbv.de/dms/zbw/333042107.pdf.

Wilson, T.D (2002): The nonsense of 'knowledge management'. Online verfügbar unter http://informationr.net/ir/8-1/paper144.html?referer=www.clickfind.com.au, zuletzt geprüft am 29.01.2013.

WolframAlpha (Hg.): WolframAlpha. Online verfügbar unter http://wolframalpha.com/, zuletzt geprüft am 13.02.2013.

Yahoo (Hg.): Yahoo Clever. Online verfügbar unter http://de.answers.yahoo.com, zuletzt geprüft am 13.02.2013.

ZDNet (Hg.): Windows-Teamarbeit: Einfacher Kooperieren im LAN. Online verfügbar unter http://www.zdnet.de/enterprise/os/vista/workshops/0,39035507,, zuletzt geprüft am 03.02.2009.

Zöller, Bernhard (2005): Dokumenten-Management. Vom Archiv zum Enterprise-Content-Management. Bonn: VOI, Verband Organisations- und Informationssysteme.

Sachwortverzeichnis